U0959849

权威·前沿·原创

皮书系列为

“十二五”“十三五”国家重点图书出版规划项目

B

BLUE BOOK

智库成果出版与传播平台

北京市哲学社会科学研究基地智库报告系列丛书

法治政府蓝皮书

BLUE BOOK OF
LAW-BASED GOVERNMENT

中国法治政府发展报告（2019）

ANNUAL REPORT ON CHINA'S LAW-BASED GOVERNMENT (2019)

主　编／中国政法大学法治政府研究院

社会科学文献出版社
SOCIAL SCIENCES ACADEMIC PRESS (CHINA)

图书在版编目（CIP）数据

中国法治政府发展报告．2019／中国政法大学法治政府研究院主编．-- 北京：社会科学文献出版社，2020.6

（法治政府蓝皮书）

ISBN 978－7－5201－6740－6

Ⅰ．①中… Ⅱ．①中… Ⅲ．①国家机构－行政管理－研究报告－中国－2019 Ⅳ．①D630.1

中国版本图书馆 CIP 数据核字（2020）第 092920 号

法治政府蓝皮书

中国法治政府发展报告（2019）

主　　编／中国政法大学法治政府研究院

出 版 人／谢寿光

组稿编辑／刘骁军

责任编辑／易　卉

文稿编辑／张　娇

出　　版／社会科学文献出版社（010）59367161

地址：北京市北三环中路甲 29 号院华龙大厦　邮编：100029

网址：www.ssap.com.cn

发　　行／市场营销中心（010）59367081　59367083

印　　装／三河市东方印刷有限公司

规　　格／开 本：787mm × 1092mm　1/16

印 张：26.5　字 数：400 千字

版　　次／2020 年 6 月第 1 版　2020 年 6 月第 1 次印刷

书　　号／ISBN 978－7－5201－6740－6

定　　价／138.00 元

本书如有印装质量问题，请与读者服务中心（010－59367028）联系

本书是北京市社会科学基金研究基地项目“中国法治政府年度发展报告（2019）”的研究成果，项目编号：18JDFXA007

《中国法治政府发展报告（2019）》
编　委　会

主要编撰者简介

顾问　马怀德

中国政法大学校长，教授，博士研究生导师，校学术委员会主席，享受国务院颁发的政府特殊津贴。兼任中国法学会行政法学研究会会长，中国监察学会副会长，最高人民法院特邀咨询委员，最高人民检察院专家咨询委员。研究方向：行政法学。出版学术专著、合著二十余部，包括《国家赔偿法的理论与实务》《行政许可》《行政法制度建构与判例研究》等。发表论文百余篇，包括《公有公共设施致害的国家赔偿》《公务法人问题研究》《透视中国的行政审判体制：问题与改革》等。

主编　王敬波

中国政法大学法治政府研究院院长，二级教授，博士生导师，教育法研究中心主任，钱端升学者（A类），曾任最高人民法院行政审判庭副庭长（挂职），北京市第十二次党代会代表。兼任中国法学会理事，中国法学会行政法学研究会秘书长，北京市法学会行政法学研究会副会长。2018年获评北京师德先锋。出版专著、合著二十余部，包括《高等教育领域里的行政法问题研究》、《政府信息公开：国际视野与中国发展》、*Building a Government Based on the Rule of Law* 等。在《中国社会科学》《法学研究》《中国法学》等CSSCI学术期刊上发表100多篇有影响力的论文，多篇论文被《新华文摘》《人大复印报刊资料》转载。

执行主编　郝　倩

中国政法大学法治政府研究院副教授。曾在中国商务部挂职工作、国际贸易组织（WTO）秘书处访学交流。长期从事行政法和反垄断法的研究，编著有《反垄断行政执法中的程序权利：中欧比较研究》等多部，在 *Northwestern Journal of International Law and Business*、*International Lawyer*、*UMKC Law Review* 等中外刊物发表中英文论文二十余篇。

摘　要

2019 年是中华人民共和国成立 70 周年，是全面建成小康社会、实现第一个百年奋斗目标的关键之年，法治政府建设取得一系列新成就。党的十九届四中全会通过了《中共中央关于坚持和完善中国特色社会主义制度　推进国家治理体系和治理能力现代化若干重大问题的决定》，在总结过往经验的基础上进一步系统部署，对法治政府建设提出了新要求。近年来我国有关优化营商环境的立法蓬勃发展，2019 年《优化营商环境条例》的出台，标志着中国市场化、法治化、国际化的营商环境建设进入了新阶段。我国已基本构建起信用监管体系，利用现代化技术改进监管方式，提高社会治理能力，显现出了强大效果。我国已系统开展 30 多年的政府普法工作，“谁执法谁普法”责任制的提出是对过往工作的总结和突破。2019 年行政法理论界围绕法治政府建设，在基本理论、行政行为法、行政组织法、行政法分论和行政诉讼等领域继续研究，聚焦一系列热点问题，研究体系和研究视野不断拓宽和丰富。科学技术的迅猛发展，对行政活动方式以及监管内容的法治化都提出新课题。例如，随着人机互动式的行政自动化模式在实践中大量出现，其与行政法律规范体系的契合性等问题需研究解决；而以“数字”为核心的新型金融法律关系则使监管部门在履职过程中面临更多困难。在部门行政法领域，本报告选取了城市环境治理行政法治发展这一主题予以分析。在行政争议解决方面，根据对 2017 ~2019 年两年多的实证数据分析，我国检察公益诉讼在案件数量、办案重心、案件范围、办案流程等方面发生了巨大变化，应进行有针对性的调整与建构；近年来行政复议相关改革稳步推进，但当前我国行政复议体制机制尚不完善，化解行政争议的主渠道作用未得充分发挥，行政复议法明显落后于实践发展，亟待修改。基于对北京市法治政府建设情况的持续跟踪研究，本年度的报告不仅总结分析了 2019 年北京市行政法治发展取得的显著成效、面临的新问题与新形势，也就北京市规划行政法治建设以及平谷区“吹哨报到”三协同执法机制两方面的工作进行了回顾和展望。

目 录

Ⅰ 总报告

Ⅱ 专题报告

一 国家治理与行政法治

二 行政法研究重点热点问题

皮书数据库阅读使用指南

总 报 告

General Report

B.1
法治政府建设迈向新征程

马怀德 张雨田*

摘 要： 2019 年是中华人民共和国成立 70 周年，是全面建成小康社会、实现第一个百年奋斗目标的关键之年。法治政府基本建成是全面建成小康社会的重要目标之一。回顾 2019 年，行政法理论界和实务界以习近平新时代中国特色社会主义思想为指导，以建设中国特色社会主义法治体系、建设社会主义法治国家为总目标，全面贯彻落实党的十九大精神，法治政府建设成绩斐然：法治政府建设定位更加明确，法治政府建设取得一系列新成就，法治政府建设与责任落实督查工作全面展开。2019 年 10 月 31 日，十九届四中全会通过了《中共中央关于坚持和完善中国特色社会主义制度 推进国家治理体

* 马怀德，法学博士，中国政法大学校长，教授，博士生导师，主要研究方向为行政法学和行政诉讼法学；张雨田，中国政法大学博士研究生。

系和治理能力现代化若干重大问题的决定》，在总结过往经验的基础上进一步系统部署，确定了当前和今后一个时期的努力方向、目标指向和重点任务，为法治政府建设提出了新要求。当下需贯彻习近平总书记关于全面依法治国新理念新思想新战略，以坚持和完善中国特色社会主义制度、推进国家治理体系和治理能力现代化为主轴，助推法治政府建设迈向新征程。

关键词： 法治政府　依法行政　治理能力现代化　法治体系

2019 年是中华人民共和国成立 70 周年，是全面建成小康社会、实现第一个百年奋斗目标的关键之年。党的十八大将法治政府基本建成确立为全面建成小康社会的重要目标之一，此后，在加快实施全面依法治国战略的背景下，法治政府建设按下“快进键”、步入“快车道”。法治政府建设成为法治实践的核心内容，不断取得新的进展：功能定位日渐明晰、目标指向一以贯之、重大部署接续递进。“法与时转则治，治与世宜则有功。”新时代是我国新的发展方位，也是法治政府建设迈向新征程的重大契机。法治政府建设回应新时代需求，各项改革不断向制度更加成熟更加定型靠拢。因此，有必要总结梳理法治政府建设已取得的成果，为下一阶段的发展确定方向和目标，让法治成为实现国家治理体系和治理能力现代化的有效助力。

一　2019年法治政府建设的新发展

2017 年到 2021 年是“两个一百年”奋斗目标的历史交汇期。五年期间，既要全面建成小康社会，又要乘势而上开启全面建设社会主义现代化国家新征程。法治政府基本建成是全面建成小康社会的重要目标，法治国家、法治政府、法治社会基本建成是我国基本实现社会主义现代化的重要标志。法治政府建设是现阶段的重点任务和主体工程，对法治国家、法治社会建设具有示范带动作用。2018 年是全面贯彻党的十九大精神的开局之年。2019 年，中央和地方各级党委、政府深入贯彻落实党的十九大和十九届二中、三中、四中全会精神，在良好开局的基础上进一步部署推进，法治政府建设硕果累累，成绩斐然。

（一）法治政府建设定位更加明确

法治政府建设的定位十分重要，关系到法治政府建设的地位和作用问题。2019 年 2 月 25 日，习近平总书记在中央全面依法治国委员会第二次会议上再次强调，推进全面依法治国，要坚持法治国家、法治政府、法治社会一体建设，法治政府建设是重点任务，对法治国家、法治社会建设具有示范带动作用。这一论述重申了法治政府建设的重要性，更加明确了法治政府建设在现阶段的定位。正是在这样的定位下，法治政府建设进入了快速发展期，“法治政府”也从一个学术概念发展成为政策要求，进而成为法治实践的核心内容。①

法治政府的概念早在 20 世纪 90 年代就出现在行政法学论著中。在构建符合中国自身需要的行政法理论基础时，就有学者提出以民主型、有限型、治理型、责任型和平权型政府为核心的“政府法治论”。② 法治政府这一主题历久弥新，法治政府的内涵和特征以及法治政府建设的重难点一直都是学术界的重点研究对象。党中央和国务院对法治政府建设的推动为法治政府理论提供了实践基础。1997 年，党的十五大报告中确定了“依法治国，建设社会主义法治国家”的基本方略。1999 年发布的《国务院关于全面推进依法行政的决定》中虽未直接提到“法治政府”一词，但明确要求各级政府和政府各部门的工作人员尤其是领导干部增强依法行政的自觉性，不断提高

① 马怀德：《新时代法治政府建设的意义与要求》，载《中国高校社会科学》2018 年第 5 期。
② 参见杨海坤、章志远《中国行政法基本理论研究》，北京大学出版社，2004，第 87 ~ 89 页。

依法行政的能力和水平，这与法治政府的题中应有之义不谋而合。2004 年发布的《全面推进依法行政实施纲要》提出，为适应全面建设小康社会的新形势和依法治国的进程，必须全面依法行政，建设法治政府。用十年左右时间基本实现建成法治政府的目标就此确立。2008 年发布的《国务院关于加强市县政府依法行政的决定》和 2010 年发布的《国务院关于加强法治政府建设的意见》都强调了法治政府建设的重要性。2012 年，党的十八大将基本建成法治政府作为全面建成小康社会的重要目标之一，规划了法治政府建设的时间表和路线图。同年 12 月 4 日，习近平总书记在首都各界纪念现行宪法公布施行 30 周年大会上的讲话中提出，要“坚持依法治国、依法执政、依法行政共同推进，坚持法治国家、法治政府、法治社会一体建设”，这一论断在党的十八届三中全会、十八届四中全会、十九大等一系列重要会议中被多次强调。《中共中央关于全面推进依法治国若干重大问题的决定》《法治政府建设实施纲要（2015—2020 年）》《中共中央关于坚持和完善中国特色社会主义制度　推进国家治理体系和治理能力现代化若干重大问题的决定》等重要文件进一步明确了法治政府建设的目标，要求更加科学合理，任务部署更加详尽可行。

法治政府建设的定位是确定现阶段法治政府建设功能所在和目标指向的基础，只有牢牢把握其定位，才能全方面、在各领域不断推动法治政府建设。这一点从法治政府建成时间点的不断调整上便可管窥一斑。2004 年，《全面推进依法行政实施纲要》提出要用十年左右的时间基本建成法治政府。2012 年党的十八大提出，到 2020 年全面建成小康社会时，法治政府基本建成。2017 年党的十九大提出，到 2035 年，法治国家、法治政府、法治社会基本建成。法治政府建成时间点的调整是对法治政府建设定位的精准把握，是对法治政府建设中各种制约因素进行综合考虑后作出的理性判断。①现阶段，法治政府建设是法治国家、法治政府、法治社会一体建设中的重点

① 马怀德：《法治政府建设是国家治理的一场深刻革命》，《北京日报》2017 年 12 月 11 日，第 13 版。

任务，法治政府在法治国家与法治社会间承上启下，带动、引领法治国家和法治社会建设早日实现。①

（二）法治政府建设取得新成就

1. 依法行政理念成为共识，法律意识更加进步

法治是治国理政的基本方式。中华人民共和国成立以来特别是改革开放以来，由相关部门主导的普法、学界的呼吁、媒体的宣传共同促进了社会法治意识的提高和法治观念的普及，依法行政、建设法治政府的观念深入人心，成为基本共识。②“法治政府”一词于2004年首次在政府的工作报告中出现，此后出现频率逐渐提高，目前已经成为每年“两会”政府工作报告必备的关键词和风向标。2018年的“两会”政府工作报告中提出，要严格遵守宪法法律，加快建设法治政府，把政府活动全面纳入法治轨道。2019年3月5日，国务院总理李克强在第十三届全国人民代表大会第二次会议上作政府工作报告，将“推进法治政府建设和治理创新，保持社会和谐稳定”列入上一年度政府的主要工作和成果。

地方政府的工作报告也呈现出对“依法行政”“法治政府”理念的普遍接受和自觉使用。北京市人民政府2019年工作报告着重强调加强政府自身建设，以转变政府职能，建设人民满意的服务型政府为目标，将全面推进依法行政置于突出位置；江苏省人民政府2019年工作报告中多处提到“依法行政”和“法治政府”，将“切实加强法治政府建设，坚持法定职责必须为、法无授权不可为，尊法学法守法用法，把政府工作全面纳入法治轨道”作为2019年政府的主要工作任务之一；广东省人民政府2019年工作报告将“全面加强政府自身建设，提升治理能力现代化水平”作为下一年度政府工作中要着重抓好的十个方面之一，提出要“加强法治政府建设，……善于

① 参见马怀德主编《行政法前沿问题研究——中国特色社会主义法治政府论要》，中国政法大学出版社，2018，第5页。

② 马怀德、孔祥稳：《中国行政法治四十年：成就、经验与展望》，载《法学》2018年第9期。

运用法治思维和法治方式开展工作”。法治政府的理念已经融入各级政府的工作全过程，贯穿政府工作的各个方面，法治政府建设的基础日益坚实。

2. 行政法律体系日趋完备，重点领域成果丰硕

2018 年是历届全国人大及其常委会履职第一年审议通过法律案数量最多的一年，实现了良好开局。2019 年在前期工作的基础上稳中求进，截至 2019 年 10 月底，十三届全国人大及其常委会通过宪法修正案，制定法律 13 件，修改法律 60 件次，通过有关法律问题和重大问题的决定 18 件，全国人大常委会正在审议的法律案 12 件。[①] 2019 年立法工作坚决贯彻落实党中央的决策部署，围绕打好三大攻坚战、推动经济高质量发展、加强社会主义文化建设、提高保障和改善民生水平、加强和创新社会治理、有效维护国家安全、深化国防和军队改革、深入推进依法行政加强政府自身建设八个方面开展，立法项目安排科学合理。

2019 年 5 月 1 日，国务院办公厅印发《国务院 2019 年立法工作计划》，将立法项目和负责对应起草工作的单位一一列明。立法项目包括 13 件拟提请全国人大常委会审议的法律案、42 件拟制定和修订的行政法规以及 4 项拟完成的其他立法项目。2019 年，立法工作始终按照计划有序、高质量进行，法律体系更加完善。立法机关以重点突破带动整体推进，加快推进重点领域立法，取得丰硕成果和显著成效。在民生领域，2019 年 6 月 29 日，《疫苗管理法》通过，这是全球首部综合性疫苗管理法律，疫苗管理自此有法可依，公共卫生安全得到有效维护；针对药品管理相关法律，立法机关回应社会的迫切需要，进行系统性、结构性修订。2019 年 3 月 2 日，《药品管理法实施条例》修订通过，同年 8 月 26 日，《药品管理法》修订通过，公众健康的法治保障进一步加强。《土地管理法》《城市房地产管理法》的修订为“三块地”改革新增多项创新性规定。在经济建设领域，优化营商环境是加快建设现代化经济体系、推动高质量发展的重点。《国务院 2019 年立

① 《十三届全国人大及其常委会公布 20 个月来立法工作情况：制定法律 13 件，修改法律 60 件次，通过有关决定 18 件》，《法制日报》2019 年 11 月 15 日，第 1 版。

法工作计划》首次提出制定“优化营商环境条例”。2019 年 7 月 14 日，国家发展改革委发布《优化营商环境条例（征求意见稿）》。同年 10 月 8 日，国务院第 66 次常务会议通过《优化营商环境条例》，自 2020 年 1 月 1 日起施行。《优化营商环境条例》重点针对我国营商环境的突出短板和市场主体反映强烈的痛点难点堵点问题，从完善体制机制的层面作出相应规定。[①]

3. 行政执法“三项制度”深入推行，行政执法体制改革朝纵深方向推进

行政执法是行政机关实施的与社会民众联系最为密切、接触最为频繁的行政活动，行政执法的规范化水平直接影响着民众对于法治政府建设状况的认识和感知。[②] 因此，必须推进行政执法的规范化，坚持严格规范公正文明执法，要完善行政执法程序，规范执法自由裁量权，加强对行政执法的监督，全面落实行政执法责任制。2018 年 12 月 5 日，国务院办公厅印发《关于全面推行行政执法公示制度执法全过程记录制度重大执法决定法制审核制度的指导意见》，将行政执法公示制度、执法全过程记录制度、重大执法决定法制审核制度作为行政执法“三项制度”，在各级行政执法机关全面推行。此后，工业和信息化部、水利部、自然资源部等多个部门结合行业实际情况制定实施方案，山西省、福建省等多个省份也将“三项制度”的相关内容纳入其新制定或修订的行政执法条例。实践中，各地区、各部门通过建立流程化、规范化、透明化的执法信息平台，全面落实推行“三项制度”，实现了执法全过程网上记录、执法结果网上公示、执法数据网上统计、执法活动网上监督。[③] 广东省委将推行“三项制度”列为全面依法治省、法治政府建设年度工作要点，细化为 27 项任务节点并规划推行时间表，建设行政执法信息平台和行政执法监督网络平台（即行政执法“两平台”），分四个阶段逐步实现省、市、县、乡四级行政执法主体对“两平台”的全面应用。

---

① 参见新华社《李克强签署国务院令　公布〈优化营商环境条例〉》，载中国政府网，http：//www. gov. cn/guowuyuan/2019 - 10/23/content_ 5443952. htm，最后访问时间：2019 年 11 月 28 日。

② 马怀德：《法治政府建设的基本要求》，载《中国司法》2018 年第 5 期。

③ 周宵鹏：《规范行政执法，搭建信息平台：推行三项制度有效提升政府治理效能》，《法制日报》2019 年 12 月 2 日，第 3 版。

广东省自2019年1月30日起正式启动全省统一的行政执法公示平台，截至2019年11月中旬，已有4670家行政执法部门、5366个行政执法主体在公示平台注册上线，公示执法案件结果81.24万宗。行政执法“两平台”验证性系统试点已经全面铺开。① 贵州省利用大数据产业发展优势，积极探索“大数据+行政执法”，建立完善执法信息收集和部门互通共享机制。贵州省毕节市在“三项制度”试点工作信息平台中设置综合信息、执法部门、执法人员、权责清单、执法结果、办理动态、咨询投诉七个功能模块，“三项制度”改革试点覆盖毕节市、县、乡三级执法单位630余个，收录1.37万名执法人员信息、5.12万篇执法信息，上传业务办件10.44万件。②

除全面推行“三项制度”外，2019年，行政执法体制改革以“减少层次，整合队伍，提高效率”为原则，朝纵深方向持续推进。2019年7月26日通过的《福建省行政执法条例》在第6条中明确规定：“县级以上地方人民政府应当加强行政执法规范化建设，整合行政执法机构，合理配置行政执法人员，提高行政执法效率和水平。”行政执法作为行政机关履行政府职能的主要方式，将在体制改革的助力下为推进国家治理体系和治理能力现代化做出更大贡献。

4. 政务公开全面推进，政府权力在阳光下运行

政务公开是推进国家治理现代化的重要一环。在新时代网络化、信息化的背景下，政务公开承载着民主与法治、公平与正义等多元价值，是加快建设法治政府的有效途径。我国政务公开经历了从村务公开到乡镇机关政务公开和厂务公开，再到各级人民政府的政府信息公开的发展过程。2019年4月3日，修订后的《政府信息公开条例》发布，此次修订是原条例实施11年后的首次修订，既在公开数量上有所提升，又在公开质量上有所优化：重

① 参见广东省司法厅《广东以信息化手段助力行政执法“三项制度”全面落实》，载广东省司法厅门户网站，http://sft.gd.gov.cn/sfw/news/toutiao/content/post_2705796.html，最后访问时间：2019年12月14日。

② 参见毕节市政府办公室《毕节推进“三项制度”改革试点护航法治政府建设》，载贵州省人民政府网，http://www.guizhou.gov.cn/xwdt/dt_22/df/bj/201911/t20191106_10872207.html，最后访问时间：2019年12月14日。

新界定政府信息的概念；明确政府信息公开的范围，进一步扩大主动公开的广度和深度；明确“以公开为常态，不公开为例外”的原则；完善依申请公开程序，取消“三需要”门槛，同时对不当行使申请权的行为予以规范；强化便民服务要求，通过加强对信息化手段的运用提高政府信息公开实效，切实发挥政府信息对人民群众生产、生活和经济社会活动的服务作用。2019年4月17日，国务院办公厅印发《2019年政务公开工作要点》，提出要以公开稳预期、强监督、促落实、优服务，进一步提高政府治理能力。住房和城乡建设部、人力资源和社会保障部等随后印发了各自职责范围内政务公开工作的要点，深化重点领域信息公开。2019年11月23日，《国务院办公厅政府信息与政务公开办公室关于政府信息公开工作年度报告有关事项的通知》发布，根据修订后《政府信息公开条例》中的相关规定，公布政府信息工作年度报告的统一格式，以“提高认识、加强领导、夯实基础、明确责任”为要求，规范报告的内容、方式及时间，确保相关工作的新旧衔接有序进行。可以预见，政府信息公开制度将以本次条例修订为契机进一步发展，将成为到2035年如期建成法治政府的坚实基础。

政府信息公开是政府主导的自我改革与完善，是政务公开的重要组成部分。与政府信息公开相比，政务公开的范围更为广泛，公开形式更为灵活，公开制度更加规范，公开更多地依赖互联网和媒体技术。① 目前，政府网站是政务公开的基本途径和方式，正朝着集约化和功能优化方向扎实迈进，全国政府网站从2015年的8.4万家整合至目前的1.6万家。各级政府充分发挥政务微博、微信、移动客户端等政务新媒体的积极作用，稳步推进政府公报电子版和数据库建设。② 湖北省人民政府积极推动“一网、一门、一次”改革，对省政府门户网站进行全面改造升级，立足该省实际，确定“省市分建”模式，制定全省统一规范标准，全面推进政府网站集约化建设。全省运行网站数量由4213个减少至608个，统一技术平台建设陆续开展，目

① 马怀德：《政府信息公开制度的发展与完善》，载《中国行政管理》2018年第5期。

② 肖捷：《以人民为中心推进新时代政务公开》，《学习时报》2019年9月9日，第A1版。

前省级集约化平台已经部署完毕，省级信息资源中心完成投入使用。① 甘肃省自2018年1月3日起启用改版升级的甘肃政务服务网，创新“前台统一受理、后台分类审批、统一窗口出件”的政务服务模式，坚持“一网办理”。截至2019年8月，80%以上政务服务事项实现全程网上办理，1644项政务服务事项实现群众和企业“最多跑一次”甚至“零跑腿”。②

5.《重大行政决策程序暂行条例》发布，有力推动行政决策科学化、民主化、法治化

党的十九大报告提出，要健全依法决策机制，构建决策科学、执行坚决、监督有力的权力运行机制。推进行政决策科学化、民主化、法治化是《法治政府建设实施纲要（2015—2020年）》提出的主要任务之一。规范重大行政决策程序是建设法治国家、法治政府的必然要求，是完善中国特色社会主义法治体系、推进国家治理体系和治理能力现代化的重要举措。

2019年4月20日，《重大行政决策程序暂行条例》（以下简称《条例》）发布，对重大行政决策的事项范围、作出和调整程序、重大行政决策责任追究等方面作出具体规定：在事项范围方面，《条例》通过“列举+排除”进行框定，同时允许决策机关结合职责权限和本地实际，确定决策事项目录、标准，经同级党委同意后向社会公布并根据实际情况调整；在作出和调整程序方面，《条例》逐一细化公众参与、专家论证、风险评估、合法性审查、集体讨论决定五大法定程序，明确规定各项程序的具体要求；在责任追究方面，《条例》规定了过程记录和材料归档制度，以及责任倒查和终身责任追究制度的适用情形。此外，相较于征求意见稿，正式公布的条例进一步强调党对重大行政决策的领导作用，明确重大行政决策必须坚持和加强

① 参见《湖北创新引领有序推进政府网站集约化试点工作》，载湖北省人民政府门户网站，http://www.hubei.gov.cn/zwgk/hbyw/hbywqb/201911/t20191114_1420426.shtml，最后访问时间：2019年12月14日。

② 甘肃日报：《10年，从6到2333——甘肃省政务公开工作透视》，载中国政府网，http://www.gov.cn/xinwen/2019-08/22/content_5423317.htm，最后访问时间：2019年12月15日。

党的全面领导，全面贯彻党的路线方针政策和决策部署，发挥党的领导核心作用，把党的领导贯彻到重大行政决策全过程。

以《条例》为蓝本，地方立法结合地方实际，进一步完善重大行政决策法制。2019 年 9 月 25 日，甘肃省人民政府发布《甘肃省人民政府重大行政决策程序规定》。2019 年 10 月 18 日，吉林省人民政府发布《吉林省重大行政决策程序规定》。除地方政府规章外，2019 年 8 月 31 日，《上海市人民政府关于贯彻〈重大行政决策程序暂行条例〉的实施意见》发布。2019 年 9 月 23 日，浙江省市场监督管理局办公室印发《浙江省市场监督管理局重大行政决策程序规定（试行）》。在法制不断完善的基础上，行政决策制度以制度科学、程序正当、过程公开、责任明确为目标，助力决策质量显著提高，决策效率切实保证，决策公信力和执行力大幅提升。

6. 有效化解社会争议，解决行政争议的法治化水平不断提高

《法治政府建设实施纲要（2015—2020 年）》将“依法有效化解社会矛盾纠纷”确定为法治政府建设的主要任务之一，要求形成公正、高效、便捷、成本低廉的多元化矛盾纠纷解决机制。目前，我国的多元矛盾纠纷解决机制包括行政诉讼、行政复议、行政调解、行政裁决、仲裁制度和信访工作制度，切实维护了公民、法人和其他组织的合法权益。

2019 年是《行政复议法》颁布 20 周年。行政复议以解决行政争议为基础功能，以监督行政机关依法行使职权，保护公民、法人和其他组织的合法权益为整体目标。[①] 行政复议是我国行政纠纷解决体系的重要组成部分，具有高效、低成本、和谐等优点。截至 2018 年底，全国各级行政复议机关共收到行政复议申请 226 万件，立案审理 199.7 万件，审结 186.4 万件。[②] 经行政复议后，70% 的案件实现案结事了，不再提起行政诉讼。然而，为解决行政复议制度近年来在实施中逐渐反映出的一些新问题，应对行政复议工作面临的新形势和任务，《行政复议法》的修改已经箭在弦上。目前，《行政

① 应松年：《对〈行政复议法〉修改的意见》，载《行政法学研究》2019 年第 2 期。

② 《行政复议法实施二十年　复议机关受案二百二十六万件七成实现案结事了》，《法制日报》2019 年 11 月 9 日，第 1 版。

复议法》的修改已经列入十三届全国人大常委会立法规划。具体起草工作由司法部承担，拟由国务院于2020年底前提请全国人大常委会审议。以本次修改为契机，行政复议的功能和性质将更加明确，行政复议改革将向信息化、规范化、职业化方向更进一步，最终使行政复议真正成为化解行政争议的主渠道。

2019年也是《行政诉讼法》颁布30周年。《行政诉讼法》的颁布实施是我国行政法治建设进入快速发展的“黄金三十年”的起点，是我国改革开放以来法治建设中具有划时代意义的一件大事。行政诉讼制度不仅为社会公众提供了法定的救济渠道，将“官民冲突”纳入法治轨道，还倒逼了一大批行政法律规范的出台，与行政复议制度共同发挥监督作用，与国家赔偿制度相协调，是法治政府建设的坚实基础。[①] 30年来，行政诉讼制度面向实践不断自我革新，积极回应现实需求，受案范围不断扩大，程序规则不断优化，配套制度不断健全。2014年，《行政诉讼法》在实施24年后迎来首次大修，修改涉及行政诉讼目的、受案范围、起诉期限、行政机关负责人出庭应诉、管辖制度、证据制度、简易程序、调解和解制度、执行制度等一系列重要内容。2017年6月27日，《行政诉讼法》第25条增加一款，确立了具有客观诉讼属性，以纠正公共性不当行为，维护公共利益为目的的检察机关提起行政公益诉讼制度。2019年11月27日，《最高人民法院关于审理行政协议案件若干问题的规定》发布，切实保障人民群众在行政协议中的合法权益，有效推进法治政府、诚信政府建设，政府行政治理能力显著提高。

7. 积极回应数字时代的要求，政府治理水平不断提升

习近平总书记指出，没有信息化就没有现代化。随着数字时代的来临，大数据、人工智能、区块链等信息技术飞速发展，这不仅是行政管理在技术上的更新，更反映出我国行政法治的模式转型，即从传统的行政管理和经济、社会规制模式向现代国家治理和行政法治模式转换。[②] 在此背景下，政

---

① 马怀德：《行政诉讼法的时代价值——行政诉讼三十年：回首与前行》，载《中国法律评论》2019年第2期。

② 参见姜明安《新时代中国行政法学的转型与使命》，载《财经法学》2019年第1期。

府的数字化转型成为必然趋势。数字政府建设提上日程。2019 年 3 月 15 日，第十三届全国人民代表大会第二次会议通过《关于 2018 年国民经济和社会发展计划执行情况与 2019 年国民经济和社会发展计划的决议》，将“大力推动‘互联网 + 政务服务’，加快‘数字政府’建设”列入 2019 年国民经济和社会发展计划的主要任务。2019 年 4 月 26 日，《国务院关于在线政务服务的若干规定》公布并施行，全国一体化在线政务服务平台加快建设步伐。2019 年 12 月 6 日，中国软件评测中心发布《2019 年中国数字政府服务能力评估总报告》和《政务数据质量管理调查白皮书》，评估中显示，中国数字政府建设经历萌芽期、探索期、巩固期后，目前已经进入全面提升阶段。

地方积极推进“互联网 + 政务”，创新举措频出。山西省通过以“一朵云”为统领，以“一张网”为支撑，以“一平台”为载体，以“一系统”为基础，以“一城墙”为抓手，以数字政府建设引领“放管服效”改革向纵深推进，政府治理现代化水平全面提升；[①] 北京市“首都之窗”网站使用人工智能和常识图谱技术，实现政策信息“一网通查”，该网站“政民互动”栏目下设“12345 网上接诉即办”，诉求解决效率显著提升，下一步更多事项将在网上政务服务大厅实现“一网通办”。[②]

8. 基层法治不断创新，助推治理体系现代化

基层法治水平是法治政府建设的检验标准。法治政府建设重点在基层，难点也在基层。基层法治既要严格遵循既有的顶层设计，又要充分结合基层实际展开探索，以治理手段的创新带动治理能力的提升，为完善顶层设计提供新思路。

基层治理不断向法治化、精细化发展，治理体制机制创新层出不穷。

---

① 参见山西日报《山西：加快推进数字政府建设，全面提升政府治理水平》，载中国政府网，http：//www.gov.cn/xinwen/2019－11/15/content_ 5452261.htm，最后访问时间：2019 年 11 月 28 日。

② 参见《首都之窗网站实现了政策信息一网通查》，载北京民众网，http：//www.medmz.com/zyxx/2019/1103/84.html，最后访问时间：2019 年 11 月 28 日。

2019年1月9日，中共北京市委、北京市人民政府发布《关于加强城市精细化管理工作的意见》，强调要深入推进“乡镇吹哨，部门报到”。“哨”指群众的诉求，“报到”指部门到基层一线实质性解决问题。“乡镇吹哨，部门报到”是极具代表性的基层治理体制机制创新之一，是对“最后一公里”难题的有效破解手段，做到了“民有所呼，我有所应”。经历以169个街乡为范围的试点后，“乡镇吹哨，部门报到”即将全面推开。2019年11月27日，《北京市街道办事处条例》通过，实现对街道的“赋权明责增能”，① 明确了街道办事处八个方面的主要职责和六个方面的职权，旨在通过立法固化、引领改革创新成果。以此为启发，天津市打造“津治”App作为一体化社会治理信息化平台的移动端出口，通过运用信息化和大数据手段，打造街道在平台上“吹哨”，区属相关部门“报到”的机制；② 江西赣州建立“三级吹哨，三级报到”机制，由社区网格员、楼栋长、街巷长吹响“一级哨”，社区处理有困难时吹“二级哨”，由街道协调解决，对于情况复杂的综合性问题，由街道吹响“三级哨”，市、区相关职能部门立即到社区共同协商解决。③

（三）法治政府建设与责任落实督察工作全面展开

《法治政府建设实施纲要（2015—2020年）》强调法治政府建设要强化考核评价和督促检查，要求各项工作任务除有明确时间要求外，原则上应当在2019年底前完成。2019年12月，法治政府建设迎来本阶段的收卷期，中央依法治国办启动对河北等8省法治政府建设情况的实地督察，总结和验

---

① 参见新华社《北京出台街道办事处条例　为街道“赋权明责增能”》，载中国政府网，http://www.gov.cn/xinwen/2019-11/28/content_5456532.htm，最后访问时间：2019年12月1日。

② 参见新华社《天津：街道“吹哨”部门“报到”快速解决社区百姓操心事、烦心事》，载中国政府网，http://www.gov.cn/xinwen/2019-11/08/content_5450130.htm，最后访问时间：2019年12月1日。

③ 参见新华社《江西赣州：创新赋能制度　增进民生福祉》，载中国政府网，http://www.gov.cn/xinwen/2019-11/25/content_5455503.htm，最后访问时间：2019年12月1日。

收这一阶段法治政府建设的各项成果。2019 年 4 月 15 日，由中共中央办公厅、国务院办公厅印发，中央全面依法治国委员会办公室负责解释的《法治政府建设与责任落实督察工作规定》（以下简称《工作规定》）开始施行。《工作规定》以加强党对法治政府建设的集中统一领导，充分发挥督察工作对法治政府建设与责任落实的督促推动作用为目的，以“要不要担责、担什么责、怎样督责、怎样追责”为总体思路，[①] 就法治政府建设与责任落实督查工作的指导思想、工作原则、督查主体和对象、督查内容、督查程序、年度报告以及责任追究等方面作出专门规定。其中，培育法治政府建设先进典型是《工作规定》中规定的对地方各级政府和县级以上政府部门的主要督查工作内容之一，《法治政府建设实施纲要（2015—2020 年）》也明确提出要积极开展建设法治政府示范创建活动，大力培育建设法治政府先进典型。法治政府建设示范创建活动以创建促提升，以示范带发展，引领、带动各级政府找差距、补短板、激发内生动力。2019 年 5 月，中央全面依法治国委员会办公室发布《关于开展法治政府建设示范创建活动的意见》，第一批法治政府建设示范地区评估认定启动，今后将每两年开展一次，梯次推进，从市县政府适时扩展到国务院各部门和各省级政府。截至 2019 年 11 月 29 日，56 个综合候选地区、32 个单项候选项目已经经过评审，进入实地评估阶段。

地方层面，法治政府建设与责任落实督察工作全面展开。江苏省人民政府形成从党政主要负责人到其他领导干部直至全体党政机关工作人员的闭环责任体系，充分利用大数据、云计算等现代信息技术手段，探索建立“互联网 + 督察”信息化管理平台，并与诉讼、复议、江苏 12345 在线平台等系统实现互联互通，凝聚督察工作合力。[②] 山西省委依法治省办召开动员部署

① 参见新华社《中央依法治国办负责人就〈法治政府建设与责任落实督察工作规定〉答记者问》，载中国政府网，http：//www. gov. cn/zhengce/2019 – 05/07/content_ 5389265. htm，最后访问时间：2019 年 11 月 28 日。

② 参见中共江苏省委办公厅《关于认真贯彻落实〈法治政府建设与责任落实督察工作规定〉的通知》，载中共江苏省委新闻网，http：//www. zgjssw. gov. cn/fabuting/liangbanwenjian/201910/t20191011_ 6362754. shtml，最后访问时间：2019 年 12 月 1 日。

电视电话会议，对法治政府建设全面督察工作的职责分工、时间进度、督察重点、方式方法等作出安排部署。从2019年11月5日起，省委依法治省办牵头组建的11个督察组赴11个设区市开展实地督察。[①] 河南省督察组采取听取汇报、与领导干部谈话、召开座谈会、到重点单位或县（区）明察暗访、听取群众意见等多种形式，全面了解被督察市（县）法治政府建设情况和存在的问题。[②] 浙江省委依法治省办按照“总结经验、发现问题、补足短板、推进工作”的目标，组织八个督察组，对全省法治政府建设开展实地督察。[③]

二　十九届四中全会对法治政府建设提出新要求

2019年10月28日至31日，中国共产党第十九届中央委员会第四次全体会议在北京举行。这是我们党历史上第一次用一次中央全会专门研究国家制度和国家治理问题并作出决定。这次全会在关键时期召开，主题重大、事关根本，具有里程碑意义。[④] 会议审议通过了《中共中央关于坚持和完善中国特色社会主义制度　推进国家治理体系和治理能力现代化若干重大问题的决定》（以下简称《决定》）。《决定》系统集成了过往的理论成果、制度成果、实践成果，在勾勒出更加清晰的顶层设计的同时着力解决国家治理中的实践问题，具有重要的指导意义。法治政府建设是国家治理的一场深刻革

① 参见山西日报《山西省启动2019年法治政府建设全面督察》，载中国政府网，http://www.gov.cn/xinwen/2019-11/05/content_5448770.htm，最后访问时间：2019年12月1日。

② 参见河南日报《河南省开展法治政府建设全面督察》，载中国政府网，http://www.gov.cn/xinwen/2019-11/04/content_5448357.htm，最后访问时间：2019年12月1日。

③ 参见浙江日报《浙江省将对全省法治政府建设开展实地督察》，载中国政府网，http://www.gov.cn/xinwen/2019-11/12/content_5451232.htm，最后访问时间：2019年12月1日。

④ 参见人民法院新闻传媒总社《法治领域，十九届四中全会树立了哪些“风向标”？——中宣部发布会详解中国共产党十九届四中全会焦点议题》，载中国法院网，https://www.chinacourt.org/article/detail/2019/11/id/4605028.shtml，最后访问时间：2019年11月28日。

命，是对人民在民主、法治、公平、正义、安全、环境等方面日益增长的要求的实质回应。① 在此背景下，必须贯彻落实《决定》作出的各项部署，加快推动法治政府建设进程，助力“中国之治”进入新境界。

（一）坚持党的领导，把党的领导落实到国家治理各领域各方面各环节

《决定》指出，要坚持党领导一切，坚决维护党中央权威，健全总揽全局、协调各方的党的领导制度体系，把党的领导落实到国家治理各领域、各方面、各环节。《决定》要求，要建立不忘初心、牢记使命的制度，完善坚定维护党中央权威和集中统一领导的各项制度，要健全党的全面领导制度，健全为人民执政、靠人民执政各项制度，健全提高党的执政能力和领导水平的制度，完善全面从严治党制度。

党的领导制度体系是党和国家整个制度体系构建的基础，在 13 项坚持和完善制度建设任务中居于统领地位。党政军民学、东西南北中，党是领导一切的。党的领导要贯穿在国家制度和法律制度的方方面面，要统领治理体系和治理能力现代化的各个环节。② 法治政府建设是国家治理的深刻革命，是全面推进依法治国的重点任务，更要贯彻落实坚持党对一切工作的领导这一最高政治原则。

2019 年 2 月 16 日，《求是》杂志发表习近平总书记重要文章《加强党对全面依法治国的领导》。文章开篇再次强调，中央全面依法治国委员会的组建目的在于加强党对全面依法治国的集中统一领导，统筹推进全面依法治国工作。文章同时指出，坚持加强党对依法治国的领导必须坚持实现党领导立法、保证执法、支持司法、带头守法。在立法方面，党通过政策和方针的

---

① 马怀德：《法治政府建设是国家治理的一场深刻革命》，《北京日报》2017 年 12 月 11 日，第 13 版。

② 《专访中国政法大学校长马怀德：法治体系是国家治理的骨干工程》，载中央纪委国家监委网站，http：//v. ccdi. gov. cn/2019/11/04/VIDEhRZZE8utD46f0Lo7O1GC191104. shtml，最后访问时间：2019 年 11 月 29 日。

制定，实现对立法的政治领导。例如，《监察法》第2条规定，“坚持中国共产党对国家监察工作的领导”，这正是党对立法的领导制度化、法治化的体现。在执法方面，党通过坚持依宪依法执政，深入推进政府依法行政，保证政府能够严格规范公正文明执法。在司法方面，司法体制改革成效正逐步显现，党的领导是实现公正司法、提高司法公信力的重要保证。在守法方面，各级党组织和全体党员率先垂范、以身作则，尊法、学法、守法、用法，为全民守法。①

从党的十五大确立依法治国基本方略到中央全面依法治国委员会统筹推进全面依法治国工作，党对依法治国的重视达到了新高度，正以前所未有的广度和深度统筹谋划、深入实践。为此，必须以党的领导制度化、法治化为契机，把党的领导落实到法治政府建设各领域、各方面、各环节。

（二）建设中国特色社会主义法治体系，推进法治中国建设

党的十八届四中全会首次提出，全面依法治国的总目标是建设中国特色社会主义法治体系，建设社会主义法治国家。中国特色社会主义法治体系的提出标志着中国法治进入一个新的阶段。随着中央全面依法治国委员会的成立，中国特色社会主义法治体系建设的总体思路和重点任务更加明晰。《决定》将建设中国特色社会主义法治体系置于重要位置，重申法治国家、法治政府、法治社会一体建设的要求。中国特色社会主义法治体系包含完备的法律规范体系、高效的法治实施体系、严密的法治监督体系、有力的法治保障体系和完善的党内法规体系五个子体系。新时代的背景下，中国特色社会主义法治体系作为制度建设的重点，内涵不断丰富，价值日趋凸显。为推进中国特色社会主义法治体系建设，加快五个子体系的形成，《决定》在总结全面依法治国取得的显著成就基础上，从制度层面、战略层面规划了未来全面推进依法治国的重点任务和举措。

① 参见马怀德主编《行政法前沿问题研究——中国特色社会主义法治政府论要》，中国政法大学出版社，2018，第4页。

一是健全保障宪法全面实施的体制机制。这意味着宪法全面实施的体制和机制还需要完善，特别是宪法的权威还需要进一步增强。保障宪法的全面实施，要落实宪法解释程序机制，推进合宪性审查工作，特别要加强法律法规和规范性文件的备案审查制度和能力建设，依法撤销和纠正违宪违法的规范性文件，使宪法全面实施具有坚实的体制机制保障。

二是完善立法体制机制。要坚持科学立法、民主立法、依法立法，完善党委领导、人大主导、政府依托、各方参与的立法工作格局，立改废释并举，不断提高立法质量和效率，加强重要领域立法，以良法保障善治，重点解决立法的针对性不足、操作性不强、立法不及时等问题，确保立法能够在改革发展中充分发挥引领、推动和保障的作用。

三是健全社会公平正义的法治保障制度。科学立法、严格执法、公正司法、全民守法本质上都是为了保障社会公平正义。为此，必须加强人权法治保障，保证人民依法享有广泛的权利和自由、承担应尽的义务。坚持严格规范公正文明执法，规范执法自由裁量权，加大关系群众切身利益的重点领域，如食品药品、生态环保、土地规划等的执法力度，确保法律有效实施。深化司法体制综合配套改革，全面落实司法责任制，完善律师制度，加强对司法活动的监督，确保司法公正高效权威，努力让人民群众在每一个司法案件中感受到公平正义。

四是加强对法律实施的监督。加强对法律实施的监督，就是要保证行政权、监察权、审判权、检察权得到依法正确行使，保证公民、法人和其他组织合法权益得到切实保障，排除对执法司法活动的干预，尤其要支持新形式的法律监督制度，扩大公益诉讼范围。加大对严重违法行为的处罚力度，强化刑事责任追究，让违法者付出应有的代价，遏制各领域的违法行为。各级党和国家机关以及领导干部要提高运用法治思维和法治方式深化改革、推动发展、化解矛盾、维护稳定、应对风险的能力，确保法律有效实施。

当前的重点任务就是建设人民满意的法治政府。为此，需要完善国家行政体制，优化政府职责体系，优化政府组织结构，厘清政府职能边界，完善权力配置，改善权力运行，创新行政方式，提高行政效能，构建职责明确、依法行政的政府治理体系。要深刻把握建设法治政府的时代背景和现实要求，深化巩固党和国家机构改革成果，推进机构、职能、权限、程序、责任法定化，深化行政执法体制改革，深入推进“放管服”改革，强化对行政权力的制约和监督，健全依法决策机制，加强重点领域立法，逐步形成一套更加成熟、更加定型的依法行政制度体系，有效推进国家治理体系和治理能力现代化。①

（三）完善中国特色社会主义行政体制，建设依法行政的服务型政府

政府职能转变是行政体制改革的核心。党的十九大报告中提出：“转变政府职能，深化简政放权，创新监管方式，增强政府公信力和执行力，建设人民满意的服务型政府。”《决定》在明晰行政管理的职责的基础上重申服务型政府的建设目标。《决定》指出，国家行政管理承担着按照党和国家决策部署推动经济社会发展、管理社会事务、服务人民群众的重大职责。因此，必须坚持一切行政机关为人民服务、对人民负责、受人民监督，创新行政方式，提高行政效能，建设人民满意的服务型政府。

职能科学在《法治政府实施纲要（2015—2020）》为法治政府提出的总体目标中居于首要位置。建设高效便民的服务型政府是法治政府建设基本任务的重要组成部分。确保政府职能向更加科学的方向转化、完善行政体制改革是下一阶段法治政府建设的重心所在。根据《决定》提出的要求，主要包含四个方面。

一是以推进国家机构职能优化协同高效为着力点，进一步完善国家行政体制。2018 年开展的新一轮机构改革是我国改革开放以来规模最大、范围最广、利益调整最为深刻的一次，是党在新的历史时期，面对新的历史任务所作出的重大决策。② 根据《深化党和国家机构改革方案》中的时间规划，

① 马怀德：《法治是国家治理体系和治理能力现代化的必由之路》，《人民日报》2019 年 12 月 3 日，第 11 版。

② 马怀德：《为机构改革提供坚强法治保障——〈国务院关于国务院机构改革涉及行政法规规定的行政机关职责调整问题的决定〉解读》，载《中国司法》2018 年第 7 期。

中央和国家机关机构改革要在2018年底前落实到位，省级党政机构在2018年底前机构调整基本到位。所有地方机构改革任务在2019年3月底前基本完成。进入后机构改革时代，需以推进国家机构职能优化协同高效为着力点，优化行政决策、行政执行、行政组织、行政监督体制，深化行政执法体制改革。

二是优化政府职责体系。在新时代的背景下，简政放权、放管结合、优化服务的改革正在推进，政府具有经济调节、市场监管、社会管理、公共服务、生态环境保护等多重职能。为促进政府高效履职，有必要继续推行政府权责清单制度，厘清政府内部各部门、政府和市场、政府和社会的权责界限。2018年以来，权力清单和责任清单两单融合加快实现，标准化、规范化建设水平进一步提高。下一阶段，要继续健全权责清单动态管理机制，实现与“三定”规定的有机结合，更加强化对执行情况的监督问责。此外，政府职责体系的优化需对数字时代作出回应。《决定》提出，要建立健全运用互联网、大数据、人工智能等技术手段进行行政管理的制度规则。推进数字政府建设，加强数据有序共享，依法保护个人信息。

三是继续优化政府组织结构，随着各级党和国家机关对机构改革方案的贯彻落实，政府机构设置更加科学、职能更加优化、权责更加协同。各方全面发力，各领域多点突破，推动改革向纵深方向发展，以完善的政府组织机构为政府充分全面履行职能提供保障。因此，下一步要严格机构编制管理，统筹利用行政管理资源，形成高效率组织体系。

四是健全充分发挥中央和地方两个积极性的体制机制。根据《决定》的要求，中央将适当加强知识产权保护、养老保险、跨区域生态环境保护等方面事权，减少并规范中央和地方共同事权，赋予地方更多自主权，支持地方创造性开展工作。这是对地方治理能力的更高要求。地方政府直接面向基层实践，掌握法治政府建设的第一手实践资料，构建从中央到地方权责清晰、运行顺畅、充满活力的工作体系将对法治政府建设起到突出作用，既有利于中央完善顶层设计，在宏观上进行把握，又有利于地方充分结合当地实际，围绕中央的顶层设计积极展开探索。

（四）加强普惠性、基础性、兜底性民生建设，使改革发展成果惠及全体人民

党的十九大报告提出，我国社会主要矛盾已经转化为人民日益增长的美好生活需要和不平衡不充分的发展之间的矛盾，发展不平衡不充分已经成为满足人民日益增长的美好生活需要的主要制约因素。民生建设事关人民福祉，加强民生建设要抓住人民最关心最直接最现实的利益问题。《决定》指出，要注重加强普惠性、基础性、兜底性民生建设，保障群众基本生活。民生建设成果要能够普遍惠及全体人民，也要始终以人民最迫切的现实需要为着眼点，及时补齐建设短板。

《决定》为加强民生保障建设作出详细部署，在健全就业促进机制、构建教育体系、完善社会保障体系、强化提高人民健康水平的制度保障等各个方面都提出了明确要求。这些要求的实现离不开法治政府建设。民生建设的相关内容在《法治政府建设实施纲要（2015—2020年）》中多次出现，是法治政府建设主要任务和具体措施的重要组成部分，加强普惠性、基础性、兜底性的民生建设与推进法治政府建设息息相关：法治政府建设要求政府依法全面履行职能，公共服务是政府被明确列举、应依法全面履行的职责之一，优化公共服务要求政府着力促进教育、卫生、文化等社会事业健康发展，强化政府促进就业、调节收入分配和完善社会保障职能。以促进就业为例，加大取消和下放影响群众就业创业行政许可事项的力度是深化行政审批改革的重要内容；行政决策科学化、民主化、法治化要求公众参与程度切实提升，质量不断提升，推行文化教育、医疗卫生、资源开发、环境保护、公用事业等重大民生决策事项民意调查制度是其题中应有之义；在行政执法方面，食品药品安全、公共卫生是推行综合执法的重点领域，重点领域执法水平的提高将直接反映执法实现严格规范公正文明，直接体现法治政府建设的水平。综上，法治政府建设应贯彻落实《法治政府建设实施纲要（2015—2020年）》和《决定》中作出的部署，运用法治思维和法治方式不断保障和改善民生、增进人民福祉。

（五）严格落实政府监管责任，助推生态文明制度体系建设

生态文明建设功在当代、利在千秋，关系人民福祉，关乎民族未来。根据2015年4月25日发布的《中共中央、国务院关于加快推进生态文明建设的意见》，到2020年，生态文明建设水平要与全面建成小康社会目标相适应。《决定》强调，生态文明建设是关系中华民族永续发展的千年大计，要坚持和完善生态文明制度体系建设，促进人与自然和谐共生。生态文明建设是政府全面履职的重点领域之一，涉及健全相关法律法规、完善标准体系、健全配套经济政策等多个方面。

《决定》重点就生态环境保护和资源高效利用作出部署。在生态环境保护方面，我国长久以来坚持依靠法律、依靠制度保护生态环境，特别是党的十八大以来，立法力度之大、执法之严、守法程度之好前所未有。[①]《决定》提出，要实行最严格的生态环境保护制度，健全源头预防、过程控制、损害赔偿、责任追究的生态环境保护体系。《决定》将严明生态环境保护责任放在突出位置，要求政府充分履行监管责任，如在执法领域推进生态环境保护综合行政执法，立法领域建立生态文明建设目标评价考核制度、健全生态环境监测和评价制度、完善生态环境公益诉讼制度，落实生态补偿和生态环境损害赔偿制度。在资源高效利用方面，改革开放以来，我国全民所有自然资源资产有偿使用制度逐步建立并发挥积极作用。2019年7月11日，在前期试点经验基础上，自然资源部、财政部、生态环境部、水利部、国家林业和草原局联合发布《自然资源统一确权登记暂行办法》，自然资源统一确权登记制度全面实行，自然资源确权登记迈入法治化轨道。在此基础上，《决定》进一步提出自然资源统一确权登记的法治化、规范化、标准化、信息化要求。随着自然资源产权制度的健全，资源有偿使用等制度进一步落实，资源高效利用制度将全面建立。

---

① 新华社：《提升生态文明　建设美丽中国——回顾70年中国生态环境保护成效》，载中国政府网，http：//www. gov. cn/xinwen/2019 - 09/29/content_ 5435088. htm，最后访问时间：2019年11月28日。

（六）坚持和完善党和国家监督体系，实现权力运行制约和监督法治化

强化对行政权力的制约和监督是建设法治政府的主要任务之一。权力必须被关在制度的笼子中，权力运行必须受到制约和监督。党的十九大提出，要深化监察体制改革，要把党内监督同国家机关监督、民主监督、司法监督、群众监督、舆论监督贯通起来，增强监督合力。《决定》作出进一步部署，要求必须健全党统一领导、全面覆盖、权威高效的监督体系，增强监督严肃性、协同性、有效性，形成决策科学、执行坚决、监督有力的权力运行机制。

《监察法》第 1 条规定了其立法目的，即“深化国家监察体制改革，加强对所有行使公权力的公职人员的监督，实现国家监察全面覆盖，深入开展反腐败工作，推进国家治理体系和治理能力现代化”。《监察法》的制定实现了党的监督和国家监督的有机统一、协调匹配。通过建立监察委员会，健全国家监察组织架构，党内监督和国家监督机构相结合，监督力量能延伸和覆盖到所有公职人员，监督体制机制向制度化、规范化方向发展。[①]《监察法》实施一年有余，国家监委和省市县三级监委已经组建完成，监察体制改革初见成效。在此背景下，习近平总书记指出，监察制度须在新的起点上继续深化，要在不偏离改革目标的前提下跟上工作职能、各项规则、配套法规、协调机制几个方面。[②] 2019 年，监察制度的配套法规不断健全。2019 年 7 月 15 日，中共中央纪委、国家监察委员会印发《监察机关监督执法工作规定》，同年 10 月 26 日，《关于国家监察委员会制定监察法规的决定》通过，明确规定了国家监察委员会制定监察法规的范围、制定程序以及全国人大常委会对监察法规的监督等内容。“政务处分法”“监察官法”也已经

---

① 马怀德：《再论国家监察立法的主要问题》，载《行政法学研究》2018 年第 1 期。

② 新华社：《习近平主持中共中央政治局第十一次集体学习并讲话》，载中国政府网，http：//www. gov. cn/xinwen/2018 - 12/14/content_ 5348908. htm，最后访问时间：2019 年 11 月 28 日。

被列入全国人大常委会立法规划。监察制度改革作为建立中国特色监察体系的创制之举，必将在下一阶段继续收获实效。

三　贯彻习近平总书记关于全面依法治国新理念新思想新战略，开启法治政府建设新征程

依法治国谋在此时，更谋在万世，它是党的十五大确定的基本方略之一，是“四个全面”战略布局的重要组成部分，是新时代中国特色社会主义思想的重要内容，也是新时代坚持和发展中国特色社会主义的基本方略。全面依法治国引发国家治理体系和治理结构的诸多调整，是国家治理领域一场广泛而深刻的革命。党的十八大以来，党中央对全面依法治国作出一系列重大决策，对全面依法治国的指导思想、发展道路、工作布局、重点任务进行部署。习近平总书记全面依法治国新理念新思想新战略是党的十八大以来法治实践的结晶和理论升华，为新时代法治中国建设指明了方向。习近平总书记在中央全面依法治国委员会第一次会议上的重要讲话中明确提出这一命题并展开系统论述，解答了全面依法治国一系列方向性、根本性、全局性重大问题，将其核心要义概括为“十个坚持”，成为新时代全面依法治国的行动指南和根本遵循。[①]

进入新时代，谋划和推进法治政府建设必须以统筹推进全面依法治国的大格局和大背景为出发点。[②] 2019 年 2 月 25 日，习近平总书记在中央全面依法治国委员会第二次会议上再次强调，推进全面依法治国，要坚持法治国家、法治政府、法治社会一体建设，法治政府建设是重点任务，对法治国家、法治社会建设具有示范带动作用。[③] 法治政府即将开启新征程，更要深

① 马怀德：《全面依法治国进入新阶段——学习习近平总书记在中央全面依法治国委员会第一次会议上的重要讲话》，载《紫光阁》2018 年第 10 期。

② 参见袁曙宏《在新时代深化依法治国实践中谱写法治政府建设新篇章》，《学习时报》2018 年 8 月 29 日，第 A1 版。

③ 参见新华社《习近平主持召开中央全面依法治国委员会第二次会议》，载中国政府网，http：//www. gov. cn/xinwen/2019 -02/25/content_ 5368425. htm，最后访问时间：2019 年 11 月 29 日。

入学习、深入领会全面依法治国新理念新思想新战略，以之武装头脑、指导实践、推动工作。

十九届四中全会回答了国家治理体系和治理能力现代化中的一些重大问题，为法治政府的建设提供了思路、提出了要求、明确了目标。法治政府建设既需要对既有情况作出分析，进行客观判断，在此基础上通过立法实现制度的落地和完善，又要通过实践来检验是否需要针对实际需要再行调整制度构建。这个过程不可一蹴而就，不能急于求成，要牢牢把握“中国之治”的新格局，不断提升政府的治理能力，为国家治理体系和治理能力现代化提供推力。2019 年是新中国成立 70 周年，也是决胜高水平全面建成小康社会的关键之年，法治政府建设机遇与挑战并存。法为天下之程式，法治兴则国兴，法治强则国强。蓄积 70 年磅礴之力，奋进新时代筑梦之途，法治政府建设将以稳健的步伐踏上新征程。

专题报告

Thematic Reports

·一　国家治理与行政法治·

B.2
优化营商环境法治保障的评估与完善

成协中　陈刻勤*

摘　要： 社会主义市场经济本质上是法治经济，法治既是市场经济的内在要求，也是其良性运行的强大支撑，“法治是最好的营商环境”。近年来，我国优化营商环境的立法蓬勃发展，成果丰硕。从形式上看，我国优化营商环境的相关立法呈现出从地方立法到中央立法、从分散立法到统一立法、以立法引领改革的体系特征；从内容上看，相关立法主要从营造公平有序的市场环境、提供高效便民的政务服务、加强公平公正的监管执法三个方面做出规范。相关立法在进一步强化依法行政和优化政务服务方面具有明显的积极意义，但部分立法规则

* 成协中，法学博士，中国政法大学法学院教授，博士生导师，主要研究方向为行政法学基础理论、行政诉讼、法治政府评估等；陈刻勤，中国政法大学法学院博士研究生。

也存在一定的合法性风险，主要表现为：行政审批程序缩减对第三人权益保护式微、简政放权与职权法定存在冲突、信用惩戒制度背离法治、事中事后监管难以评估等。这些问题的存在削弱了法治对于优化营商环境的规范、引领和保障作用。为强化优化营商环境的法治品性，需建立起统一的营商环境立法体系，以辅助性原则为基础确立起政府与市场的适当边界，以行政职责类型化调和政府多重角色，以政务诚信为引领推进社会信用体系建设。

关键词： 营商环境　法治建设　立法体系　政府职责　政务诚信

营商环境是一个国家和地区的重要软实力。近年来，受国内外各种因素的影响，我国党和政府将优化营商环境作为当前工作的重心，出台了多种政策措施来推动营商环境的改善。2019 年国务院出台《优化营商环境条例》将我国优化营商环境的立法推向了高潮。2019 年 10 月 31 日，十九届四中全会通过《中共中央关于坚持和完善中国特色社会主义制度　推进国家治理体系和治理能力现代化若干重大问题的决定》，进一步提出要“深入推进简政放权、放管结合、优化服务，深化行政审批制度改革，改善营商环境，激发各类市场主体活力”。在这些立法和政策的推动下，商事审批改革不断深入、政务服务水平持续提升、公平性竞争机制日益完善、产权保护体系更加健全，营商环境的法治化程度显著提升。但与此同时，从地方到中央的优化营商环境立法，具有怎样的共性和差异？相关立法规则所设定的政府责任与依法行政原则之间是否完全契合？相关立法能否回应现实的需要？对这些问题尚缺乏深入的检讨和反思。本报告将以优化营商环境的相关立法为研究对象，梳理营商环境法治政府建设的重要制度，反思现有制度与学理、法理之间的冲突，探寻营商环境法治化的完善途径。

一　我国优化营商环境立法的形式特征

“立善法于天下，则天下治；立善法于一国，则一国治。”良好的营商环境离不开一套公正透明、行之有效的法律规范。为不断巩固和提升营商环境法治化改革成果，多地出台优化营商环境的地方性法规或政府规章。2019年，《优化营商环境条例》（下文简称《条例》）的出台，更是标志着中国市场化、法治化、国际化的营商环境建设进入了新的阶段。国务院和地方的相关立法共同构成了我国优化营商环境的法律体系。从形式上看，这些立法呈现出如下特征。

（一）从地方立法到中央立法的路径选择

从表1可知，截止到2020年3月，我国共有10个省市出台了关于营商环境的地方性法规，分别是河北省、辽阳市、陕西省、阜新市、黑龙江省、吉林省、广东省、天津市、辽宁省、山西省；有3个省市出台了关于营商环境的地方政府规章，分别是沈阳市、温州市、安徽省。《辽宁省优化营商环境条例》是我国首部优化营商环境的条例，其出台于2016年，于2019年进行修订，主要在维护公平竞争的市场秩序、优化市场环境；推进“放管服”改革、建设高效便利政务环境；完善法治保障、建设规范公正法治环境；形成诚信开放社会氛围、打造良好人文环境几方面作出了更加明确和细致的规定。2019年10月22日，《条例》正式颁布，这是我国首次从国家层面确立了优化营商环境的基础性行政法规。《条例》将实践证明行之有效的改革举措固定下来，形成了具有普适性、指导性的法规制度。从内容上看，《条例》的大部分条文都能在地方立法中找到影子，如负面清单制度、政务服务标准、优化工程建设项目审批流程、规范行政审批中介服务、包容审慎监管等。但《条例》又超脱于地方立法，能站在更高的层面作出更原则、更全面的规定，如明确了“营商环境”的概念、确定了优化营商环境的原则，为地方营商环境立法和制度实施提供了根本的指引。由此彰显了我国优化营商环境立法选择了从地方立法到中央立法的路径。

表 1　优化营商环境的法律法规

名称	实施日期	效力级别
优化营商环境条例	2020. 01. 01	行政法规
河北省优化营商环境条例	2018. 01. 01	省级地方性法规
辽阳市优化营商环境条例	2018. 02. 01	市级地方性法规
陕西省优化营商环境条例	2018. 05. 01	省级地方性法规
阜新市优化营商环境条例	2019. 03. 01	市级地方性法规
黑龙江省优化营商环境条例	2019. 03. 01	省级地方性法规
吉林省优化营商环境条例	2019. 05. 30	省级地方性法规
广东省人民代表大会常务委员会关于大力推进法治化营商环境建设的决定	2019. 07. 25	省级地方性法规
天津市优化营商环境条例	2019. 09. 01	省级地方性法规
辽宁省优化营商环境条例(2019)	2019. 10. 01	省级地方性法规
山西省优化营商环境条例	2020. 03. 01	省级地方性法规
沈阳市优化营商环境办法	2018. 01. 01	市级地方政府规章
温州市优化营商环境办法	2020. 01. 01	市级地方政府规章
安徽省实施《优化营商环境条例》办法	2020. 01. 01	省级地方政府规章

从地方立法到中央立法的路径选择，符合实践发展和人类认知的规律，在优化营商环境的各项改革措施还处在试点阶段、改革转型期多方利益调整博弈剧烈、创新型改革措施层出不穷尚未定型的背景下，制定统一的中央立法未免略显仓促。因此，先地方后中央的路径兼具科学性和可行性，地方的立法经验和改革实效可以为中央立法提供真实、客观的本土实践，准备不可或缺、难以复制的事实素材，从而确保中央立法的科学合理、成熟稳定。

（二）从分散立法到统一立法的逻辑演进

从表 2 可知，在国务院统一的《条例》出台前，我国国家层面的营商环境立法呈现出分散性与碎片化的现象，对诸多优化营商环境的改革措施如证照分离、负面清单、“双随机一公开”等，都进行了专门立法。这些规范性文件通常对一项特定的制度确定具体的实施办法、程序约束、监督机制，然后通过由上到下的涵摄和扩散，确保该制度在各部门、各地方的贯彻落实，避免了实践改革无上位法依据、无程序可遵循、无标准可借鉴的困境。

表 2　国务院出台的关于优化营商环境的规范性文件

类型	名称
维护市场公平竞争	《国务院办公厅关于印发自由贸易试验区外商投资准入特别管理措施（负面清单）的通知》 《国务院关于实行市场准入负面清单制度的意见》 《国务院关于在市场体系建设中建立公平竞争审查制度的意见》 《国务院办公厅转发国家发展改革委关于深化公共资源交易平台整合共享指导意见的通知》
优化政务服务	《国务院关于加快推进“互联网＋政务服务”工作的指导意见》 《国务院办公厅关于进一步压缩企业开办时间的意见》 《国务院关于在线政务服务的若干规定》 《国务院关于取消和下放一批行政审批项目的决定》 《国务院办公厅关于开展工程建设项目审批制度改革试点的通知》 《国务院办公厅关于做好证明事项清理工作的通知》 《国务院关于进一步压减工业产品生产许可证管理目录和简化审批程序的决定》 《国务院关于在全国推开“证照分离”改革的通知》
加强事中事后监管	《国务院办公厅关于推广随机抽查规范事中事后监管的通知》 《国务院关于“先照后证”改革后加强事中事后监管的意见》 《国务院关于在市场监管领域全面推行部门联合“双随机、一公开”监管的意见》 《国务院办公厅关于加快推进社会信用体系建设构建以信用为基础的新型监管机制的指导意见》

但分散性立法注重制度本身的建设，而忽视制度之间的协调；关注现阶段的任务和目标，而忽略基本的原则和长远的价值；重视经验主义而忽略理性主义。国务院制定的这些规范性文件大多是对实践经验的总结，在制度推广阶段具有较强的指导意义，却因条文过于具体僵硬而欠缺适应新情况和解决新问题的生命力，因此需要进行理性主义的构建，通过统一立法，消除多重立法带来的规范重复和逻辑矛盾问题。《条例》作为国家层面优化营商环境的统一立法，与国务院出台的关于营商环境的规范性文件相比，具有效力

更高、覆盖面更广、约束力更强的优势，其全面、系统地规定了优化营商环境的制度和措施，既具有体系性和稳定性，又不失原则性和简洁性，为地方政府结合本地区的实际情况落实相关制度措施留下了创新空间，可更好地发挥法治对优化营商环境的保障作用。

（三）以立法引领改革的发展历程

营商环境政策法规的出台，贯彻和响应了党中央“重大改革要于法有据”的基本要求。以往进行改革时，通常是先试再立，改革常常在没有任何法规范授权和约束的背景下进行，随后行之有效的经验才通过法律的形式巩固下来。在这种模式下，频繁变动的政策文件、朝令夕改的政府命令严重损害了市场主体的稳定预期，一改就乱的市场环境更是让老百姓苦不堪言。但这并不意味着“先立法后改革”就是一条正确道路，这种方式“对法治本身的局限性以及中国特定历史阶段的特殊性认识不足，有法治教条主义、浪漫主义与理想主义倾向”,[①] 因而也具有一定的局限性。因此，如何在改革和依法行政之间达到协调和平衡，成为营商环境法治化建设无法回避的难题。

以立法引领改革的营商环境法治化实践，给我们处理改革和法治的关系提供了一条可借鉴的道路，其立足于法律优先原则和法律保留原则，确保了改革始终在法治的框架中运行。一方面，在法律优先原则的指引下，全国人大及其常委会通过统筹修改法律的方式对相关法律不适应改革需要的个别条款及时作出修改，取消了部分行政审批事项、职业资格事项，优化了审批流程等。此外，在改革遇有障碍时，行政机关往往通过运用法律解释、创新行政管理手段等方式，在现有的法律框架中找到解决之道，避免改革措施与现有法律规范相冲突；地方人大通过积极行使地方立法权，根据本行政区域的实际情况对上位法的规定作出细化或对地方性事务作出特别规定，如广东省、河北省、辽宁省、天津市等省市出台关于优化营商环境的地方性法规，确立了改革的基本目标和思路，规定了各项制度及程序，协调了多方冲突和

① 李洪雷:《深化改革与依法行政关系之再认识》，载《法商研究》2014 年第 2 期。

利益，有力地促进了改革向纵深处发展。另一方面，营商环境改革坚持法律保留原则，对于试点改革，由于改革不确定性和修法不可逆性的紧张关系，统一授权比直接修法风险性更小，其不仅能满足改革须有法可依的形式法治要求，还能给行政主体更大发挥能动性的空间，因此对实践条件暂时不够全面铺开的改革决策，先通过统一授权的方式确保其在法治轨道内先行先试，如全国人大及其常委会发布授权国务院在自贸区暂时调整有关法律规定的行政审批的决定，“突破现行有效法律规定的试点行政改革，只有依靠上级授权才能获得合法性”。[①] 营商环境法治化建设的历程表明，用法律引导、推进和保障改革的顺利进行，方能实现改革和法治的齐头并进和良性互动。

二　优化营商环境立法的重点内容

从优化营商环境立法的主要内容来看，大多从优化市场环境、优化政务环境、优化法治环境三方面对优化营商环境的法治政府建设做出了规定，其中优化市场环境的核心是公平竞争，优化政务环境的核心是高效便民，优化法治环境的核心是依法行政。在具体的章节安排中，不同法律的立法体例有所不同，如《条例》将“市场主体保护”从“市场环境”中拆分出来单独做了规定；辽宁省和天津市在市场环境、政务环境、法治环境的基础上又增加了人文环境；山西省将优化政务环境分为“优化审批”和“政务服务”两部分，将优化法治环境分为“监管执法”和“法治保障”两部分；陕西省将优化法治环境分为“规范政府监管”和“维护市场秩序”分别作出规定。

（一）营造公平有序的市场环境

公平有序的市场环境是经济发展的基础。营造公平有序的市场环境，需确保市场主体公平有序参与市场竞争，确保政府诚实守信参与经济活

① 罗豪才、宋功德：《坚持法治取向的行政改革》，载《行政管理改革》2011 年第 3 期。

动，加强对市场主体合法权益的立法保障，以及强化对市场主体权益受损的法律救济。此方面的相关立法见表3。

表3 营造公平有序市场环境的制度创新

制度	法条
负面清单制度	《条例》第20条；河北省第30条*；陕西省第12、13、16条；阜新市第17条；黑龙江省第26条；吉林省第9条；广东省第3条；天津市第26条；辽宁省第9条；山西省第47条；安徽省第18条；温州市第7条
公共资源交易制度	河北省第17条；陕西省第66、67、68、69、70条；黑龙江省第34条；吉林省第35、44条；广东省第3条；天津市第22条；山西省第36、38条；安徽省第12、13条
政务诚信建设	《条例》第30、31、32条；河北省第15、33条；陕西省第16、29、56条；黑龙江省第27、28条；吉林省第21、22条；天津市第29条；辽宁省第49、50、51条；山西省第52、53条；沈阳市第13条；安徽省第25、26条；温州市第27条
公平竞争审查制度	《条例》第63条；河北省第40条；陕西省第42条；吉林省第45条；广东省第2条；沈阳市第9条；温州市第8条
法律法规定期清理及评估制度	《条例》第65条；河北省第41条；辽阳市第5条；陕西省第19条；吉林省第38条；辽宁省第31条；山西省第49条；安徽省第58条；温州市第25条
行政立法的市场主体参与制度	《条例》第62条；河北省第40条；陕西省第6条；黑龙江省第40条；吉林省第45条；天津市第39条；辽宁省第33条；沈阳市第12条；安徽省第58条
多元化纠纷解决制度	《条例》第66条；黑龙江省第45条；吉林省第54条；广东省第4条；天津市第45条；辽宁省第42条；山西省第59条；安徽省第60条
公共法律服务制度	《条例》第68条；辽宁省第43条；吉林省第55条；广东省第4条；黑龙江省第46条；安徽省第62条

注：*河北省第30条指前文所述《河北省优化营商环境条例》第30条，余同理。

第一，确保市场主体公平有序参与市场竞争。市场主体平等意味着不同的市场主体法律地位平等、发展机会平等、权利保护平等；表现为公有制主体和非公有制主体之间的平等，本地企业和外地企业的平等，大中型企业和小微型企业的平等。我国关于优化营商环境的相关立法确立了负面清单制度和公共资源交易制度，一定程度上推动了市场主体的公平竞争。其中负面清单制度明确了政府干预市场经济的界限，避免了政府对市场主体的过度干预，清单以外的行业、领域、业务，各类市场主体皆可依法平等进入。公共资源交易制度要求政府在统一的公共资源交易平台公布公共资源交易信息，通过推动政府采购透明化、避免政府钱权交易暗箱操作，保障各类市场主体平等参与交易活动。

第二，确保政府诚实守信参与经济活动。随着行政任务的日益增多，行政合同逐渐成为政府履行行政职责的重要手段，加强政府政务诚信建设的必要性也愈发显现。加强政府政务诚信建设是发挥政府在社会信用体系建设中的表率作用，进一步提升政府公信力的必经途径。尽管政府在行政合同中享有一定的行政优益权，但为了充分保障行政合同相对方的合法权益，政府应受到诚实信用原则的约束，依法履行向市场主体依法作出的政策承诺以及依法订立的各类合同，不得随意违约。

第三，加强对市场主体合法权益的立法保障。优化营商环境的相关立法，通过建立公平竞争审查制度、法律法规定期清理及评估制度、行政立法的市场主体参与制度，在立法层面实现对市场主体合法权益的保护和对公平有序竞争市场环境的维护。公平竞争审查制度可以从源头上防止排除和限制市场竞争的法规政策的出台，具有权力制约和权利保障的双重价值。法律法规定期清理及评估制度可将与经济社会发展不一致、与市场公平竞争原则相违背的规定予以修改或者废止，确保法律规范在优化营商环境中发挥引领和推动作用。行政立法的市场主体参与制度要求政府制定涉及市场主体重大权益的法律法规，应当充分征求、合理采纳有关市场主体及行业协会商会的意见和建议，确保法律规范关注民之所切，解决民之所忧，增强立法科学性和民主性。

第四，强化对市场主体权益受损的法律救济。多元化纠纷解决制度和公共法律服务制度旨在于法律的末端保障市场主体的合法权益。多元化纠纷解决制度可有效及时化解各类纠纷，营造和谐稳定的市场环境；公共法律服务制度可确保市场主体在权益受损时获得充分的法律咨询、法律援助等法律救济服务，降低权益维护成本。畅通有效的民商事纠纷解决渠道、便捷普惠的公共法律服务、清正廉洁的司法环境是企业投资发展的定心丸，对激发市场活力具有积极的促进作用。

在我国从计划经济向市场经济的转型过程中，政府尚未完全转变以

“有形之手”配置资源的经验道路，但权力失范带来大量寻租空间。《宪法》第15条第3款规定：“国家依法禁止任何组织或者个人扰乱社会经济秩序”，其中蕴含着政府不得排除、限制市场竞争的基本要求。营造公平有序的市场环境的诸多制度在有效制约政府的经济权力，避免政府利用行政权干预市场的运作从中攫取不正当利益方面发挥了巨大的作用。① 以公平竞争审查为例，2017年10月出台《公平竞争审查制度实施细则（暂行）》3年来，我国公平竞争审查制度基本建立。截至2019年2月底，国务院各部门、各省级政府、98%市级政府、92%县级政府，都已经开展了审查工作。全国共审查了新出台的文件43万份，对其中2300多份文件进行了修改和完善；清理了82万份已经出台的文件，废止或修订涉及地方保护、指定交易、市场壁垒的文件2万多份，维护了市场公平竞争。②

（二）提供高效便民的政务服务

高效便民的政务服务是政府从管理型政府向服务型政府转变的重要体现。加快转变政府职能，理顺政府和市场的关系，需要全面提升政务服务便利化水平、深入推动政府信息公开和信息服务、不断推进商事登记制度改革。此方面的相关立法见表4。

表4　提供高效便民政务服务的制度创新

制度	法条
政务服务标准化制度	《条例》第35条；陕西省第23条；阜新市第8条；黑龙江省第10条；吉林省第27条；辽宁省第21条；广东省第3条；天津市第13条；山西省第27条；安徽省第31条
政务服务事项集中办理制度	《条例》第36条；河北省第10条；陕西省第38、43条；阜新市第6条；黑龙江省第11条；吉林省第29条；广东省第3条；天津市第11条；山西省第7条；沈阳市第19条；安徽省第32、34条

① 王贵：《论我国公平竞争审查制度构建的基准与进路》，载《政治与法律》2017年第11期。

② 参见国务院新闻办公室《公平竞争审查制度已经在全国基本建立》，载中国政府网，http://www.gov.cn/xinwen/2019-04/09/content_5380773.htm，最后访问时间：2020年2月1日。

续表

制度	法条
政务服务事项网上办理制度	《条例》第37条;河北省第14条;辽阳市第10条;陕西省第43条;阜新市第7、9条;黑龙江省第12、13条;吉林省第28、31条;广东省第3条;天津市第28条;辽宁省第22条;山西省第29、30、31、32、33条;安徽省第33、35、36、37条
政府信息公开与信息服务制度	《条例》第38条;阜新市第14条;黑龙江省第14、25条;吉林省第37条;辽宁省第25、26条;天津市第11条;山西省第34条;沈阳市第15、16条;温州市第24条
现代商事登记制度	《条例》第19条;河北省第31条;辽宁省第10、13条;辽阳市第15条;陕西省第39条;吉林省第36条;天津市第18条;安徽省第17条

第一，全面提升政务服务便利化水平。行政机关通过建立政务服务标准化、集中办理、网上办理制度，不断提高行政审批效率。政务服务标准化制度要求行政审批部门将行之有效的服务规范以工作标准的形式固定下来，进而提高政务服务的统一性和稳定性，规范审批行为，减少审批自由裁量权。政务服务事项集中办理、网上办理可以从根本上改善往常群众办事难、办事慢的情况，首问负责制、限时办结制、一次性告知制、告知承诺制、容缺受理制等制度极大地提高了政务服务水平和效能，为群众和企业带来了便利。这些举措增强了群众改革获得感和满意度，因为“大多数人同政府打交道的经验中，最大的刺激是官僚政治的傲慢。今天人民期望着被当作顾客受到尊重——甚至受到政府的尊重”。①

第二，深入推动政府信息公开和信息服务。政府信息公开之功能，不仅在于“提高政府工作的透明度，建设法治政府”，还在于“充分发挥政府信息对人民群众生产、生活和经济社会活动的服务作用”。② 涉及市场主体的创新创业、人才、规划、产业、项目、市场、金融、税费、奖励、补贴等政策常常会对企业的结构调整、产品升级等规划产生影响，企业也可以从政府信息中发现发展机遇实现经济增长，因此政府信息的充分公开可为市场主体

① 〔美〕戴维·奥斯本、特德·盖布勒:《改革政府——企业精神如何改革着公营部门》，上海市政协编译组、东方编译所译，上海译文出版社，1996，第150页。

② 《政府信息公开条例》第1条。

营造出公开透明、可预期的营商环境，激发市场活力和社会创造力。

第三，不断推进商事登记制度改革。商事登记制度改革是理顺政府和市场关系、发挥市场在资源配置中的决定性作用、建立有限政府和服务型政府的必然举措。围绕商事登记制度改革，大多数优化营商环境的立法规定了证照分离、先照后证、多证合一、一照一码、企业登记全程电子化等制度。证照分离、先照后证指企业可先行办理营业执照取得市场主体资格，再办理许可审批业务；多证合一、一照一码指将涉及各类市场主体登记、备案等的有关事项和各类证照进一步整合到营业执照上，营业执照实行统一的社会信用代码；企业登记全程电子化指各种类型企业的设立、变更、备案、注销等各个业务环节均可通过互联网办理。这些措施在降低市场准入门槛、便利企业登记、减轻企业负担等方面发挥了巨大的作用。

近些年来，我国在优化政务服务方面成效显著。以行政审批改革为例，2013 年，十八届三中全会审议通过《中共中央关于全面深化改革若干重大问题的决定》，提出了简政放权、深化行政审批制度改革的具体要求。国务院围绕“放管服”改革，到 2018 年底，先后取消和下放国务院部门行政审批事项的比例达 45%，彻底终结非行政许可审批，清理规范国务院部门行政审批中介服务事项达 74%。工商登记前置审批事项压减 87%。中央设立的行政事业性收费项目减少 73.5%，政府性基金减少 30%，政府定价的经营服务性收费项目大幅压缩。部门设置职业资格削减 77%。到 2019 年 4 月底，各地区各部门共取消证明事项 1.3 万多项。[①] 行政审批制度改革还向更宽领域、更深层次和更精细化方向持续推进，在涉企行政审批领域，“证照分离”改革从上海浦东新区试点逐步扩展到全国，所有涉企经营许可事项实行全覆盖清单管理，按照直接取消审批、审批改为备案、实行告知承诺、优化审批服务 4 种方式分类，有效降低了企业制度性交易成本；在工程建设项目领域，广泛实施并联审批、区域评估、联合验收等改革，如浙江实施区

① 中共中央党史和文献研究院：《中华人民共和国大事记（1949 年 10 月—2019 年 9 月）》，新华社，http://www.gov.cn/xinwen/2019-09/27/content_5434223.htm，最后访问时间：2020 年 2 月 1 日。

域能评、环评等区域评估改革，取代区域内每个独立项目的重复评价，变独立评为统一评。

（三）加强公正规范的监管执法

行政执法与优化营商环境紧密相连、不可分割，优化营商环境的核心在于依法行政。为加强公正规范的监管执法，需建立守信联合激励和失信联合惩戒制度，规范行政检查和行政处罚行为。此方面的相关制度创新见表5。

表5　加强公正规范监管执法的制度创新

制度	法条
守信联合激励和失信联合惩戒制度	《条例》第53条；河北省第32条；辽阳市第7条；陕西省第28、65条；阜新市第31条；黑龙江省第31条；吉林省第24条；广东省第3条；天津市第66条；辽宁省第54条；山西省第43条；安徽省第49条；温州市第28条
“双随机一公开”制度	《条例》第54条；河北省第44条；陕西省第59条；黑龙江省第42条；吉林省第52条；广东省第3条；天津市第41条；安徽省第59条；温州市第30条
综合行政执法制度	《条例》第57条；陕西省第55条；山西省第46条
年度检查计划制度	河北省第44条；陕西省第53条；黑龙江省第41条；吉林省第51条；辽宁省第34条；沈阳市第22条
柔性执法制度	《条例》第59条；陕西省第50条；吉林省第48条；安徽省第55条；温州市第31条
行政执法自由裁量基准制度	《条例》第60条；陕西省第49条；吉林省第49条；辽宁省第36条；天津市第40条；沈阳市第24条；安徽省第56条

第一，建立守信联合激励和失信联合惩戒制度。该制度作为政府规制中的信用工具，是“行政主体对行政相对人的公共信用信息进行记录归集、评价分类、共享公开，并据此实施分类监管和联合奖惩的新型规制工具”。[①]失信联合惩戒制度将个人信用和惩戒措施关联起来，与以往的管理手段相比，其利用声誉机制和社会共治机制对市场主体进行监督，具有威慑力大、影响面广、制裁措施多、惩戒力度大的优势，因此能取得更有效的监督效

① 王瑞雪：《政府规制中的信用工具研究》，载《中国法学》2017年第4期。

果，也有利于构建起以信用为核心的新型市场监管体制，营造公平诚信的市场环境。

第二，规范行政检查行为。“双随机一公开”制度、综合行政执法制度、年度检查计划制度的共同作用在于解决多头执法、重复执法问题。“双随机一公开”制度指在监管过程中随机抽取检查对象，随机选派执法检查人员，抽查情况及查处结果及时向社会公开；综合行政执法指通过相对集中行政处罚权，由一个行政执法部门统一行使若干个行政执法部门的执法权，从而避免多头执法给企业带来的干扰和互相推诿执法带来的监管漏洞；年度检查计划制度指行政机关开展行政检查应事先明确检查任务、依据、时间、具体方式等，避免上下级行政机关、不同行政机关对同一市场主体重复检查。

第三，规范行政处罚行为。行政执法自由裁量基准制度注重规范行政处罚自由裁量权的行使，柔性执法制度强调行政处罚和教育的结合。行政机关行使自由裁量权时，应注重对柔性执法手段的运用，如《陕西省优化营商环境条例》第 49 条第 2 款规定：“行政执法机关对市场主体违法情节较轻且能主动消除或者减轻违法行为危害后果的，应当先责令改正，进行教育、告诫、引导，依法从轻或者减轻行政处罚。”行政处罚作为制裁性强制手段，极易对企业正常的生产经营活动造成影响，因此行政机关要充分发挥行政指导、劝导示范、说服教育等柔性手段的作用，引导市场主体主动纠正违法行为，将行政机关对市场主体生产经营的影响降到最低。

市场具有自发性、盲目性、滞后性的固有弊端，若让市场在资源配置中起决定性作用，其基础在于建设起一个统一开放、竞争有序的市场体系，而这又依赖于政府监管职能的发挥，因此加强政府的事中事后监管在优化营商环境中不可或缺。[①] 一些地方立法在注重加强行政执法规范性和公正性的同

① 十八届三中全会决定指出，建设统一开放、竞争有序的市场体系，是使市场在资源配置中起决定性作用的基础。必须加快形成企业自主经营、公平竞争，消费者自由选择、自主消费，商品和要素自由流动、平等交换的现代市场体系，着力清除市场壁垒，提高资源配置效率和公平性。

时，还注重减少行政执法行为对企业正常经营活动的影响，如辽宁省和山西省要求政府及其有关部门对新产业、新业态、新模式下的市场主体应当采取包容创新、谨慎稳妥的监管措施；[①] 陕西省、吉林省、安徽省、温州市规定政府能采用说服教育、劝导示范、行政指导等非强制手段实现行政管理目的的，不得实施行政强制。[②]

三　优化营商环境立法的学理反思

“现代市场经济是以独立自主的企业为主体的自由交易经济，但是它是不会‘自我维持’。”[③] 法治则是维护市场正常运行，防止市场经济陷入混乱和腐败的必要支撑。近些年来，我国对营商环境的法治化建设给予了足够的重视，出台了诸多法律规范，一方面通过约束政府，既要求政府依法行政，减少对市场的干预，如建立负面清单，开展公平竞争审查等；又要求政府为市场主体提供便利化、高质量服务，如推行网上办理、并联审批等。另一方面通过激励市场，运用产权保护、社会信用建设、矛盾纠纷化解机制完善、发挥企业家精神等多种措施激发市场活力。这些法治化建设措施一定程度上制约了政府的权力，营造了公平竞争的市场秩序，促进了经济的稳定发展。但不可否认的是，一些法律制度的学理支撑不够、正当性不足，还需不断完善。

（一）行政审批程序缩减对第三人权益保护式微

《条例》第 35 条要求行政机关按照减环节、减材料、减时限的要求推进政务服务标准化。第 41 条要求行政机关精简投资审批要件，强化项目决策与用地、规划等建设条件落实的协同，实行与相关审批在线并联办理。第 42 条要求行政机关优化工程建设项目审批流程，推行并联审批、多图联审、联合竣工验收等方式，简化审批手续，提高审批效能。地方立法

① 《辽宁省优化营商环境条例》第 44 条；《陕西省优化营商环境条例》第 60 条。

② 《陕西省优化营商环境条例》第 50 条；《吉林省优化营商环境条例》第 48 条。

③ 钱颖一：《市场与法治》，载《经济社会体制比较》2000 年第 3 期。

也作出了类似的规定，如《天津市优化营商环境条例》第16条要求行政机关“优化政务服务事项办理流程，压缩办理时限，减少办理环节”；《吉林省优化营商环境条例》第34条规定投资项目实行“多评合一”、并联审批；《辽宁省优化营商环境条例》第28条要求行政机关减少工程建设项目的审批环节。行政审批作为与大多数老百姓密切相关的行政活动，改革的好坏直接关系人民群众对优化营商环境的满意度，实践中，行政机关为增强群众改革获得感，对行政审批制度进行了大刀阔斧的改革，采用取消许可、下放许可权、压缩审批环节、联合审批等一系列手段，实现了压缩审批时间、提高审批效率的改革目标。以工程建设项目审批制度改革为例，2013年，北京市出台《关于进一步优化投资项目审批流程办法（试行）的通知》，将投资项目审批时限压缩至平均109个工作日，2018年，北京市出台《北京市工程建设项目审批制度改革试点实施方案》，对社会投资建设项目审批进行流程再造，将审批时限由109个工作日减少到29～44个工作日。① 南京市“土地审批、城乡规划、申报立项直至获得土地使用许可、工程许可等，规划、建委等部门将同时或者分步骤予以办理，40个工作日内将完成全部审批工作”。② 审批提速的背后，折射出的是程序缩减对第三人权益保护的不足。

以工程建设项目审批程序为例，由于规划和建设项目实施后可能会对公众环境权益造成影响，《环境影响评价法》要求编制可能造成不良环境影响并直接涉及公众环境权益的规划时，要征求有关单位和公众对环境影响报告书草案的意见。③ 但行政审批改革后，非重特大建设项目的环评程序被置于建设工程许可证取得之后；④ 重特大建设项目的环评程序虽被保留，但环评

① 参见王昊男《落实信用管理　优化营商环境》，《人民日报》2018年10月30日，第15版。

② 江瑜：《住建部点赞南京工程建设项目审批制度改革》，中华人民共和国中央人民政府网，http://www.gov.cn/xinwen/2018-10/22/content_5333410.htm，最后访问时间：2020年1月6日。

③ 参见《环境影响评价法》第11条。

④ 2014年12月，国务院办公厅发布《精简审批事项规范中介服务实行企业投资项目网上并联核准制度工作方案》（国办发〔2014〕59号），规定仅对重特大项目将环评审批作为前置条件。

时限也被压缩至法定时限的一半，导致第三人的利益诉求无法表达或在较短的时间内难以充分表达，行政机关也就无法对众多利益进行科学合理的选择和平衡。[①] 此外，环评审批类型被随意降级，报告书被降级为报告表、报告表被降级为登记表的情形多发。编制环境影响报告书还是报告表，决定了建设单位对建设项目的环境影响评价是全面的还是片面的，也意味着第三人的权益是否被纳为环评的考虑因素。建设单位应出具何种环境影响评价文件，本应根据建设项目对环境的影响程度，但是如今为了缩短环评时限随意更换环评类型，由于只有编制环境影响报告书才需要征求公众的意见，第三人对环评程序的参与权面临被架空的风险。

在利益多元化的现代社会，行政机关的活动已超越依法行政的范畴，而走向合理行政和高效行政。行政法学范式也经历了从自由防御型向利害调整型的转换，如在环境、规划领域，政府不仅仅要承担起防止公民自由被侵犯的消极防御角色，还要担负起平衡各方利益的积极调控角色，政府作出行政行为不能仅考虑行政相对方的利益，还要考虑与之存在利害关系的第三方利益。行政机关的目光不能仅在公共利益和私人利益之间流转，还应该突破传统的公私对立的屏障，在更宽广的视域下对复杂多样的利益进行分配。

（二）简政放权与职权法定存在冲突

《条例》第40条规定国家大力精简已有行政许可；对实行行政许可管理的事项，行政机关应当通过整合实施、下放审批层级等多种方式，优化审批服务，提高审批效率，减轻市场主体负担。《河北省优化营商环境条例》第11条规定："县级以上人民政府及其有关部门应当按照有关法律、法规规定，在规定时限内做好行政审批事项的下放工作。"随着"放管服"改革的持续深入，我国的市场准入在不断放宽，行政审批事项也在大幅削减，多达45%的国务院部门行政审批事项被取消或下放。但数量泡沫的背后，是政府难以割

① 参见《关于促进中小企业健康发展的指导意见》第2条第2项。

舍的利益博弈，改革过程中取消的都是一些含金量不高、与群众切身利益关联不大的审批事项，或取消之后改头换面，以备案、登记、年检、认定等形式变相存在，或明减暗增、上减下增。此外，简政放权和职权法定的内在张力问题和固有矛盾未得到根本的解决，导致行政审批改革有脱离法治轨道的风险，其中取消和下放许可在以下两个维度上与职权法定存在冲突。

一是取消许可的主体违反《行政许可法》的规定。《行政许可法》第20条规定了已设定许可的退出程序，只有设定机关才可以作出修改或废止许可的决定，行政机关的实施机关，公民、法人或者其他组织只能对许可存在的必要性提出异议。但实践中，许可的设定机关和许可的修改、废止机关并非总是一致，如国务院发布《国务院关于取消和调整一批行政审批项目等事项的决定》，将数百项行政审批项目打包处理，直接作出或取消或下放或调整的决定，其中不乏由法律设定的许可事项。二是下放许可权违反职权法定原则。现行改革实践中，下级行政机关行政审批权的来源往往是国务院或省级政府的决定。由于许可权下放实质上是为接收许可的机关新设行政许可，其不同于许可权的授权或委托，因此应当遵循《行政许可法》设立许可的权限规定。通常行政许可的设定机关由法律、行政法规、地方性法规作出规定，若国务院或省级政府通过规范性文件的方式转移许可实施机关，而相应的法律法规未作出修改，由此带来的断裂和脱节势必对依法行政产生威胁。因此，权力的转移应于法有据，并非所有的主体都有权作出下放许可的决定，也并非所有的主体都有权承接下放的权力，许可权的下放和承接应由有权主体在法定权限范围内作出。

（三）信用惩戒制度与行政法治出现背离

信用是市场经济的“基石”，信用缺失将会制约市场经济健康发展，因此加快建设社会信用体系，可为市场主体营造可预期和高效的营商环境。守信联合激励和失信联合惩戒制度正是基于信用这一工具，对信用状况良好的市场主体，在市场准入、行政审批等诸多方面给予政策支持，对严重失信的市场主体，依法采取重点监管、信用预警、失信曝光、准入限制等惩戒措施，从而促使市场主体诚实守信、公平有序参与市场竞争。除了《吉林省优化营商环境条例》仅规定了守信联合激励机制，《沈阳市优化营商环境办法》未规定该制度外，《条例》及优化营商环境的地方立法都明确了要建立跨部门、跨地区、跨层级的守信联合激励和失信联合惩戒机制。在肯定信用惩戒制度取得积极监管成效的同时，我们必须认识到其运行模式已经超脱了合法性的边界，而对基本的法治原则提出了挑战。

信用惩戒制度将市场主体的信用信息作为实施行政管理的重要参考，构成了对不当联结禁止原则的违反。不当联结禁止原则强调行政机关的行政手段和行政目的和相对人行为之间都应有合理关联。如信用惩戒制度对失信企业的某些准入作出了限制或禁止，但在有些情形下，设定许可的最初目的是预防风险或分配资源，因而行政机关是否准予许可与市场主体的信用并无实质上的关联，即使对失信企业准予许可，也不会增大风险或浪费资源，因此当信用并不构成法定准入条件之一时，不能将失信作为限制准入的理由。换言之，信用不能成为排除市场主体平等参与市场竞争的关键因素。将“信用”作为市场主体能否取得许可的前置性条件进行审查，也违反了法律保留原则。行政机关的权力行使必须有法律的授权，然而以信用作为准入条件之一，意味着国务院通过规范性文件的方式将原先的许可更变为附条件许可，从某种意义上说是增设许可条件，这与许可设定的法律保留原则相违。此外，信用惩戒制度强调“一处失信，处处受限”，与比例原则的基本要求不符。比例原则强调行政机关追求一定目的所采取手段的强度，不得与所达成的目的不成比例，但是信用惩戒制度对失信主体的一个失信行为往往施加几十项惩戒措施，由此暴露出了信用惩戒制度对基本法治的超越。

（四）事中事后监管机制的实效性有待检验

在传统的规制实践中，我国政府过多依赖行政审批，而对审批之外的其他监管工具，特别诸如标准设定、信息披露、激励性监管等缺乏必要关注，对于不同监管工具之间的动态调整，更是欠缺制度化的机制。近年来，国家全力推行放管服改革，推动监管手段从事前审批向事中事后监管转变。“双随机一公开”就是其中最为典型的一种监管手段。

“双随机一公开”制度在解决执法随意和执法不公、防范监管部门对市场活动的过度干预、压缩监管部门与市场主体的寻租空间等方面发挥着重要的作用。《条例》第 54 条及河北省、陕西省、黑龙江省等若干个省市在优化营商环境的条例中都规定了“双随机一公开”制度，但是该制度面临着手段革新和监管实效的冲突和张力。一方面，“双随机一公开”通过摇号等方式从市场主体名录库中随机抽取检查对象，与传统的网格化监管相比，不能实现对市场主体全覆盖的抽查，难免会放任一些市场主体游离在监管范围外。在监管覆盖面缩小和监管巡查频率下降的同时，市场主体的守法意识和自我约束认知并未得到明显的提升，因此随机抽查下的监管盲区和监管漏洞，更是引发了难以掌控的监管风险和问责风险。实践中，基层执法人员严格遵守“双随机一公开”开展随机抽查，却因未被抽到的企业发生质量安全事故而被问责，由此折射出了该制度的内在矛盾和弊端。如何在扩大监管范围和防范执法扰民、增强执法力度和提升执法效率之间找到一个平衡，成为无法回避的难题。另一方面，随着综合执法的不断推进和执法队伍的不断下沉，行政执法面临着专业性不足的挑战。通常来说，不同的监管领域对执法人员的专业能力有着不同的需求，但基层执法人员基本上要承担所有的执法职能，这些执法人员素质参差不齐，知识储备与实践所需差距较大，导致一些检查只能是走过场，监管实效甚微。

此外，在从事前监管向事中事后监管转变过程中，规制工具影响分析制度的欠缺，使得监管手段的转变显得较为随意。“对监管手段体系进行重塑，就是要对行政许可和标准设定、信息披露、激励性监管、事后监管等监管工具和方式，以及民事和刑事责任的追究，对其各自的利弊，及其相互之间的协调配合等问题，加以系统地梳理与科学地评估。”① 规制工具影响分析制度，能够有效评估不同规制工具之间的比较优势，为规制工具的动态调整提供规范化的基础。

---

① 李洪雷：《行政体制改革与法治政府建设四十年（1978～2018）》，载《法治现代化研究》2018 年第 5 期。

四　完善营商环境法治保障的具体路径

（一）以统一和合法为核心完善营商环境立法体系

营商环境的法律规范从制度层面为优化营商环境提供了有力的保障和支撑，在加强营商环境的法治保障中发挥着巨大的作用，越来越多的地方通过立法的方式将优化营商环境的改革成果固定下来，并形成了多元化、多层级的营商环境法律体系。但立法的多层次极易造成立法的不统一，从而使法律适用者陷入进退两难的困境。优化营商环境需要更加重视市场在资源配置中的决定性作用，确保生产资料可以在全国范围内自由流通。

为此，一方面，需要以《条例》为核心，对全国各地出台的优化营商环境的法规、规章和政策进行审查，避免立法规范之间的冲突。《条例》从总则到分则都对推进全国统一的规则体系做出了规定。如总则第8条明确建立“以市场主体和社会公众满意度为导向的营商环境评价体系”，为优化营商环境奠定了基础；分则中就“全国统一的市场主体维权服务平台”“全国统一的市场准入负面清单”“全国一体化在线政务服务平台”等作出规定。为此，需要进一步加强《条例》的实施，确保这些统一的标准和要求逐步磨合、成熟，推动一个权利平等、机会平等、规则平等的营商环境早日形成。

另一方面，立法机关需要以合法性原则为核心，加强对涉及市场准入、投资经营等营商环境建设方面的法规、规章、规范性文件的评估，对与上位法不符、与社会经济发展不适应、与实践所需不匹配的条文及时予以清理。如针对地方立法中普遍运用的信用联合惩戒制度，就需要加强合法性审查。一方面，在确定失信主体时，何种信息可以被用来作为“信用信息”，何种行为可以被认定为“失信行为”，都要遵循科学、合理的标准和方法，“谨防将违法、违纪、违反道德、违反职业规范等都列入失信范畴”。[1] 另一方面，在确定惩戒措施时，要考虑失信行为和惩戒措施的关联，所采取的惩戒措施应当在与失信行为密切相关的领域中进行，如对科研失信行为不能采取限制其参加工程建设项目招投标活动的惩戒措施；也要考虑惩戒措施和监管目的的关联，如不能出于确保市场主体安全生产的监管目的，采取限制发布广告的惩戒措施。

（二）以辅助性原则为基础确立政府与市场之间的合理边界

政府和市场的关系是经济体制改革的核心问题，[2] 十八届三中全会上作出了“市场在资源配置中起决定性作用”的重要论断。市场在资源配置中的作用从基础性到决定性的转变，折射了政府和市场在权力与权利的制衡和博弈中，市场自主性再一次占据了优先地位，这也是加快政府职能改变和深化经济体制改革的必然结果。市场选择优于政府介入的逻辑范式在《行政许可法》中就得到了淋漓尽致的展现，《行政许可法》第 13 条明确当主体解决、市场自治、行业自律、事后监管能实现规范目的时，便排除许可的设定，以避免政府对社会和市场的过度干预，由此展现了辅助原则的实践演变。

起源于宗教学后经政治学和法学广泛传播的“辅助原则”指只有在公众自身或低层级的机构不能实现其目标时，高层级的机构才有介入的必要性，政府在社会体系中仅仅处于辅助的地位。[3] 该原则对调整政府、社会、市场之间的关系具有较强的指导和借鉴意义。在给付行政领域，国家对公民的补助仅发生在个人和社会依靠己力仍陷困窘的情形，国家应为公民追求自我幸福留下充足的空间。[4] 在市场监管领域，市场与政府相比具有资源配置效益最大和效率最优的优势，因此政府应首先尊重市场的自我决定和自我选

① 沈岿：《社会信用体系建设的法治之道》，载《中国法学》2019 年第 5 期。
② 参见《关于〈中共中央关于全面深化改革若干重大问题的决定〉的说明》（2013 年 11 月 9 日），载《十八大以来重要文献选编》（上），中央文献出版社，2014，第 498 页。
③ 熊光清：《从辅助原则看个人、社会、国家、超国家之间的关系》，载《中国人民大学学报》2012 年第 5 期。
④ 陈新民：《公法学札记》，法律出版社，2010，第 41 页。

择，只有在市场发生失灵时，政府才扮演相应的角色和发挥作用。辅助原则还通过赋予市场主体自我规制的权限，激发市场主体和行业协会的“责任感、作为愿望和创造能力”,[①] 进而建立起一个由“政府监管、行业自律、市场参与”协同推进的社会治理体系。在一个良好的政府、社会、市场多元共治结构中，市场主体拥有较强的自我治理和自我约束能力，行业协会商会能积极为市场主体提供“信息咨询、宣传培训、市场拓展、权益保护、纠纷处理”等公共服务,[②] 政府能“最大限度减少政府对市场资源的直接配置，最大限度减少政府对市场活动的直接干预”。[③]

让市场在资源配置中发挥决定性作用并不意味着要完全放任市场自由发展，市场具有自发性、盲目性、滞后性的固有弊端，竞争的不充分、信息的不对称都会引发市场失灵，需要政府积极履行法定职责建立起公平有序、开放透明的市场秩序。[④] 为避免对市场的过度干预，政府应依据辅助原则确立起权力的边界，行政权对市场的干预应在一定的疆域内进行，疆域界限应当由市场主体决定，而非行政权自我调控。“凡是私人选择力所能及的领域，公共行政就没有必要出现，用以解决公私问题的行政法自然也就不会出现；当且仅当出现私人选择失灵，公共行政才有必要介入。”[⑤] 公共行政应保持避免自我膨胀和扩张侵蚀市场选择领域的谦益性，在涉及人体健康安全和环境保护、国家经济安全与稳定的领域，应依据法律父爱主义对个人自由作出限制,[⑥] 但对那些市场能够自主调节的、政府干预易产生设租寻租空间的，则应该在事后进行监管，避免政府过早介入。

---

① 参见毕洪海《国家与社会的限度：基于辅助原则的视角》，载《中国法律评论》2014 年第 1 期。

② 《优化营商环境条例》第 29 条。

③ 《优化营商环境条例》第 3 条。

④ 十八届三中全会决定指出，建设统一开放、竞争有序的市场体系，是使市场在资源配置中起决定性作用的基础。必须加快形成企业自主经营、公平竞争，消费者自由选择、自主消费，商品和要素自由流动、平等交换的现代市场体系，着力清除市场壁垒，提高资源配置效率和公平性。

⑤ 罗豪才、宋功德：《行政法的治理逻辑》，载《中国法学》2011 年第 2 期。

⑥ 参见孙笑侠、郭春镇《法律父爱主义在中国的适用》，载《中国社会科学》2006 年第 1 期。

（三）以行政职责类型化调和政府多重角色

以《条例》为核心的优化营商环境立法为行政机关确立了不同的角色面向和职责要求。首先，政府作为市场监管者，通过对市场准入的事前监管，以及对市场主体经营活动的事中事后监管，实现监管职能的全面履行，维护公平有序的市场竞争秩序。其次，政府作为政务服务提供者，通过推进政务服务标准化、统一化、电子化，深化商事登记制度改革、工程建设项目审批改革、不动产审批制度改革等，为市场主体提供高效便民的政务服务。最后，政府还是“城市经济的主要参与者、产业政策的主要实施者和民生福祉的主要提供者”,① 其作为市场主体，通过政府采购或公私合作参与到经济活动中。政府在优化营商环境中扮演不同的角色时，为实现差异化多层次的行政目标，需因循特定的预设轨道受不同原则的内在约束。行政机关作为市场监管者时重点推进依法行政、强化监管实效；作为政务服务提供者时致力于提供规范、高效、便民的政务服务；作为市场主体时关注平等获取、诚实守信。但这些角色在特定的情形下会发生重叠而难以区分，为确保政府全面准确履行行政职责，实现良好行政，必须要探寻政府角色冲突的化解之道。

行政机关要调和政府服务监管者和政务服务提供者的角色冲突。监管者角色要求行政机关对市场经济进行积极干预，依靠行政手段对违反市场规则、扰乱市场秩序的行为进行监管；而服务者角色要求行政机关尽量减少对市场的干预，充分发挥市场的自我调节作用。政府要加快转变职能，实现从监管者向服务者的转变，能采用柔性执法手段实现行政管理目标的，就要尽量少使用强制手段；能通过市场的自由竞争机制自我调节的，就要减少政府的直接干预和过度管控。放管服改革背景下，简政放权是政府行政体制改革的前提基础，放管结合是改革的手段措施，优化服务是在前两者实施良好的基础上的目标追求。政府应实现优化服务和强化监管的统一，既不能为了优

① 陈云贤：《中国特色社会主义市场经济：有为政府 + 有效市场》，载《经济研究》2019 年第 1 期。

化服务便利人民群众而随意缩减审批条件或程序，放任更多不符合条件的市场主体涌入；也不能为了加强对市场的监管而忽视对柔性手段的运用和服务职责的履行。

行政机关还要调和公权主体与私权主体角色的冲突。当行政机关作为市场主体参与经济活动时，兼具私权主体和公权主体的身份。一方面，行政机关作为合同的一方当事人，和合同相对人同样受到合同确定的权利义务的约束，如《政府采购法》第 43 条规定："政府采购合同适用合同法。采购人和供应商之间的权利和义务，应当按照平等、自愿的原则以合同方式约定。"另一方面，行政机关基于公共利益的需要，需对相对人履行合同的情况进行监管，当相对人为了私人利益破坏公共利益时，行政机关不仅可以行使私法上的解除合同或要求继续履行的手段，还可以行使公法手段对相对人违反行政法规范的行为进行制裁。因此，当行政机关作为市场主体出现时，需要在保障社会公共利益和维护合同相对方私人利益之间作出平衡，行政机关既不能凭借自己的公法地位任意行使行政优益权，随意单方面变更和解除行政合同；也不能凭借自己采用私法形式行使行政职权就逃避公法的约束，沦为利益输送的通道和交易买卖的工具。行政机关作为市场主体，当公权角色和私权角色冲突时，行政机关的公权角色优于私权角色，即行政机关应以维护公益为导向，受平等原则、信赖保护原则、比例原则等宪法性原则的约束，而非完全的意思自治和行为自由。

行政机关在优化营商环境中的角色重叠和冲突，更加凸显了行政机关职责类型化的需要。当行政机关作为监管者时，其应以法律保留原则为指引，确保权力行使于法有据；当行政机关作为政务服务提供者时，其应以行政效能为导向，确保服务便民、办事高效；当行政机关作为市场主体时，其应以平等原则为根本，实现公益和私益的平衡。

（四）以政务诚信为引领推进社会信用体系建设

政府除了监管和服务市场主体，其自身还作为市场主体参与到市场活动中，这是政府履行职能不可或缺的一部分。传统的行政法强调公私对立，政府只能采用公法上的强权手段行使职权，而不能采取与私人协商合作的方式；公共职权的行使和公共产品的提供均由政府垄断，私人不得沾染和参与。伴随着福利国家和给付行政的兴起，行政机关逐渐选择更加多元化的行为方式去应对日益复杂和繁多的行政事务，如通过行政合同、招投标等私法手段实现行政管理目的。① 政府履行职责离不开物的手段，政府需要办公大楼、桌椅、电脑、纸笔等硬件设施或软件服务满足自己的工作需求，这些公务用公物的获取方式就是政府采购。此外，政府可以通过公私合作的方式向社会提供公共产品，即所谓的"公众用公物"，如国道、飞机场、大桥、大型供水、供电、供气工程等公共设施。如《条例》第 13 条规定了政府采购和招投标的公开公正性要求，第 31 条规定了政府履行与私主体签订的合同和承诺的诚信要求，第 32 条规定了政府不得违约拖欠市场主体的货物、工程、服务等账款的守信要求。

政务诚信在稳定社会预期、提高政府的公信力、补强行政行为的合法性和正当性基础、增强公民对行政行为的信服和遵从方面具有重要作用。但实践中，一些地方政府"新官不理旧账"、政策朝令夕改、允诺优惠不到位等漠视政务诚信的行为频发，严重损害了市场主体的投资信心。党的十八大提出要"加强政务诚信、商务诚信、社会诚信和司法公信建设"，其中政务诚信是整个社会诚信体系的关键和核心，各类政务行为主体的诚信水平，对其他社会主体诚信建设发挥着重要的表率和导向作用。为营造诚信蔚然成风的营商环境，要以政务诚信为引领推进社会信用体系建设，实现经济的高质高速发展。

五　结语

从地方到中央的优化营商环境立法，从建立全国统一规范的自由市场、

① 参见胡敏洁《以私法形式完成行政任务——以福利民营化为考察对象》，载《政法论坛》（中国政法大学学报）2005 年第 6 期。

提供高效便民的政务服务、加强公正规范的监管执法三个方面，为各级行政机关和市场主体设定了大量的行为规范，极大地提升了我国优化营商环境的法治化水平，推动了我国营商环境的改善。但也要看到，从行政法学的视角观察，相关立法规则所设定的行为规范与责任规范，还存在一定的合法性风险和有待检讨之处。通过立法规范来优化营商环境，在便利市场流动、提升效率价值的同时，也可能存在忽视对第三人或公众权益的保障、背离依法行政原则、实效性难以保障等多方面的问题。本报告通过对这些立法规范的梳理和分析，归纳了现行优化营商环境立法在形式和内容方面的主要特征，检讨了其可能存在的合法性风险，并提出了完善其法治品性的具体路径。

B.3

信用监管的历史沿革与合法性控制

孔祥稳*

摘　要： 在强化事中事后监管的过程中，国务院多次发布规范性文件，强调信用监管机制的作用，并对信用监管的具体制度进行了布置安排。目前已基本构建起以市场主体的信用信息记录为基础，以事前的“告知—承诺”制，事中的差异化监管，事后的守信激励和失信惩戒制度为依托的信用监管体系。这一体系是行政机关利用现代化技术改进监管方式，提高社会治理能力的尝试，在实践中显现出了强大的实际效果。然而，信用监管中的权力扩张形成了对传统行政法治原则的巨大挑战。继续推进信用监管制度，应当充分回应其所面对的合法性问题，确保这一制度在法治轨道上运行。

关键词： 社会信用体系　信用监管　事中事后监管　失信联合惩戒

社会信用体系建设是我国当下正在开展的重大社会工程之一，受到了国内外的广泛关注。事实上，随着市场经济建设的推进，我国早在21世纪初就对信用问题给予了相当程度的重视。近年来，大数据科技的发展使得收集、处理大量信用信息成为可能，这为社会信用体系建设奠定了坚实基础。2012年，党的十八大报告中提出“深入开展道德领域突出问题专项教育和

* 孔祥稳，法学博士，对外经济贸易大学法学院助理教授，主要研究方向为行政法学。

治理，加强政务诚信、商务诚信、社会诚信和司法公信建设”。以这一精神为指导，国务院在 2014 年发布了《社会信用体系建设规划纲要（2014—2020 年）》（以下简称《纲要》），对社会信用体系建设的总体思路和具体措施进行了系统部署，尤其突出了政务诚信、商务诚信、社会诚信和司法公信四个重点领域的建设举措。按照《纲要》所确定的目标，到 2020 年，我国的社会信用体系建设应当取得长足发展，基础性法律法规和标准体系应当基本建立，主要制度能够有效运行。①

从社会信用体系建设的实践来看，在四个重点建设领域中，商务诚信和社会诚信建设的推进较为迅速。最高人民法院启动“基本解决执行难”工作后，与包括国家发改委在内的 40 余家单位联合签署了失信联合惩戒备忘录，② 确立起强大的失信联合惩戒系统，督促被执行人履行生效法律文书确定的义务。这一制度展现出了强大的威慑力，成为司法系统解决“执行难”的一把利器。

在司法领域的失信联合惩戒制度正在展现其实效性的同时，类似机制也正在行政监管活动中得到越来越多的应用。尤其是在国务院大力推进“放管服”改革过程中，依托信用信息而展开的“信用监管”被视为事中事后监管的代表性手段，受到了高度重视。2019 年，国务院两次发文，将信用监管作为改变监管方式、提升监管实效的重要落脚点，对信用监管机制的建设路径进行了部署。③ 可以预见，信用监管将成为行政监管中的重要工具。本报告将系统梳理信用这一工具在我国行政监管实践中的发展历程，通过对

① 《社会信用体系建设规划纲要（2014—2020 年）》（国发〔2014〕21 号）：“到 2020 年，社会信用基础性法律法规和标准体系基本建立，以信用信息资源共享为基础的覆盖全社会的征信系统基本建成，信用监管体制基本健全，信用服务市场体系比较完善，守信激励和失信惩戒机制全面发挥作用。政务诚信、商务诚信、社会诚信和司法公信建设取得明显进展，市场和社会满意度大幅提高。全社会诚信意识普遍增强，经济社会发展信用环境明显改善，经济社会秩序显著好转。”

② 《关于印发对失信被执行人实施联合惩戒的合作备忘录的通知》（发改财金〔2016〕141 号）。

③ 《国务院关于加强和规范事中事后监管的指导意见》（国发〔2019〕18 号）、《国务院办公厅关于加快推进社会信用体系建设构建以信用为基础的新型监管机制的指导意见》（国办发〔2019〕35 号）。

国务院及各部委所构建的信用监管制度内涵的分析，提出在法治轨道上推进信用监管建设的具体建议。

一　信用监管的历史沿革：从“监管信用”到“信用监管”

回顾信用监管的发展历程可以看出，伴随着信息科技的进步与发展，信用信息的工具价值不断提升。行政机关从刚开始试图通过“对信用的监管”建立更好的市场秩序，逐步转变为“基于信用而展开监管”，信用信息成为社会治理的重要手段。

（一）起源：以解决市场失序为导向的探索

改革开放后，在计划经济体制向市场经济体制转轨时期，由于市场机制尚不完善、法治环境不够健全，市场失序问题一度十分严重。诸如制假售假、欺诈等行为引发了社会媒体和公众的高度关注。信用缺失被认为是造成上述问题的重要原因。“信用是市场经济的重要基础，规范有序的市场经济活动需要建立一个能够有效调动社会资源和规范市场交易的信用制度。良好的信用关系是企业正常经营与国民经济健康运行的基本保证。”① 因此，中央层面开始陆续提出政策要求，试图将市场主体的信用情况纳入监管范围，以实现良好的市场秩序。

2001 年，国家经贸委会同国家工商总局、公安部、国家质监总局等十部门联合下发了《关于加强中小企业信用管理工作的若干意见》（国经贸中小企〔2001〕368 号），提出要推进中小企业信用制度的建立和完善，建立部门间联合的信用信息征集与信用评价体系等，开始进行信用体系建设的早期探索。2002 年的九届人大五次会议上，国务院《政府工作报告》明确提出“加快建立企业、中介机构和个人的信用档案，使有不良行为记录者付

① 《关于加强中小企业信用管理工作的若干意见》（国经贸中小企〔2001〕368 号）。

出代价，名誉扫地，直至绳之以法”。[①] 此后，各部门各行业的信用制度建设开始逐步推进。例如原建设部在2002年发布了《关于加快建立建筑市场有关企业和专业技术人员信用档案的通知》，要求在2002年10月1日前实现企业和专业技术人员数据库及信用档案的建成和运行。2005年，中国人民银行发布《个人信用信息基础数据库管理暂行办法》，对个人信用信息的使用做了规定，但其目的主要是应用于个人信贷业务，而非建设遍及全社会的个人诚信体系。商务部则在2007年出台了《商务领域信用信息管理办法》，规定了商务领域信用信息的归集、引用、共享、查询等制度。

2007年，国务院在总结各部门各地方社会信用体系建设经验的基础上，发布了《国务院办公厅关于社会信用体系建设的若干意见》（国办发〔2007〕17号），对我国社会信用体系建设进行了系统部署。从该意见的具体内容来看，社会信用体系建设被寄予了“整顿和规范市场经济秩序的治本之策”的期望，旨在用来解决“恶意拖欠和逃废银行债务、逃骗偷税、商业欺诈、制假售假、非法集资等现象屡禁不止”等问题。[②] 可以看出，此时的社会“信用”概念相对狭窄，更多限定在与诚信这一道德品质具有紧密关联的范畴内。在具体举措上，意见提出要完善各行业信用记录，建立信用平台，发展征信行业等，尤其是强调了建立金融业的统一征信平台。这些措施体现出，国家开始对信用问题进行关注，且试图对普遍失信的行为进行治理。在具体措施上，虽然也提出了要形成“一处失信，寸步难行”的失信行为联合惩戒机制，但尚未作为制度建设的重点。

（二）推进：以信息披露为重点的制度建设

在各部门、各行业的信用档案基本建设起来后，如何利用信用信息成为关键问题。商务部2007年出台的《商务领域信用信息管理办法》提

---

① 《政府工作报告——2002年3月5日在第九届全国人民代表大会第五次会议上》。

② 《国务院办公厅关于社会信用体系建设的若干意见》（国办发〔2007〕17号）。

出了两类措施：一是分类监管，即由各级商务主管部门利用商务信用信息系统，对市场主体进行信用分类监管，例如在日常监管、行政审批和表彰评优等工作中，对没有违法违规记录的市场主体给予便利或奖励，对有违法违规记录的市场主体加强监督管理；二是信息披露，即要求向社会公开市场主体的工商执照或其他行政许可和资质证书中列明的基本信息、资质信息和全部违法违规信息。这两类措施可以视作信用监管的制度雏形。

然而，从实践来看，在信用体系建设的初期，除了2009年通过的《食品安全法》等少数法律法规规定了基于信用信息的分级分类监管外，[①] 大多数领域的立法并未规定类似举措，而是将信息披露作为信用体系建设的主要抓手。梳理国务院印发《纲要》前后立法机关通过或修订的法律即可发现，大量立法开始重视信用监管机制，增加信用档案条款（见表1），但在信用信息的使用方式上，主要以公开信用信息为主。有的立法甚至未规定具体的信息使用方式，仅仅规定了应当建立信用档案制度。

对于信用信息的披露可视为一种基于信息而展开的弱监管，既可以通过这一手段对于相关主体实施声誉上的惩戒，同时其也发挥着对消费者的风险提示作用。关于负面信息披露行为的法律属性主要存在着行政处罚和行政事实行为两种观点，[②] 当其作为督促相关主体履行法定义务的方式而发挥作用时，还可能作为行政强制执行手段而存在。[③] 学界在普遍承认其实际效果的同时，[④] 也提出这一制度可能存在侵及相关主体隐私权、名誉权的风险，从

① 例如，2009年颁布的《食品安全法》第79条规定，县级以上质量监督、工商行政管理、食品药品监督管理部门应当建立食品生产经营者食品安全信用档案，记录许可颁发、日常监督检查结果、违法行为查处等情况；根据食品安全信用档案的记录，对有不良信用记录的食品生产经营者增加监督检查频次。

② 章志远、鲍燕娇：《作为声誉罚的行政违法事实公布》，载《行政法学研究》2014年第1期。

③ 章志远：《作为行政强制执行手段的违法事实公布》，载《法学家》2012年第1期。

④ 段礼乐：《羞辱性执法的信息经济学阐释——以企业负面信息发布制度为分析对象》，载《政法论丛》2018年第1期。

而提出了通过严格的立法限制，从范围、程序、救济等方面对负面信息披露制度进行规范的主张。①

表 1　现行法律中对信用档案制度的规定

法律名称	信用档案条文	档案主体	记入信用档案的行为	信用档案的使用方式
《旅游法》	第 108 条	旅游经营者及其从业人员	违反本法规定	旅游主管部门和有关部门应当记入信用档案，向社会公布
《商标法》	第 68 条	商标代理机构	(一)办理商标事宜过程中,伪造、变造或者使用伪造、变造的法律文件、印章、签名的; (二)以诋毁其他商标代理机构等手段招徕商标代理业务或者以其他不正当手段扰乱商标代理市场秩序的; (三)违反本法第四条、第十九条第三款和第四款规定的	由工商行政管理部门记入信用档案;情节严重的,商标局、商标评审委员会并可以决定停止受理其办理商标代理业务,予以公告
《消费者权益保护法》	第 56 条	经营者	(一)提供的商品或者服务不符合保障人身、财产安全要求的; (二)在商品中掺杂、掺假,以假充真,以次充好,或者以不合格商品冒充合格商品的; (三)生产国家明令淘汰的商品或者销售失效、变质的商品的; (四)伪造商品的产地,伪造或者冒用他人的厂名、厂址,篡改生产日期,伪造或者冒用认证标志等质量标志的; (五)销售的商品应当检验、检疫而未检验、检疫或者伪造检验、检疫结果的; (六)对商品或者服务作虚假或者引人误解的宣传的;	处罚机关应当记入信用档案,向社会公布

① 黄学贤、汪厚冬:《论公布违法信息——以公安行政管理为例》，载《中国人民公安大学学报》（社会科学版）2013 年第 5 期。

续表

法律名称	信用档案条文	档案主体	记入信用档案的行为	信用档案的使用方式
《消费者权益保护法》	第56条	经营者	(七)拒绝或者拖延有关行政部门责令对缺陷商品或者服务采取停止销售、警示、召回、无害化处理、销毁、停止生产或者服务等措施的; (八)对消费者提出的修理、重作、更换、退货、补足商品数量、退还货款和服务费用或者赔偿损失的要求,故意拖延或者无理拒绝的; (九)侵害消费者人格尊严、侵犯消费者人身自由或者侵害消费者个人信息依法得到保护的权利的; (十)法律、法规规定的对损害消费者权益应当予以处罚的其他情形	处罚机关应当记入信用档案,向社会公布
《食品安全法》	第113条 第114条	食品生产经营者	记录许可颁发、日常监督检查结果、违法行为查处等情况 责任约谈情况和整改情况应当纳入食品生产经营者食品安全信用档案	县级以上人民政府食品安全监督管理部门依法向社会公布并实时更新;对有不良信用记录的食品生产经营者增加监督检查频次,对违法行为情节严重的食品生产经营者,可以通报投资主管部门、证券监督管理机构和有关的金融机构
《食品安全法》	第100条	进出口食品的进口商、出口商和出口食品生产企业	不良记录	由国家出入境检验检疫部门依法向社会公布。对有不良记录的进口商、出口商和出口食品生产企业,应当加强对其进出口食品的检验检疫

续表

法律名称	信用档案条文	档案主体	记入信用档案的行为	信用档案的使用方式
《药品管理法》	第105条	药品上市许可持有人、药品生产企业、药品经营企业、药物非临床安全性评价研究机构、药物临床试验机构和医疗机构	记录许可颁发、日常监督检查结果、违法行为查处等情况	药品监督管理部门依法向社会公布并及时更新;对有不良信用记录的,增加监督检查频次,并可以按照国家规定实施联合惩戒
《网络安全法》	第71条	未明确相关主体	违反本法规定	依照有关法律、行政法规的规定记入信用档案,并予以公示
《广告法》	第67条	未明确相关主体	违反本法规定	由市场监督管理部门记入信用档案,并依照有关法律、行政法规规定予以公示
《慈善法》	第95条	慈善组织及其负责人	未明确规定	县级以上人民政府民政部门应当建立慈善组织及其负责人信用记录制度,并向社会公布
《民办教育促进法》	第41条	民办学校	未明确规定	仅规定由教育行政部门及有关部门建立信用档案制度,未规定具体运行方式
《电影产业促进法》	第46条	从事电影活动的单位和个人	因违反本法规定而受到行政处罚	县级以上人民政府电影主管部门记入信用档案,并向社会公布

续表

法律名称	信用档案条文	档案主体	记入信用档案的行为	信用档案的使用方式
《资产评估法》	第36条	评估行业协会的会员	会员遵守法律、行政法规和评估准则的情况	由评估行业协会记入信用档案，并向社会公开
《测绘法》	第48条	测绘单位	未明确规定	由县级以上人民政府测绘地理信息主管部门依法将信用信息予以公示

此外，通过对上述立法中信用档案条款的梳理可以发现，除了信息使用方式较为单一外，部分立法对信用档案的规定较为粗疏和笼统，体现出信用监管制度尚待进一步发展成熟。例如，《广告法》的信用档案条款仅笼统规定有违反该法行为的，由市场监管部门记入信用档案。然而，该法不仅对广告主、广告经营者、广告发布者的行为均设定了规范，同时还规定了广告审查机关、市场监管部门等监管主体的义务，是否需要对上述机关及其工作人员的行为建立信用档案并进行违法公示就存在着法律解释上的疑义。

再如，部分立法对于信用信息的界定过于笼统，且尺度不一。《网络安全法》《广告法》《旅游法》等法律均规定“违反本法规定”的行为均要记入信用档案，这实际上是将信用记录等同于违法记录；《电影产业促进法》则规定违反该法规定而受到行政处罚的应当记入信用档案，实质上是将信用记录等同于行政处罚记录；《慈善法》和《民办教育促进法》则仅仅规定了要建立信用记录、信用档案制度，却没有规定何种行为应当被记入信用记录。信用信息的记录是信用监管的起点和基础，如果不能合理划定信用信息的范围，将造成信用监管制度的宽严失据。这一矛盾在失信联合惩戒措施广泛应用之后更加明显。

此外需要注意的是，尽管在法律层面，大多数立法仍较为谨慎地将信用监管措施限定于负面信息披露上，但一些部门和地方政府通过规章甚至规范性文件规定了大量的信用监管举措，且这些低位阶规范在设定信用监管举措时往往更为随意。例如，诸多地方政府以规范性文件设定了对当事人权利造成极大影响的失信联合惩戒制度，这也引发了理论界对此类规范合法性的关注和质疑。①

（三）发展：以统一高效的信用监管体系为目标的趋势

如果说社会信用体系建设的原初目的是提高社会整体诚信水平，解决因为普遍失信而带来的市场秩序混乱的话，那么随着信息技术的发展成熟，社会信用体系正在逐渐被赋予更多社会治理层面的意义。尤其是司法领域对于失信被执行人的联合惩戒实践显示出，在数字化条件下，基于信用信息而开展的各类治理措施具有极强的威慑力。这种威慑力既可以用来解决被执行人不履行法定义务的问题，自然也可以用来解决市场主体不遵守相关规定的问题，促进法律法规的实施。于是，“对信用的监管”开始逐渐转变为“基于信用而展开的监管”。国务院 2014 年颁布的《纲要》就非常明确地提出，社会信用体系“是社会主义市场经济体制和社会治理体制的重要组成部分”，“是完善社会主义市场经济体制、加强和创新社会治理的重要手段”，从正面肯定和强调了社会信用体系在社会治理方面的功能。这也正是有研究者所言的，社会信用体系的建设“名为提高诚信，实兼加强法律实施之意”。②

社会信用体系功能的扩张与“放管服”改革和事中事后监管机制的建设有着紧密的内在联系。我国的行政审批制度发端于计划经济体制时期，尽管社会主义市场经济体制确立后，计划经济逐渐退出了历史舞台，但以这一体制为基础所建立的审批管理体制并未因此终结，③ 行政监管活动依然具有高度的“许可依赖”。由于政府对资源及生产经营领域的垄断尚未完全打破，以及政府管理职能转变不到位，行政机关习惯于通过事前许可的方式管理绝大部分领域的社会事务，而非将许可视为市场失灵的补充。与此同时，绝大多数行政审批中都包含着巨大的利益，利用审批收费成为行政审批中的

---

① 沈岿：《社会信用体系建设的法治之道》，载《中国法学》2019 年第 5 期。

② 沈岿：《社会信用体系建设的法治之道》，载《中国法学》2019 年第 5 期。

③ 王克稳：《我国行政审批制度的改革及其法律规制》，载《法学研究》2014 年第 2 期。

普遍现象，[①] 这使得行政机关主动精简、改革许可的意愿较差。对事前审批的长期依赖阻碍了市场活力，也造成了过大的寻租空间。为改变这一局面，国务院在近年来以加快政府职能转变，深化行政体制改革为目标，大力推进简政放权、放管结合、优化服务，推动行政许可权下放、取消，清理非许可审批，取得了显著成效。[②] 按照“放管结合”的改革思路，行政许可权的下放和取消并非意味着政府完全退出市场，而是政府应当进一步优化职能，在“应当管”的领域通过监管方式的创新和监管效能的提升，改变“重审批轻监管”的倾向，也即“大量减少行政审批后，政府管理要由事前审批更多地转为事中事后监管，实行‘宽进严管’”。[③]

然而，与传统的行政许可、审批等方式相比，开展事中事后监管显然有着更高的工作难度。事前许可往往是静态的、被动的，主要工作方式为审核相对人所提交的材料是否符合法定要求，即便需要勘验鉴定，目标约束也比较明确；事中事后监管则更多强调主动性、过程性，需要综合运用多种监管工具，综合收集研判各种信息，开展更为精细的监管。这对于大多数行政机关而言都会构成能力上的挑战。正如李克强总理所言：“加强事中事后监管，发现问题就必须叫停、处罚，这往往要得罪人，甚至要做‘恶人’，比事前审批难得多。工作方式也不一样，事前审批是别人找上门，事后监管则是自己要下去，到现场了解情况，实施监管。同时，我们一些政府机关和干部在行政审批方面通常是轻车熟路，但在市场监管方面办法还不多、经验也不足。”[④]

为了解决各部门各地方不善于进行事中事后监管的问题，在推进“放管服”改革的同时，国务院也就如何推进事中事后监管进行探索，试图构建起行之有效的事中事后监管系统。在这一过程中，信用监管所展现出的精准性、有效性等特点契合了事中事后监管的理念，以信用记录为基础而展开

---

① 王克稳：《我国行政审批制度的改革及其法律规制》，载《法学研究》2014 年第 2 期。

② 马怀德：《行政审批制度改革的成效、问题与建议》，载《国家行政学院学报》2016 年第 3 期。

③ 《李克强在国务院机构职能转变动员电视电话会议上的讲话（2013 年 5 月 13 日）》。

④ 《李克强在国务院机构职能转变动员电视电话会议上的讲话（2013 年 5 月 13 日）》。

的多种措施也为事中事后监管提供了丰富的工具，从而逐渐被接受和重视。梳理近年来国务院所发布的加强事中事后监管、推进信用监管制度建设的主要文件即可看出（见表2），信用监管在监管体系中的重要性正在不断提升，基于信用记录而开展的监管活动也日益精细化并具备可操作性。

例如，在2015年7月发布的《国务院办公厅关于推广随机抽查规范事中事后监管的通知》中，相对于“抽查”这一比较传统的行政检查方式，信用档案、失信联合惩戒制度、黑名单制度仅被视为“双随机”抽查机制的配套制度，对于信用记录的利用也仅笼统提到“要根据市场主体的信用情况，采取针对性强的监督检查方式”。在2019年1月发布的《国务院关于在市场监管领域全面推行部门联合“双随机、一公开”监管的意见》中，信用记录已经有了更为明确和具体的使用方式，基于信用记录而展开的差异化监管成为普遍要求——“针对不同风险等级、信用水平的检查对象采取差异化分类监管措施，合理确定、动态调整抽查比例、频次和被抽查概率，既保证必要的抽查覆盖面和监管效果，又防止任意检查和执法扰民”。2019年7月发布的《国务院办公厅关于加快推进社会信用体系建设构建以信用为基础的新型监管机制的指导意见》（以下简称《新型监管机制指导意见》），则直接将信用作为新型监管机制的基础，这意味着正如有研究者所主张的，未来将会以信用监管为核心，统筹构建市场监管体系。①

表2　近年来国务院发布的与信用监管相关的文件

文件名称	发布时间	主要精神
《国务院办公厅关于运用大数据加强对市场主体服务和监管的若干意见》（国办发〔2015〕51号）	2015年6月	以国家统一的信用信息共享交换平台为基础，运用大数据推动社会信用体系建设，建立跨地区、多部门的信用联动奖惩机制，构建公平诚信的市场环境

① 王湘军、刘莉：《冲击与重构：社会变迁背景下我国市场监管手段探论》，载《中共中央党校（国家行政学院）学报》2019年第2期。

续表

文件名称	发布时间	主要精神
《国务院办公厅关于推广随机抽查规范事中事后监管的通知》(国办发〔2015〕58号)	2015年7月	抓紧建立统一的市场监管信息平台。加快政府部门之间、上下之间监管信息的互联互通,依托全国企业信用信息公示系统,整合形成统一的市场监管信息平台,及时公开监管信息,形成监管合力 推进随机抽查与社会信用体系相衔接。建立健全市场主体诚信档案、失信联合惩戒和黑名单制度。在随机抽查工作中,要根据市场主体的信用情况,采取针对性强的监督检查方式,将随机抽查结果纳入市场主体的社会信用记录,让失信者"一处违规,处处受限"
《国务院关于"先照后证"改革后加强事中事后监管的意见》(国发〔2015〕62号)	2015年10月	加快推进全国统一的信用信息共享交换平台和企业信用信息公示系统建设,推进政府部门、行业协会、社会组织信用信息共享共用,强化信用对市场主体的约束作用,构建以信息归集共享为基础,以信息公示为手段,以信用监管为核心的监管制度,让失信主体"一处违法,处处受限"
《国务院关于建立完善守信联合激励和失信联合惩戒制度加快推进社会诚信建设的指导意见》(国发〔2016〕33号)	2016年5月	充分运用信用激励和约束手段,加大对诚信主体激励和对严重失信主体惩戒力度,让守信者受益、失信者受限,形成褒扬诚信、惩戒失信的制度机制 通过信用信息公开和共享,建立跨地区、跨部门、跨领域的联合激励与惩戒机制,形成政府部门协同联动、行业组织自律管理、信用服务机构积极参与、社会舆论广泛监督的共同治理格局 严格依照法律法规和政策规定,科学界定守信和失信行为,开展守信联合激励和失信联合惩戒。建立健全信用修复、异议申诉等机制,保护当事人合法权益
《国务院办公厅关于印发消费品标准和质量提升规划(2016—2020年)的通知》(国办发〔2016〕68号)	2016年9月	加快质量信用体系建设。实施企业质量信用信息统一归集、依法公示、联合惩戒、社会监督。完善企业质量信用档案数据库,建立消费品市场主体经营异常名录、产品质量失信"黑名单"等制度,对企业实施分类监管。支持、引导第三方信用服务机构对消费品生产企业开展质量信用评价。实现多部门、跨地区质量信用联合奖励和联合惩戒,营造"守信者处处受益,失信者寸步难行"的社会环境
《国务院关于在市场监管领域全面推行部门联合"双随机、一公开"监管的意见》(国发〔2019〕5号)	2019年1月	针对不同风险等级、信用水平的检查对象采取差异化分类监管措施,合理确定、动态调整抽查比例、频次和被抽查概率,既保证必要的抽查覆盖面和监管效果,又防止任意检查和执法扰民 按照"谁检查、谁录入、谁公开"的原则,将抽查检查结果通过国家企业信用信息公示系统和全国信用信息共享平台等进行公示,接受社会监督

续表

文件名称	发布时间	主要精神
《国务院办公厅关于加快推进社会信用体系建设构建以信用为基础的新型监管机制的指导意见》（国办发〔2019〕35号）	2019年7月	创新事前环节信用监管；加强事中环节信用监管；完善事后环节信用监管；强化信用监管的支撑保障
《国务院关于加强和规范事中事后监管的指导意见》（国发〔2019〕18号）	2019年9月	以统一社会信用代码为标识，依法依规建立权威、统一、可查询的市场主体信用记录。大力推行信用承诺制度，将信用承诺履行情况纳入信用记录。推进信用分级分类监管，依据企业信用情况，在监管方式、抽查比例和频次等方面采取差异化措施。规范认定并设立市场主体信用"黑名单"，建立企业信用与自然人信用挂钩机制，强化跨行业、跨领域、跨部门失信联合惩戒，对失信主体在行业准入、项目审批、获得信贷、发票领用、出口退税、出入境、高消费等方面依法予以限制。建立健全信用修复、异议申诉等机制
《优化营商环境条例》	2019年10月	第五十三条　政府及其有关部门应当按照国家关于加快构建以信用为基础的新型监管机制的要求，创新和完善信用监管，强化信用监管的支撑保障，加强信用监管的组织实施，不断提升信用监管效能

二　信用监管的制度内涵

从上述梳理中可以看出，在强化事中事后监管的过程中，国务院通过多次发布规范性文件的方式强调信用监管机制的作用，并对信用监管的具体制度进行了布置安排。尤其2019年发布的《新型监管机制指导意见》和《国务院关于加强和规范事中事后监管的指导意见》（以下简称《事中事后监管指导意见》）两份规范性文件，较为全面地阐释了信用监管制度体系的内涵。这一体系以市场主体的信用信息记录为基础，依托信用信息分配监管资源，开展监管活动。监管结果反过来又载入信用记录中，从而不断丰富信用记录的内容，“形成覆盖事前、事中、事后全流程的逻辑闭环”。[①]

（一）起点：统一的市场主体信用记录

在社会信用体系建设初期，各部门主导了行业内的信用体系建设。从前文的梳理也可看出，大多数法律在规定信用档案制度时，要求该行业主管部门或相应的执法机构建立信用档案。这意味着同一个市场主体可能在不同行业和领域具有不同的信用档案，信用信息难以有效整合。为解决这一问题，国务院 2014 年的《纲要》提出，要建立自然人、法人和其他组织统一社会信用代码制度，完善相关制度标准，推动在经济社会活动中广泛使用统一社会信用代码。2019 年的《新型监管机制指导意见》进一步提出“完善法人和非法人组织统一社会信用代码制度，以统一社会信用代码为标识，整合形成完整的市场主体信用记录”。《优化营商环境条例》第 19 条将这一要求上升为法定规范：“国家持续深化商事制度改革，统一企业登记业务规范，统一数据标准和平台服务接口，采用统一社会信用代码进行登记管理。”上述要求意味着信用监管体系的建设将从统一的社会信用代码入手，整合各方面信用信息，形成一个立体化和全方位的信用信息记录系统。

（二）事前：基于信用信息的“告知—承诺”制度

本轮行政审批改革中，除了许可项目的取消和下放外，对许可方式和许可程序的改革也是重点之一。“告知—承诺”制度的推行即是在传统的“申请—审批”制度基础上的一种革新。“告知—承诺”在事前许可中的作用形态主要有二。其一是对审批材料的替代，即在办理适用承诺制的行政许可事项时，如果申请人承诺符合相关审批条件，行政机关就不再索要有关证明而依据承诺办理相关事项。此时，承诺替代了审批程序中需要提交的相关证明。如果申请人有较严重的不良信用记录或曾作出虚假承诺等情形，则不适

---

① 袁文瀚：《信用监管的行政法解读》，载《行政法学研究》2019 年第 1 期。

用“告知—承诺”制。[①] 其二是材料不全情况下的容缺受理，即若申请人的信用状况较好，即便部分材料不齐全，只要书面承诺在规定期限内提供，行政机关也应当先行受理，加快办理进度。[②] 申请人书面承诺的情况会作为事中事后监管的依据，由监管机关查明其是否按照书面承诺履约。如果没有依约履行，则有可能引发信用惩戒。[③]

早在2001年，上海市工商行政管理局和上海市浦东新区人民政府就在浦东新区实施了企业登记的“告知—承诺”制度，上海市政府则在2009年正式发布《上海市行政审批告知承诺试行办法》。但“告知—承诺”制度曾在实践中出现“承诺随意，践诺不力”和进行事后监管难度太大等一系列问题。有观点认为，与其形式化地实施“告知—承诺”的许可，不如彻底取消许可，加强日常监管。[④] 本轮“放管服”改革中，依托迅速发展的信用机制，“承诺随意，践诺不力”的情况有望得到解决，“告知—承诺”制得到普遍推开。

（三）事中：基于信用而展开的差异化监管

行政检查是我国行政机关获取信息，展开后续执法活动的重要依托，[⑤] 同时也是行政机关用以保障法律规范实施的重要方式，甚至可以说是主要方式。在市场监管领域，《产品质量法》《食品安全法》《药品管理法》等多部法律都确立了主管机关的行政检查职权。然而，通过行政检查落实法律规范存在着执法资源配置与违法行为发现之间的内在矛盾。由于行政执法资源总是有限的，面对广阔的市场，行政检查不可能覆盖到每一个角落，而只可

---

① 《司法部关于印发开展证明事项告知承诺制试点工作方案的通知》（司发通〔2019〕54号）。

② 《国务院办公厅关于加快推进社会信用体系建设构建以信用为基础的新型监管机制的指导意见》（国办发〔2019〕35号）。

③ 《国务院办公厅关于加快推进社会信用体系建设构建以信用为基础的新型监管机制的指导意见》国办发〔2019〕35号。

④ 曾德才等：《卫生行政许可“告知承诺制”的实践与分析》，载《中国卫生法制》2012年第3期。

⑤ 于立深：《论政府的信息形成权及当事人义务》，载《法制与社会发展》2009年第2期。

能选择其中的一部分主体或一部分领域展开日常检查。但行政违法行为的存在却并不一定具有某种特定规律，更多是呈现出不规则的分布状态。这就使得行政检查发现违法行为的目的可能“落空”。一个典型的例子是，《产品质量法》实施后，全国人大常委会曾分别在1999年和2017年组织过两次执法检查。1999年执法报告提出了“质量监督抽查的覆盖面还不够宽”的问题。[①] 时隔近20年后，在我国行政执法体系有了长足进步、行政执法队伍有了长足发展的情况下，2017年的执法检查报告依然提出了“质量监管力量仍比较薄弱，监督抽查覆盖面不够”的问题，[②] 凸显出了执法资源与违法行为发现之间的矛盾。

面对行政检查中执法资源配置不够精准、执法覆盖不全面的问题，信用监管机制给出了一个解决办法，即以市场主体的信用情况作为分配执法资源的依据，对于信用较好的企业减少抽查频次，对于信用较差的企业增加抽查频次。例如，《事中事后监管指导意见》要求“将随机抽查的比例频次、被抽查概率与抽查对象的信用等级、风险程度挂钩，对有不良信用记录、风险高的要加大抽查力度，对信用较好、风险较低的可适当减少抽查”。[③]《新型监管机制指导意见》则要求“‘双随机、一公开’监管要与信用等级相结合，对信用较好、风险较低的市场主体，可合理降低抽查比例和频次，减少对正常生产经营的影响；对信用风险一般的市场主体，按常规比例和频次抽查；对违法失信、风险较高的市场主体，适当提高抽查比例和频次，依法依规实行严管和惩戒”。[④]

---

① 陈光毅：《全国人大常委会执法检查组关于检查〈中华人民共和国产品质量法〉实施情况的报告——1999年10月30日在第九届全国人民代表大会常务委员会第十二次会议上》。

② 严隽琪：《全国人民代表大会常务委员会执法检查组关于检查〈中华人民共和国产品质量法〉实施情况的报告——2017年6月22日在第十二届全国人民代表大会常务委员会第二十八次会议上》。

③《国务院关于加强和规范事中事后监管的指导意见》（国发〔2019〕18号）。

④《国务院办公厅关于加快推进社会信用体系建设构建以信用为基础的新型监管机制的指导意见》（国办发〔2019〕35号）。

（四）事后：守信激励与失信惩戒

守信激励与失信惩戒是信用信息运用的重点环节，通过正负两个方向激励作用于社会主体。国务院2014年颁布的《纲要》指出，“守信激励和失信惩戒机制直接作用于各个社会主体信用行为，是社会信用体系运行的核心机制”。所谓守信激励，是指“行政主体在法定权限范围内，对信用评级较优的相对人采取的激励措施”，[①] 具体举措包括宣传表彰，树立诚信典型，进行重点推荐，实施行政审批的“绿色通道”和“容缺受理”，优先提供公共服务的便利，优化监管安排，提供融资产品，降低交易成本，等等。[②] 从目前的情况来看，对比规划要求，守信激励制度的建设还有待进一步推进。国务院2019年发布的《新型监管机制指导意见》《事中事后监管指导意见》中也并未专门涉及守信激励制度，但容缺受理和事中的差异化监管体现出了守信激励的色彩。此外，国家发改委与部分部门在纳税、慈善领域印发了一些守信激励的备忘录。[③]

真正成为社会信用体系的核心机制，并对市场主体形成了强大威慑力的，是已颇具规模的失信惩戒制度。所谓失信惩戒，是指对于失信的市场主体予以惩罚的行为。有研究者梳理现行规范后，将失信惩戒措施分为六个大类，分别为失信记录、提醒告诫、重点监管、声誉不利、资格限制或剥夺、自由限制。[④] 严格意义上说，对失信行为进行记录本身属于信用信息的归集；“重点监管”是指将信用信息作为开展监管活动的事实依据，或作为裁量时的考量因素。二者虽然在事实层面会对相对人造成一定的不利影响，但本身并不单独、直接对相对人造成权利剥夺后果，所以可以不归入

---

① 袁文瀚：《信用监管的行政法解读》，载《行政法学研究》2019年第1期。

② 《社会信用体系建设规划纲要（2014—2020年）》，《国务院关于建立完善守信联合激励和失信联合惩戒制度加快推进社会诚信建设的指导意见》（国发〔2016〕33号）。

③ 《关于对纳税信用A级纳税人实施联合激励措施的合作备忘录》（发改财金〔2016〕1467号）；《关于对慈善捐赠领域相关主体实施守信联合激励和失信联合惩戒的合作备忘录》（发改财金〔2018〕331号）。

④ 沈岿：《社会信用体系建设的法治之道》，载《中国法学》2019年第5期。

惩戒范围中。

因此，目前各层级规范所设定的失信惩戒主要包括以下几个类型。第一，失信约谈，即市场主体的行为被认定为失信后，“由认定部门依法依规启动提示约谈或警示约谈程序，督促失信市场主体履行相关义务、消除不良影响”。[1] 第二，信用信息的公示，所公示的信息可能包括行政许可、行政处罚等各类执法信息，未来还有可能涵盖行政强制、行政确认、行政征收、行政给付、行政裁决、行政补偿、行政奖励和行政监督检查等其他行政行为信息。[2] 其中负面信息（如行政处罚信息）的披露属于对失信者的制裁，其不仅仅具有事后惩戒功能，还可视为对消费者的一种风险警示。第三，资格的限制或者剥夺，这是一种较为严厉的惩戒措施。其中最具侵害性的是对市场主体从业资格的限制和剥夺，即俗称的“黑名单”。除此之外，还包含了对股票发行、转让资格的限制，设立金融类公司的限制，从事互联网信息服务的限制，申请财政性资金项目的限制，参与公共资源交易的限制，参与基础设施和公共事业特许经营的限制，等等。[3] 第四，自由限制，主要是对某些行为自由的限制，例如出境和购买不动产、乘坐飞机、乘坐高等级列车和席次、旅游度假、入住星级以上宾馆以及实施其他高消费的行为。[4]

值得注意的是，使得失信惩戒措施具备极强威慑力的不仅仅是丰富多样的惩戒手段，而且是失信惩戒的“联合性”，即所谓“失信联合惩戒制度”。其制度运行方式是“在有关部门和社会组织依法依规对本领域失信行为作出处理和评价基础上，通过信息共享，推动其他部门和社会组织依法依规对

---

① 《国务院办公厅关于加快推进社会信用体系建设构建以信用为基础的新型监管机制的指导意见》（国办发〔2019〕35号）。

② 《国务院办公厅关于加快推进社会信用体系建设构建以信用为基础的新型监管机制的指导意见》（国办发〔2019〕35号）

③ 《国务院关于建立完善守信联合激励和失信联合惩戒制度加快推进社会诚信建设的指导意见》（国发〔2016〕33号）；《国务院办公厅关于加快推进社会信用体系建设构建以信用为基础的新型监管机制的指导意见》（国办发〔2019〕35号）。

④ 《国务院关于建立完善守信联合激励和失信联合惩戒制度加快推进社会诚信建设的指导意见》（国发〔2016〕33号）

严重失信行为采取联合惩戒措施”。[①] 通常来说，从职权法定的角度出发，各行政机关都只能在自己的职权范围内采取惩戒措施。但“跨地区、跨领域、跨部门”的失信联合惩戒则使得各机关在面对监管对象时，可以超越自己的职权范围，与其他机关一起联合对市场主体进行惩戒。市场主体在一个领域的行为，可能会影响到他在其他领域从事的活动，从而真正实现“一处失信，处处受限”，这对于市场主体的威慑力无疑是巨大的。除了部门之间的联合外，失信联合惩戒还包括了行政机关与社会组织、行业协会等的联合，形成行政性、市场性、行业性惩戒措施“多管齐下”的局面。目前，失信联合惩戒的主要方式是签订备忘录，国务院曾经发文要求国家发改委会同有关部门在 2018 年底前完成 50 个以上重点领域的联合奖惩备忘录。[②]

三　信用监管面临的合法性张力及其应对

作为事中事后监管重要手段的信用监管，是行政机关利用现代化技术改进监管方式，提高社会治理能力的尝试。从实践来看，信用监管确实展现出了很强的实效性。然而，这种强大的实效性背后蕴含着权力扩张的逻辑，形成了对传统行政法治原则的巨大挑战。如要继续推进信用监管制度，应当充分回应其所面对的合法性问题，确保这一制度在法治轨道上运行。

（一）信用信息范围的界定

按照社会信用体系的建设要求，市场主体需要使用统一的社会信用代码，完成信用信息的整合。然而，究竟哪些信息属于应当进入这个系统的“信用信息”，尤其是“失信信息”，目前还缺乏统一和明确的界定。《新型

---

① 《国务院关于建立完善守信联合激励和失信联合惩戒制度加快推进社会诚信建设的指导意见》（国发〔2016〕33 号）

② 《国务院办公厅关于聚焦企业关切进一步推动优化营商环境政策落实的通知》（国办发〔2018〕104 号）。

监管机制指导意见》要求“根据权责清单建立信用信息采集目录，在办理注册登记、资质审核、日常监管、公共服务等过程中，及时、准确、全面记录市场主体信用行为，特别是将失信记录建档留痕，做到可查可核可溯”，却未解释市场主体的“信用行为”概念为何。从表1中的信用档案条款来看，信用信息的概念既可能与“违法”相等同，也可能与“受行政处罚的违法行为”相等同。在概念没有得到清晰界定的情况下，实践中出于社会治理便利性的考量，可能会泛化信用信息的概念。这一方面会使得诸多与信用本身不相关的信息被纳入评价范围当中，引发惩戒或其他后果，其结果是可能会对过多的社会行为形成控制，影响社会的活力；另一方面，也会使得信用监管超出其本身的功能负载，影响制度本身的运行。因此，在界定信用信息范围时，应当坚持以下几点原则。

第一，信用信息应当与市场主体的真实信用状况具有合理关联性，而不应当覆盖市场主体的所有行为。如何界定与信用状况是否存在真实关联？有研究者提出，信用信息应该回归“道德价值上之诚信”，但未具体解释何为道德价值上之诚信。① 事实上，信用状况所反映的是市场主体相关活动的可信任度的问题，因此应当从相关信息是否能够真实预测和反映主体的行为特质入手。

第二，信用信息应当具有确定性，通常来说，已经生效的行政决定因为具有公定力、已经生效的司法裁判因具有既判力而被认为具有确定性，可以作为信用信息记录。其他未经法院裁判，未发生终局法律效力的信息则不应当被纳入信用信息范围中，也即有研究者提出的“未经法院裁判的、民事活动中的欠费、逾期信息，包括水电费、物业费、通讯费、信用卡相关费用等，虽然可以在有限的范围内成为商业银行或相关互联网平台认定金融或商业信用的依据，但直接与政府判定的个人信用相联结并不妥当”。②

第三，信用记录应当合理设定时限和相应恢复、删除机制。超过法定期

① 沈毅龙：《论失信的行政联合惩戒及其法律控制》，载《法学家》2019年第4期。
② 王瑞雪：《政府规制中的信用工具研究》，载《中国法学》2017年第4期。

限的，应当删除相应记录，不应将失信记录作为永久的“道德枷锁”。若在法定期限内，存在删除相关信息、恢复原有状态的事由，也应当及时删除信息，保证信用记录状态的完整性。例如，若信息的认定与收集出现错误，应当依职权或依当事人申请及时修复。若当事人所遭受的行政处罚经过法定程序被撤销，那么相应处罚记录就应该被消除。

（二）“告知—承诺”制需要与《行政许可法》对接

对于“告知—承诺”制度，曾有批评观点认为其本身存在着巨大的法律困境，因为这一制度规避了许可机关的法定审查义务，改变了行政许可法律关系中各方主体的权责分配，并认为应当废除这一制度。[①] 本次“放管服”改革和事中事后监管中，将适用“告知—承诺”制的范围主要限定在证明事项上，是较为合理的。但是需要注意，按照目前社会信用体系建设的要求，对政府证明事项的“告知—承诺”制应当是普遍适用加负面排除的制度，即除非市场主体有严重的失信记录，否则都应当适用。实践中，有的地方在适用时将负面排除制改为了正面列举制，规定只有具备良好信用状况，信用评级高的市场主体才适用证明事项的“告知—承诺”制，这不符合平等对待的原则。

此外，“告知—承诺”制的另一适用方式是容缺受理，即在申请人材料不齐全的情况下，由申请人书面承诺在规定期限内提供相关材料，行政机关先行受理，从而加快办理进度。按照国务院的相关要求，信用状况较好的市场主体才有适用容缺受理的资格。然而，尽管容缺受理制度的目的是优化许可程序，促进市场活力，但其适用与现行《行政许可法》的规定产生了一定冲突。《行政许可法》第 32 条第 1 款第 5 项规定：“申请事项属于本行政机关职权范围，申请材料齐全、符合法定形式，或者申请人按照本行政机关的要求提交全部补正申请材料的，应当受理行政许可申请。”即行政许可的

① 李孝猛：《告知承诺制及其法律困境》，载《法治论丛》（上海政法学院学报）2007 年第 1 期。

受理条件是有着明确限定的，必须在材料齐全且符合法定形式的情况下方可受理。如果有材料不全的，则需提交补正材料后才能受理。容缺受理制度显然与此产生了冲突，且未被充分规范的容缺受理可能导致裁量权滥用。[①] 这一问题需要通过修订《行政许可法》，明确规定容缺受理并对适用条件进行严格限定的方式予以解决。

（三）差异化监管的合法性调控

根据信用信息调整执法资源分布，改进行政检查效率具有一定的正当性，但同时也要受到基本法治规则的约束。对于行政检查是否属于独立的行政行为，学界有不同的观点。但可以确定的是，行政检查虽然不直接处分市场主体的权利义务，但通常会对其生产经营造成一定的实际影响。在市场监管领域的行政检查中，执法机关有权深入企业的生产经营场所，从市场上或者企业的成品仓库内的代销产品中抽取检查样品。[②] 对于食品药品等特殊产品，还有权查阅、复制有关合同、票据、账簿以及其他有关资料，或是对产业链中的相关主体进行延伸检查等。[③] 对于此类检查，市场主体具有配合的义务而不得拒绝。

行政检查何时启动、对谁启动，通常属于行政机关的自由裁量范围。但裁量空间受到两方面的约束。从形式合法性上说，法律对于检查行为作出明确规定的，应当按照法律的规定执行。例如，《食品安全法》第 110 条概括授予县级以上食药监管部门监督检查权限，第 113 条明确规定执法部门对有不良信用记录的食品生产经营者增加监督检查频次，此时县级以上执法部门根据信用情况进行差别化的检查就是符合上位法规定的。而现行《产品质量法》所规定的“以抽查为主要方式的监督检查制度”就更加强调抽查的平等性。[④] 从实质合法性上说，行政检查行为应当受到平等原则的约束。平

---

① 韩业斌：《“容缺受理”制度的合法性释疑》，载《宁夏社会科学》2019 年第 3 期。

② 《产品质量法》第 15 条。

③ 《药品管理法》第 99 条，《食品安全法》第 110 条。

④ 谭冰霖：《论政府对企业的内部管理型规制》，载《法学家》2019 年第 6 期。

等原则并非一概否定所有差异，而是要求差别对待时要有足够充分和正当的理由。根据市场主体信用状况的差异来判断其潜在违法的可能，同样要受平等原则的约束。例如相关主体的失信次数过多，失信情况足够严重时，可以对其进行倾斜检查，但检查频次的倾斜不会造成过度的不平等和不合理等等。

（四）失信惩戒措施与公法基本原则的调和

首先，目前的失信惩戒措施的设定与实施存在与依法行政原则不符的情况，应当及时纠正。依法行政原则是行政法的首要原则，也是保证公共行政合法性的基本规范。依法行政原则的基本要求包括，行政机关实施行政管理，应当依照法律、法规、规章的规定进行；没有法律、法规、规章的规定，行政机关不得作出影响公民、法人和其他组织合法权益或者增加公民、法人和其他组织义务的决定；法律、法规、规章必须符合上下位法的效力等级规则。目前失信联合惩戒制度的规范依据是多元化的，既有地方性法规或地方政府规章，[①] 也有诸多行政规范性文件，如国务院制发的多个类型的文件以及国务院各部门签订的联合惩戒备忘录。在这些规范所确立的惩戒措施中，有很大一部分属于对资格和自由的限制，这毫无疑问增加了市场主体的义务，减少了市场主体的权利，需要有充分的法规范依据，目前国家发改委会同各部委制发的失信联合惩戒备忘录中列明了依据，但很多是政策性依据，而不具备法规范效力。同时，从法的明确性要求出发，设定惩戒措施时，应当在事前明确措施的具体内容、实施期限、解除方式等。

其次，失信惩戒措施需要符合比例原则与不当连接禁止原则的要求。对于负面信息披露而言，应当平衡披露利益与信息主体权益，防止不当侵犯信息主体权益的情况出现。所公布的负面信息应当经过技术处理，隐去可能涉及的自然人隐私等信息。对于资格限制和自由限制类措施而言，信用表现需

---

① 例如《浙江省公共信用信息管理条例》《湖北省社会信用信息管理条例》《辽宁省公共信用信息管理条例》《上海市公共信用信息归集和使用管理办法》等。

要与所对应的惩戒措施之间存在合理的联结。观察现行的联合惩戒备忘录可以发现，诸多措施的设定并不符合这一要求，应当系统梳理后进行完善和改造。例如，对于科研领域的失信主体，备忘录除了限制其在科研领域的诸多资格外，还跨部门限制相关主体参加工程建设项目的招投标项目，限制取得生产许可证，限制取得建筑开发规划选址许可、新增建设项目规划许可、水土保持方案许可和设施验收许可、施工许可等。① 上述措施与科研诚信之间并无任何的合理联结，也是对相关主体权益的过度干预。

最后，实施惩戒措施应当符合正当程序的要求。尤其是在对当事人实施资格和自由的限制时，应当事先通知当事人并说明理由，允许当事人进行陈述和申辩；相关决定应当送达当事人，并告知其救济途径。② 为了充分保证市场主体权益，还可考虑引入预防性的行政诉讼救济机制，进行预防性的权利保护。③

① 《关于对科研领域相关失信责任主体实施联合惩戒的合作备忘录》（发改财金〔2018〕1600号）。

② 范伟：《行政黑名单制度的法律属性及其控制——基于行政过程论视角的分析》，载《政治与法律》2018年第9期。

③ 章志远、鲍燕娇：《作为声誉罚的行政违法事实公布》，载《行政法学研究》2014年第1期。

B.4

“谁执法谁普法”体制下的政府普法：现状、问题与对策

郑悠然　李亚峰　李红勃*

摘　要： 政府的普法工作是建成法治国家的基础性工程，在我国已经系统开展了30多年，取得了显著的成果，积累了丰富的经验。“七五普法”标志着普法工作进入新时期，“谁执法谁普法”责任制的提出是对过往工作的总结和突破，向“大普法”时代跨进了关键一步。当前的政府普法还存在一些问题和不足，需要从提升普法主体法治素养、创新普法方式方法、优化考核评估机制等方面加以完善，以期进一步提升政府普法的效果。

关键词： 法治政府　“七五普法”　“谁执法谁普法”

一　导论

法治政府建设要求，政府不仅要严格依法行政，还要积极承担起相应的普法任务。党的十八届四中全会明确提出了国家机关“谁执法谁普法”的普法责任制，十九大报告指出加大全民普法力度，标志着新时期“大普法”时代的到来。国民法治素养的提高是中国特色社会主义法治建设的重要内容

* 郑悠然，中国政法大学法学院硕士研究生；李亚峰，中国政法大学法学院硕士研究生；李红勃，法学博士，中国政法大学法治政府研究院教授，主要研究方向为行政法学、教育法学。

之一，普法工作是法治建设事业的基础性工程。以公众普法需求为导向，以普法实际效果为目的，普法责任制强调向国家工作人员与社会公众同步普法，重在将普法融入执法全过程，与执法事前事中事后监督相结合，增强执法人员规范执法、文明执法的自觉性。在政府职能转变、加快法治政府建设的过程中，普法在创新执法方式、运用柔性执法手段实现行政目的方面发挥着重要的作用。社会矛盾纠纷形成的重要原因之一是公民法治观念淡漠，不能根据法律的规定合理安排自己的生活、规避社会风险，普法工作在维护社会和谐稳定繁荣方面具有不可替代的作用。总而言之，普法并不是独立的一个法治实践过程，也不是单一主体能够胜任的，需要所有行政执法机关分工协作，组成合力，实现行政机关与社会公众的平等沟通，形成双向良性互动，践行以人民为中心的法治理念。

为落实普法责任制，中共中央办公厅、国务院办公厅印发了《关于实行国家机关“谁执法谁普法”普法责任制的意见》（以下简称《意见》），对普法工作提出了具体的要求。完成对新时期法治宣传工作的顶层设计后，具体的实施办法、措施仍处于探索阶段，行政系统内部从形式上普遍制定了实施方案和责任清单，取得了一定成效，带动起全社会学法用法。一项制度开始推行时，不可避免地会出现各种实施问题，这既有客观原因，也受主观因素影响。从某种程度上来说，《意见》所强调的重点就是现实当中亟待解决的问题，其中最大的问题在于普法工作与法治实践的结合不到位，普法执法两张皮，没有发挥出普法工作应有的作用，导致普法工作表面化、形式化，脱离群众需求。此外，普法工作在组织经费保障、考核评估、责任追究制度的建立、创新思维运用等方面均存在一定的实施难度。

二　政府普法的体制机制

（一）发展演变历程

我国的普法工作可上溯至1985年，此后历经35年风风雨雨，历时7个

“五年计划”。在此过程中，普法工作结合社会形势、政治政策、法治环境不间断调整，推陈出新，以达到最佳的社会效果。对普法历史的梳理和总结，不但有助于理解我国当下的法治状况和社会生态，也助于为新阶段的普法工作积累经验。

自 1985 年以来，我国的普法工作大抵可分为如下四个阶段。

第一阶段指普法开展的前 10 年，侧重唤醒大众对法律的认知，重构法律秩序。当时，提高广大人民群众的法治理念，防止因不懂法而导致的违法犯罪行为的发生，是中央决定开展全民法制宣传教育的重要原因之一。在此背景之下，中共中央、国务院转发了《中央宣传部、司法部关于向全体公民基本普及法律常识的五年规划》，同年第六届全国人大常委会第十三次会议表决通过了《关于在公民中基本普及法律常识的决议》。至此“一五普法”轮廓初成：从 1986 年起，争取用 5 年左右时间，有计划、有步骤地在一切有接受教育能力的公民中，普遍进行一次普及法律常识的教育，并且逐步做到制度化、经常化。“一五普法”的特点是法治启蒙与普及法律常识；对象为社会中一切具有接受能力的公民；内容为宪法和由全国人民代表大会通过的基本法律。省、市、县司法行政机关负责普法事项的执行，其中省司法厅、市司法局分别设立宣传教育处，主管辖区范围内的普法工作。“一五普法”让亿万民众第一次近距离接触到了法律知识，改善了我国法治基础薄弱的状况。1990 年，中共中央、国务院又批转了《中央宣传部、司法部关于在公民中开展法制宣传教育的第二个五年规划》，并成立全国普及法律常识办公室，将普法工作纳入政府长期工作内容序列。“二五普法”承继“一五普法”对法律常识的宣传，更强调了对贴近百姓生活的部门法的深入宣讲。到 1993 年底，全国有 29 个省、自治区、直辖市开展了依法治理工作；有 113 个省辖市和地级市在党委、人大、政府作出决议和属地实施方案后开展了依法治市工作；约有 600 个县（区）和县级市也开展了依法治县工作。[①]

---

① 中共中央文献研究室编《十五大以来重要文献选编》（中册），人民出版社，2001，第 1453 页。

第二阶段聚焦于服务经济建设和法律适用。“三五普法”突出对社会主义市场经济相关法律法规的宣传，同时强调依法实现群众基层自治制度的运行，为国民经济增添活力。“三五普法”中，普法队伍建设也获得了重视，各省、市、县分级组建了专职法制宣传员队伍，人数为6万余人，成员都具有较高的法治素养和丰富的普法经验。同时，从高校、司法机关和社会团体中吸纳兼职的法制宣传员壮大队伍，并以行政预算保障普法活动的顺利开展。除此之外，“三五普法”还有一大亮点在法律适用领域。改革开放带来经济繁荣，也必然衍生出繁多的经济纠纷。普法不但让法院裁判更有效率，也使得判决接受率、执行率上升。更重要的是，提升了民众在经济生活中的法律风险意识，法律对社会生活的约束力增强。

第三阶段兼顾经济建设和社会治理转型。1997年中共十五大提出“依法治国”的基本方略，标志着我国的法治建设进入新阶段。1999年第九届全国人大第二次会议通过宪法修正案规定“中华人民共和国实行依法治国，建设社会主义法治国家”，翻开了我国社会治理的新篇章。“四五普法”确定了“两个转变，两个提高”的工作目标，即由提高全民法律意识向提高全民法律素质转变，尤其是提高各级领导干部的法律素质；由依靠行政手段管理向注重依靠法律手段管理转变，不断提高社会法治化管理水平。“四五普法”期间，中央到地方的国家机关、行业协会都结合自身实际，制定了普法规划。司法部主办的“中国普法网”也正式开通，标志着普法工作与新媒体的紧密结合。“五五普法”提出了依法管理的服务型政府概念，中央成立了国家中高级干部学法讲师团，为中央和地方的国家机关领导干部开展普法讲座，并编撰了面向社会的“五五普法”统编教材和学法读本。“六五普法”的基调大抵一致，其主要目标是“通过深入扎实的法治宣传教育和法治实践，深入宣传宪法，广泛传播法律知识，进一步坚定法治建设的中国特色社会主义方向，提高全民法律意识和法律素质，提高全社会法治化管理水平，促进社会主义法治文化建设，推动形成自觉守法用法的社会环境”。

第四阶段着重于小康社会建成的新时期的法治保障。2016年，中共中央、国务院转发了《中央宣传部、司法部关于在公民中开展法治宣传教育的第七个五年规划（2016—2020 年）》，要求各地区各部门深入开展法治宣传教育，贯彻落实党的十八大和十八届三中、四中、五中全会精神，使法治成为实施“十三五”规划、全面建成小康社会的重要保障。

（二）“七五普法”的新举措

2016 年至 2020 年是开展法治宣传教育的第七个五年规划，党中央对法治宣传教育提出了更高的要求。回看过去 30 多年的普法工作，主要存在如下问题。第一，“七五普法”以前的普法，将责任集中于某一司法行政部门，下沉到末端具体表现为司法局、司法所。该类机关力量薄弱难以完成普法任务，也使得普法活动与公民日常法治生活割裂，普法效率与效果有限。第二，在机制体制上，虽也加强了普法队伍和普法经费上的保障，但总的来说是中央比较重视，地方缺乏执行动力。症结在于普法工作没有纳入地方行政考核指标中，对于官员的个人升迁也没有影响。第三，普法的对象虽然广泛但是强度不够，也一直未找到普法工作的重点群体和有效渠道。第四，对于普法工作的执行不力缺乏后续监督和评价机制，干好干坏一个样。

针对上述问题，“七五普法”提出的创新性举措如下。

第一，针对普法主体单一的问题，党中央要求各级党委和政府要把法治宣传教育纳入当地经济社会发展规划中，进一步健全完善党委领导、人大监督、政府实施的法治宣传教育工作领导体制。同时，加强各级法治宣传教育工作组织机构建设，切实解决人员配备、基本待遇、工作条件等方面的实际问题，确保“七五普法”的各项任务目标落到实处，并在国家机关内部实现“谁执法谁普法”的普法责任制，建立普法责任清单制度。在执法司法实践中广泛开展以案释法和警示教育，使案件审判、行政执法、纠纷调解和法律服务的过程成为向群众弘扬法治精神的过程。

第二，针对缺乏执行力问题，各级党委和政府定期听取法治宣传教育工作情况汇报，及时研究解决工作中的重大问题，把法治宣传教育纳入综合绩效考核、综治考核和文明创建考核 。各级人大要加强对法治宣传教育工作的日常监督和专项检查。同时，把法治观念强不强、法治素养好不好作为衡量干部德才的重要标准，把能不能遵守法律、依法办事作为考察干部的重要内容。让法治宣传教育工作成为事关机关乃至个人业绩的重要内容。

第三，针对重点普法对象不明的问题，“七五普法”将领导干部和青少年作为关键少数，并找到了法治宣传教育的高效模式。具体而言，一是完善国家工作人员学法用法制度，让领导干部带头学法、模范守法成为树立法治意识的关键；二是将法治教育纳入国民教育体系，坚持从青少年抓起，引导青少年从小掌握法律知识、树立法治意识、养成守法习惯。

第四，针对缺失监管和责任追究制度，“七五普法”提出“谁执法谁普法”的责任制。这一制度不但解决了宣传主体和宣传方式的问题，而且为普法失职的责任追究指明了方向。

三　政府普法的现实情况

（一）普法内容

根据《关于实行国家机关“谁执法谁普法”普法责任制的意见》的规定，普法责任主体应当在本系统内以及向社会公众普及的内容有：习近平新时代中国特色社会主义思想中有关法治的重要论述，宪法知识和宪法精神，中国特色社会主义法律体系，与普法责任主体职责相关的法律法规以及党内法规。通过普及以上内容，提升行政执法机关及其工作人员运用法治思维和法治方式开展工作的能力，使公众能够知晓与自身利益密切相关的法律法规，提高社会法治水平，实现法治国家、法治政府、法治社会一体化建设。

为落实普法责任制，《意见》要求普法责任主体制定普法规划、年度普法计划以及普法责任清单，其中，普法责任清单是落实这一制度的关键。根据《意见》的相关规定，清单应当包括普法责任部门、相关责任人员以及普法内容，全国普法办分两次编制公布了中央国家机关普法责任清单，基本覆盖了全部的中央国家机关。中央国家机关、各级地方政府及其职能部门从2018年开始也相继公布了普法责任清单，从内容来看，这些清单涵盖重点宣传的法律法规、普法对象、宣传方式、宣传平台、宣传内容等，基本落实了《意见》的要求，普法主体得到明确，普法任务得到细化和分解，普法工作有章可循，一改以往主体不清、责任不明的局面。

党中央将普法工作定位为法治建设的基础性工程，体现了对普法工作的重视，也对普法工作提出了新的要求和预期，普法的效果成为评价普法工作的首要指标。以往的法制宣传以法律知识为重点，普法过程形式化，普法责任清单作为普法责任主体开展工作的依据，应当根据普法规划和普法年度任务，并配合重要的时间节点将普法工作的预期目标、完成时限等内容列明，以便普法责任主体执行和主管部门考核。一些执法机关的清单内容过于简略，缺少时效性、预期性的规定，反映了对新时期普法工作重要性认识不足，仍然受以往法制宣传工作方式束缚。同时，执法机关偏重于宣传本机关执法依据和程序性规定，对宪法、基本法律、其他实体法宣传力度小，这对于执法依据单一的机关来说，易导致普法工作的缺失。

（二）普法对象和方式

普法责任制与法制宣传教育规划有所区别，“七五普法”的工作重点是领导干部和青少年，《意见》则面向国家工作人员和社会公众普法。基于普法对象的不同，普法方式也呈现多样化的特点。

对于行政执法机关的工作人员，以普及宪法相关法、基本法律、与人民生活密切相关的法律法规以及与履行职责相关的法律法规为主，同时，党内法规是党员干部必须学习的内容，重在培养国家工作人员规范行使权力、“法无授权不可为，法定职责必须为”的意识。针对这些人员的普法，主要有集中普法与日常普法两种方式。集中普法采取在公务员初任培训、领导干部任职培训中增加和提高法治课程的比重、举办法治专题讲座等集中学习方式；日常普法采取普法责任主体内部利用宪法日等重大时间节点开展学习活动、机关内部会议前学法、重大行政程序前学法、利用新媒体学法等方式。对于集中普法，普法责任主体多对学习的频率作出明确要求，计入相应考评，督促国家行政机关工作人员学法用法。加强与其他国家机关的交流也作为常用的普法方式，如组织工作人员旁听庭审、观看庭审直播，邀请法律法规制定单位专家讲解授课。许多普法责任主体积极同区域内党校、行政学院以及区域内外高校合作，建立领导干部、工作人员法治培训基地，以及利用系统内部法律顾问、公职律师等资源提升执法队伍法治素养和水平。

公众普法则更加强调形式多样化。根据《意见》的规定，不仅各级政府、司法行政部门、其他执法机关是普法责任主体，行政执法人员也承担着在执法过程中普法的职责。执法人员与执法对象接触最为密切，有能力也有责任及时向公众宣传政策法律。尤其是对于法治意识淡漠的执法对象，一味罚款拘留并不能杜绝违法现象的发生，采取说服教育的方式有助于使执法对象对法律产生敬畏感，自觉遵守法律。同时，普法与执法一起进行，也是行政执法机关及其工作人员规范自身行为、自觉接受社会监督的体现。一些执法人员为降低执法难度，最快完成任务，利用掌握法律信息的优势地位，迫使执法对象接受执法结果，形成思维惯性之后，就会出现程序违法等违法现象，背离执法的初衷。所以，执法过程中的普法既是结合实际情况及时普法的重要方式，也是执法行为事中监管的应有之义。

不同行政执法机关以及同一行政执法机关不同执法行为存在着差异，普法方式也有所不同。如在行政许可证照审批发放过程中，审批部门主要在申请以及领取、发放证照时进行普法；在行政规章等规范性文件制定过程中，向公众征求意见，提供平台开放评论、进行相关解释说明；随着行政执法“三项制度”的推行，执法人员越来越多地运用“说理式”执法方式，在采取行政处罚以及行政强制性措施时，先行告知权利义务以及执法程序，根据现场情况进行释法说理，在执法文书中增加、扩展说理内容成为许多执法机关的硬性规定；执法过程结束后，定期或不定期的回访工作成为一些地区、部门普法工作的一部分。针对公众关心的热点问题，以及与公众生活密切相关的领域，通过传统媒体和新媒体发布典型案例，进行以案释法成为常态。各地纷纷在公共活动场所打造法治文化长廊、主题公园，营造法治社会氛围，利用重要法治时间节点集中开展法治宣传活动。

在运用新媒体、新技术普法过程中，微信公众号、微博、移动客户端成为常见的普法责任主体发布信息和普法的平台。此外，普法责任主体利用短视频传播速度快、浏览人数多、易于与群众交流互动等特点，将一大批政务短视频推上抖音、快手等各大短视频平台。以抖音为例，截至2018年12月，抖音已有5724个政务号，发布25.8万个短视频，累计获赞43亿。粉丝数量排名第一的"四平警事"拥有1043万名粉丝，2019年其粉丝数量更是增加到1500多万，获赞1.1亿。[①] 当前的政务短视频内容以情景故事、直播互动、案例还原、政策解读为主，受到群众广泛好评。

从普法责任主体创办的微信公众号、微博账号来看，发布的内容驳杂，一定程度上减弱了普法宣传功能。以"中国普法"微信公众号为例，其发布的内容有时政要闻、法治新闻、案例释法、重要会议报道等，其中时政要闻占比较大，但与普法关系不大，网民通过其他途径仍然可以获得类似信息，其他部分也存在法律解读部分少，以提供事实材料为主的问题。地方普法微信公众号、微博转载多而原创少，反映了创作团队专业化水平不高，运用新媒体普法能力不足的问题。从政务短视频发布主体和内容上看，警务号的热度明显高于其他类型的政务号，内容多以情景故事、警务生活为主。一些短视频则在亲民形象上着力太多，失去了普法工作必要的严肃性和准确性，反映出普法责任主体定位不准，将普法工作与形象打造混为一谈，过度迎合网民的娱乐需求的问题。而地方政府和执法机关由于缺乏必要的经费和专门的创作人员，普法作品粗糙，新媒体平台管理松懈，创作思路单一，与实践结合程度低，最终流于形式。有些地区一味追求传播效率，脱离地方群众。总之，在运用新媒体上，普法工作专业化和规范化有待提升。

（三）普法工作的保障

在实行普法责任制之前，普法工作一直由政府领导、司法行政部门主导，普法主体单一，受众范围小。《意见》要求各级党委（党组）领导普法

① 《2018抖音大数据报告：北京成2018年度"抖音之城"》，https://www.afenxi.com/63466.html，最后访问时间：2020年1月22日。

工作，将落实普法责任制列入重要日程后，各级党委相继进行制度设计，党委书记成为普法工作第一责任人；成立工作领导小组，部署普法工作，组织普法责任主体联席会议，听取各单位普法工作落实情况并进行考评督查。从最高国家行政机关到基层国家行政机关，普法工作领导体系和工作机制已基本建立起来，覆盖所有行政执法机关，为形成法治宣传合力提供了组织保障。

在经费保障方面，大多数普法责任主体明确将普法经费列入财政预算，用于自身普法工作以及购买服务。同时，注重吸引社会资金和力量，共同开展普法工作。中央国家行政机关资金充足、投入力度大，普法效果明显优于地方；东部经济发达地区借助经济和技术优势，普法工作专业化水平高，群众法治意识强，为普法工作提供了很大便利。相比之下，经济落后地区由于投入力度小、普法人员自身能力不足、缺乏民间创作团队的支持，普法效果不理想。即使在经济发达地区，也存在普法专项经费缺失、责任主体间普法经费明显失衡的现象。

一些执法机关缺乏对“大普法”格局的认识，没有对普法任务进行合理分解，将所有普法任务交法治处（科）办理，这些机构编制较少，工作任务琐碎繁重，一般没有专门人员负责普法工作，完成日常普法工作已感吃力，何谈创新？

（四）普法责任追究

对于行政机关普法责任制的落实情况，大部分普法责任主体已经将普法成效纳入机关效能建设考核、目标管理绩效考核、精神文明建设考核等考核指标当中，并纳入领导干部的政绩考核。同时，加大综合考核和专项考核力度，对于普法责任制落实不到位的单位给予相应处分；引入激励机制，对于普法效果突出的，列入评优评先当中。对于负有普法责任的行政机关工作人员，通过法律考试、问卷调查等方式测试其法治素养，对于不合格者进行重点培训并进行通报批评，有的普法责任主体还将多次考试、考察的结果作为领导干部任用、提拔的重要参考。

各级人大、政协定期听取普法工作汇报已成常态，并开展专题调研，监督普法责任制落实情况，对普法工作中遇到的疑难问题进行分析指导，对落实不到位的监督对象进行质询问责。一些地方的司法行政机关负责人兼任党委领导的工作小组成员，这种做法增强了司法行政机关对行政机关及其工作人员普法责任制落实情况的监督，发挥了司法行政机关对区域内普法工作的综合协调能力和专业督查能力。普法责任主体内部政策法规机构也发挥监督职能，负责系统内部普法工作的综合调研、验收和执法人员的培训。

（五）普法效果

普法责任制的核心是“谁执法谁普法”，普法责任主体有着清晰的界定，一改以往司法行政机关单独普法的局面。通过推行普法责任清单制度，将各责任主体的普法责任进行合理划分，普法工作有章可循。从落实情况来看，从中央国家行政机关、各级地方政府及其职能部门到街道、乡、镇，均按年度制定普法责任清单，基本覆盖了所有行政机关。

各普法责任主体根据党的十八届四中全会、十九大会议精神，以及《意见》的具体要求，根据“七五普法”规划，制定了适合本地本部门的普法规划和实施方案，基本完成了配套制度的构建。

行政机关运用多种方式、渠道普及法治理念和法律知识，普法规模空前扩大，受众层次多、数量大，尤其在新媒体方面反响强烈。通过普法工作与法治实践的结合，执法水平和文明、公正的执法态度有了明显的提高和改善，一定程度上消除了执法主体与执法对象之间的隔阂，普法环节开始成为监督执法过程的重要程序，并引导执法机关探索创新执法方式，实现行政收益最大化。在“大普法”的格局之下，社会秩序得到了更好的维持和遵守，社会矛盾纠纷在执法与普法过程中得到有效化解。公民权利意识和守法意识有了明显的提升，能够较好地正确表达诉求，依法行使监督权。

通过普法责任制落实，普法工作由形式化、口号式的“面子工程”转变为具有约束力的系统工程，领导干部对普法工作的重要意义有了进一步的认识，普法工作趋于规范化。通过责任倒逼机制，行政机关实现了在执法中普法、通过向公众普法进行权力监督的转型。

（六）普法工作中存在的不足

首先，一些普法责任主体对于普法责任制的内涵把握不足，不仅体现为对普法工作重要性认识不够，重完成指标而轻实际效果，也表现为一些机关认为自己没有执法权，不需要承担普法责任。究其原因，一些领导干部对“大普法”的格局认识不清，事实上还是沿袭以往司法机关独挑大梁的观念，认为公安、交通、城管部门等执法队伍集中的机关才有普法的必要。同时，有关文件对“执法”的含义界定不明确，给这些主体提供了消极应对的空间。普法工作尚处于综合协调机制不健全的状态，仍须进一步探索解决之道。

其次，普法与执法融合衔接程度不足，还有很大提升空间。一些责任主体没有认识到普法对于执法的重要作用，在执法过程中，认为普法环节可有可无，所谓的执法中普法也仅限于告知权利义务。通过查阅相关执法卷宗和音像记录可知，执法行为多为事实调查，缺乏必要的说理解释。在执法结果公示上，只列明主体、对象、依据、结果，公众难以通过程式化的执法结果体会法治精神，获取法律知识，进行事后监督。

再次，普法工作仍然存在形式单一、单向灌输、忽视群众普法需求的问题。许多执法责任主体仍然停留在“送法上门、定点接访、发放资料”的老三样上，对新媒体手段运用不足，公共主题活动形式僵化，与群众融合度不高，没有很好地激发群众参与热情。地方普法工作针对性不强，与群众需求、地域行业特点脱节。普法人员、经费保障力度有待加强，相关工作开放性较差，社会参与度低，这在中西部地区尤为突出。

最后，相应的考评机制有待完善。虽然普法工作已经列入绩效考评和目标考核，但都较为笼统，缺乏可操作性，减损了普法责任制的实施力度。第三方评估制度尚未普遍地成为长效机制。通过对领导干部和执法人员进行法律知识测试，结果显示行政机关工作人员的法治素养有待进一步提高，行政机关工作人员既是政府普法的对象，自身又承担着普法任务，其法治素养如何直接关系到普法责任制能否真正落实，全面普法格局能否形成，应当引起政府足够的重视。

四　进一步做好政府普法工作的建议

（一）提升普法主体的法治素养

在国家机关实行"普法责任制"的大框架下，每个行政机关都负有普法职责。"大普法"时代里，几乎每个国家工作人员都是普法的主体。"谁执法谁普法"制度体现出强烈的"以吏为师"的价值指向，要求执法主体必须提高法治素养，将法治思维变成执法的主导思维。"七五普法"并非一个单向普法的过程，国家机关承担着内部普法和外部普法的双重职责，并在这一过程中实现法治文化的交流和检验，形成一套立足国家实际、结合部门工作特色的普法理念、工作机制和方式方法。

队伍建设应当有零有整，既要有强有力的专职队伍，也要在各部门间提高基层公务员的法治水平。专职队伍中，要广泛吸纳有法学学位的毕业生，塑造队伍的专业性和学理性，同时定期邀请高校或科研机构法学专家开展法治讲座，更新队伍的知识储备。委托专家编写法治读本和统一的普法教材，进一步依据不同适用群体推出个性化的参考文本，以此推动专职普法队伍普法工作的高效化和统一化。在各部门依托自身业务普法的过程中，要着力倚重司法机关和民生热点部门。通过岗前培训和定期公务员培训与考核来提升一线公务员的法治水平，鼓励其在执法过程中，结合案情充分释法说理，让日常业务和普法工作充分融合。

（二）创新普法的方式方法

有实效的普法工作必然从形式到内容都是贴近时代和人民生活的。在传统的普法宣讲和橱窗板报之外，应当积极探索多元化普法路径。具体而言，应当遵循多层次、多面向、多媒介的发展思路，立足现代生活方式与大众需求。

在形式上，要创新普法工作的形式，利用社会辐射性强的媒介创造杠杆效应。“七五普法”特别强调与新媒体、互联网进行融合，既发挥广播、电视、报刊等传统媒体优势，又通过创新普法节目、专栏、频道，开拓专业普法网站、微信、微视客户端等新平台，开展形式多样的法治宣传，使传统媒体和新媒体实现普法功能的差异化传播，覆盖不同层次的社会群体。但新媒体具有信息传播浅表化、琐碎化倾向，易造成信息传播的谬误。如何实时监督信息的传播状态与及时对不准确信息进行纠错，引导良好的讨论氛围，是下一步需要考虑的。

在内容上，要贴近百姓的日常生活，尊重不同地域的经济和文化差别，尊重不同文化水平、不同宗教信仰、不同行业、不同年龄人群的特点。既要做到普及法律常识、实现法治统一，又要考虑不同人群对法律的学习能力、学习时间和生活轨迹，分主体制定普法目标、挑选普法内容。普法的目的是让大众知晓法律知识，树立法治信仰，善于运用法律来解决纠纷，维护自身合法利益，最终实现良性社会秩序。所以，在内容的选择上要与普法对象实际生活需求紧密连接，时刻关注长期性的民生热点和时效性的社会热点问题。还可以通过设立意见箱、普法专线等方式，有偿征集群众意见，并实现普法工作和民众需求的互动。除此之外，普法内容的表达还需通俗化、简洁化，推崇具体生动的语言，构建故事性情节，加深记忆。

（三）优化普法的考核评估机制

在过去很长一段时间内，普法工作未纳入考核评估序列，致使工作积极性不高、进展缓慢、形式大过内容、实效较微。“七五普法”的核心性举措便是推行“谁执法谁普法”责任制，将普法工作纳入国家机关工作目标考核和领导干部政绩考核，并将考核结果作为机关工作和干部升迁的评价指标，倒逼各级政府各部门认真落实普法工作。但依然存在制度粗糙、评估缺乏公信力、后续处理不透明等问题。

事实上，一个运转良好的普法考评制度，必然包括“职责—执行—评价—处理”四阶段的循环互动。具体而言，职责确立阶段，必须向社会公开，既有监督作用，也有建言献策之效。执行阶段，预案公开，实施步骤记录，外部普法与民众对接，内部普法及时总结。评价阶段，引入第三方机构匿名评估，评估方式、指标、结论公开，接受大众意见与质询。处理阶段，对评估良好的机关和个人核发绩效奖金，给予正向评价，对评估结论不佳的机关和个人进行追责，例如年度考核不得核定为优秀、普法工作欠佳的干部当年不得提拔等，处理结果也需要公开。同时总结反思上轮工作的经验与不足，排除系统性偏差后，调整下轮工作的职责分配和强度，推进新循环。

五　结论

通过法治宣传教育提高国家工作人员和普通公众的法治素养，是建设法治国家的基础性工程，也是各级政府的重要工作内容。我国的政府普法已经走过了 30 多年的历程，取得了显著的成效，积累了丰富的经验，但也存在诸多局限和不足。在新时期全面推进法治政府建设的过程中，各级政府部门要高度重视普法工作，坚决贯彻落实国家“谁执法谁普法”的方针，不断优化普法的体制机制，创新普法的方式方法，优化普法的考核评价，进一步提升政府普法的效果，推动和参与法治国家、法治政府、法治社会的全面建成。

·二 行政法研究重点热点问题·

B.5
构筑行政法大厦的坚实根基

李洪雷*

摘　要： 行政法基础理论是行政法学理论大厦的基石。2018 年以来，行政法学界对行政法基础理论的研究进一步拓展与深化。行政法学界围绕新时代行政法学的转型与新行政法、合作治理与行政法的结构性转型、面向政府规制的行政法、内部行政法及面向区域行政的行政法、公私法的渗透与互补、行政法学的研究方法和进路、行政法的历史发展与未来展望等，进行了深入分析，中国行政法大厦的根基更加坚实稳固。

关键词： 基础理论　新行政法　合作治理　政府规制　内部行政法

行政法基础理论是行政法学理论大厦的基石，是对行政法治建设中根本性问题的回应。2018 年以来，行政法学界对行政法基础理论的研究进一步拓展与深化，中国行政法大厦的根基更加坚实稳固。

---

* 李洪雷，法学博士，中国社会科学院法学研究所研究员、博士生导师、宪法行政法研究室主任，主要研究方向为行政法学。感谢中国社会科学院法学研究所博士后研究人员戴杕博士为本报告写作提供的学术辅助。

一 新时代行政法学的转型与新行政法[①]

姜明安教授长期关注行政法（学）的转型，早在2002年即撰文探讨21世纪行政法的发展走向。[②] 2019年他又撰文认为，新时代中国行政法学面临诸多新的挑战，其体系、内容和研究范式发生了重大变化。其中最重要的挑战有三：其一，传统行政管理向公共治理转化，对传统的行政主体理论、行政行为理论形成了挑战；其二，党和国家机构改革、行政机构与党的机构合并或者合署办公对传统的民主、宪制和法治理论形成了挑战；其三，现代高科技迅猛发展，互联网、大数据、人工智能、信息技术等对传统的行政管理方式及其理论形成了挑战。为应对这些新挑战，新时代行政法学应特别注重国家治理创新，关注现代行政法学新的历史使命。新时代行政法学的新课题主要有五：一是党内法规与行政法治的关系；二是行政决策法治化的途径；三是行政执法的正当法律程序；四是生态环境的法治保障；五是廉政和反腐败的法治机制。[③]

于安教授从新公共服务的视角探讨了新行政法的内涵。他认为，新公共服务提出了对新行政法的需求。新行政法超越民法与行政法的截然界限，是关于以公私法结合方式实现政府职能的制度，其不但确认经济效率原则和结果导向的工作绩效评价机制的合法性，而且在市场经济主体提供职能性公共服务方面提供制度支持，在公私合法和价值冲突中有效和合法地实现政府的公共职能。合作治理和协议化行政是新行政法的基本内涵，基于公私合作的公共服务日益成为现代行政法的重心。[④]

关保英教授认为，随着社会矛盾、社会治理模式和政府职能的变化，行

---

① 我国行政法学界此前关于行政法发展趋势和新行政法的讨论，参见李洪雷《行政法释义学》，中国人民大学出版社，2014，第399页以下。

② 姜明安：《新世纪行政法发展的走向》，载《中国法学》2002年第1期。

③ 姜明安：《新时代中国行政法学的转型与使命》，载《财经法学》2019年第1期。

④ 于安：《我国PPP的法治走向与新行政法》，载《中国法律评论》2018年第4期。

政法功能需发生相应变迁。新时代行政法的功能主要体现在财富积累的增进、公共利益的给付、生态文明的保护、文化发展的促进、行政高权的柔性处理等方面。行政法新功能的构建应该在新行政法概念之下进行，体现时代性、系统性、多元性等精神气质。具体可沿着行政法文化形成、行政法体系构造、行政立法技术、行政法治实施等路径展开。①

沈岿教授剖析了司法面向的行政法学传统的缺陷：它是偏重解决行政纠纷的、事后规范的、只关心已经发生的行政行为是否达标的，而很难为制度具体化建构的、事前规范的问题——政府组织应该如何架构、应该采取什么样的活动方式和手段及其组合去更有效地实现民主或准民主过程所设定之行政目标——给出自己的贡献，而这个问题恰恰是当代行政合法化（legitimization）的核心。他认为，以规范行政、使其有效运作以保护和促进公民权益为不变之宗旨的行政法以及行政法学，现在和未来需要应对的两大主题是：如何确定行政法的疆域边界，如何实现有效性与合法性的结合。我国行政法学面对的三大学术任务和挑战为：一是更加成熟的体系化，即全面实现行政法学概念、原理、教义等的逻辑关联性、融贯性、统一性和整体性；二是接地气的本土化，即在中国行政法的规则、制度、判例等经验基础上成就自己的体系；三是超越传统法学的局限，即突破以法官适法为导向的行政法学传统体系格局，回应行政法制度层面促进行政目标、任务高效实现的需求。②

宋华琳教授对行政法学总论体系的变革进行了分析。他认为，中国改革开放之初的行政法学着重探求行政管理的法制化，1989 年《行政诉讼法》颁布后，逐步建构起以规范和控制行政权为主线的行政法学总论体系，晚近则发展出以行政法的解释和适用为主要取向，以实定法律秩序为出发点，以法律方法为核心要素的行政法释义学。今后，应以宪法为依归，探求行政任务取向下的行政法学总论体系改革。应在行政法基本原则的研究中着力探讨

① 关保英：《新时代背景下行政法功能重构》，载《社会科学研究》2018 年第 5 期。
② 沈岿：《面对传统、现在与未来的行政法学》，载沈岿主编《行政法论丛》（第 24 卷），法律出版社，2019。

效能原则；应超越行政主体范式，建构行政组织法研究中的“任务－组织”范式；应推进行政任务导向下的行政行为形式改革，关注非形式化行为，关注如何选择与实现行政任务相匹配的行政行为形式；应推进行政任务导向下的行政程序法改革，以及行政程序的简化。未来可通过深化行政法分论研究，推进行政法总论与分论的相互学习，提升中国行政法学总论的体系化水平。[①]

王贵松教授提出了“自由防御型行政法”和“利害调整型行政法”这两个理想类型，[②] 主张现代国家的行政法应以自由防御型行政法为基轴，再根据利害调整型行政法对新生的利害关系进行合理的协调。传统的自由防御型行政法植根于自由法治国家原理，以权力分立、法律优位、法律保留、法的安定性、人权保障、干预的比例性、司法（行政法院）上的权利保护等为基本要素。随着社会变迁和国家任务的变化，行政机关越来越多地与行政相对人、利害关系人形成三方乃至多方行政法关系，就其间的个人利益、集体利益和公共利益依法展开调整。利害调整型行政法在观念上强调公益私益的共存，在实体法上强调行政机关、社会、私人间法律关系多层次架构格局，在程序法上强调参与主体多元化和参与方式多样化，在救济法上强调三方乃至多方行政法关系主体的参与机会，最终在复杂的利害关系中实现对第三人公权力的保护。现代行政法已变为自由防御型行政法与利害调整型行政法的结合。[③]

卢护锋教授认为，新时代对行政法产生了直接影响，包括公私法二元结构的打破，规范重点转向行政过程，实践目标转向对合法性与有效性的共同关注等。行政法的主题不能仅仅停留在控制行政权、保障公民合法权益的消极层面，还应当通过一定制度或机制激发行政的积极性，促进和保障政府有

① 宋华琳：《中国行政法学总论的体系化及其改革》，载《四川大学学报》（哲学社会科学版）2019 年第 5 期。

② 日本行政法学者阿部泰隆讨论了行政法的“权利防御型”与“利害调整型”两种模式。〔日〕阿部泰隆：《行政法解释学》（I），有斐阁，2008。

③ 王贵松：《作为利害调整法的行政法》，载《中国法学》2019 年第 2 期。

效履行职责。需要在行政组织、行政过程、行政手段、行政救济等方面对行政法规则体系进行调整，具体体现为行政组织的多元化，行政程序上对激励、引导和服务功能的强调，行政手段上对授权和非典型行政手段的关注，以及行政救济上对监督体制的反思。①

二　合作治理与行政法的结构性转型

章志远教授提出“公私合作型行政法”的概念。他认为，随着公私合作治理在我国行政实践中的兴起，建立在公私对立基础之上，以行政合法性控制和行政相对人权利保障为取向，以司法审查为后盾的传统行政法学遭遇了结构性挑战，在行政法观念与原则、行政法关系与主体、行政法行为与责任等不同层面面临艰巨的重整任务。为顺应合作行政时代的现实需求，建构中观部门行政法意义上的合作行政法尤为必要。合作行政法的使命在于促进行政任务的有效履行和公共福祉的增进，在原则上应引入“辅助性原则”和“合作原则”，在建构上应秉持“界限论”和“责任论”的思维进路，吸收“国家保留”和“国家担保”概念，在法治国家转向合作国家的背景下重述行政主体论、行为论和救济论。②

石佑启教授等认为，中国政府治理与法治之间存在根本保证、治道框架、内在价值、外在形式、目标追求、建设路径上的契合。政府治理的多元主体结构、规则多元、过程交互、方式多样以及纠纷复合性对法治建设提出了新要求。回应政府治理的法治需求，应推进政府职能定位及其权力配置的法定化，拓展行政主体类型并完善行政组织法，丰富法的渊源并以共识性规则改造支配性规则，以交互性为指针完善行政程序制度，规范多样化的行政行为，建立多元纠纷解决机制与强化权利救济等，以彰显政府治理的法治之道。③ 石佑启教授等还考察了互联网公共领域的软法治理问题，认为软法

① 卢护锋：《新时代我国行政法的主题变奏与体系建构》，载《吉林大学社会科学学报》2018年第4期。

② 章志远：《迈向公私合作型行政法》，载《法学研究》2019年第2期。

③ 石佑启、杨治坤：《中国政府治理的法治路径》，载《中国社会科学》2018年第1期。

治理具有灵活性，能够控制政府权力，发挥协商互动的功能，从而弥补硬法规制之不足，促进互联网公共领域功能的发挥。[①]

潘静博士从互联网金融治理切入，提出了从政府中心规制到社会共治的命题。其认为，在互联网金融治理中，传统的“政府中心规制”模式规制理念存在偏差，立法信息甄别困难，预防与威慑效果不佳，应当以多方共治为进路，实现互联网金融之社会共治。[②] 梁甜甜博士以环境治理为视角，认为多元环境治理体系强调政府、企业和社会其他主体充分发挥各自优势，采取协商合作等方式解决社会生态环境问题。政府的角色应从“命令控制者”向服务者、激励者和监督者转变，企业应从传统的受管制者、受规制者和被动守法者向积极参与者、自我规制者和主动守法者转变，实现环境治理中的自主治理，最终使环境管理实现从以行政权力为中心向以公共利益为中心的转变，政府和企业形成互助、平等关系，共同解决环境治理问题。[③] 覃慧博士认为，随着治理时代的到来，行政权形式手段发生了从命令式控制到伙伴化协商，从刚性到柔性，从实质决策到信息提供的变迁，传统行政程序局限于国家公权力领域，局限于国内，缺乏弹性和软性，无法应对合作治理、全球治理等新局面，应超越既有单一中心的程序立法模式，纳入对“私法化程序”的考量。[④] 张清教授等针对社会治理中社会组织自生性的特点，提出了新的“包容性”法治框架，认为我国过去的社会组织发展中存在法律规范滞后且单一、管理体制行政化色彩浓厚、内部治理法治化水平不高等缺陷，应当将社会组织放在包容性法治的视阈中，注重治理的兼容性、共享性和参与性，建构一种多方协作关系，最终达到善治。[⑤]

---

① 石佑启、陈可翔：《论互联网公共领域的软法治理》，载《行政法学研究》2018 年第 4 期。

② 潘静：《从政府中心规制到社会共治：互联网金融治理的新视野》，载《法律科学》（西北政法大学学报）2018 年第 1 期。

③ 梁甜甜：《多元环境治理体系中政府和企业的主体定位及其功能——以利益均衡为视角》，载《当代法学》2018 年第 5 期。

④ 覃慧：《治理时代行政程序法制的变革与因应研究》，北京大学出版社，2018。

⑤ 张清、武艳：《包容性法治框架下的社会组织治理》，载《中国社会科学》2018 年第 6 期。

三 面向政府规制的行政法

张力副教授认为，规制理论对行政法的挑战体现在三个方面：一是关注点的扩大，从外部行政法扩大到内部行政法；二是工具、方法和选择的多样性；三是效力问题的淡化。在政府规制模式方面，传统的命令-控制模式与激励模式均存在失灵之虞，新的以行为科学为基础的助推理论随之产生。助推（nudge）的特征在于，其运用非强制的选择框架，先对人们的行为模式进行预测，并根据可能的偏误或行为趋势设计相应的手段，以此来影响人们的实际行为选择。助推理论是一种基于认知调节的软权力，我国目前围绕行政行为所建立的行政法体系框架与之不相契合，必须重新思考原有的教义学体系，以更为开放的心态，在本国背景中关注新规制模式的生成和助推理论的演化。①

赵鹏教授认为，风险社会的兴起导致了国家任务的变迁，包括国家安全保障职能的扩张和健康、环境议题的崛起。在风险治理体系中，相比于刑法与民法上的规制，更应当发挥专业行政机关的专长来设定标准、构建规范。这种行政活动以规制为特征，促使行政任务从秩序行政、福利行政向风险行政转变。在政府干预风险的限度上，基于现代社会风险不确定性的情况，应改变以防卫为主的传统模式，采取风险预防原则，并明确该原则的适用前提和措施限度，在安全与自由之间达成平衡。在理性与民主的关系上，应建构审议式民主，进行具有反思性、对话性的决策。在风险评估方面，应区分风险评估与风险管理，并且从机构设置、专家遴选、同行评审、公告评论、信息公开等方面对风险评估的组织和程序进行改革，限制政策、偏好对风险评估的影响。最后，为了对风险进行有效监管，我国应从监管机构和监管工具两方面进行改革，促进机构职能配置和监管工具选择的科学化与规范化。②

① 张力：《迈向新规制：助推的兴起与行政法面临的双重挑战》，载《行政法学研究》2018年第3期。

② 赵鹏：《风险社会的行政法回应》，中国政法大学出版社，2018。

沈岿教授认为，食品安全问题是现代人类社会中典型的风险之一，这给传统行政法带来了“不确定性”、“主观性”和“全球化网络”三方面的挑战，应当引入和确立风险治理的视野。在风险评估方面，在依赖科学和专家的同时，法律要确保评估专家或机构的独立性，采取措施克服或缓解科学、专家的局限性；在风险预防方面，国内外存在由弱到强的不同预防原则，需要根据具体情境确定；在风险交流方面，应更多诉诸“软法”，寻求更有效的沟通。①

黄泽萱副研究员认为，为应对风险治理的时代任务，各国逐步建立了一个个现代国家风险治理框架。这些框架多采建立在专家单极理性之上的技术官僚治理范式。随着民众的风险意识日益强烈并与专家理性分道扬镳，其知情需求和参与需求在这种治理范式之下无法获得满足，需要从检讨现今之理性技术官僚范式入手，通过化解风险分类管理模式对民意表达的制度性阻断，建构一种更为开放宽容、更能实现平等对话的风险治理范式。②

马长山教授认为，人工智能为社会带来了包括伦理风险、极化风险、异化风险、规制风险、责任风险等在内的一系列社会风险，应予理性防范。具体而言，应塑造风险社会的法律理念，坚持政府干预的合法性，确立成本效益分析与预防原则为风险控制的基本原则，厘定对风险的容忍度，设置风险控制的决策程序；建立法律规制、伦理规制、行业规制、自律规制多元互动的风险规制体系，确立“过程—结果”的双重规制策略。③ 何渊副教授认为，人工智能时代带来了具有不确定性、失控性和全球化特征的现代性风险，需要重构一个开放、多维度、权力与权利双向运动的风险治理体系，建构以“开放与分析”为基本特征的，包括政府与市场、立法与行政、中央与地方、政府与社会四维关系的四重双向风险治理系统。④ 此外，人

① 沈岿：《食品安全、风险治理与行政法》，北京大学出版社，2018。

② 黄泽萱：《现代风险治理框架下的民意困局及其出路探讨——兼评张小燕等人诉江苏省环保厅环评行政许可案》，载《清华法学》2018 年第 5 期。

③ 马长山：《人工智能的社会风险及其法律规制》，载《法律科学》2018 年第 6 期。

④ 何渊：《智能社会的治理与风险行政法的建构与证成》，载《东方法学》2019 年第 1 期。

工智能发展所带来的“全自动具体行政行为”“自动化行政”也引发了关注，学者们就其性质、适用范围、裁量判断、监督与责任等问题进行了探讨。①

四　内部行政法及面向区域行政的行政法

章剑生教授提出了构建“内部行政法”的主张，认为内部行为会影响行政机关对外作出行政行为的合法性，应将“行政机关－行政机关”“行政机关－行政机构”“行政机关－行政机关工作人员”三类内部关系纳入行政法体系，相关的法规范称为“内部行政法”。内部行政法的意义在于作为一种内部事先控制技术，担保行政机关对外作出行政行为的合法性，其以“命令—服从”模式建立和维持行政系统内部法秩序，同时建立相应制度机制应对内部行为效果的外溢，其控制力量来自行政系统内部。②

李煜兴副教授认为，鉴于我国目前区域法律制度的供给严重滞后于区域治理实践，传统规范主义的控权论无法回应治理需求，这种行政与法律之间的张力推动了行政法的发展与变迁。具体表现为：（1）推动行政法积极应对区域公共治理任务，能动地解释和规范区域行政现象，从而提升行政法的社会回应性；（2）促使行政法将调整重心从外部行政转向区域政府间内部行政，并带来行政法律关系结构、行政行为方式和行政治理模式的变革；（3）超越传统行政行为中心主义，引入行政政策学、行政过程论和行政规制论的理论分析工具，为“面向区域行政的行政法”的形成与发展提供可能性。③

① 查云飞：《人工智能时代全自动具体行政行为研究》，载《比较法研究》2018年第5期；马颜昕：《自动化行政的分级与法律控制变革》，载《行政法学研究》2019年第1期。

② 章剑生：《作为担保行政行为合法性的内部行政法》，载《法学家》2018年第6期。

③ 李煜兴：《区域行政的兴起与行政法的发展变迁》，载《武汉大学学报》（哲学社会科学版）2018年第4期。

五　公私法的渗透与互补

张淑芳教授对私法渗入公法问题进行了考察，指出私法渗入公法是必然现象，但不等于二者完全融为一体。公法与私法各自生存背景和规范要素不同，因此私法渗入公法不是无条件和无原则的，具体体现为：公法与私法两大部门的属性不能改变，公法体系不能被改变，公法自身主流不能被改变，公法不能被私法规模化渗入。结合我国法治实践现状，目前私法渗入公法主要为自治理念、契约精神、诚信原则、法律关系平等、私法调控方式、纠纷调解、程序公平、权利救济等个别范畴。[①]

姚志伟博士以网络服务提供者的审查义务为中心，讨论了公法规范对私法领域的进入及其限度问题。他发现，在网络服务提供者审查义务问题上，中国法律存在"悖论式并行"的现象，即私法上豁免其审查义务，而公法上明确规定其负有审查义务。这种"悖论式并行"导致避风港规则处于公法的阴影之下，影响其稳定性，具体表现在：其一，公法审查义务向私法审查义务直接过渡；其二，网络服务提供者在未能履行公法审查义务的情况下，被认定违反公法规范，从而被判定未能尽到合理注意义务，对侵权行为的发生具有过错，需要承担侵权责任；其三，网络服务提供者履行公法审查义务导致其私法注意义务水平的提高。这些冲突主要源于网络服务提供者的公法审查义务对其私法义务产生了不当影响，根本原因在于公法规范无原则地、全面地进入了私法领域。要防范这种不当影响需要建立公法审查义务与私法审查义务之间的"防火墙"，同时确立履行公法审查义务的免责机制。[②]

赵鹏教授认为，惩罚性赔偿在我国的引入和发展是对行政规制失灵的回应，惩罚性赔偿应被置于整个公共规制体系下分析，而不仅仅是在民法视野

---

① 张淑芳：《私法渗入公法的必然与边界》，载《中国法学》2019年第4期。

② 姚志伟：《公法阴影下的避风港——以网络服务提供者的审查义务为中心》，载《环球法律评论》2018年第1期。

下考察。一方面，作为一项偏离制度传统和制度资源的方案，惩罚性赔偿动员私人资源投入公共规制，在为整个规制体系注入活力的同时，也面临着过度诉讼带来的巨大挑战，需要能动而专业的司法体系进行强有力的调控；另一方面，在一个倚重行政规制的法律传统中植入惩罚性赔偿，需要其同行政处罚等传统规制手段相互调适，形成功能互补而非功能重叠的关系。此外，同样是为了弥补行政失灵，民事责任体系和行政法救济手段在各自发展的同时，也应当有意识地兼顾彼此。①

六 行政法学研究的方法和进路

如果将“行政法学”界定为以行政法现象为研究对象的学科，则在这一“屋顶”之下可存在多个研究进路或分支学科，包括行政法释义学、行政法政策学、行政法社会学，以及行政法的案例研究等。

（一）行政法释义学研究

行政法释义学是行政法学研究的核心部分。李洪雷对建构中国行政法释义学需要关注的基本问题进行了讨论。他认为，行政法释义学以特定的行政法秩序为中心，以法律方法为主要工具，探求行政法适用中之疑难问题的解决之道。建构行政法释义学需要关注的基本问题，包括公私法区分论、行政法适用的方法论、行政裁量论、行政法一般原则论、行政行为形式论、行政组织法论、行政救济法论等。应当通过对行政法学概念、原则、原理的爬梳，对行政法解释和适用方法的研究，建构起更加精细化的行政法释义学体系，为现行行政法规范的客观内容提供概念性、系统性的描述和说明。②

① 赵鹏：《惩罚性赔偿的行政法反思》，载《法学研究》2019 年第 1 期。

② 李洪雷：《行政法释义学需要关注的基本问题》，《中国社会科学报》2019 年 5 月 8 日，第 5 版。

（二）行政法政策学研究

行政法政策学是国内行政法学界近年来关注的一个热点问题。[①] 胡敏洁教授认为，政策作为行政活动的指引，经常是具体的行政制度变革之“先锋”，观照政策在实际行政活动中的功能构成了行政法学研究不可忽视的内容。不同于传统行政法学主要围绕行政活动的合法性展开，典型的政策研究分析路径关注行政的正当性，观照行政“议程设定—政策合法化—组织和执行—预算—评估和分配”。这种关注视野的变化将在整体上影响行政法学研究的变革，即不仅仅是从“下游”到“上游”的目光流转，更体现在一个个具体的制度、案例、规范之中，关系到某一领域制度目标设计的合法性以及有效性考量，关系到行政法分论更加务实性的分析，并在最终构成对于行政法学总论的再度思考。[②]

（三）行政法社会学研究

行政法社会学是运用社会学方法对行政法规范的产生背景、实施状况与社会效果等进行考察的学问。吕德文研究员运用大量参与式观察、深入访谈等社会学研究方法，以“猫鼠游戏”的隐喻对城管执法过程进行了考察，认为城管执法是城管和小贩在特定的时空约束下即兴创作的过程，执法过程是经由沟通行动而进行的临时妥协，这种“猫鼠游戏”包含了极强的法律建构过程。街头空间的区域化机制塑造了游戏空间，让城管和小贩有了“待在一起的可能性”；城管和小贩在行动框架范围内选择合适的“计策”，建立起一种特定且明确可察的角色互动关系；城管和小贩互动过程中的“临时妥协”，塑造并促成了游击、对峙、沦陷及冲

---

① 杨建顺：《公共利益辨析与行政法政策学》，载《浙江学科》2005 年第 1 期；江利红：《日本行政法政策论考察》，载《上海政法学院学报》（法治论丛）2010 年第 4 期；鲁鹏宇：《法政策学初探——以行政法为参照系》，载《法商研究》2012 年第 4 期。

② 胡敏洁：《摆正行政法学研究与政策的关系》，《中国社会科学报》2019 年 3 月 27 日，第 5 版。

突等情境转化。①

亓晓鹏博士运用“扎根理论”的研究方法，对国内六省、九名行政法官进行了深度访谈并进行了分析，基于分析结果构建了行政法官审理诉讼疑难案件的“法律思维、政策思维、职业安全思维综合作用模型”及其审理思路，认为在法律思维上，法官主要通过法律解释方法解决疑难问题，否定利益衡量；在政策思维上，法官会主动考虑维护行政权威以及预判案件的社会效果与后续反应，寻求解决之道；在职业安全思维上，法官主要考虑审判绩效、外部干预与信访压力。以上三种思维综合作用形成疑难案件解决过程。据此，应减少法官对职业安全的过度忧虑，规范政策性思维，优化法律思维，将法官的政策性思维、职业安全思维限定在合理范围内，确保法官更多地运用法律思维来解决疑难问题。②

（四）行政法案例研究

案例作为联结行政法规范与个案事实的载体，对行政法学基本原理的发展具有重要支撑作用。经中国法学会批准，中国行政法学研究会于2019年成立了行政法案例专业委员会，上海交通大学法学院朱芒担任委员会主任，期待该专业委员会引领我国行政法案例研究走向深入。

乔仕彤博士等考察了2014～2015年各省（区、市）高级人民法院作出的586份征收和拆迁判决书，认为各省（区、市）高级人民法院主要关注征收行为的程序是否合法，而鲜有对公共利益和合理补偿的审查，并提出“信息、专业知识和权力”是行政程序在征收案件审判中发挥主导作用的三个原因，从而为未来的实证研究构建了理论框架。③

张硕博士以218份涉及非法证据排除的裁判文书为样本，对行政诉讼非

---

① 吕德文：《作为法律隐喻的“猫鼠游戏”　城管执法的另一种观察视角》，载《中外法学》2019年第2期。

② 亓晓鹏：《行政法官疑难案件审理模型的建构——一项基于扎根理论的实证研究》，载《清华法学》2018年第6期。

③ 乔仕彤、毛文峥：《行政征收的司法控制之道：基于各高级法院裁判文书的分析》，载《清华法学》2018年第4期。

法证据排除规则的适用情况进行了研究，指出了该规则被冷却的内在成因，认为应将对行政机关违法取证行为的司法审查由证据审查转向程序审查。①

戚建刚教授对2016年203份环保行政判决文书进行了分析，总结了这些判决文书中所体现出的特点，并以此为基础对环保制度提出建议，认为应强化县级环保行政机关对法定程序的遵循，注重对环评、水和大气污染领域的行政执法；促进代理律师对环保行政案件的参与；增强对社会公众环境科学知识的普及；提升环境问题制造者自觉遵守环境法律的意识等。②

肖军研究员等以中国裁判文书网上公开的31个省级行政区的年度行政裁判文书为样本，对我国各地区的法治政府建设进程进行了量化分析，具体包括易引发诉讼的行政管理领域、行政行为类型、各地区判决行政违法案件数、违法数与人口、GDP等关联、违法案件数靠前的领域等，认为我国东部地区的法治政府建设取得了较好成效，而中西部地区还需要进一步加强。③

七　行政法的历史发展与未来展望

2018年是改革开放40周年，2019年是中华人民共和国成立70周年，多位学者对我国行政法（学）发展进行了回顾和展望。

马怀德教授等认为，40年来，我国行政法治取得了丰硕成果：具有中国特色的行政法学理论体系初步形成，一套较为有效的行政法律制度初步实现了对行政权的规制，依法行政的观念和意识也逐渐深入人心。党的十八大以来，全面推进依法治国开启了法治建设的新篇章，依法行政和法治政府建设进一步提速增效。未来的行政法治建设应当及时回应国家治理、社会变

① 张硕：《行政诉讼非法证据排除规则适用的困境与出路——以218份裁判文书为样本》，载《行政法学研究》2018年第6期。

② 戚建刚：《环保行政判决的结构分析及其制度意蕴——以2016年度203份环保行政判决文书为分析对象》，载《法学杂志》2018年第3期。

③ 肖军、张亮、叶必丰：《法治政府的司法指数研究》，载《行政法学研究》2019年第1期。

迁、新兴科技发展所提出的理论需求，继续完善中国特色行政法学理论体系；应当加强重点领域立法，破解法治政府建设的现实难题，着力推进法律的实施和制度的落实；重点提高各级领导干部的法治意识和法治素养，在全社会形成良好的法治氛围。①

马怀德教授等还考察了自改革开放以来，我国行政诉讼制度的发展历程，阐述了行政诉讼制度的萌芽、建立、完善、更新四个不同阶段及其各自的发展状况，指出了行政诉讼制度在保护相对人合法权益、促进依法行政、化解社会矛盾、改善社会治理、促进行政法学研究等方面的重大意义，同时也指出了当前仍存在的一些问题，认为未来应将行政诉讼制度置于国家治理体系与治理能力现代化进程的视野中，不断提升行政诉讼制度在国家制度体系中的地位，使之更好地服务于国家治理现代化的建设。②

莫于川教授认为，我国改革开放 40 年来行政法制的理论发展、观念演进和方法论改进具有五个突出特点：从简单拿来主义，到选择他山之石与挖掘本土资源、创造中国经验相结合；从法律虚无主义到行政法治主义，从形式法治主义再到实质法治主义、功能法治主义；从只注重实体法，到既注重实体法也注重程序法还重视条理法的作用；从高权型的传统行政法制理论，走向科学化、民主化、法治化的行政法治理论；从不讲法理、不重诚信、不计成本、不讲效率，到注重正当基础、政府形象、科学评价、成本效益。从集权型、管理型、秩序型、封闭型、随意型的政府管理模式，转向民主型、指导型、服务型、开放型、责任型的政府管理模式，是改革开放 40 年来行政法制建设的基本经验和深刻启示。③

李洪雷认为，改革开放 40 年来，我国行政体制改革与法治政府建设经过了四个发展阶段，即恢复发展期（1978～1989 年）、加速发展期（1989～

---

① 马怀德、孔祥稳：《中国行政法治四十年：成就、经验与展望》，载《法学》2018 年第 9 期。

② 马怀德、孔祥稳：《改革开放四十年行政诉讼的成就与展望》，载《中外法学》2018 年第 5 期。

③ 莫于川：《依宪治国执政方针下的大部制改革及其公法课题》，载《行政法学研究》2018 年第 6 期。

1997年）、全面发展期（1997~2012年）、深化发展期（2012年至今），初步实现了行政管理的规范化、程序化与法治化，有效加强了对公民权利的保护和对行政活动的监督，但也存在很多缺陷。在未来，行政法学界需要有效回应行政体制改革和法治政府建设中的重大理论问题，例如党的领导权与政府的行政权的关系；政府职能范围的科学界定；优化行政区划的设置；合理把握行政执法与司法的独特性质；如何体现从人治向法治过渡或转型过程中的转型期法治的特殊性；行政法如何对宪法实施做出贡献；如何推进行政法的规则、体制和文化的良性互动；如何解决执法资源有限以及立法质量不高甚至存在重大缺陷的问题；如何看待严格执法的限度；等等。[①]

八　结语

2018年以来，我国行政法学界立足行政立法、执法与司法的实践，参酌借鉴域外相关制度和学说，对行政法的基础理论进行了分析，对诸多重大问题的讨论更加深入，为行政法学理论体系和法治政府建设提供了坚实的法理基础。另一方面，我们也应认识到，我国行政法学界对行政法基础理论中的若干重大问题尚缺乏共识，还需要进一步思考与探讨。

① 李洪雷：《行政体制改革与法治政府建设四十年（1978—2018）》，载《法治现代化研究》2018年第5期（《新华文摘》2019年第5期转载）。

B.6
行政行为法理论研究的新进展

章志远*

摘　要： 在行政行为法总论研究方面，假象行政行为、暂时性行政行为和私法形成性行政处理等范畴的提炼以及构成要件效力理论、行政程序重开理论的提出和行政裁量基准理论的深化，彰显了行政法学知识增量的提升。在行政行为法分论研究方面，行政立法与行政规范性文件的区分、失信惩戒的定性以及对行政协议、行政约谈、行政评级行为的探讨，预示着行政法学实证风格的形成。作为整个行政法学理论研究的引擎，行政行为法研究应从回归基础理论、回应规制新政两个面相展开，确保新时代行政行为法研究既能顶天又能立地。

关键词： 行政行为法总论　行政行为法分论　行政法释义学

在行政法学领域，学者们在行政行为法方面的探索未曾停歇。在2018～2019年，以行政行为法为主题的研究成果相当丰富。本报告拟以这一阶段行政法学人在核心期刊发表的240余篇专题论文为样本，解析新时代我国行政行为法研究的整体情况及理论创新，并就未来这一领域的研究课题及方向进行展望。

---

* 章志远，法学博士，华东政法大学教授，博士生导师，主要研究方向为行政法学。

一 关于行政行为法总论的研究

在行政法学领域，行政行为基本原理是最基础的研究课题之一。从2018年至今，关于行政行为基本原理这一传统主题的研究成果仍不在少数。行政体制改革的推进、行政法制的发展、新型行政活动的出现等现实因素都促使行政法学者积极反思现有的行政行为基础理论。章志远教授在《当代中国行政行为法理论发展的新任务》一文中提出，为了推动中国本土行政法释义学的建构，行政行为法理论面临四个方面的发展任务：一是坚持司法面相和行政面相的双重进路，实现行政处罚、行政许可和行政强制等传统行为概念的精准化；二是立足多个具体行政领域的实践探索，实现新型行政活动方式的型式化；三是通过刚性行为、柔性行为和中性行为的区分，实现行政行为内部体系的严密化；四是坚持行政任务有效履行实践需求导向，实现行政形式选择自由的相对化。① 总体来说，行政行为法总论研究主要从如下四个方面展开。

（一）行政行为的内涵

在行政行为概念的界定问题上，由于对行政实务和人工智能时代背景的密切关注，学者们全面审视了当下行政行为的内涵与外延。

杨海坤教授和郝炜博士对“暂时性行政行为”进行了探讨。目前，行政法学者虽然对暂时性行政行为有所关注，但专门进行研究的较少。行政实务与行政诉讼实务中的暂时性行政活动亟须从理论上加以回应，《暂时性行政行为探析》一文的研究无疑具有填补空白的意义。论者致力于对暂时性行政行为的行政法学理进行探究，包括对暂时性行政行为的界定、效力构造、裁判识别等内容。②

① 章志远：《当代中国行政行为法理论发展的新任务》，载《学习与探索》2018年第2期。

② 郝炜、杨海坤：《暂时性行政行为探析》，载《江苏社会科学》2019年第2期。

张冬阳博士的《假象行政行为的界定和权利救济》一文虽非直接针对行政行为内涵进行研究，但对厘清行政行为的内涵与外延亦有重要意义。[①] 论者在界定假象行政行为的基础上，提出“行政机关未有效送达”“行政机关的意思表示存在瑕疵”“形式使用错误”是假象行政行为的三种主要情形。这三种行为虽不具有行政行为效力外观却可能对公民造成不利影响，因此德国司法实务中发展出了“行政诉讼意义上的行政行为”概念，该概念扩张了行政行为的实质内涵。对于这一域外经验，论者从权利救济的角度认为并不可取。

严益州博士的《德国法上的私法形成性行政处理》一文以一手的德文学说材料，对德国法上的私法形成性行政处理正当性基础、行为机理进行了深入的介绍。[②] 论者指出，作为德国法上的经典概念，私法形成性行政处理是国家干预社会生活、限制私法自治的重要管制手段，对其加以研究将有助于拓展行政行为理论上的认知。

周伟教授的《行政行为成立主体要件否定论》是对行政行为成立要件理论通说的挑战。[③] 他认为，行政主体作为行政行为成立要件不仅是一种将行政行为存在与成立相混淆的错误，还是一种将成立要件和责任要件相混淆的错误。这种认知违背了行政主体存在的目的，进而实际上妨碍了司法实践。论者从基本逻辑、法理学、其他学科主体理论等多个角度审视行政主体是行政行为成立要件这一通说，强调行政主体的行政性取决于行政行为的性质，行政主体的存在意义更多的应在于它作为行政主体承担责任的要件上。以往学者更多的从行政主体理论渊源上探究行政主体理论无法因应现实的需要，该文则从更为本源的角度进行分析，颇具新意，对反思行政主体和行政行为基础理论具有一定启发意义。

在互联网时代，电子政务使行政执法的形式发生了变化。查云飞博士的《人工智能时代全自动具体行政行为研究》一文聚焦“人工智能时代全自动

① 张冬阳：《假象行政行为的界定和权利救济》，载《行政法学研究》2019 年第 4 期。

② 严益州：《德国法上的私法形成性行政处理》，载《南京大学学报》（哲学 · 人文科学 · 社会科学）2019 年第 4 期。

③ 周伟：《行政行为成立主体要件否定论》，载《江汉论坛》2018 年第 8 期。

具体行政行为”这一前沿主题，剖析全自动化行政行为对法治国原则的挑战，并建议借鉴德国和欧盟立法例中的有益经验，缓解信息时代新型行政执法方式与公民基本权利之间的张力。[①] 刘国教授同样关注到电子行政这一新型行政活动方式，他在《以电子方式作出行政行为的法学解读——概念、理论与规制》一文中以较为周全的视角解读了电子行政的“概念”“理论”“规制”问题。[②]

在行政行为的原则问题上，王留一博士的《论行政行为的明确性》一文探究了“行政行为明确性”这一基础性理论问题。[③] 论者从典型个案切入，针对行政行为的内容应如何明确的现实问题，较为全面、系统地阐述了行政行为明确性的理论依据、基本含义、具体要求等内容。行政行为明确性是一度被学界忽略的主题，该文充实了尚显薄弱的现有相关研究，也积极回应了行政行为明确性上的现实难题。

（二）行政行为效力

在行政行为效力问题上，近来最为学者所关注的是行政行为无效问题。关于行政行为无效问题研究的代表性成果是王贵松教授的《行政行为无效的认定》一文。[④] 论者以新《行政诉讼法》第 75 条中的“无效”行政行为为分析对象，在明确行政行为无效制度的功能定位的前提下，以日本行政行为无效的认定标准为镜鉴，剖析了中国法中行政行为无效的认定标准，并最终提出在实务中，《行政诉讼法》第 75 条中的“重大且明显违法”标准的不足之处与因应之策。张青波教授同样关注了新《行政诉讼法》第 75 条规定的行政行为无效这一主题，他的《拒绝权视角下的无效行政行为》重新界定了无效行政行为的事实构成，并明确了无效行政行为自始不生效的法律

---

① 查云飞：《人工智能时代全自动具体行政行为研究》，载《比较法研究》2018 年第 5 期。

② 刘国：《以电子方式作出行政行为的法学解读——概念、理论与规制》，载《华中科技大学学报》（社会科学版）2019 年第 4 期。

③ 王留一：《论行政行为的明确性》，载《法商研究》2019 年第 4 期。

④ 王贵松：《行政行为无效的认定》，载《法学研究》2018 年第 6 期。

效果。[①] 论者认为，新《行政诉讼法》第75条和2018年《最高人民法院关于适用〈中华人民共和国行政诉讼法〉的解释》第99条无法覆盖所有的无效行政行为，且无效行政行为的法律效果应可使当事人不受期限限制地诉请法院判决确认。两位学者对无效行政行为的研究视角虽有差别，但他们都将行政行为无效定位为一项法律制度，而未将其局限为新《行政诉讼法》规定的一种法律后果，这种大局观、系统观有益于行政行为无效理论与实务的良性互动。

另外，王世杰博士的《论行政行为的构成要件效力》一文也是近期行政行为效力问题研究的代表性成果之一。[②] 文中引入了德国关于行政行为构成要件效力的理论成果，进一步发展了我国传统行政法理论中的行政行为公定力理论。论者还细致阐述了行政行为的构成要件效力的理论逻辑，并认为其将有益于我国民行交叉、行刑交叉案件的解决。同时，王世杰博士的《论行政行为对刑事审判的拘束》一文也是运用行政行为构成要件效力理论对行刑交叉案件的现实问题进行解读的具体展现。[③]

（三）行政行为程序

行政行为程序是行政法基础理论研究中一个经久不衰的主题。近两年来，国内行政法学界对行政行为程序问题的研究更加细致、务实。

高鸿法官和张运昊博士均关注了行政程序重开这一主题，不过他们具体针对的问题有所不同。高鸿法官认为，表明行政程序重开的具体案例已在实践中不断涌现，并进一步从理论层面详细阐述了程序重开的申请条件与实体处理两方面内容。在此基础上，论者进一步探讨了程序重开的司法救济问题。[④] 与之不同，张运昊博士通过“王建设诉兰考县人民政府不履行法定职责”一案分析了行政程序重开中的容许性问题。他认为无论在基础理论上

① 张青波：《拒绝权视角下的无效行政行为》，载《环球法律评论》2019年第3期。
② 王世杰：《论行政行为的构成要件效力》，载《政治与法律》2019年第9期。
③ 王世杰：《论行政行为对刑事审判的拘束》，载《政治与法律》2018年第6期。
④ 高鸿：《行政程序重开的条件、处理及司法审查》，载《中国法律评论》2019年第3期。

还是在法律规范上，都可以解读出行政程序重开的存在空间。[①]

陈振宇法官和梁君瑜博士均关注了行政行为程序中的瑕疵问题。前者聚焦于行政程序轻微违法情形下的识别与裁判问题，归纳了实践中程序轻微违法的具体情形，提炼了程序轻微违法的具体识别标准，分析了程序轻微违法的裁判方式选择，最终重构了程序轻微违法情形下作出确认违法判决的具体要件。[②] 后者则从比较研究的视角探究了行政程序瑕疵的法律后果这一理论问题。其基于对我国行政程序瑕疵法律后果之设定方式的疑惑，分别梳理出英国、德国等法治发达国家和地区的设定方式，据此认为我国行政程序瑕疵法律后果的设定需在借鉴域外进步经验的基础上，形成对行政程序瑕疵法律后果的正确认知，进而将当前行政程序瑕疵法律后果上的反推判决方式转变为行政程序法典予以正面规范的方式。[③] 上述两篇文章均是对行政程序违法问题的精细化研究，前文在现有相关理论研究的基础上，分析提炼出了具有本土实践意义的裁判规则，后文更偏重于从域外先进经验、理论上反思我国相关理论与规范上的不足之处。

此外，学者们还就行政程序中的公众参与、行政调查程序等行政程序中的具体内容展开了专门研究。沈岿教授的《行政机关如何回应公众意见？——美国行政规则制定的经验》一文聚焦于行政程序中的公众参与这一主题，介绍了美国行政规则制定过程中行政机关针对公众意见的回应机制。[④] 论者关于美国经验的详细介绍很好地回答了“如何对待公众意见以兼顾公众参与的落实和良法善治的形成”这一关键性问题，为我国立法中公众参与的落实提供了有益思路。宋华琳教授聚焦于行政调查这一过程性行为，提出了详尽的行政调查程序的法治构建思路。[⑤] 这一研究成果是对行政调查程序建构

① 张运昊：《论行政程序重启的容许性——基于王建设诉兰考县人民政府不履行法定职责一案的分析》，载《行政法学研究》2019 年第 4 期。

② 陈振宇：《行政程序轻微违法的识别与裁判》，载《法律适用》2018 年第 11 期。

③ 梁君瑜：《论行政程序瑕疵的法律后果》，载《华东政法大学学报》2019 年第 2 期。

④ 沈岿：《行政机关如何回应公众意见？——美国行政规则制定的经验》，载《环球法律评论》2018 年第 3 期。

⑤ 宋华琳：《行政调查程序的法治建构》，载《吉林大学社会科学学报》2019 年第 3 期。

问题的体系性思考，对未来行政调查程序统一规定的制定具有重要的指导意义。

（四）行政裁量

在行政裁量方面，裁量基准相关问题是学者近期重点关注的主题。熊樟林教授延续其以往行政裁量的研究，《裁量基准的概念限缩与扩容》一文针对裁量基准的界定问题展开研究。[①] 该文具体剖析了我国裁量基准概念界定上的矛盾之处及其产生的原因，提出了一种效仿域外的界定方式，明确“裁量基准的概念内涵既要选择以‘规范性文件’为落脚点，全面性加以压缩，同时也要以‘程序裁量’为新的技术对象，多元化地予以扩容”。显然，该文是在理论层面厘清裁量基准内涵的积极探索，在借鉴域外经验的基础上重述了裁量基准的内涵。他同年发表的《论裁量基准中的逸脱条款》一文关注的是行政裁量基准制度运作中的一个容易被忽视且极为关键的技术问题。[②] 论者系统阐述了裁量基准中设置逸脱条款的正当性、风险及其规制、适用规则等内容，这些内容无疑是对当前行政裁量基准基础理论的进一步完善，也将有益于行政裁量基准制度的有效运作。

王天华教授对行政裁量基准问题同样给予了持续关注。在《司法实践中的行政裁量基准》一文中，他着力从司法审查的角度探究行政裁量基准的适用问题，认为在如何适用裁量基准的问题上我国已经出现了多种不同的判例理论，这些分歧的背后实际是裁量一元论与裁量二元论的对立。[③] 论者认为，除了在个别情况下，裁量基准自身的属性与定位使其不应被法院严格适用。裁量基准的司法适用问题早就为行政法学者所关注，但论者以一种历史的、发展的眼光解读、审视 10 年间产出的实践结果，进而提出了一个更显精当的研究结论。

---

① 熊樟林：《裁量基准的概念限缩与扩容》，载《东南大学学报》（哲学社会科学版）2019 年第 3 期。

② 熊樟林：《论裁量基准中的逸脱条款》，载《法商研究》2019 年第 3 期。

③ 王天华：《司法实践中的行政裁量基准》，载《中外法学》2018 年第 4 期。

郑琦博士围绕行政裁量基准的适用技术规范问题展开研究。在《行政裁量基准适用技术的规范研究——以方林富炒货店“最”字广告用语行政处罚案为例》一文中，论者认为，说明理由的技艺、行政证据补强的技巧以及裁量基准变通适用的技能是裁量基准适用中的三个主要技术，这三个技术是保障个案正义与实质法治实现的重要工具。①

二　关于行政行为法分论的研究

行政行为法分论研究方面的创新可以从如下四个方面去观察。

（一）行政立法与决策

行政立法与决策方面的代表性研究成果主要集中在对以下两个问题的讨论上。

第一，关于行政立法与规范性文件的区分问题。王留一博士在《论行政立法与行政规范性文件的区分标准》一文中指出，在行政立法与规范性文件区分问题上，目前我国司法实务所采取的实体区分标准面临着逻辑上的困境，而根据我国立法法的规定和域外法的启示，“程序”才是更为可行的标准。② 以此为基础，论者主张规范性文件的司法审查应转向合理性审查而非权限审查。该文的研究重提行政立法与行政规范性文件的区分问题，在区分标准问题上提供了一个新视角，但其具体结论还需在实务中予以进一步验证。

第二，关于行政立法的程序问题。学者从不同视角对我国行政立法程序中的具体机制进行了反思与建构。有学者从比较的视角对我国行政立法程序整体进行了反思性讨论，认为完善向社会公开征求意见的程序是今后优化我

① 郑琦：《行政裁量基准适用技术的规范研究——以方林富炒货店“最”字广告用语行政处罚案为例》，载《政治与法律》2019 年第 3 期。

② 王留一：《论行政立法与行政规范性文件的区分标准》，载《政治与法律》2018 年第 6 期。

国行政立法程序的重点。[①] 有学者针对行政立法中的公众参与这一程序机制展开研究，认为目前实践中面临着便利性欠缺、参与方式定型化、信息供给不足三大难题，而“十大模块”评估方法是克服之道。[②]

此外，还有学者针对行政立法模式展开专门研究。论者认为，相较于传统的政府主导型和政府回避型行政立法模式，相对回避型行政立法模式更具优势，而这一模式的生成，需要从准入机制、契约机制、公开机制和责任机制的完善入手，并且通过行政部门、法制机构及外部第三方关系的重塑，助推良法善治的实现。[③]

（二）行政处理行为

行政处理行为是实务中运用最多、最为频繁的一类行政行为，因此，行政法学者对其的关注也最为密集。

第一，关于行政处罚的讨论。行政处罚的研究主要围绕行政处罚设定权、行政处罚的界定和行政处罚具体运行机制展开。

黄喆博士关注的是在地方立法权扩容和我国《行政处罚法》即将修改的双重现实背景下，地方立法行政处罚创设权如何配置的问题。他认为，破解地方立法设定行政处罚权困境需要重新厘定地方立法行政处罚创设权配置的考量维度，合理划定地方立法行政处罚规定权运行的范围边界，并据此修改《行政处罚法》的相关规定。[④]

在行政处罚的界定问题上，因为《行政处罚法》只规定了六种行政处罚方式，且未明确规定行政处罚的含义，所以学界一直关注行政处罚的内涵与外延问题、“法律、行政法规规定的其他行政处罚”的具体表现形式问题。杨解君教授就以海关“收缴”为例展开关于行政处罚识别、方式选择

① 牟效波：《我国新行政立法程序的进步与保守：比较的视角》，载《北京行政学院学报》2019 年第 1 期。

② 夏雨：《行政立法中公众参与的难题及其克服》，载《法治研究》2019 年第 2 期。

③ 章志远：《行政立法相对回避模式之建构》，载《浙江社会科学》2018 年第 3 期。

④ 黄喆：《地方立法设定行政处罚的权限困境与出路》，载《政治与法律》2019 年第 7 期。

等方面内容的分析。[①] 马迅博士则关注到“非治安性拘留”这一新兴惩处手段，其《非治安性拘留的理性扩张与法律规制——兼论人身自由罚的法治转轨》一文对行政拘留这一处罚方式内涵与外延的厘清有所助益。[②]

另有不少学者的研究围绕“累加处罚”“按日计罚”“从重处罚”等具体处罚机制展开。例如，实务专家冀玮就针对《食品安全法》“累加处罚”条款的法律适用问题进行了讨论。[③] 在该文中，论者明确了《食品安全法》“累加处罚”条款适用上的时间要件、处罚累计、处罚裁量等具体规则。这种具有鲜明的指导意义的研究成果，较大程度上扫除了“累加处罚”制度适用上的现实障碍。杜群教授的《环境保护法按日计罚制度再审视——以地方性法规为视角》一文也是同种类型的研究。[④]

还有一类研究是从制度构建角度探讨行政处罚问题，苏艺博士以当下《行政诉讼法》的修改为契机，具体论述了行政案件快速办理程序的构建问题。[⑤] 张淑芳教授以行政处罚具体情形的设置为研究主题，指出行政处罚应当设置“从重情节”。[⑥]

第二，关于行政强制的讨论。从具体内容上看，行政法学者主要就行政强制行为的设定、行政强制中的相关人权益保障等问题展开研究。

王春业教授、邢鸿飞教授聚焦于涉水法律法规中的行政强制行为的设定问题，提出了完善涉水法律规范中行政强制行为设定条款的具体策略。[⑦]

对于行政强制中相关人权益保障问题的研究，有学者以行政强制措施的

---

① 杨解君：《行政处罚方式的定性、选择与转换——以海关“收缴”为例的分析》，载《行政法学研究》2019 年第 5 期。

② 马迅：《非治安性拘留的理性扩张与法律规制——兼论人身自由罚的法治转轨》，载《行政法学研究》2019 年第 5 期。

③ 冀玮：《论〈食品安全法〉“累加处罚”条款的法律适用》，载《行政法学研究》2019 年第 5 期。

④ 杜群：《环境保护法按日计罚制度再审视——以地方性法规为视角》，载《现代法学》2018 年第 6 期。

⑤ 苏艺：《论行政案件快速办理程序的构建——以〈行政处罚法〉的修改为契机》，载《行政法学研究》2019 年第 5 期。

⑥ 张淑芳：《行政处罚应当设置“从重情节”》，载《法学》2018 年第 4 期。

⑦ 王春业、邢鸿飞：《论涉水法律法规中行政强制行为的设定》，载《河海大学学报》（哲学社会科学版）2018 年第 6 期。

检察监督为视角，论述了如何切实完善行政强制措施中人身自由权的暂时性法律保护机制。[①] 该学者发表的《论限制人身自由行政强制措施的检察监督》一文，是对前文研究的延续。[②] 文中强调，检察监督因其独立性、专业性、高效性的优势能够落实暂时性法律保护制度。由此可见，论者对行政强制措施中的人身自由权保护制度的完善问题已有较为系统性的思考。

李大勇教授同样关注了行政强制中的权益保障问题，其着眼点在于“第三人”这一特殊主体在行政强制中的权益保障问题。论者指出，遵循比例原则，并引入程序参与、扩大审查义务、声明异议、参与分配等制度才能有效保护第三人在行政强制中的权益，以应对我国《行政强制法》中第三人条款规定混乱的困局。[③] 该文对行政强制中第三人权益保障问题的探讨不仅进一步细化了第三人权益保障的理论，对《行政强制法》中第三人条款的反思也为今后相应条文的修订提供了参考性意见。梁玥博士对《行政强制法》第 61 条中停止供给法律责任的现实拷问与理论反思，则是对当前行政强制措施研究的细化与填补。[④]

第三，关于行政许可的讨论。学者们对行政许可制度的研究大体是对当前我国行政审批制度改革实践的理论解读与回应，他们分别针对不同的改革举措进行了探讨。

张力教授通过分析“先证后核”这一改革带来的规制工具，指出可以进一步借鉴“消极许可”的制度经验，修正“先证后核”并据此发展出适合我国的行政规制谱系。[⑤] 该文从规制理论角度探究“先证后核”，是一种研究行政审批改革举措的新思路。行政审批制度改革不仅是简政放权，也是对我国行政规制体系、行政监管体系的重塑。

方宁博士着眼于“相对集中行政许可权试点”这一改革举措，从正反

① 周伟：《论人身自由权的暂时性法律保护——以行政强制措施检察监督为视角》，载《云南大学学报》（社会科学版）2018 年第 4 期。

② 周伟：《论限制人身自由行政强制措施的检察监督》，载《学习论坛》2018 年第 6 期。

③ 李大勇：《行政强制中的第三人权益保障》，载《行政法学研究》2018 年第 2 期。

④ 梁玥：《行政主体停止供给的法治对策研究》，载《社会科学战线》2018 年第 4 期。

⑤ 张力：《先证后核、消极许可与规制工具实验》，载《中国行政管理》2019 年第 5 期。

两面总结了该改革新尝试的试点经验、成效以及面临的问题。[①] 论者对改革实践的适时总结、分析是改革继续推进的重要助力。

林鸿潮教授的《行政审批制度改革与行政许可效力的类别化扩张》一文探讨了行政审批制度改革中出现的一种“灰色”的行政许可举措，即“借用”行政许可。[②] 论者指出，这种做法的出现是行政审批制度改革中“只减不增”基本要求与执法需求碰撞后的结果，两者之间矛盾的调和需要适度允许行政许可的类别化扩张，并建立有条件的“类别许可”制度。论者敏锐地察觉到行政审批制度强力推进所带来的制度反弹，其创见有益于更符合现实情境的渐进式改革方案的形成。

在行政审批制度改革中，行政机关往往被视为左右改革成败的一方主体。事实上，大多数学者也从行政主体的视角审视行政审批制度改革。胡萧力博士认为，行政审批制度改革同样需要加强对被许可人的监督及建立相应的监督责任制度。在《行政许可监管赔偿责任的归责标准及展开》一文中，论者认为应强化行政许可监管责任，确立“合理尽职”的归责原则及标准，进而完善行政许可监管责任制度。[③]

渠滢博士则从一个较为全面的视角阐述了其对于行政审批制度改革如何推进的意见。她认为，精准化是行政审批制度改革的基本方向，改革对象、改革试点和改革手段的精准化则是具体进路。[④]

（三）行政协议行为

伴随着新《行政诉讼法》的颁布，“行政协议”在我国从一个学理概念变为一个法律概念。至此之后，行政协议的研究热度未有消退。近来，仍有

① 方宁：《相对集中行政许可权试点实践探析》，载《中国行政管理》2018 年第 12 期。

② 林鸿潮：《行政审批制度改革与行政许可效力的类别化扩张》，载《中共中央党校（国家行政学院）学报》2019 年第 2 期。

③ 胡萧力：《行政许可监管赔偿责任的归责标准及展开》，载《中共中央党校（国家行政学院）学报》2019 年第 2 期。

④ 渠滢：《问题导向下行政审批制度改革精准化研究》，载《中共中央党校（国家行政学院）学报》2019 年第 2 期。

多位学者发表了关于行政协议的学术论文，他们的讨论集中在行政协议的以下几个问题上。

第一，关于行政协议的界定。从行政协议被纳入行政诉讼受案范围开始，行政协议的界定问题就为行政法理论界和实务界所关注。当下，不少学者仍围绕行政协议的界定这一基础性问题展开研究。关于该主题的代表性研究成果是王学辉教授的《行政何以协议：一个概念的检讨与澄清》一文。[①]论者强调行政协议本身就是一种行政行为，因而对其理解与制度建构均应以行政法原理为依据，对其司法审查也只应适用行政诉讼规则。另一代表性成果是余凌云教授发表于《比较法研究》2019 年第 3 期的《行政协议的判断标准——以“亚鹏公司案”为分析样本的展开》一文。论者对行政协议判断标准的探讨实际上是对行政协议内涵的探究，他指出，“具有行政法上权利义务内容”才是界定行政协议的重要标准，而隐含在行政契约之中的行政机关对未来权力行使的事先处分与约定，是行政协议区别于民事合同的根本性标准。

陈天昊博士在《行政协议的识别与边界》一文中，通过群案梳理提炼了最高人民法院行政庭与民事庭法官各自的行政协议识别标准，指出双方分歧产生的原因在于“保障公共利益”与“尊重私人权益”两种价值之间的内在张力，认为化解分歧之策是引入比例原则，并尊重既有的法定边界。[②]该文揭示的行政协议识别标准上的分歧，同样是行政协议难以界定的原因之一。论者对司法实务状况的全面梳理，提出的行政协议识别标准均有助于从行政法学理论上进一步厘清行政协议的内涵与外延。

此外，梁凤云庭长专门讨论了“公私合作协议”的定性与救济问题。他着力从行政法视角分析公私合作协议的相关问题，并结合新《行政诉讼法》的相关规定对公私合作协议的审理问题作了明确解答。[③]

第二，关于行政协议中的行政优益权。行政法学界对行政协议中行政优

---

① 王学辉：《行政何以协议：一个概念的检讨与澄清》，载《求索》2018 年第 2 期。

② 陈天昊：《行政协议的识别与边界》，载《中国法学》2019 年第 1 期。

③ 梁凤云：《公私合作协议的公法属性及其法律救济》，载《中国法律评论》2018 年第 4 期。

益权的关注早已有之，行政优益权理论是行政协议中行政主体享有单方变更、解除权的理论基础。陈天昊博士的《行政协议中的平等原则：比较法视角下民法、行政法交叉透视研究》一文直接涉及的虽然是对行政协议中平等原则的解读问题，但解读的关键正是如何解释行政主体单方变更、解除权与平等、合意的协调并存。①

第三，关于行政协议违法时的法律状态。学者们对行政协议的法律效力问题颇为关注。王敬波教授聚焦于“无效行政协议”这一主题，其发表于《中国法学》2019 年第 3 期的《司法认定无效行政协议的标准》一文，不仅为明晰无效行政协议的认定标准提供了理论框架和实现路径，还探讨了无效标准在协议主体、协议内容和协议订立程序等事由上的具体适用问题。

陈思融博士直接以行政协议的法律效力状态为研究主题，梳理出行政协议在立法层面存在“有效”与“无效”两种效力状态，在司法层面存在“有效”“无效”“可撤销”“效力待定”四种效力状态。面对这一立法规定与司法实践相左的情况，该学者受域外相关理论讨论的启发，认为行政协议因其自身兼顾“契约性”和“行政性”两种特性，所以违法的行政协议应存在“违法但有效”“无效”“效力待定”三种效力状态。②

刘春博士以行政协议中“权利处分”的合法性为研究主题，探讨了“权利处分”条款在行政协议中的生存空间。他认为，传统法治理论中有关行政协议“权利处分条款”无效的观点并不可取，行政协议本身具有的“行政性”与“协议性”双重属性是“权利处分”条款合法存在的理论基础，只是在具体操作层面上该条款应受到内外两个层面的限制。③

（四）新型行政活动

在传统类型的行政行为之外，行政法学者还关注了行政实务中新出现的

① 陈天昊：《行政协议中的平等原则：比较法视角下民法、行政法交叉透视研究》，载《中外法学》2019 年第 1 期。

② 陈思融：《论行政协议的法律效力状态》，载《浙江学刊》2018 年第 5 期。

③ 刘春：《行政协议中“权利处分”条款的合法性》，载《政治与法律》2018 年第 4 期。

几种尚未类型化的行政活动。

第一，行政约谈。在我国多个行政领域中，行政约谈已成为一种常见的行政执法手段。在相关理论尚不明晰的情况下，有学者从基础理论和制度构建的角度研究行政约谈这一新型手段。在《行政约谈的功能定位与制度建构》一文中，朱新力教授、李芹博士厘清了行政约定的功能定位，并提出了行政约谈制度的建构之策。① 在《风险社会中行政约谈制度：因应、反思与完善》一文中，王虎博士探究了行政约谈与现有行政行为理论之间的关系，提出了行政约谈效用发挥的阻碍因素与完善路径。② 同时，还有学者就某一具体领域中的行政约谈工具展开研究，如环保约谈制度和互联网信息内容监管。③

第二，行政黑名单。随着我国行政执法对新型事中事后监管手段需求的日益强烈，行政黑名单慢慢从幕后走向台前。近期行政法学者对行政黑名单的研究主要从法律规制与救济机制两个方面展开。徐晓明博士在界定行政黑名单制度的基础上，总结了该制度实践目前存在的诸多问题，最终提出应当从规范设定主体、规制领域、设定标准、运行程序、救济机制等多方面来进行制度完善。④ 王丽娜博士将视角聚焦在行政黑名单制度的救济机制之上，认为行政黑名单救济机制困境的破除，需要在借鉴美国的“出口管制”清单和“取消资格”制度经验的基础上，同时配置相应的事前与事后救济机制。⑤

第三，行政评级。近年来，行政评级这一新型行政活动也进入学者的研究视野。王瑞雪博士在《论行政评级及其法律控制》一文中整理了行政评级在我国的实践应用情况，认为行政评级应定性为行政确认行为，提出行政

---

① 朱新力、李芹：《行政约谈的功能定位与制度建构》，载《国家行政学院学报》2018 年第 4 期。

② 王虎：《风险社会中行政约谈制度：因应、反思与完善》，载《法商研究》2018 年第 1 期。

③ 张锋：《环保约谈：一种新型环境法实施制度》，载《上海财经大学学报》2018 年第 4 期；卢超：《互联网信息内容监管约谈工具研究》，载《中国行政管理》2019 年第 2 期。

④ 徐晓明：《行政黑名单制度：性质定位、缺陷反思与法律规制》，载《浙江学刊》2018 年第 6 期。

⑤ 王丽娜：《行政黑名单救济机制的困境与破解》，载《河南师范大学学报》（哲学社会科学版）2019 年第 2 期。

评级应在规范依据、适用范围、程序设置、救济机制等方面受到法律控制。①

三 行政行为法研究的评析与展望

通过梳理行政行为法的研究成果，可以看出这一议题在不同时期总会涌现出不少新的现实课题。从直接研究行政行为法的代表性论文来看，这些研究不仅丰富了行政行为法领域的基础理论，而且对诸多现实问题进行了有效回应。概括来说，上述研究成果的主要贡献集中体现在两个方面。

第一，行政行为法基础理论研究更加精细化。近期行政行为法基础理论上的研究表现出明显的精细化倾向。行政行为法中，大多数主题已被学者反复研讨，其中不少主题仍在近期不断被论及，这一推陈出新的过程使我国行政行为法基础理论日渐精细化。例如，本土的行政行为无效理论、行政裁量理论、行政程序理论等都日趋成熟。特别是年轻一代学者向行政行为基本原理研究的回归，彰显出当代中国行政法学的薪火相传。

第二，行政行为法理论体系更加健全。随着行政活动逐渐多样化，既有行政行为法理论体系的欠缺之处越来越多地显露出来。在已有一定理论积累与反思的前提下，当前行政法学者更加积极地回应行政与司法实务。学者对暂时性行政行为、电子行政行为的关注均是对行政行为内涵与外延的进一步厘清，对行政约谈、行政黑名单等新型活动的研究均可能形成对行政行为类型体系的进一步完善。可见，将新的行政、司法实践及域外理论成果纳入研究视野，对行政行为法理论体系的更新和完善具有重要推动作用，甚至在一定程度上填补了过去研究上的空白。

当然，既有的研究也存在某些缺憾。例如，研究成果总体上对行政行为法总论的理论回馈仍然偏少。总体来看，目前以各类具体的行政行为为主题的研究成果数量较多，但这些研究成果主要关注的还是各类行政行为的具体

① 王瑞雪：《论行政评级及其法律控制》，载《法商研究》2018 年第 3 期。

机制、制度构建等技术性问题，较少从原理层面反思、重述某类行政行为的基础理论。又如，部分主题的研究显得过热。随着新《行政诉讼法》的施行，有关行政协议、规范性文件主题的学术成果快速增多；《行政处罚法》的修改，可能也会形成新的行政处罚研究高峰。能否在短时期内借助修法或者适用契机，丰富相关行为的基本法理，还需要行政法学同仁的共同努力。

新时代的行政法学研究，既面临行政法学理论自身体系化的建构难题，又面临引领法治政府全面建成的巨大压力。特别是法治政府建设如火如荼的实践，不断向行政法学理论界提出新的话题。如何在保持学术定力和追踪学术热点之间寻找平衡，既是作为个体的行政法学研究者的自主选择，也是作为群体的行政法学界的高度自觉。总体来看，未来的行政行为法研究既要“顶天”又要“立地”。所谓“顶天”，就是要真正建立起概念精准、体系清晰、逻辑严密的行政行为法理论体系，通过对欧陆行政行为理论学说的精确引入，结合我国司法实践特别是事中事后监管实践的最新发展，形成富有中国特色的具有现实解释力的行政法释义学。所谓“立地”，就是要抓住“行政三法”修订的契机，推出能够引领修法科学化、理性化的技术方案，为今后“行政法总则”制定奠定扎实的基础。有理由相信，在全体行政法学同仁特别是正在登上历史舞台的“90后”学者的积极参与下，我国行政行为法理论必将取得更大的发展。

B.7

当前的实践与行政组织法研究的回应

李昕　崔茹霞*

摘　要： 从组织层面对我国行政体制改革给予回应是当前行政组织法研究的任务，改革的目的与现实的问题决定了行政组织法所研究的内容。本报告将围绕组织法定原则、行政主体以及行政组织法研究视角三个议题对行政组织法基础理论进行研究，并且以当前行政体制改革为背景，从组织层面对机构改革、府际关系改革、公共服务职能与事业单位改革以及行业协会与国有企业改革的现状予以回应。

关键词： 行政体制　机构改革　行政组织法

从组织层面对我国行政体制改革予以回应是当前行政组织法研究的任务。本报告基于行政体制改革的现实背景，对我国2018年至2019年度行政组织法学的研究现状予以回顾和总结。

一　有关组织法基础理论的研究

党的十九大报告提出，“深化依法治国实践”，“形成科学合理的管理体制，完善国家机构组织法”。2018年，中共十九届三中全会审议通过《中共

---

* 李昕，法学博士，首都师范大学政法学院教授，主要研究方向为行政法学；崔茹霞，首都师范大学政法学院硕士研究生。

中央关于深化党和国家机构改革的决定》，明确指出，通过40年的改革“实现了从计划经济条件下的机构职能体系向社会主义市场经济条件下的机构职能体系的重大转变”，现在已经到了对原有机制架构进行调整，以适应国家未来发展要求的新阶段。回顾40年行政体制改革，当前正处于落实十九大精神，实施“十三五”规划时期，也正处于事业单位、行业协会、国有企业改革的日趋成熟期。无论是对改革还是以改革为基础的组织法研究而言，这都是一个承前启后、继往开来的阶段。

基于时代背景，当下组织法研究的核心任务在于回应我国行政体制改革的现实需求，围绕转变政府职能这一核心问题，以三大关系（党政关系，政府、市场与社会的关系，央地关系）的定位为基础，涉及行政机关、事业单位、社会组织、国有企业四大法律地位、组织功能不同的组织体。作为一个逐渐步入成熟的阶段，这一时期的研究既有对既往研究的反思，又有对未来发展空间的展望；既有宏观的学理研究，又有立足于现实的对策性分析。其中有关行政组织法基础理论的研究主要集中于组织法定原则、行政主体、行政组织法研究视角三个议题，在内容上承继了既往研究的核心关注点。

（一）有关组织法定原则的研究

组织法定原则最早由属普通法系的美国提出，二战之后德国、日本都开始主张行政组织法定。组织法定原则即行政组织的设置须由法律规定，被视作实质法治原则的体现。

针对组织法定这一组织法的基本原则，当前研究的焦点在于法律保留原则的适用。德国行政法学者Otto Mayer首次提出了法律保留理念，法律保留的本质即在于界定行政权与立法权之间的界限。虽然我国《立法法》第8条、《宪法》第62条、《宪法》第86条均体现了组织法律保留原则，但我国理论界并没有专门针对行政组织的法律保留的研究。因此，有学者指出以往的行政组织法研究过分关注实践问题，对行政组织法定原则的理论探讨相对不足，进而提出行政组织问题成为公法问题的前提是公共国家观念的确立，而组织仅仅是实现任务的手段。步超认为只有首先回答国家的任务是什么，才能认识实现这些任务的组织手段，主张除非宪法明确或者默示要求特定的组织形式，对于宪法上各种国家任务的实现，应遵循组织形式选择自由的基本规则。①

组织改革的最终目的服务于组织目的，组织形式须最适于实现组织目的。选择一种最佳的组织形式实现国家任务是一个前提性的组织法问题。目前大多数国家一般都形成了国家、地方公共团体、公法人（公法社团法人、公法财团法人、公营造物）等行政组织的分类，我国在实践中也形成了党政机关、人民团体、事业单位、公共企业等实现不同国家任务的公法上的组织类型。虽然国家任务主要是由行使公权力的行政机关来实现，但实践中，国家任务还通过许多其他组织形式实现。比如，事业单位以及许多以财政资金投资设立的国有企业等。对于上述组织形态的职能定位、组织性质，以及在国家治理体系中的地位等是否应当遵循法律保留原则等问题，理论界尚没有相关研究。

（二）有关行政主体理论的研究

我国的行政主体最早由王名扬先生以比较行政法的概念引入，指能以自己名义对外行使行政职权并独立承担法律责任的某一行政机关或法律规范授权的组织。行政主体的确立满足了确定行政行为的效力和行政诉讼被告的需要，保证了行政活动的连续性、统一性。然而，随着我国社会的转型、中央与地方关系的调整、利益多元化的加强和行政诉权的扩展，这种基于一元体制的行政主体理论支撑的“诉讼主体模式”面临一系列困境。

针对行政主体这一组织法长期关注的话题，杨治坤在其《论分权式行政主体制度的构建——以大部制改革为探讨背景》文章中指出，改革实践应以完善行政组织法律，在政府层级之间、政府与社会之间界定政府职能和配置行政职权，通过以国库单一账户为基础的公共财政规制模式促进纵向财

① 步超：《原理与实践：行政组织法定原则再认识》，载《法治现代化研究》2019 年第 3 期。

权的合理化，构建起分权式行政主体制度，① 从而将对行政主体的研究和中央与地方的职能定位、政府与市场、社会的三元关系结合在一起。

（三）有关行政组织法研究视角的反思

通过反思，呼吁行政组织法研究视角的变迁是当下另一集中话题。围绕行政法应当回应行政任务的变迁，贾圣真提出行政组织是行政任务完成的结构性前提，行政任务决定着行政组织的设置、规模和结构形态，② 宋华琳教授指出行政组织法的研究应当致力于落实宪法关于行政组织的规定，建构行政任务取向的行政组织法。③ 但是，具体到行政组织法领域，与行政任务具体结合的研究却并不多见，研究成果依然呈现出反思多于建构的既往样态。同时，由于改革实践的丰富拓宽了组织法的研究领域，研究的议题日趋多样化，研究的关注点更多集中于机构改革方案中的具体问题。

二　有关机构改革的组织法研究

改革开放以来，我国分别在1982年、1988年、1993年、1998年、2003年、2008年、2013年和2018 年进行了八次规模较大的政府机构改革，逐步建立起具有我国特点的国家机构职能体系。2018 年，《中共中央关于深化党和国家机构改革的决定》和《深化党和国家机构改革方案》提出了一系列党政机构合设、党政机构合署的制度安排，提出了20 项深化党中央机构改革和23 项深化国务院机构改革的具体措施。同年，全国人大常委会又针对党政机构之间职能转变和调整的问题，专门通过了《关于国务院机构改革涉及法律规定的行政机关职责调整问题的决定》。回顾改革，从精简机构到转变政府职

① 杨治坤：《论分权式行政主体制度的构建——以大部制改革为探讨背景》，载《中南民族大学学报》（人文社会科学版）2018 年第 2 期。

② 贾圣真：《行政任务视角下的行政组织法学理革新》，载《浙江学刊》2019 年第 1 期。

③ 宋华琳：《中国行政法学总论的体系化及其改革》，载《四川大学学报》（哲学社会科学版）2019 年第 5 期。

能再到职能优化协同高效，深化党和国家机构改革的目标在于构建系统完备、科学规范、运行高效的党和国家机构职能体系，形成总揽全局、协调各方的党的领导体系，职责明确、依法行政的政府治理体系。这是一个职能转变、整合和优化的过程。回应当前改革实践，现阶段行政组织法学主要从党政合署、机构设置与职能配置两个层面对机构改革进行了理论研究。

（一）有关党政合署的研究

针对这次机构改革，学术界指出本次改革不再局限于政府机构领域，而是以整个国家治理体系作为改革对象，将“政府机构改革”深化为“党和国家机构改革”，机构改革中职能调整的深度已从单一的行政体制改革转移到党政机构合署合并的方向上来，意在解决同一事务由党政分别设置机构管理的权力双轨制问题，以党政融合的形式整合权力，进而转变党政职能，调整国家权力结构。[①] 在这一背景下，马怀德教授认为“深化党和国家机构改革，必须处理好改革和法治的关系，统筹考虑各类机构设置，统筹使用各类编制资源，完善国家机构组织法，运用法治方式构建起系统完备、科学规范、运行高效的党和国家机构职能体系，全面提高国家治理能力和治理水平”。[②] 刘小妹教授认为一系列的改革举措为行政组织法的研究带来了强烈的问题意识，党政机关合署使得党的工作机关承接了行政管理职权，其行使职权行为的性质应该如何认定、区分和约束？本轮机构改革的法治和立法需求是什么，将面临什么样的挑战和机遇？[③] 针对如何革新组织法律体系，王锡锌教授在其《完善国家机构组织法应坚持三原则》一文中进一步提出，完善国家机构组织法，应坚持功能优化、结构优化、法治优化三大原则。[④]

---

① 薛刚凌：《行政管理体制改革四十年：成就与展望》，载《中国发展观察》2018 年第 15 期。

② 马怀德：《运用法治方式推进党和国家机构改革》，载《中国党政干部论坛》2018 年第 5 期。

③ 刘小妹：《机构改革与组织法律体系的革新》，载《西北大学学报》（哲学社会科学版）2019 年第 3 期。

④ 王锡锌：《完善国家机构组织法应坚持三原则》，载《中国党政干部论坛》2018 年第 3 期。

国家组织机构改革首先需要明确政府的职责权限，而功能优化原则的核心问题就是确立科学、合理的政府职能。功能优化要求组织机构改革依据政府与市场、社会三者之间的关系，来明确政府的职责权限，进而确定各级政府机构之间的关系。其次，国家组织机构改革要求在确立各级政府职能的基础上，最有效地实现政府职能。作为组织系统的政府在结构上的优化方向，就是保证如何最有效、最有力地实现政府职能，最好地落实管理目标。最后，完善国家机构组织法，须坚持法治优化原则。所谓法治优化，就是要在完善国家机构组织法的过程中，坚持法治原则，在机构设置、变更、重组、职权职责的配置等各个方面，都应当依法而为，于法有据。

党政合署在组织层面的具体运作是行政组织法关注的另一焦点。探索党政机关合署办公，科学配置党的工作部门与国家机关的权力，明确各自的职责分工，是新时代适应加强党的领导和党的建设的需要，是完善党的领导方式和执政方式的重要举措，是优化党政关系、加强和改善党的领导的科学方法。党政关系，从广义上说主要是党与国家的关系，是党的机构与国家机构的关系，主要是党组织与国家权力机关的关系问题。1949 年新中国成立以来，合署办公便是我国行政组织体系建设中不时浮现的一种现象和调整手段。合署办公是指两个或两个以上的机构，由于职能相近或工作联系密切而在同一地点办公。职能相近是不同机构合署办公的前提条件。刘权副教授将我国合署办公的实践模式，归纳为党政机关合署办公、行政机关合署办公和内设机构合署办公三种类型，即合署办公既存在于党的工作部门与行政机关之间，也存在于行政机关之间，还存在于党政机关的内设机构之间，并指出由于相关的微观权力配置和调适仍在进行当中，目前党政机关合署尚存在设定标准模糊、粗糙和缺乏规范依据的现状。① 针对上述问题，张力副教授建议推进组织法定在党内法规和国家法律中的双重拓展，采用积极方式和消极方式来重构党政机关合署的现有标准。② 党政机关合署办公实践和制度建设

① 刘权：《党政机关合署办公的反思与完善》，载《行政法学研究》2018 年第 5 期。

② 张力：《党政机关合署办公的标准：功能、问题与重构》，载《政治与法律》2018 年第 8 期。

的展开，首先需要解决标准问题，明确党政合署办公标准设定的基础、标准设定的规则，随后方能进一步推进以法治化为重心的规范建设。这是依法行政和行政组织法完善的需要，同时也是依规治党的要求。

党政机构合署合设改革使党的机构直接参与到了国家治理过程中，产生了一种新型的党政融合主体，党政合署对行政主体理论及其所支撑的行政救济制度的冲击，[①] 以及如何回应党政合署带来的重构行政主体、行政法的法律渊源、公共部门及其官员的责任分配等问题，[②] 也是2018年、2019年行政组织法研究关注的重要议题。喻少如、刘文凯在其《党政机构合署合设与行政主体理论的发展》文章中提出，宜采用“治理主体模式”发展行政主体理论，实现行政主体理论向组织结构、制度网络关系的拓展。[③] 文章指出，我国传统的“诉讼主体”模式满足了确定行政行为的效力和行政诉讼被告的需要，有效地解决了确定被告的问题，但我国社会的转型、中央与地方关系的调整、利益多元化的加强和行政诉权的扩展，造成诸多理论和实践中的难题。如果继续延续行政主体理论的“诉讼主体模式”，必然不能有效地应对治理变革所带来的行政主体法权结构的实质性变化。从公私合作治理以及带有中国特色的党政协同治理改革的需求来看，行政主体理论有必要回归到它应有的功能上来。“治理主体模式”就是在此背景下的一种理论尝试。如果说“诉讼主体模式”的行政主体理论是面向“下游”的司法救济，则“治理主体模式”的行政主体理论就可以说是面向“上游”的行政任务。[④]

此外，为了健全党和国家监督体系，完善权力运行制约和监督机制，在推动监察制度与党政合署等机构改革的同时，2018年国家《公务员法》的修改以及公职人员政务处分法的草拟也使得公务人员的人事管理制度成为这

---

① 金国坤：《党政机构统筹改革与行政法理论的发展》，载《行政法学研究》2018年第5期。

② 林鸿潮：《党政机构融合与行政法的回应》，载《当代法学》2019年第4期。

③ 喻少如、刘文凯：《党政机构合署合设与行政主体理论的发展》，载《南京社会科学》2019年第4期。

④ 喻少如、刘文凯：《党政机构合署合设与行政主体理论的发展》，载《南京社会科学》2019年第4期。

一阶段关注的焦点。例如在新修订的《公务员法》中增加了组织监督和公务员个人主动监督的规定，并且在第九章章名中将原来的“惩戒”调整为“监督与惩戒”，增加了加强公务员监督等规定，进一步扎牢了从严管理公务员的制度笼子，做好了与《监察法》《中国共产党纪律处分条例》等法律的衔接。通过修改完善公务员的回避情形、责令辞职、离职后从业限制等规定，增加了在录用、聘任等工作中违纪违法有关法律责任的规定，让监督管理制度更加完善。

（二）有关机构设置与职能配置的研究

十九届三中全会提出，转变政府职能，优化政府机构机制和职能配置，是深化党和国家机构改革的重要任务。《中共中央关于深化党和国家机构改革的决定》中规定“统筹优化地方机构设置和职能配置，构建从中央到地方运行顺畅、充满活力、令行禁止的工作体系。科学设置中央和地方事权，理顺中央和地方职责关系，更好发挥中央和地方两个积极性，中央加强宏观事务管理，地方在保证党中央令行禁止前提下管理好本地区事务，合理设置和配置各层级机构及其职能”。为统筹优化地方机构设置和职能配置指明了方向。

在机构设置与职能配置方面，本次机构改革主要集中于合理配置宏观管理部门职能，完善市场监管和执法体制，改革自然资源和生态环境管理体制，提高行政效率。对此，刘启川则将研究聚焦于权责清单与机构编制法定化关系的法理阐释，得出以权责清单推进机构编制法定化这一基本路径的合理性。① 通过分析具体管理领域的组织体制、职能边界，将组织法的研究与具体行业管理相结合，是目前研究的另一特点，例如，钱宁峰指出对应大文化管理体制，在组织法上必须维护大文化管理机构的独立性，进而探讨了重构大文化管理体制的特殊组织措施。② 在能源监管领域，王浩指出以优化政

① 刘启川：《共通性：权责清单与机构编制法定化关系解读》，载《内蒙古社会科学》（汉文版）2019 年第 5 期。

② 钱宁峰：《大文化管理体制的组织法构建》，载《求索》2018 年第 3 期。

府职能为目标，应当通过行政组织法明确能源监管机构职能；以事权划分为基础，运用行政组织法差异化配置能源监管权力；以“政监分离”为前提，给统一的能源监管机构提供行政组织法依据。[①] 在此背景下，宋华琳教授认为可以适当考虑政府职能的综合性，在环境保护、能源、交通运输等领域，探索引入大部门体制的可能性，借此将相近或者相同的政府职能整合到同一个部门来行使，或将职能相近、业务相近的部门进行合并，实现政府职能的整合和政府组织的结构变革。[②] 这些研究将组织法定原则具体运用到微观的机构设置和职能配置上，体现出一般行政法原则在部门行政法领域的运用。

三　组织法研究对府际关系改革的回应

在我国，央地关系的调整和改革主要体现在地方立法权、财权与事权三个方面，涉及地方立法权的配置以及财税体制改革。针对 1994 年以来实施的分税制存在着央地之间财权、事权不匹配的弊端，中央与地方的事权、财权分配成为本轮国地税征管体制改革的焦点。十八届三中全会提出了“建立事权和支出责任相适应的制度”的要求。2014 年，中共中央政治局会议审议通过的《深化财税体制改革总体方案》对合理划分各级政府间事权和支出责任作了明确部署。2015 年，第十二届全国人民代表大会第三次会议决定对《立法法》作出修改，将地方立法权扩至所有设区的市，从而为地方事权的落实提供了立法保障。2016 年，国务院印发了《国务院关于推进中央与地方财政事权和支出责任划分改革的指导意见》（国发〔2016〕49 号），明确指出要科学合理划分中央与地方财政事权和支出责任。2018 年《深化党和国家机构改革方案》明确指出将省级和省级以下国税地税机构合并，具体承担所辖区域内的各项税收、非税收入征管等职责。同年，国务院

① 王浩：《行政组织法视野下能源监管体制改革研究》，载《西南石油大学学报》（社会科学版）2019 年第 1 期。

② 宋华琳：《政府职能配置的合理化与法律化》，载《中国法律评论》2017 年第 3 期。

办公厅印发了《基本公共服务领域中央与地方共同财政事权和支出责任划分改革方案》（国办发〔2018〕6号），明确基本公共服务领域共同财政事权范围、支出责任分担方式、国家基础标准由中央确定，明确了中央与地方在基本公共服务领域的共同财政事权范围，目前暂定为八大类18项，按财力状况将全国不同地区划分为五个档次，分别确定中央与地方的分担比例与支出责任，并实施了共同财政事权分类分档转移支付制度。

新一轮财税体制改革是对中央和地方关系的重大调整，目的在于形成更为合理的财政平衡体系。长期以来，学术界主要是从财税法的角度对当前的改革给予回应，目前，这一领域的改革也引起了行政法学界的关注。余凌云教授认为中央和地方的权力分配需要根据财税体制发展趋势进行调整，在共同探索中进一步磨合，同时，事权的划分是以彼此相斥、承认各自利益为前提的，进而会形成机构设置、执行方式、财政支出以及立法授权来源的不同关系和结构。我国国家结构的特征决定了权力来源方式不同，也必然会形成我国在事权划分上的一些特点。[①] 从权责配置的角度而言，当前财税体制改革的重点在于各级政府在“公共服务”提供方面的责任划分。《国务院关于推进中央与地方财政事权和支出责任划分改革的指导意见》在划分原则中规定，以“基本公共服务的受益范围”为原则来划分中央和地方的财政事权，体现了政府职能转变中的核心要素，即政府在现代化国家治理中的主要功能是“提供基本公共服务”。新一轮的财税体制改革之后，地方政府已成为我国公共服务的主要承担者，但其没有相应的财政资金或者财权，地方政府面临着事权和财权不匹配的问题，为了解决这一问题必须重新界定各级政府在“公共服务”提供方面的责任。在分税制改革过程中，中央政府将过多的事权下压到地方政府，却并没有辅之相应的财权作为制度保障，造成财权向中央集中，事权向地方下压的客观情势。因此，如何立足于当前的改革，处理中央与地方的关系，全面理顺中央与地方的财权和事权，需要行政组织法研究的进一步关注。

① 余凌云：《警察权的央地划分》，载《法学评论》2019年第4期。

区域发展的平衡是我国府际关系中不可忽视的议题，为了解决市场分割、区域冲突问题，实施区域发展总体战略，我国出台了一系列的区域合作政策。2015 年，国家发展改革委印发《国家发展改革委关于进一步加强区域合作工作的指导意见》（发改地区〔2015〕3107 号）。2018 年，中共中央、国务院出台了《关于建立更加有效的区域协调发展新机制的意见》，这意味着我国区域经济合作的推动者、形式、内容、格局都发生了巨大的变化，区域经济合作由务虚走向了务实，区域经济合作组织也从培育期、形成期走到了发展期和成熟期。相对于丰富的实践，我国区域府际合作治理在制度建设方面存在着很大的空间，当前，我国有关区域合作的立法还处于通过单行法律、行政法规的分散规定，不断丰富和积累经验，积极探索制定专门的统一立法的阶段。缺乏相应的法律支撑，在一定程度上影响了地方政府区域合作的权威性、合法性和实效性。① 从 2017 年至今，为了回应京津冀一体化发展的法治需求，按照《京津冀协同发展规划纲要》要求，三地人大先后通过了《关于加强京津冀人大协同立法的若干意见》《关于京津冀人大立法项目协同办法》《京津冀人大法制工作机构联系办法》《京津冀人大立法项目协同办法》四个立法协同的制度文件，从具体的立法协同项目入手，实现了从松散协同到紧密协同、从泛谈协同原则到法规项目协同的转变，但对于立法协同是否能够彻底解决以行政区为单元管理模式的弊端，是否能够成为有效的区域间利益博弈的平衡手段，是否能够回应实践中存在的“孤岛”“飞地”现象，是否能够解决跨界水域污染治理等问题，学术界尚存疑虑。因此，朱最新、刘云甫均呼吁通过完善组织法，解决区域协调发展深层次的体制问题，指出为突破传统“行政区行政”的限制，在组织法定的原则下，跨区域管辖组织化是区域府际合作治理中不可回避的重要课题。② 朱最新、刘云甫在《法治视角下区域府际合作治理跨区域管辖组织化问题研究》一文中指出，在区域政府合作治理中，各地跨区域管辖组织化的过程

① 刘云甫：《区域行政行为的内涵及其法律规制初探》，载《南京社会科学》2019 年第 4 期。

② 朱最新、刘云甫：《法治视角下区域府际合作治理跨区域管辖组织化问题研究》，载《广东社会科学》2019 年第 5 期。

实际上是围绕区域管辖权的区域内政府之间的交易过程，是该地区政府、社会和市场之间冲突、博弈、协商和妥协的过程。跨区域管辖组织化的模式选择不仅是区域管辖权的分配，而且是区域政府、社会和市场在权力责任和利益之间的分配与调整。跨区域管辖组织化模式的运行机制是实现区域政府、社会和市场之间权力责任和利益分配的制度保障。根据区域合作组织权力来源和行政管辖主体的不同，各地跨区域管辖组织化模式概括起来主要有以下五种：区域协调组织模式、上级派出管辖模式、分工管辖模式、单方派出管辖模式和法人治理模式。①

四　对公共服务职能与事业单位改革的研究

2008 年的改革将事业单位列入行政体制改革的总体方案中，改革的总体目标是到 2020 年建立起比较完善的中国特色社会主义行政管理体制。在明确事业单位作为政府承担“公共服务”职能载体的同时，确立了事业单位改革的目标以及整体规划，即通过改革进一步增强自身活力，提高公共服务的有效性，整体配套、分类推进事业单位改革。通过深化事业单位改革，构建公益服务体系，促进公益事业更好更快地发展。2011 年，中共中央、国务院发布《关于分类推进事业单位改革的指导意见》，按照社会功能将现有事业单位划分为承担行政职能、从事生产经营活动和从事公益服务三个类别。承担公益服务类的事业单位又细分为两类：主要承担基础性科研、义务教育、公共卫生和文化以及基层的基本医疗服务等基本公益服务，不能或不宜由市场配置资源的，划入公益一类；承担高等教育、非营利医疗等公益服务，可以部分由市场配置资源，按照国家指定的职责和相关标准目标开展服务活动的，划入公益二类。按照各地承担行政职能的事业单位分类改革方案精神，行政职能划转后，事业单位有三种改革方案：一是剥离行

① 朱最新、刘云甫：《法治视角下区域府际合作治理跨区域管辖组织化问题研究》，载《广东社会科学》2019 年第 5 期。

政职能后，依然承担公益服务或者行政辅助职能，单位保留，改为公益服务类事业单位；二是剥离行政职能后，与职能相近的公益事业单位整合；三是剥离行政职能后，机构撤销。2012 年，《国家基本公共服务体系“十二五”规划》再次明确，按照政事分开、事企分开和管办分离的要求，分类推进事业单位改革。对提供公共服务的事业单位，要强化公益属性，改革和完善政府投入方式。上述改革措施的目的在于通过分类改革，厘清事业法人的职能范围、组织性质，并在此基础上改革“公共服务”的供给方式，建立多元、高效的服务体系。国家事业单位登记管理局印发《事业单位法人治理结构建设试点工作实施方案》，部署事业单位法人治理结构建设试点工作，随后，中央编办发布《关于印发〈事业单位章程示范文本〉的通知》，试图以章程勾勒出事业单位法人治理结构的基本框架。党的十九大报告也明确指出深化事业单位改革，强化公益属性，推进政事分开、事企分开、管办分离。综上，通过对政策的研读我们得知，这些政策的出台主要是为了调整事业单位布局结构，实行政事分开，推进事业单位社会化，通过明确事业单位的法人地位和取消事业单位行政级别，改革政府对事业单位的管理方式与政府提供公共服务的方式。如果从法律的角度解读当前政策的内涵，可以大体分为三个层面：事业单位法人地位的确立、事业单位法人治理目的的明确以及事业单位法人治理模式的探索。

（一）侧重于对事业单位管理机制的反思研究

2011 年事业单位改革的总体框架出台后，行政法学界从组织法的角度对事业单位改革的研究主要集中于反思传统事业单位管理机制的弊端，以及对特定事业单位（公立大学、公立医院等）治理模式的研究，呈现出在反思基础上，以特定事业单位改革为引导，侧重于部门行政法研究的特点，但尚未有从整体的、框架性的组织法层面对公共事业进行的体系化研究。我国事业单位改革始终交织着政府主导与市场主导两种不同理念的冲突，交织着经济因素的影响和社会矛盾的现实需求，是一个建立在反思基础上的改革。改革开放以来，随着体制转轨、政府转型与事业单位改革，我国事业单位的职能定位、运行方式以及政事关系发生了变化，政府通过“放权让利”等改革在一定程度上激发了事业单位活力，促使事业单位适应发展市场经济的需要。但从总体上看，事业单位改革仍远远滞后于政府机构改革与企业改革，传统事业单位管理体制的深层次问题尤其是政事不分问题并未得到解决，长期以来国家对事业单位实行“谁主办，谁主管，谁负责”的管理体制。在这个体制下，政府既是事业单位的出资主办者，也是事业单位人、财、物的主管者、监督者，政府部门按照科层方式对事业单位进行管理,① 与此同时，受市场经济等因素影响，“过度市场化”、企事不分、政府宏观调控乏力等问题也日益凸显。虽然 1986 年出台的《民法通则》第 50 条第 2 款规定：“具备法人条件的事业单位、社会团体，依法不需要办理法人登记的，从成立之日起，具有法人资格；依法需要办理法人登记的，经核准登记，取得法人资格。”明确规定了事业单位的法人地位，但由于法人化的不足以及公共性保障制度的缺位，我国事业单位存在机构臃肿、职能错位、政事不分的弊端。因此为了重构事业单位体制，改革必须处理好以下两个问题：一是明确政府、市场以及社会在公共服务供给体制中的作用；二是在公共服务供给的行政体制内明确政府与事业单位的法律地位，理顺政事关系，推进政事分开，管办分离，需要充分保障事业单位人事、财产管理权以及业务开展的自主权。

（二）欠缺对事业单位分类改革的法律回应

2011 年至今，以《中共中央、国务院关于分类推进事业单位改革的指导意见》的发布为标志，我国事业单位改革进入了全新阶段，明确提出要建立健全事业单位法人治理结构。所谓事业单位法人治理结构，是指从

① 徐双敏、蒋祖存：《从事业单位到事业法人：“管办分离”改革的难点研究》，载《中国行政管理》2019 年第 2 期。

事公益活动的事业单位，以实现社会公益服务最大化为目标，实行所有权与管理权分离，由决策层、执行层、监督层三者组成的一种组织结构及其运行机制，是上述三者及其他利益相关者之间的权力、利益分配与制衡关系的制度安排。法人治理结构是推动政事分开、去行政化的重要途径。与之配套的《关于建立和完善事业单位法人治理结构的意见》进一步明确了事业单位法人治理结构完善应当遵循的基本原则、总体要求与主要内容。鉴于我国事业单位改革存在的问题与困境，新的改革方案明确了事业单位改革方向，将公益类事业单位尤其是向社会提供公益服务的事业单位改革为"事业法人"，即将事业单位作为"公共服务"的提供主体，应当回归公益性，在明确事业单位定位的基础上，我国事业单位改革的一大重要举措就是分类改革，即将目前纷繁复杂、形式多样、功能不同的事业单位进行正确定位，回归其本源身份，然后对现有事业单位分别采取回归政府、推向市场、保留和撤销等不同方式，纳入各自的领域，通过分类改革逐步剥离非事业性单位、非事业性职能，进而纯化事业单位的职能与机构，使事业单位真正成为提供"公共服务"的组织。法人治理结构的前提是实现事业单位的法人自主权，减少政府对事业单位在运行中所涉及的具体事务的干预，真正落实其法人地位，确保公益目标的实现。2011 年事业单位改革总体目标确定以来的理论回应，主要是行政管理学方面的研究而鲜有从法学角度对分类改革后各类事业单位的法律地位、组织形态进行系统分析的成果。

（三）有关事业单位法人治理模式的研究

建立和完善事业单位法人治理结构是我国当前事业单位组织制度建设的一项重要内容。事业单位法人化是指通过立法技术，确立特定组织独立的法律地位，并借由组织的独立化，建立合乎任务需要的预算、会计与审计制度，适度降低控制密度，以减少来自国家机关的监督与干预，从而使事业单位法人得以在法律授权的范围内自主行为。同时，以事业单位的公共属性弥补市场的不足，因此，完善事业单位法人治理机制的目的在于以法人这一组织形态，规避科层制机关的僵化与机械，[①] 事业单位法人治理结构的特点在于分权与制衡，但事业单位法人治理并不是为了制衡而制衡，而是为保证事业单位能够提供良好的公共服务，保证事业单位科学决策而进行的制度安排与设计，权力制衡只是手段。基于事业单位法人治理的目的，秦奥蕾教授指出维护公益性、保障独立性是完善事业单位法人治理机构的关键。[②]

将改革目标、理论研究运用于具体的组织法律制度的建构，是这一阶段有关事业单位的组织法研究的一大特点。当前，根据《关于建立和完善事业单位法人治理结构的意见》所构建的事业单位法人治理结构主要包括健全决策机构、明确管理层权责及按章程治理三个方面。作为试点，我国深圳市在完成了界定事业单位的范围与功能的分类改革基础上，又推出了五项措施，包括“建立和完善事业单位法人治理结构”“推行法定机构管理运行模式试点”“事业单位从行政级别管理转为职位职级管理和绩效管理”“事业单位财政经费供给模式改革”等。[③] 深圳将通过改革，在事业单位中建立理事会、管理层和职工大会，形成权力决策机构、管理执行机构、监督约束机构的“三权分立”。金志峰、刘永林均认为事业单位改革的关键在于建构事业单位法人治理结构模式，在事业单位中建立理事会、管理层和职工大会，形成权力决策机构、管理执行机构、监督约束机构的权力制约，明确决策、执行和监督的权力架构、权责配置和运行机制。[④] 在对改革经验进行归纳总结的同时，试图从法律的视角梳理、分析当前事业单位改革是行政法学者致力的目标。这种学术努力具体体现为：（1）以章程建设为切入点研究事业法人内外部治理机制，[⑤] 比较不同治理理念下章程法律属性的差异，从章程自主权与次级秩序建构的角度，分析章程在我国事业单位法人治理结构建构

① 李昕：《作为组织手段的公法人制度研究》，中国政法大学出版社，2009，第132页。

② 秦奥蕾：《以立法引领和推动事业单位法人治理结构改革》，载《中国行政管理》2016年第8期。

③ 宋国帅、李勇锐：《事业单位法人治理结构的深圳实践》，载《中国机构改革与管理》2015年第4期。

④ 金志峰、刘永林：《新时代事业单位法人治理结构：模式、问题与优化路径——基于当前试点改革实践的视角》，载《中国行政管理》2018年第4期。

⑤ 湛中乐：《大学章程法律问题研究》，北京大学出版社，2016。

中承载的功能；[①]（2）从部门行政法的角度展开特定组织的法律制度研究，比如从办学自主权的角度，研究公立大学组织制度，[②]从基本公共服务的政府责任入手，探讨当前公立医院试点改革中的上海模式、深圳模式、北京模式在组织法上的差异，并试图通过比较法的研究，从功能定位、法律属性、保障与规制等方面探究影响组织法律制度的相关因素。[③]在公立医院改革中，管办分开、政事分开需要两个不同层面的法律回应。政事分开的实质在于厘清政府与公立医院之间的法律关系，明确公立医院经营自主权的法定范围，建立起完善、有效的事业法人治理结构，强化和规范政府对公共服务领域的监督和制约，改变公立医院传统的“行政事业一体化”的组织体制，强化绩效考核，完善治理机制，保障公共服务的提供。

从组织法的角度研究公私合作（PPP）治理是一种新的视角，也是部分事业单位法人改制的具体措施。公私合作治理指的是，公共部门与私人部门为履行公共行政任务，经由特定的结构设计进行合作并由公共部门承担最终保障责任的制度安排。在国家公共项目建设和公共服务等方面，为了解决政府提供带来的困境，很多国家都采用了公私合作的模式。[④]目前我国公私合作模式大多集中在公共交通、环境保护、垃圾处理、保障性住房与停车场管理等公共产品提供领域和医院、学校、养老、住房保障等社会服务领域。作为一种新兴的公共治理模式，公私合作实践在当代中国社会转型时期的涌现，使得传统行政法学面临整体性和结构性的挑战。政府在责任配置中要肩负特殊的责任，即单独承担保障私人部门自由自主决定的空间，以及担保公共服务任务的完成。邹焕聪认为公私合作主体的勃兴使得现有行政组织法的理论和制度陷入困境，需要扩展行政组织法的调整范围，促进行政主体向

① 李昕：《论大学章程的功能定位》，载《湖南师范大学教育科学学报》2018年第4期。

② 范奇：《论高校“办学自主权”的双面法治逻辑及统合》，载《交大法学》2019年第3期。

③ 李昕：《公立医院法律制度研究》，法律出版社，2018，第227～248页。

④ 李莎莎：《公用事业公私合作中企业人权责任的成立及实现——以供水企业为例》，载《财经问题研究》2018年第11期。

“公共任务承担体”的转型，这种转型对行政组织法的调整界限、调控重心、组织形态、组织程序、基本原则都带来了巨大的挑战。[①]

五　被行政组织法研究忽视的行业协会与国有企业改革

我国行业协会改革的历程大致分为三个阶段：1949 年至改革开放前的科层同构期；改革开放至 1988 年的散漫生长期；1988 年至今的分类治理格局初步形成期。2015 年以后，国家进一步明确要推动行业协会去行政化的脱钩改革，为进一步明确行业协会的法律地位，2015 年，按照《中共中央关于全面深化改革若干重大问题的决定》《国务院机构改革和职能转变方案》有关精神和工作部署，国务院公布了《行业协会商会与行政机关脱钩总体方案》。该《行业协会商会与行政机关脱钩总体方案》分总体要求和基本原则、脱钩主体和范围、脱钩任务和措施、配套政策、组织实施五部分，明确了行业协会改革的目的在于加快转变政府职能，实现行业协会商会与行政机关脱钩，促进行业协会商会规范发展。脱钩的主体是各级行政机关与其主办、主管、联系、挂靠的行业协会商会。依据国家发改委发布的文件得知，全国性行业协会商会共有 795 家，其中已脱钩 422 家，拟脱钩 373 家，切实做到“应脱尽脱”，落实“五分离、五规范”要求，实现机构分离、职能分离、资产财务分离、人员管理分离、党建外事等事项分离，新型政会关系初步形成，政会分开、管办分离、自主办会、有效监管的新型管理体制初步建立，确保脱钩改革在 2020 年底基本完成。[②] 为了全面推行行业协会商会脱钩改革，各省（区、市）几乎都出台了关于全面推开行业协会商会与行政机关脱钩改革的实施意见。目前行业协会商会与行政机关的脱钩方式主

---

① 邹焕聪：《公私合作主体的兴起与行政组织法的新发展》，载《政治与法律》2017 年第 11 期。

② 《关于全面推开行业协会与行政机关脱钩改革的实施意见》，载中国政府网，http://www.gov.cn/xinwen/2019-06/17/content_5400947.htm，最后访问时间：2019 年 11 月 10 日。

要有以下几种：一是人员、财务、机构分开的模式，即通过推进行业协会商会与行政机关人员、财务、机构的分离，解决其过度依赖政府的问题；二是通过政府购买服务的方式实现行业协会商会的脱钩改革；三是将由公共财政框架下的行政附属部门，转型为自愿发起、自选会长、自筹经费、自聘人员、自主会务的社会自治组织。"脱钩改革是对传统政社利益格局和权力配置的深度调整，由于实施标准和制度配套建设的整体滞后，不同类型的权责清单并未能清晰设定，政府在权力划进转留中依然保留着诸多选择性转移和僭越的空间，脱钩改革后，传统的行政性监管模式将消除，新型监管模式得以系统重构，但在模式转型中，往往会出现监管真空现象。"① 除此之外，行业协会商会脱钩后还会面临以下问题。一是协会商会在新型管理体制下运行，面临着新旧政策适用的问题。例如脱钩前需要业务主管单位前置审批的事项，脱钩后取消业务主管单位的审批环节，在这一过程中协会商会该适用哪部法律政策，现如今并未作出规定。二是脱钩后很多协会商会过去长期按行政化方式运行，脱钩后短期内可能还难以适应，如何进一步培育和支持协会健康发展，是采用政府购买方式还是政府资助的方式亦不明确。三是脱钩后行业协会商会如何构建法人治理结构，实现依法自治，目前仅《行业协会商会综合监管办法（试行）》中提出完善法人治理机制，完善以章程为核心的内部管理制度，但究竟该如何具体构建实施仍不明确。因此，如何填补监管真空，如何落实各部门的监管职责，如何确定脱钩的标准，脱钩后如何构建行业协会内外部治理制度等组织问题急需组织法的研究给予回应，但盘点这一时期的研究成果，上述问题尚未得到法学界应有的关注。

改革开放以来，国企改革经历了长期艰难的探索。2015 年，在国务院的直接领导下，国务院国资委会同国家发展改革委、财政部等有关部门，通过近两年的筹划，正式出台了被称为"国企改革顶层设计的国家级版本"的《中共中央、国务院关于深化国有企业改革的指导意见》，这是我国启动

① 黄建：《分离与重构：放管服改革视阈下的社会组织——以行业协会为例》，载《中共天津市委党校学报》2019 年第 4 期。

的第四次国企改革，是我国国企改革发展史上的新里程碑。该指导意见明确，国有企业将分为公益和商业两类，并提出“通过界定功能、划分类别，实行分类改革、分类发展、分类监管、分类定责、分类考核，……推动国有企业同市场经济深入融合，促进国有企业经济效益和社会效益有机统一”。商业类国有企业按照市场化要求实行商业化运作，以增强国有经济活力、放大国有资本功能、实现国有资产保值增值为主要目标，并细化为主业处于竞争行业、领域行业的商业一类和主业处于国家安全、国民经济命脉的重要行业的商业二类。公益类国有企业以保障民生、服务社会、提供公共产品和服务为主要目标，一般采用“国有国营”模式，以国有独资为主，按照谁出资谁分类的原则，履行出资人职责的机构负责制定所出资企业的功能界定和分类方案，划分并动态调整本地国有企业功能类别。分类改革、分类监管、分类定责，无疑为如何从组织法的角度回应国有企业的治理需求提出了挑战。2015 年至今有关国有企业法律制度的相关研究，主要是立足于公司法和经济法角度的成果，鲜有从组织法的角度对国有企业的特殊法律地位、内部治理结构进行回应的学术研究。

六　结语

为推进国家治理体系和国家治理能力现代化，自中华人民共和国成立以来我国已进行了八次较大规模的机构改革。尤其是在 2018 年，党和国家机构改革为行政组织法研究带来了新的挑战，同时也是新的机遇，从组织层面对我国行政体制改革予以回应，是当前行政组织法研究的重要任务。在这一背景下，我国行政法学界从组织法定原则、行政主体、行政组织法研究视角的转变三个方面展开了基础理论研究。同时，基于当前机构改革的背景，行政法学界对党政合署在组织层面的运作过程中呈现出的具体问题，以及对行政主体理论及其所支撑的行政救济制度带来的新冲击，给予了回应。在机构设置与职能配置方面，目前的研究侧重于将组织法定原则具体运用到微观的机构设置和职能配置之中，体现出一般行政法原则在部门行政法领域的运用。此外，立足于当前的改革，处理好中央与地方的关系，全面理顺中央与地方的财权和事权以及区域合作也是本阶段组织法研究的重要议题。在事业单位分类改革的背景下，建立和完善事业单位法人治理结构是我国当前事业单位组织制度建设的一项重要内容，公私合作的勃兴也使我国的现有行政组织法的理论和制度陷入困境，亟待新的理论对此加以完善。2015 年有关行业协会和国有企业改革的顶层设计出台后，目前鲜有从组织法的角度对行业协会、国有企业的特殊法律地位、内部治理结构进行回应的学术研究。总之，行政组织法正面临严峻的挑战，同时也面临从未有过的机遇，新的政策的出台也给行政组织法带来了新的课题，回应实践的需要是当前行政组织法研究的使命和责任。

B.8

中国行政法学分论研究的回顾与展望：以2018～2019年为中心

宋华琳*

摘　要： 行政法学分论意在抽象出能指导某一个或某一簇具体行政领域的法律理论。本报告将中国行政法学分论分为秩序行政法、经济行政法、给付行政法、风险行政法、环境与自然资源行政法、规划与土地行政法、教育行政法、网络法八类，对2018年至2019年中国行政法学分论研究成果加以评述。未来中国行政法学分论的理想研究进路或许是：深入具体行政领域、关注基本权利保障、审视行政活动的合法性、推动行政法分论的制度改革，进而反哺中国行政法学总论研究。

关键词： 行政法学分论　秩序行政法　经济行政法　给付行政法　风险行政法

从比较法的角度，德国、我国台湾地区学者多讨论“特别行政法”。“特别行政法”是相对于“一般行政法”而言的，德国学者毛雷尔认为一般行政法是指“原则上适用于所有行政法领域的规则、原则、概念和法律制度，应当涵盖行政法领域的普遍的、典型的横向问题”；而特别行政法是指

* 宋华琳，法学博士，南开大学法学院教授，博士生导师，研究方向为行政法学。本报告写作过程中，承蒙博士生牛佳蕊和硕士生李美郡同学协助搜集相关资料，在此深表谢忱。

“调整特定行政活动领域的法律”。[①] 台湾地区学者吴庚则认为“行政法规范围繁多，种类繁多，就其性质相近者又可分为许多次级领域，总称之为特别行政法”。[②] 罗豪才教授1996年主编的教科书，将“特别行政法”界定为“对特别的行政关系和监督行政关系加以调整的法律规范与原则的总称”，并以经济、军事、体育、教育、公安等作为特别行政法的例证。[③]

在中国，亦有学者使用“部门行政法”的表述。如应松年等于1983年即使用“部门行政法”一词，认为部门行政法研究构成了行政法总论建构的基础。[④] 贺善征教授则于1987年指出部门行政法是“独立的部门法，有自己的法规体系和指导原则”，[⑤] 宋炉安于1988年提出行政法应成为一个由各个部门行政法构成的有机系统，[⑥] 杨海坤教授于1992年指出行政法律体系应由若干个调整不同管理领域的、平行的部门行政法构成。[⑦] 之后学者们逐渐用“部门行政法”来指代对某个具体行政领域或某项具体行政职能的研究，而对其概念不做严格的界定。

同时，民国时期中国行政法学初造之时，即有学者探讨行政法学总论与分论，认为行政法学总论研究行政法共通的法理，行政法学分论研究行政法各特殊领域的法理。[⑧] 我国1983年出版的《行政法概要》，即以分论为三编中的第三编，认为“分论是在总论基本原理指导下，对各类具体的行政组织和行政行为作一些理论的概括和总结”。[⑨]

行政法学分论是相对于行政法学总论而成立的，笔者在此讨论的行政法

---

① 参见〔德〕哈特穆特·毛雷尔《行政法学总论》，高家伟译，法律出版社，2000，第34页。

② 吴庚：《行政法之理论与实用》（增订八版），中国人民大学出版社，2005，第19页。

③ 参见罗豪才主编《行政法学》，北京大学出版社，1996，第11页。

④ 应松年、朱维究、方彦：《行政法学理论基础问题初探》，载《中国政法大学学报》1983年第4期。

⑤ 贺善征：《分类行政法与部门行政法》，载《河北法学》1987年第3期。

⑥ 宋炉安：《我国行政法的发展趋势试析》，载《中州学刊》1988年第4期。

⑦ 杨海坤：《中国行政法基本理论》，南京大学出版社，1992，第97页。

⑧ 参见范扬《行政法总论》，中国方正出版社，2005，第15页（该书为勘校版，所勘校的原书为1937年版）。

⑨ 参见王珉灿主编《行政法概要》，法律出版社，1983，第41～42页。

学分论，与“部门行政法”“特别行政法”的表述略有区别，它比行政法总论更具体，比特别行政法更抽象。[①] 行政法学分论的意旨在于，试图把握具体行政领域的法律制度和原理，着重于对相应事物性质、实务运作、规范模式的分析，从而谋求抽象出指导某一个或某一簇具体行政领域的法律理论。

本报告将对中国行政法学分论的研究状况进行学术综述，相对更多地对2018年至2019年的相关学术成果进行评述，并反思中国行政法学分论的研究进路，阐述研究行政法学分论应持的研究立场。

一　中国行政法学分论研究的演进

（一）改革开放至1989年

1983年王珉灿主编的《行政法概要》一书，为“文革”后首部公开出版的行政法学教科书，其体系为绪论、总论和分论三部分，分论部分约占全书篇幅的三分之一，概述了公安、经济、教科文卫等内容，开创了分论研究之先河。此后行政法学论著大多认为分论是行政法学的当然组成部分，但是在具体论述中都摒弃了对这一部分内容的讨论。原因或许是分论具有较强的专业性和技术性，如应松年教授指出的：“大量有关实体的行政法，大都已由各行政部门在起草，在这些讨论中只有他们才是专家。”[②]

（二）1989年至2000年

自1989年《行政诉讼法》颁布之后，我国也开始建构以具体行政行为概念为核心，以司法审查为关切，以规范和控制行政权力为主线的行政法总论体系。此后学者们多开始对行政诉讼、行政行为的制度和原理加以研究，

① 在此参考了日本学者村上武则提出的“中间行政法论”，参见江利红《日本行政法学基础理论》，知识产权出版社，2008，第252～255页；沈政雄《现代给付行政之行为形式与法律关系——以社会保障给付为中心》，政治大学法律学系博士论文，2008年7月，第56～58页。

② 罗豪才主编《现代行政法的平衡理论》，北京大学出版社，1997，第240页。

尽管有学者在 1995 年指出，随着市场经济的发展，不仅应着力建构体系统一的行政法学，还应着力建构相对分散化、相对具有独立性的各个行政法学分论，但实则行政法学分论的研究仍较为寂寥。[①]

20 世纪 90 年代，在余书通任顾问，罗豪才任主任的高等学校部门行政法编委会的组织下，一批行政法学者和国家各部委局的法律实务工作者，出版了包括《海关行政法》《工商行政法》《民政行政法》《审计行政法》《环境行政法》在内的“部门行政法系列教材”，[②] 这对分论的发展起到了一定的促进作用。编者也承认“书市上不仅没有系统的部门行政法系列教材，就是个别的部门行政法著作也不多见”。这套书更多地将行政法学一般原理简单移植到具体行政领域，没能对具体领域的特色和个性予以深入探研，其研究也很难说达到对行政法学分论原理加以把握的水准。

（三）2000年至今

进入 21 世纪以来，随着具体行政领域的立法持续高歌猛进，具体行政领域中生成的事例、案例和公共事件弦歌不绝，当行政法学总论研究已有一定积累，却遭遇更多瓶颈时，出于深化行政法学总论研究、关注真实世界问题以及建构本土化中国行政法学的需要，中青年行政法学者们开始借鉴公共管理、行政规制等理论，开启了在新理论、新方法、新素材基础上的新一轮行政法学分论研究。

---

① 参见关保英《论市场经济与部门行政法及其独立》，载《法商研究》（中南政法学院学报）1995 年第 4 期。

② 该系列教材拟出版 15 部，但最终只出版 7 部，为胡保林、湛中乐主编《环境行政法》，中国人事出版社，1993；江波、湛中乐主编《公安行政法》，中国人事出版社，1993；王学政、袁曙宏主编《工商行政法》，中国人事出版社，1993；袁建国主编《海关行政法》，中国人事出版社，1993；张小华主编《土地行政法》，中国人事出版社，1993；魏礼江主编《审计行政法》，中国人事出版社，1993；胡建淼主编《民政行政法》，中国人事出版社，1993。相关信息参见湛中乐《新中国行政法学的历史与现状概要》，载湛中乐《权利保障与权力制约》，法律出版社，2003，第 13 页。

在这个时期，学者们对行政法学分论的研究方法和进路予以反思，[①] 建立了一些以研究行政法学分论为重心的研究机构。[②] 部分高校还开设了以行政法学分论为主要内容的研究课程，[③] 有的高校还结合所在学校、学院的特点，或以相关学者的研究特色为基础，开设了警察行政法、经济行政法、民航行政法等特定行政法分论课程。[④] 学术刊物上行政法学分论方面的论文逐渐增多，行政法学的实践性、应用性逐步得以增强。

二　中国行政法学分论研究的进展（2018 ~2019）

在此，笔者尝试将中国行政法学分论分为秩序行政法、经济行政法、给付行政法、风险行政法、环境与自然资源行政法、规划与土地行政法、教育

① 参见余凌云《部门行政法的发展与建构——以警察（行政）法学为个案的分析》，载《法学家》2006 年第 5 期；杨建顺《行政规制与权利保障》，中国人民大学出版社，2007；于立深《概念法学与政府管制背景下的新行政法》，载《法学家》2009 年第 3 期；朱新力、唐明良《行政法总论与各论的“分”与“合”》，载《当代法学》2011 年第 1 期；宋华琳、邵蓉《部门行政法研究初探》，载《浙江省政法管理干部学院学报》2000 年第 2 期；宋华琳《部门行政法研究与行政法总论的改革——以药品行政领域为例》，载《当代法学》2010 年第 2 期；肖军《新时期行政法学研究重点的调整与展开》，载《湖南师范大学社会科学学报》2010 年第 1 期等。

② 如北京大学教育法研究中心、清华大学法学院卫生法研究中心、中国政法大学教育法研究中心、中国政法大学卫生法研究中心、中国政法大学应急法研究中心、上海交通大学凯原法学院区域·都市法制研究中心、华东政法大学卫生法研究中心、郑州大学中国土地法律研究中心、广东外语外贸大学区域一体化法治研究中心等。

③ 据不完全统计和了解，中国人民大学、西南政法大学、西北政法大学、华东政法大学、南开大学、南京大学、中央财经大学、上海师范大学、南京师范大学、北方工业大学、西南大学等高校已在宪法学与行政法学专业研究生或法学专业本科生的培养过程中，开设部门行政法或行政法分论的课程。

④ 中国人民公安大学法学学科开设了警察行政法课程，中国民航大学法学院开设了民航行政执法课程，苏州大学法学院王克稳教授开设了经济行政法课程，若干高等学校特别是师范大学法学学科还开设有教育行政法方面的课程。北京大学国际法学院金自宁教授、华南师范大学法学院许顺福老师等行政法学者开设了环境法课程，中国人民大学法学院孙娟娟博士后开设了食品法课程，这些课程内容拓展了行政法的疆域，其内容包括但不限于行政法分论，还着力探讨这些特殊领域的特别法律原则、特别原理、法律制度、法律程序和权利保障。

行政法、网络法八类，并对 2018 ~ 2019 年的中国行政法学分论研究状况展开评述。

（一）秩序行政法

在秩序行政法的研究中，警察行政法的研究取得了相对最为丰硕的学术成果，余凌云教授、高文英教授等长期从事警察行政法研究，中国人民公安大学等公安院校的行政法学者常选择警察行政法作为主攻研究方向。

余凌云近期对警察权展开了较为系统的研究。他从比较法的角度，讨论了警察权的变迁，指出在欧美，警察权的变迁经历了两次“脱警察化”，通过分权和分工，警察权从国家行政、内务行政的同义词渐渐走向组织法意义，从警察概念分化出来的其他机构和人员不得再使用“警察”名称，并指出了我国警察权改革的方向。① 余凌云还结合地方分权原理，结合《人民警察法》的规定，探讨了警察权的央地划分。② 余凌云结合组织社会学的原理，探讨了警察权划分对条块体制的影响。③ 此外，刘茂林作为宪法学者和湖北警官学院院长，讨论了全面深化公安改革背景下的警察权配置问题。④

孙丽岩讨论了警察用枪裁量权规制的法理与程序，指出警察用枪的裁量权行使应当既能够保障警察执法的安全性，又能够体现警察用枪的审慎性，必须遵守合法性原则、比例原则和自我约束原则。⑤ 赵军基于实证研究，讨论了交通辅警的地位与现实作用。⑥ 高文英在大数据背景下讨论了警务数据采集与运用中的法律问题，分析了警务数据的概念和范围，

---

① 余凌云：《警察权的“脱警察化”规律分析》，载《中外法学》2018 年第 2 期。

② 余凌云：《警察权的央地划分》，载《法学评论》2019 年第 4 期。

③ 余凌云：《警察权划分对条块体制的影响》，载《中国法律评论》2018 年第 3 期。

④ 刘茂林：《全面深化公安改革背景下警察权配置问题思考》，载《中国法律评论》2018 年第 3 期。

⑤ 孙丽岩：《警察用枪裁量权规制的法理与程序》，载《法律科学》（西北政法大学学报）2018 年第 5 期。

⑥ 赵军：《社会治理法治化的本土及创新之维——以交通辅警“独立警务”问题为中心》，载《法律科学》（西北政法大学学报）2019 年第 3 期。

讨论了警务数据采集、存储和共享，分析了警务数据的政府信息共享与政府信息公开。[①]

（二）经济行政法

德国学者罗尔夫·斯特博认为，“经济行政法是指以干预、计划、监督、指导和支持基础设施和信息方面的经济现象为目的，对管理组织和行政机关的设立和活动进行调整，以及对经济生活的参与者与公共管理之间的法律关系进行调整和规范的总和”。[②] 王克稳等对经济行政法、经济行政权、经济行政活动进行了探讨。[③]

1. 金融行政法

近年来行政法学者、经济法学者都对金融行政法和金融规制展开了研究。张红对英国金融行为管理局首次提出的“监管沙盒”（Regulatory Sandbox）概念和制度加以梳理，继而讨论了其间规制创新与依法行政、机构规制与功能规制、政府规制与合作规制的关系。[④] 香港中文大学的黄辉讨论了金融规制体制改革的国际经验与中国路径，建议引入目标（双峰）规制模式，按照行为规制和审慎规制的目标差异划分规制职责和设立规制机构。[⑤]

学界近年在证券行政法和证券规制领域取得了较多成果。洪艳蓉讨论了判断证券规制的独立性标准，提出了改进我国证券规制独立性和问责性的制度方略。[⑥] 张红等梳理了台湾证券交易所的法律地位及其规制行为的救济，

---

① 高文英：《警务数据采集与运用中的法律问题探究》，载《中国人民公安大学学报》（社会科学版）2019 年第 1 期。

② 〔德〕罗尔夫·斯特博：《德国经济行政法》，苏颖霞、陈少康译，中国政法大学出版社，1999，第 12 页。

③ 参见王克稳《经济行政法基本论》，北京大学出版社，2004；王克稳《行政法学视野中的“经济法”——经济行政法之论》，载《中国法学》1999 年第 4 期；吴建依《经济行政法的理论与制度》，中国检察出版社，2006。

④ 张红：《监管沙盒及与我国行政法体系的兼容》，载《浙江学刊》2018 年第 1 期。

⑤ 黄辉：《中国金融监管体制改革的逻辑与路径：国际经验与本土选择》，载《法学家》2019 年第 3 期。

⑥ 洪艳蓉：《我国证券监管独立性的检讨与制度完善》，载《法律适用》2018 年第 3 期。

台湾法院判决认为证券交易所是营利私法人，但在行使管理证券市场的实质职能时是受托行使公权力。[①] 李东方探讨了证券规制执法的基础理论，讨论了证券监管措施的性质。[②] 黄辉等基于实证和比较的视角，对中美证券市场禁入制度进行了比较，指出美国市场禁入制度呈现出实施依据法定化、作出主体多元化、判定标准简约化的特征，而我国仍存在法律性质界定不明、行为司法约束缺失、制度设计粗糙等严重问题。[③]

2. 财税行政法

近年来有若干宪法、行政法、经济法、财税法背景的学者开始从宪制民主、行政法治的角度研究财税行政法的问题，但较为系统深入的成果仍不多见。徐楠芝研究了日本广域行政中税务合作的法律依据、合作类型、合作内容。[④] 徐楠芝还通过考察税收事先裁定行为的构成要件，认为税收事先裁定的法律性质为具有契约形式的行政允诺，属于行政预备行为。[⑤] 陈雷研究了税务和解的空间，认为需要从法定性、合理性、经济性、正当性出发对税务和解的前提要件、尺度要件、事实要件和形式要件等核心问题做特定限制。[⑥]

刘运毛等结合税务行政实践，对《行政处罚法》第42条中“当事人要求听证的，应当在行政机关告知后三日内提出”的规定进行了反思，建议修法时明确规定当事人在三日期限内主动放弃听证权的，三日申请期限自动终结，当事人亦不能再次提出听证申请。[⑦]

---

① 张红、张若宇：《台湾证券交易所的法律地位及其监管行为的救济》，载《行政管理改革》2018年第1期。

② 李东方：《证券监管执法类型及其规范研究》，载《行政法学研究》2018年第6期。

③ 黄辉、李海龙：《强化监管背景下的中国证券市场禁入制度研究：基于实证与比较的视角》，载《比较法研究》2018年第1期。

④ 徐楠芝：《日本广域行政中的税务合作与启示》，载《税务与经济》2019年第5期。

⑤ 徐楠芝：《论税收事先裁定的法律性质——基于行政行为构成要件的考察》，载《海峡法学》2018年第3期。

⑥ 陈雷：《税务行政裁量权的法律规制——以税务和解的授权界限为例》，载《税务与经济》2018年第3期。

⑦ 刘运毛、方红丽、卜丽慧：《浅析税务行政处罚听证程序中的三日申请期限——“最多跑一次”改革背景下听证权程序设计建议》，载《税务研究》2019年第9期。

另外，台湾陈新民教授对最高人民法院“广州德发房产建设有限公司诉广州市地方税务局第一稽查局税务处理决定案”判决进行了评析，对其间涉及的行政惯例、行政专业判断及行政组织权限划分等要点进行了探讨。[①]

（三）给付行政法

于立深探讨了民生行政法的主题变迁及实现路径，认为其不同于福利行政法或给付行政法，认为民生行政包容了新财产、公共服务供给和人的社会发展，有独特的人格主题、法理基础和实现手段。[②] 但学界更多还是在给付行政法项下展开对民生问题的相关讨论，给付行政法最典型的领域是福利行政法、公物行政法和公企业行政法。教育、文化、卫生行政法也间或涉及规制、管理、发展等行政职能的法律运用，但当涉及政府对教育资源、文化资源、医疗资源的配置，涉及将相关资金交付或补贴给行政相对人时，总体也可以被纳入给付行政法之列。

给付行政法以福利行政法为核心。胡敏洁讨论了社会保障政策执行程序的法律原理，指出社会保障政策执行更为注重基层行政，更为注重治理网络，执行程序和执行内容呈现多元化，程序设置应更为关注信息流通、内部程序、非正式程序、简化程序、退出程序的设计与践行。[③] 宋华琳、范乾帅讨论了街道办事处在社会救助行政中的职权，以及街道办事处受理、审核、审批和动态管理行为的可问责性。[④]

胡敏洁讨论了契约工具在社会保障行政中的作用，并以养老保障为例，对公建民营契约、民办公助契约和 PPP 契约加以讨论，关注使用契约后的公共性确保。[⑤] 胡敏洁讨论了社会保障行政中个人信息利用的情形和边界，

① 陈新民：《论行政惯例的适用问题——评最高人民法院“广州德发房产建设有限公司诉广州市地方税务局第一稽查局税务处理决定案”判决》，载《法学评论》2018 年第 5 期。

② 于立深：《民生行政法的主题变迁及实现途径》，载《浙江学刊》2019 年第 4 期。

③ 胡敏洁：《社会保障政策执行程序的法律原理》，载《当代法学》2018 年第 4 期。

④ 宋华琳、范乾帅：《街道办事处在社会救助行政中的职权及其法治化》，载《北京行政学院学报》2018 年第 6 期。

⑤ 胡敏洁：《论社会保障行政中的契约工具》，载《浙江学刊》2018 年第 1 期。

指出信息可以构成启动给付的基础，可以构成项目管理方式或规制方式，认为应依据具体的社会保障项目、不同的信息利用阶段，来确定个人信息保护的边界。①

胡敏洁结合“携程亲子园”事件等托幼机构发生的权益纠纷，结合宪法规范及儿童利益的最佳保护原则，重新厘定了学龄前儿童照顾政策中的国家、家庭和社会责任，认为应更多倚赖社区、单位、非营利组织等社会主体来提供儿童照顾服务。②

凌维慈讨论了住房政策的任务分化及法律控制，指出住房政策承担着干预行政、给付行政和宏观调控的任务。当住房政策承担给付行政任务时，社会性规制应获得法律授权，并缓和适用比例原则，行政给付方式无需严格的法律保留，但应通过预算约束、行政内部监督以及基本权利的约束确保其分配的公正。当住房政策兼负宏观调控任务时，应当根据政策的法律后果采取不同的控制方式，减少补贴政策的运用。③

（四）风险行政法

对风险行政法“中度抽象水准”的总体理论研究，相对之前有所减少。张青波研究了风险规制中对自我规制的规制，提出应当在程序法治范式的指导下，推行科学系统对风险的自我规制，认为相比于政府主导，自我规制具有妥适性、正当性以及与法治原则相协调的优势，为此需要从组织安排、认证程序和司法控制方面建构相应的法律制度。④ 也有若干学者对食品、药品、职业健康与安全、核能等风险规制的各论进行了研究。

---

① 胡敏洁：《社会保障行政中的个人信息利用及其边界》，载《华东政法大学学报》2019 年第 5 期。

② 胡敏洁：《学龄前儿童照顾政策中的公私责任分配》，载《北京行政学院学报》2019 年第 2 期。

③ 凌维慈：《住房政策的任务分化及法律控制》，载《法商研究》2019 年第 2 期。

④ 张青波：《自我规制的规制：应对科技风险的法理与法制》，载《华东政法大学学报》2018 年第 1 期。

1. 食品行政法

冀玮指出，食品安全规制手段严于市场规制，食品安全规制的着重点不是竞争秩序和消费者权益的维护，而是以维护生命健康权为依归。[①] 国家市场监督管理总局任端平副司长结合近20年来食品法律改革和规制体制改革的若干实例，指出现实中存在法律改革与体制改革相脱节、规制政策形成机制不完善、部门间协调机制欠缺等难题。[②] 刘杨从法社会学角度研究食品药品监管基层执法，揭示出层级阻隔与内部控制失灵、条块冲突与执法地方化、职能分离与部门“孤岛”困境，讨论了基层执法中的裁量、“释法”与“造法”，基层执法过程的资源聚集与空间建构。[③] 李年清讨论了美国食品安全风险规制中的专家咨询制度，阐述了美国食品咨询委员会的人员构成、成员遴选、运作程序及对其行为的司法审查。[④]

曾文远通过讨论《行政处罚法》中减轻处罚条款的规范结构，继而讨论了食品行政处罚中减轻处罚裁量规范的规定模式及合法性。[⑤]《食品安全法》第134条规定：“食品生产经营者在一年内累计三次因违反本法规定受到责令停产停业、吊销许可证以外处罚的，由食品安全监督管理部门责令停产停业，直至吊销许可证。”冀玮对此条“三振出局”的制度设计考量、时间要件、处罚累计、处罚裁量等进行了较为缜密的研究。[⑥] 沈小军指出，在食品安全案件审理中，法官应秉承适度的谦抑，应只在常识认知范围和法学专长内活动，尊重行政机关的专业判断。[⑦]

---

① 冀玮：《机构整合背景下的食品安全监管法律适用——基于行政法治视角的比较分析》，载《行政法学研究》2018年第3期。

② 任端平：《论我国食品安全决策机制的完善》，载《行政法学研究》2018年第5期。

③ 刘杨：《执法能力的损耗与重建——以基层食药监执法为经验样本》，载《法学研究》2019年第1期。

④ 李年清：《美国食品安全风险规制中的科学咨询制度及其启示》，载《苏州大学学报》（法学版）2018年第3期。

⑤ 曾文远：《食品行政处罚中减轻处罚规范的适用》，载《财经法学》2019年第2期。

⑥ 冀玮：《论〈食品安全法〉“累加处罚”条款的法律适用》，载《行政法学研究》2019年第5期。

⑦ 沈小军：《食品安全案件审理中法官的适度谦抑》，载《法学》2018年第2期。

高秦伟认为食品科技规制的法理基础在于消费者知情权保护、风险预防原则，并继而讨论了我国食品标签制度的完善。[①] 多位学者研究了食品安全的自我规制，罗英探讨了我国食品安全自我规制的规范构造，指出目前存在私主体自我规制动力不足、集体性自我规制发展相对滞后、自我规制约束机制较为单一等问题。[②] 邓刚宏则从回应性法和系统理论出发，探讨了食品生产经营者自我规制的法律属性与制度设计。[③]

孔庆江等对欧盟、美国和日本的转基因产品标签和追溯制度进行了比较研究，[④] 曹炜研究了转基因食品风险规制中的行政裁量，特别讨论了转基因食品风险评估、风险管理环节中裁量的不同面向，指出我国目前对于转基因食品风险事实查明阶段的裁量权限制不足，对于风险管理阶段的裁量权则限制过大。[⑤]

2. 药品行政法

在药品行政法领域，王晨光、张怡讨论了规制科学（regulatory science）在美国、欧盟、日本药品规制中的应用。[⑥] 宋华琳以《药品生产质量管理规范》（GMP）认证制度为例，探讨了我国行政法上的认证制度及其改革，指出应明晰行政认证的法律定位，引入第三方认证机构，并设计对第三方认证的监督和问责机制。企业不仅要遵守认证规范，还应通过自我规制设定更高的要求。[⑦] 宋华琳、刘炫从行政法和行政检查的角度，讨论了药品检查的定位，对药品检查机构、药品检查员、检查规则、检查程序加以探讨，讨论了

① 高秦伟：《消费者知情权保护与食品科技的规制》，载《学术研究》2018 年第 7 期。

② 罗英：《论我国食品安全自我规制的规范构造与功能优化》，载《当代法学》2018 年第 1 期。

③ 邓刚宏：《食品生产经营者自我规制模式的构建》，载《政治与法律》2019 年第 3 期。

④ 孔庆江、杨育晗：《欧、美、日转基因产品标签和追溯制度研究及对中国的启示》，载《科技与法律》2018 年第 3 期。

⑤ 曹炜：《转基因食品风险规制中的行政裁量》，载《清华法学》2018 年第 2 期。

⑥ 张怡、王晨光：《监管科学的兴起及其对各国药品监管的影响》，载《中国食品药品监管》2019 年第 7 期。

⑦ 宋华琳：《行政法学视角下的认证制度及其改革——以药品 GMP 认证为例》，载《浙江学刊》2018 年第 1 期。

行政主体、第三方检查机构、企业共同形成的“规制空间”。[①] 闫志刚等讨论了日本药品检查员制度，讨论了检查机构的独立行政法人地位、检查规范的国际协调。[②]

此外，邵蓉等从历史制度主义的视角，讨论了我国药品注册优先审评制度演变规律与完善方向。[③] 杨悦等讨论了《美国联邦食品、药品和化妆品法》对药品安全法律责任的设定。[④] 李悦讨论了中国药品价格规制制度的法律变迁。[⑤] 岳远雷以美国为借镜，讨论了我国互联网药品经营的法律治理机制及改革。[⑥]

2018 年长春长生疫苗事件催生了 2019 年 6 月 29 日颁布的《疫苗管理法》。中国行政管理学会课题组等探讨了疫苗安全规制中的四重矛盾，即疫苗生产充分竞争与接种环节过度行政化的矛盾、规制体制纵横割裂与疫苗产业链条连续性的矛盾、疾控机构公益属性与营利动机的矛盾、政策议题高度敏感与社会共治严重缺失的矛盾。[⑦] 宋华琳探讨了《疫苗管理法》中合作治理、风险治理、全程管控、鼓励创新的理念，探讨了疫苗管理中规制方式、法律责任和救济机制的改革。[⑧] 张新宇讨论了预防接种致害国家责任体系的完善，指出民事责任与行政补偿之间存在救济漏洞，国家赔偿的违法抑制功

① 宋华琳、刘炫：《药品检查法律制度的发展与改革》，载《中国食品药品监管》2019 年第 4 期。

② 闫志刚、韩芳：《日本药品检查员制度及其启示》，载《国家行政学院学报》2018 年第 1 期。

③ 王雨杉、蒋蓉、邵蓉：《历史制度主义视角下我国药品注册优先审评制度演变规律与完善方向》，载《中国医药工业杂志》2019 年第 7 期。

④ 刘志强、杨悦：《美国药品安全法律责任设置的特点及其对我国的启示》，载《中国药房》2018 年第 16 期。

⑤ 李悦：《新中国成立 70 周年以来药品价格法律监管：历史回眸、现状检视与未来方向》，载《中国卫生经济》2019 年第 7 期。

⑥ 岳远雷：《我国互联网药店法律治理机制建构研究》，载《中国卫生事业管理》2018 年第 3 期。

⑦ 中国行政管理学会课题组等：《平衡监管和市场：疫苗安全的挑战和对策》，载《中国行政管理》2018 年第 10 期。

⑧ 宋华琳：《疫苗管理的体系建构与法律制度创新——〈中华人民共和国疫苗管理法〉立法解读》，载《中国食品药品监管》2019 年第 7 期。

能难以发挥，建议通过行政法规将部分“有过错致害”纳入行政补偿的范围，通过行政公益诉讼和信息公开强化外部监督。①

3. 职业安全行政法

我国《职业病防治法》第1条规定该法的立法目的在于“预防、控制和消除职业病危害，防治职业病，保护劳动者健康及其相关权益”。我国法学界对职业安全健康行政法和职业安全健康规制的研究还不多见，更多相关成果是社会学、公共管理学学者取得的。崔俊杰考察了我国职业安全健康规制体制的演进及面临的挑战，提出应明确职业安全健康规制的内涵，区分“安全生产”与“职业安全”，从风险导向拓展“职业健康”的内涵。②

4. 核能行政法

日本福岛核电站泄漏事件的发生后，核能行政开始引发人们的关注。2017年9月1日，我国通过了《核安全法》，③ 该法的立法目的是“保障核安全，预防与应对核事故，安全利用核能，保护公众和从业人员的安全与健康，保护生态环境，促进经济社会可持续发展”。但相对于我国核能事业的发展而言，行政法学对核能行政法的研究还相对滞后。

伏创宇于2017年出版了核能规制与行政法体系改革的专著，此书以德国法为借镜，讨论了核能规制的基础、模式、立法责任、行政功能保留、行政规则效力及国家补偿责任。④ 赵爽等讨论了核应急信息公开中的问题，包括缺乏核设施营运单位的依法参与、公开内容边界不清以及信息公开时限不具有操作性等。⑤ 周圣佑对台湾地区“核子损害赔偿法”中的“无

① 张新宇：《预防接种致害国家责任体系的完善》，载《法学》2019年第8期。

② 崔俊杰：《我国职业安全健康监管体制的演变、问题及完善》，载《行政法学研究》2018年第5期。

③ 2017年9月1日第十二届全国人民代表大会常务委员会第二十九次会议通过，2018年1月1日起施行。

④ 伏创宇：《核能规制与行政法体系的变革》，北京大学出版社，2017。

⑤ 赵爽、王晓丹：《我国核应急信息公开法律制度研究》，载《华北电力大学学报》（社会科学版）2018年第2期。

过错责任”原则、经营者责任、最高赔偿限额、赔偿限额保险等制度进行了评述。①

（五）环境与自然资源行政法

我国近年来环境法学界的研究者日渐认识到，在研究中引入行政法、行政规制理论的重要意义。与此同时，金自宁、王克稳、谭冰霖、马允等行政法学者也在环境、自然资源与能源行政法领域取得了若干成果。

1. 环境行政法

马允在英文《环境法杂志》（*Journal of Environmental Law*）中发表论文，讨论了1980年代至今环评审批权限在中央和地方之间的动态分配，指出投资体制改革和行政审批制度改革是进行权限分配的最为显著的动力机制，而央地关系是影响环评有效运行及其否决效力实现的重要因素。② 胡苑讨论了环境行政与环境立法的关系，并对美国行政法上斯图尔特教授提出的“传送带”（transmission belt）模式提出质疑，认为立法“传送带”对环境执法的规范供给不足，导致环境执法僵化，提出环境立法中应实现规制中心主义，实现环境执法样态多样化。③

谭冰霖认为，环境行政处罚的规制功能包括法律威慑、风险预防和生态恢复三个维度，在法律威慑维度，在环境罚款中引入不法利益追缴制度；在风险预防维度，引入风险判断余地理论；在生态恢复维度，对生态恢复责任加以校正和补充。④ 朱晓勤等讨论了环境行政处罚裁量基准的多元共治路径。⑤ 多位学者探讨了环境行政处罚中的按日计罚制度，杜群认为按日计罚

---

① 周圣佑：《台湾地区“核子损害赔偿法”及其对大陆立法的启示》，载《发展研究》2019年第5期。

② Ma Yun, “Dynamics in Central - Local Division of the Authority of EIA Approval in China,” *Journal of Environmental Law* 31 (2019): 29 - 57.

③ 胡苑：《环境法律“传送带”模式的阻滞效应及其化解》，载《政治与法律》2019年第5期。

④ 谭冰霖：《环境行政处罚规制功能之补强》，载《法学研究》2018年第4期。

⑤ 朱晓勤、李天相：《环境行政处罚裁量基准的多元共治路径探析》，载《法学杂志》2019年第6期。

是具有行政强制执行性质的行政处罚，应允许地方性法规适当拓展和细化按日计罚制度的适用范围和“违法排污行为”的类别，但不做偏离上位法规定的过分“变异”。[①] 胡红玲对美国环境法上按日计罚制度加以评述，并建议将每日持续的违法行为规定为单个的违法行为，以解决按日计罚制度与“一事不再罚”规定的冲突问题。[②]

赵惊涛等对智能化环境行政执法加以探讨，指出其间存在智能化监控设备归属权及定位模糊、监测数据不准确、监控与执法脱节等问题。[③] 范兴嘉讨论了环境行政约谈的功能定位与实际效用。[④] 计洪波讨论了环境行政调解的法律依据、制度框架和法律效力。[⑤] 王晶讨论了司法实践中的环境保护禁止令制度，认为其可能是行政强制执行，可能是民事行为保全措施。[⑥]

朱芒从城市环境制度事例入手，以典型事件厦门 PX 事件为例，整理了该事件前后有关城市环境法律制度中有关公众参与的规定和相关行政复议、行政诉讼案件，并通过以公众参与对行政活动的行为约束程度为横轴和以结果约束程度为纵轴的分析框架，尝试为公众参与融入行政法学研究寻找可能的路径。[⑦] 金自宁分析了《环境影响评价法》中的建设项目环境否决制，认为不应弱化或取消环评审批，应进一步明确环评否决的适用情形。[⑧] 吴宇研究了建设项目环境影响评价的公众参与，提出应加强环评审批

---

① 杜群：《环境保护法按日计罚制度再审视——以地方性法规为视角》，载《现代法学》2018年第6期。

② 胡红玲：《环境保护按日计罚制度适用反思与完善——以美国环境保护按日连续处罚制度为借鉴》，载《政治与法律》2018年第8期。

③ 赵惊涛、张丽娟：《智能化环境行政执法探析》，载《法学杂志》2018年第5期。

④ 范兴嘉：《环境行政约谈检视》，载《甘肃政法学院学报》2018年第1期。

⑤ 计洪波：《环境行政调解的法律依据、制度框架和法律效力》，载《郑州大学学报》（哲学社会科学版）2018年第2期。

⑥ 王晶：《环境保护禁止令之适用审视》，载《甘肃政法学院学报》2019年第2期。

⑦ 朱芒：《公众参与的法律定位——以城市环境制度事例为考察的对象》，载《行政法学研究》2019年第1期。

⑧ 金自宁：《我国环评否决制之法理思考》，载《中国地质大学学报》（社会科学版）2019年第2期。

阶段的公众参与，明确召开听证会的标准和范围，设置合理的公众参与期限。①

谭冰霖以反思性法和系统理论为借镜，讨论了第三代环境规制的意蕴，指出其核心意旨是在法律自我限制的基础上，系统化培育企业自觉提升环境表现的反思性结构，继而讨论了环境规制的法律目的、规制方式、规范结构、实施主体，以及作为行政规制和自我规制前提的程序规范、权限规范、信息规范和商谈规范。② 何香柏以美国行政法上的谢弗林案判决为楔子，反思了中国环境规制的权力行使与制度约束，讨论了政策性立法与规制性立法的区别、规制机关的工具偏好和制度环境、法院的司法角色与审查标准、企业的规制俘获与环保团体的监督能力。③

曹炜讨论了环境规制中的“规范执行偏离效应”，即在环境法律实施中，规范执行偏离立法者的预期，导致法律实施的结果与立法目的不一致的现象。④ 吴贤静讨论了土壤环境风险的法律规制，提出以风险为基础定义土壤污染，以环境风险为导向界定环境损害，并适用彻底的预防原则。⑤

2. 自然资源行政法

王克稳讨论了自然资源国家所有权的性质，指出自然资源国家所有权的制度建构应以约束国家所有权为基础，以规范管制权为中心。⑥ 王克稳讨论了公法性质的自然资源使用权，并指出自然资源开发利用的重点是自然资源特许使用权的设定和分配，它是形成资源要素市场的基础，是自然资源产权制度建设的核心。⑦ 程雪阳探讨了国有自然资源资产产权行使机制，认为自然资源登记的法律性质是“行政调查统计登记”，讨论了自然资源国家所有

① 吴宇：《建设项目环境影响评价公众参与有效性的法律保障》，载《法商研究》2018 年第 2 期。

② 谭冰霖：《论第三代环境规制》，载《现代法学》2018 年第 1 期。

③ 何香柏：《环境规制的权力行使与制度约束——美国谢弗林案的借鉴》，载《法学评论》2019 年第 5 期。

④ 曹炜：《环境监管中的“规范执行偏离效应”研究》，载《中国法学》2018 年第 6 期。

⑤ 吴贤静：《土壤环境风险的法律规制》，载《法商研究》2019 年第 3 期。

⑥ 王克稳：《自然资源国家所有权的性质反思与制度重构》，载《中外法学》2019 年第 3 期。

⑦ 王克稳：《论公法性质的自然资源使用权》，载《行政法学研究》2018 年第 3 期。

权行使机构的法律性质与央地分权。[①]

江必新探讨了矿业权法律关系调整中的国家干预和私人自治，认为矿业权具有民事物权和行政特许的双重法律属性，认为在矿业权出让合同缔结阶段，尤其在合同相对人的选择上，宜着眼于公法模式，从主体到权利、行为、责任和救济构建完整的行政合同法律制度体系，并将矿业权出让合同纳入行政合同范畴予以调整。合同成立之后的履行过程，则应更多地受私法规范的调整，尊重双方当事人的意思自治。[②]

（六）规划与土地行政法

1. 规划行政法

李成玲以日本行政法理论为借镜，指出集合性的城市空间利益既不能完全归属于一般公共利益，又不能分解为个别具体的私人利益，而是介于一般公共利益与私人利益之间。该文对日本亘理格的共同利益理论、见上崇洋的共通利益理论、仲野武志的凝集利益理论加以讨论，指出我国城市空间利益的整体定位应当是公法权利视角下的集合性利益，城市空间利益的制度保障是行政程序参与权、行政诉讼原告资格和团体诉讼。[③]

赵力讨论了荷兰空间规划的类型与功能，荷兰国家与省、自治市之间规划权力的划分，指出为了保障中央规划目标的实现、维护地方自治权力的发展空间，荷兰设置了协商机制、强制性规划、规划指令和规划诉讼等制度对中央和地方利益进行平衡。[④]

于洋以四个城市规划行政诉讼案例为例，基于功利主义和财产权利视角，来重新界定城市公共利益，并主张在规划领域的技术规范制定中，也应

---

① 程雪阳：《国有自然资源资产产权行使机制的完善》，载《法学研究》2018年第6期。

② 江必新：《矿业权法律关系调整中的国家干预和私人自治——兼论法律行为效力理论之重构》，载《法学评论》2018年第1期。

③ 李成玲：《现代行政法意义上的城市空间利益》，载《北京行政学院学报》2019年第3期。

④ 赵力：《论荷兰〈空间规划法〉规划制定权力的垂直分配与纠纷解决》，载《国际城市规划》2018年第4期。

强化公众参与。[①] 陈国栋讨论了公法权利视角下的城市空间利益争端及其解决，指出应以发展型公平分享权为基准，完善行政规划许可听证程序，保障和落实公民参与城市空间利用规则形成过程、形成空间分配决定的权利。[②]

2. 土地行政法

在土地行政法领域，顾大松等基于“内部行政法”和“外部行政法”的不同视角，指出征地审批与征地决定在目的、量级、补偿、形式四方面存在明显不同，提出在《土地管理法》修改中，将征地决定建构为区别于征地审批的独立法律行为。[③] 耿宝建等结合人民法院近年来作出的相关裁判，分析了集体土地征收与补偿案件“可诉行政行为判定难”的主要类型、具体表现与形成原因；并对国家征地权的归属、组成、阶段构造与作用对象加以了判断，对各阶段可诉的行政行为和审查标准加以了识别。[④]

程雪阳对土地法治40年进行了回顾。[⑤] 彭錞通过对立法史资料的整理，对《土地管理法》的合宪性争议加以了反思，认为《土地管理法》确立的农地入市限制不存在合宪性危机，认为其作为立法形成条款，原理在于通过宪法延迟减低决策成本和错误成本，为集体土地管理制度的进一步演化提供框架、划定边界。[⑥] 王克稳讨论了我国经营性土地征收制度的改革，指出应回归公益性土地征收，弥合公益性土地征收与城市土地国有之间的冲突，界

---

① 于洋：《什么是城市公共利益——基于四个城市规划司法案例的法理言说》，载《城市规划》2018年第2期。

② 陈国栋：《公法权利视角下的城市空间利益争端及其解决》，载《行政法学研究》2018年第2期。

③ 顾大松、王蔷：《征地审批还是征地决定？——兼议〈土地管理法〉第45条、第46条之修改》，载《法律适用》2019年第7期。

④ 耿宝建、殷勤：《集体土地征收与补偿过程中可诉行政行为的判定与审查——兼谈〈土地管理法〉修改建议》，载《法律适用》2019年第1期。

⑤ 程雪阳：《土地法治四十年：变革与反思》，载《中国法律评论》2019年第1期。

⑥ 彭錞：《〈土地管理法〉合宪性争议再反思——兼论立法形成条款的成因与边界》，载《清华法学》2018年第6期。

定土地征收中的“公共利益”。[①] 赵谦聚焦土地复垦规制的法律规范，对土地复垦规制机构的建制、治理要义进行了评判。[②]

（七）教育行政法

教育行政法属于发展相对较快的行政法学分论领域。学者们多身处高校，对教育行政有切身感受。2017 年 12 月，教育部政策法规司与中国人民大学、北京大学、北京师范大学、复旦大学、中山大学、东南大学、西南大学、中南大学、华中科技大学、西北政法大学 10 所院校共建“教育立法研究基地”，这进一步推动了教育法和教育行政法的研究。

湛中乐、李烁从政策法律化的视角，对学前教育立法的制度框架进行了勾勒，认为应涵盖学前教育的对象、地位与性质、财政保障、管理体制、学前教育内容、学前教育的监督与问责等要点。[③] 冯子轩则阐述了学前教育的治理困境，从学前教育的公共属性出发，提出以给付行政理论重塑学前教育法律规制体系，并阐述了学前教育立法、供给、补贴和标准等规制要点。[④] 程雁雷、隋世锋讨论了学区划分的法律属性及规制，认为学区划分是影响适龄儿童少年享有义务教育资源平等权的具体行政行为，指出应明确学区划分的标准，完善学区划分的信息公开、听证、专家论证、风险评估机制。[⑤]

在教育行政法中，更多学者开展了对高等教育行政法或大学法的研究。湛中乐、尹婷讨论了大学自治的历史发展与规范意义，从法学规范意义上讨

---

① 王克稳：《论我国经营性土地征收制度改革》，载《法律适用》2019 年第 7 期。

② 赵谦：《机构建制与治理：土地复垦监管组织条款的规范分析》，载《东方法学》2018 年第 5 期。

③ 湛中乐、李烁：《我国学前教育立法研究——以政策法律化为视角》，载《陕西师范大学学报》（哲学社会科学版）2019 年第 1 期。

④ 冯子轩：《给付行政视角下的学前教育改革法律规制研究》，载《东方法学》2019 年第 1 期。

⑤ 程雁雷、隋世锋：《论学区划分的法律属性及其法律规制》，载《行政法学研究》2019 年第 5 期。

论了“自主办学”与“大学自治”的异同。[①] 湛中乐、黄宇骁从教育法与学术自由的角度，将《宪法》第47条第2句作为国家建构科研经费制度的依据，指出应当本着科研经费制度匹配科研活动类型、科研活动类型之间资源分配平衡的原则构建合宪的科研经费制度。[②]

就校规研究而言，朱芒研究了高校校规的法律属性，他通过梳理判例流变，指出同一个高校中并行存在着“内部管理体制”中的“自主性校规”与国家行政权具体化的“介入性校规”的双重秩序。“田永案”等判决将两者并列相处，构筑了“二元规范结构论”司法审查判断方式；以“武华玉案”为代表的判决，将后者作为裁量范围置于前者之内，建立起“一元规范结构论”司法审查判断方式。判例为高校制度整体国家行政权化提供了法律理由，司法审查也因此自我限缩了范围，这或有悖于高校改革的方向。[③] 另外，湛中乐、康骁梳理了北京大学评议会和校务会议在1912～1937年制定的多项“校内法”，包括当时大学章程、有关研究所和研究院的“校内法”、有关职业安全和经济保障的“校内法”，探讨了“校内法”与学术自由的关系。[④]

周佑勇探讨了学位授予权的性质，认为作为“行政权力”的学位授予权应秉承法律保留原则，作为“学术权利”的学位授予权需要充分体现大学自治与学术自由，并探讨了学位授予的不同阶段所对应的司法审查范围和限度。[⑤] 李煜兴讨论学位授权审核的法律性质，认为其兼具许可和授权的双重法律属性，并提出应推动授权前审核的法治化，基于授权明确性原则对高

① 湛中乐、尹婷：《论大学自治——兼析〈高等教育法〉中的“自主办学”》，载《陕西师范大学学报》（哲学社会科学版）2018年第1期。

② 湛中乐、黄宇骁：《国家科研经费制度的宪法学释义》，载《政治与法律》2019年第9期。

③ 朱芒：《高校校规的法律属性研究》，载《中国法学》2018年第4期。

④ 湛中乐、康骁：《通过“校内法”保障学术自由——以1912—1937年的北京大学为研究对象》，载《首都师范大学学报》（社会科学版）2018年第3期。

⑤ 周佑勇：《法治视野下学位授予权的性质界定及其制度完善——兼述〈学位条例〉修订》，载《学位与研究生教育》2018年第11期。

校学位授予权加以明确。①

周佑勇还以“田永案”和“何小强诉华中科技大学履行法定职责纠纷案”为观察，讨论了高校惩戒学生行为的司法审查。② 李烁讨论了对美国公立高校惩戒学生行为的司法审查，指出美国将“程序性”正当程序审查的范围扩大到公立高校的学术性惩戒，实现了对公立高校学术性惩戒的“实质性”正当程序审查。③

徐靖讨论了高等学校学术委员会的法律地位，认为高等学校学术委员会作为校内最高学术机构，享有法律、法规、规章确认的学术事务决策、审议、评定和咨询等职权，高等学校学术委员会权力行使须秉承有限信息公开、重要事项听证、利益回避、案卷笔录等程序规则。④

（八）网络法

随着互联网、大数据、云计算、区块链、人工智能的兴起，法学界中多学科都对网络与信息法研究倾注了精力，行政法学界近年来在互联网法、数据治理与人工智能治理领域，也取得了较多研究进展。

1. 互联网法

王锡锌研究了网络交易规制的管辖权配置，特别探讨了传统地域管辖模式与平台集中管辖模式之间的竞争，通过引入电子商务监管和执法管辖的新理念，指出由平台所在地专门规制机关进行集中管辖的优势，并提出根据规制对象的不同，区分不同的管辖模式。⑤ 尹培培探讨了网络安全行政处罚的归责原则，指出基于网络安全保护之实效性与网络法治秩序之平衡，应当通

① 李煜兴：《许可与授权：论学位授权审核法律性质的双重性》，载《南京师大学报》（社会科学版）2019 年第 3 期。

② 周佑勇：《高校惩戒学生行为的司法审查——基于最高人民法院相关指导性案例的观察》，载《南京师大学报》（社会科学版）2019 年第 3 期。

③ 李烁：《美国公立高校惩戒学生行为的正当程序审查》，载《行政法学研究》2018 年第 5 期。

④ 徐靖：《高等学校学术委员会权力行使的程序规制》，载《法律科学》（西北政法大学学报）2019 年第 2 期。

⑤ 王锡锌：《网络交易监管的管辖权配置研究》，载《东方法学》2018 年第 1 期。

过“区分信息种类和内容”，建构主客观相结合的归责路径。①

卢超讨论了约谈在互联网信息内容规制中的作用，认为约谈工具带有“回应性规制”的外观，指出应处理合法性与灵活性、政府规制与平台治理、约谈工具与其他惩戒机制的关系。② 戴昕以法律与社会规范理论为导引，指出社会规范在互联网规制中的重要作用，指出网络规范调整网络法的内容，调整网络法的执行，并阐述了平台规则的作用。③

多位学者从行政法学的角度，探讨了对共享经济的规制。刘绍宇指出分享经济自我规制、行政规制缺失，认为在规制路径中，应引入试验规制与共存规制，应在信誉机制、信用工具、标准工具、数据共享等规制工具的应用中，引入合作规制。④ 王霁霞指出，以网约车为代表的共享经济法律规制在现实中存在地方立法违背中央立法、选择性执法、法院机械司法等问题，对共享经济的法律规制逻辑应当是明确规制目标、主体、时机、手段与形式，应在规制目标的分层和明确下配套有效和匹配的规制手段，引入试验性规制与合作规制。⑤ 王静则结合网约车规制的部门规章和地方细则，对数量规制、价格规制、户籍限制、车辆限制、司机资质等要求的合法性和合理性进行了评判。⑥

刘权讨论了网络平台数据报送义务的含义与类型，认为平台的数据报送义务来源于社会连带关系与公共利益，数据报送义务的边界应合比例，数据报送应遵循正当程序原则。⑦ 李梦琳讨论了作为“看门人”的网络直播平台，指出在规制过程中应以合同治理为基础，从平台准入、平台运营和后平台三个阶段出发，结合算法规制、人群治理、声誉机制和助推理论等理论来

① 尹培培：《网络安全行政处罚的归责原则》，载《东方法学》2018 年第 6 期。

② 卢超：《互联网信息内容监管约谈工具研究》，载《中国行政管理》2019 年第 2 期。

③ 戴昕：《重新发现社会规范：中国网络法的经济社会学视角》，载《学术月刊》2019 年第 2 期。

④ 刘绍宇：《论互联网分享经济的合作规制模式》，载《华东政法大学学报》2018 年第 3 期。

⑤ 王霁霞：《共享经济的法律规制逻辑——以网约车行政案件为切入点的分析》，载《法学杂志》2019 年第 1 期。

⑥ 王静：《中国网约车新政的变革方向》，载《行政法学研究》2018 年第 4 期。

⑦ 刘权：《论网络平台的数据报送义务》，载《当代法学》2019 年第 5 期。

架构科学、合理的网络直播规制机制。①

查云飞探讨了德国对网络平台的行政法规制，指出《欧盟电子商务指令》所确立的避风港——"通知+移除"模式基本被德国的《电信媒体法》所吸收，并基于秩序行政法的理念，要求作为状态妨害人的国内网络平台屏蔽违法内容。② 谢尧雯探讨了美国互联网平台责任规制模式，即以《交流规范法》与《数字千年版权法》两部法律为主体，对非版权范畴与版权范畴分别课以互联网平台无责任与过错责任的现存规制模式，并讨论了平台自我规制的基础与边界。③

2. 数据治理

就数据治理的研究而言，行政法学界近年着重对政府数据开放和个人数据保护加以探讨。宋华琳阐述了政府数据开放的法律控制，指出进一步拓宽政府数据开放的范围，健全完善政府数据开放的程序机制，界定政府数据开放的标准，建构统一的政府数据开放平台，确保数据的定期更新，建构简化、用户友好型的政府数据开放系统。④ 陈尚龙讨论了政府数据开放与政府信息公开的区别，并指出应通过完善政府信息公开、政府数据共享、信息数据资源权益等基础制度，推进政府信息公开立法。⑤

行政法学界对个人数据保护进行了探讨。周汉华提出以激励相容作为个人数据保护制度建构的核心，培育信息控制者的内部治理机制，构筑外部有效的执法威慑机制，应以全面构建个人数据治理体系为原则，以防范个人信息安全风险为目标，明确引入公法意义上的个人信息控制权概念。⑥ 冯洋探讨了欧盟个人数据的充分保护原则，分析了美国与欧盟个人数据保护模式的

① 李芗琳：《论网络直播平台的监管机制——以看门人理论的新发展为视角》，载《行政法学研究》2019年第4期。

② 查云飞：《德国对网络平台的行政法规制——迈向合规审查之路径》，载《德国研究》2018年第3期。

③ 谢尧雯：《论美国互联网平台责任规制模式》，载《行政法学研究》2018年第3期。

④ 宋华琳：《中国政府数据开放法制的发展与建构》，载《行政法学研究》2018年第2期。

⑤ 陈尚龙：《大数据时代政府数据开放的立法研究》，载《地方立法研究》2019年第2期。

⑥ 周汉华：《探索激励相容的个人数据治理之道——中国个人信息保护法的立法方向》，载《法学研究》2018年第2期。

异同。[①]

3. 人工智能治理

行政法学界对人工智能法展开了初步研究。查云飞以德国法为借镜，讨论了人工智能时代的全自动具体行政行为与半自动具体行政行为的区别，并讨论了全自动具体行政行为是否完全排除不确定法律概念和裁量，讨论了全自动具体行政行为对听证程序、调查程序、阅卷权、最低限度程序要求的挑战。[②] 马颜昕讨论了自动化行政中的裁量空间、监督机制、责任确认难题及适用范围。[③] 胡敏洁则指出，在自动化行政中，应厘清人工智能与人类的关系，对隐私、数据的使用抱有谨慎态度，防止数据的过度开发和滥用，建构公开、透明且具有可救济途径的程序。[④]

宋华琳、孟李冕探讨了人工智能在行政治理中的作用及其法律控制，指出人工智能可以参与行政立法过程、政策形成和行政决定，但人工智能治理中存在诸如歧视、安全和隐私等风险，可能导致政府控制能力减弱。因此需对人工智能治理加以法律控制，施加正当程序约束。[⑤]

徐琳讨论了人工智能治理中“算法黑箱、算法歧视、算法绑架”等现实问题，探讨了在算法治理中平等权保障的问题。[⑥] 段泽孝讨论了人工智能时代对互联网诱导行为的算法规制，指出了算法的公共性与公法风险，提出以公益优先克服“算法独裁”，履行文化引导义务修正“纯粹算法中立”。[⑦]

---

① 冯洋：《论个人数据保护全球规则的形成路径——以欧盟充分保护原则为中心的探讨》，载《浙江学刊》2018 年第 4 期。

② 查云飞：《人工智能时代全自动具体行政行为研究》，载《比较法研究》2018 年第 5 期。

③ 马颜昕：《自动化行政的分级与法律控制变革》，载《行政法学研究》2019 年第 1 期。

④ 胡敏洁：《自动化行政的法律控制》，载《行政法学研究》2019 年第 2 期。

⑤ 宋华琳、孟李冕：《人工智能在行政治理中的作用及其法律控制》，载《湖南科技大学学报》（社会科学版）2018 年第 6 期。

⑥ 徐琳：《人工智能推算技术中的平等权问题之探讨》，载《法学评论》2019 年第 3 期。

⑦ 段泽孝：《人工智能时代互联网诱导行为的算法规制》，载《江西社会科学》2019 年第 2 期。

三　中国行政法学分论研究进路的展望

通过以上整理，可以看出，我国的行政法学分论研究在近年来已经取得长足进步，特别是在秩序行政法、给付行政法、风险行政法、环境与资源行政法、教育行政法、网络法等领域，已有了相当推进。但坦率而言，中国行政法学分论研究依然处于起步期。对许多具体行政领域的研究几近空白，对于经济行政法、发展行政法、科技行政法、卫生行政法、文化行政法、公企业行政法、公用事业行政法、规划与土地行政法、交通行政法等的研究，仍相对较为薄弱。更多行政法学者还是将研究重心放在了行政法学总论上，所进行的分论研究往往是偶一为之的试水，即使是较长时期投入此研究，目前能对行政实务有解释力、对学术理论有贡献的研究成果依然是非常少的。如对任一行政法学分论领域进行审视，则都发现其依然是蹒跚学步之期，缺少成熟的理论建构，甚至还缺乏对该领域基本框架和基本制度的整理。

在未来中国行政法学分论的理想研究进路或许是：深入具体行政领域、关注基本权利保障、审视行政活动的合法性、推动行政法分论的制度改革，进而反哺中国行政法学总论研究。①

（一）深入具体行政领域

我国行政法学分论的研究状况之所以不容乐观，是因为研究者往往在没有对所研究领域的法律规范、制度沿革、各种利益相关者、行政活动方式、行政程序予以充分把握的前提下，就对其间的问题发表宏论，那么就难免有盲人摸象之虞。

行政法学人对研究行政法学分论的疑虑之一是，认为这些分论领域专业性、技术性过强，很难理解把握其间的制度结构和专业名词术语。但通过对

① 以下论述部分内容参考了作者此前的论述，参见宋华琳《药品行政法专论》，清华大学出版社，2015，第10～12页。

某个特定领域较长时期的“浸润”，通过整理新中国成立以来相关法律制度的变迁史，对年鉴、公报、地方志、文集、回忆录、档案、报纸及互联网刊载信息的搜集，可以逐步形成对特定行政法分论领域的基本认识。[①] 如能辅之以实地调研、访谈和参与式观察，则研究者能获得更为一手的资料和更为直观的感受，提高研究的精度。[②]

在行政法学分论研究的过程中，难免会面对如何处理技术面和程序面细节的问题，这也要求研究者能去芜存菁，通过整理相应的法律条文、法律判例和法律实践，着重对特定行政法学分论中的法律规范、法律制度沿革、利益分布和利益相关者、行政活动方式、行政程序、责任机制加以研究。[③]

（二）关注基本权利保障

我国行政法分论的学术研究和制度设计，往往和特定的行政部门有着密切关联。例如互联网法的架构与国家互联网信息办公室有着密切的关联，食品安全行政法的架构则与国家市场监督管理总局有着密切的关联。国家部委主导了特定行政法分论的制度设计，导致在制度设计时更多考虑如何有效管理市场和社会，而相对忽略对行政相对人的基本权利保障。[④]

在行政法学分论研究中，应更为关注特定分论所对应的权利保障。秩序行政可能涉及对行政相对人的人身自由、居住自由、通信自由、工作权等权利的限制，风险行政可能会涉及对行政相对人职业自由、营业自由、学术自由及财产权等自由权的限制。在行政法学分论领域，相对人因此具有相应的防御权和受益权，亦应要求行政部门负有相应的消极义务，尊重公民宪法上的基本权利，不得违法干预公众基本权利；相关行政部门应以积极作为的方

① 宋华琳：《药品行政法专论》，清华大学出版社，2015，第6、10页。

② 参见胡伟《政府过程》，浙江人民出版社，1998，第9～10页。

③ 宋华琳：《中国行政法学总论的体系化及其改革》，载《四川大学学报》（哲学社会科学版）2019年第5期。

④ 宋华琳：《药品行政法专论》，清华大学出版社，2015，第12页。

式为公民提供特定的利益，并为公民基本权利的实现创造条件。[①]

在行政法分论的制度设计中需谨记，宪法基本权利对一切国家权力和国家机关具有直接的约束力，只有根据法律或者通过法律才能限制基本权利。[②] 而且任何对基本权利的限制，都应伴随有“对限制的限制”，应通过周延的制度设计，明确限制基本权利的情形、范围，从而有效防范公权力的恣意。[③] 宪法基本权利、宪法规范和宪法原则共同构成了对建构特定行政法学分论的约束。[④] 例如，可以从职业自由保障角度分析我国对药店零售企业间距的限制，可以从平等保护的角度分析公用事业企业的普遍服务义务。

（三）审视行政活动的合法性

在具体行政领域中，专业性的行政机关可能会“只见树木，不见森林”，它们会熟悉自己所日常管理和实施的专业法律中的实体性内容，却忽视《行政许可法》《行政处罚法》《行政强制法》等一般性法律的程序性约束。

行政法学总论的体系即是以关注行政活动合法性为基础建构而成的。作为行政法学分论的研究者，更应以审视行政法学分论的法律规范、制度运行及个案裁断的合法性为己任。在行政法分论的学术研究和制度设计中，应恪守法治的底线。在特定领域，纵使为实现行政任务而推进行政活动方式创新，也应恪守依法行政的原理，要确保行政组织、行政行为、行政程序的合法性。

行政法总论所提供的秩序理念和架构，连同相关实体法律规范一起，构成了对特定行政法分论体系建构、政策选择、实体内容的约束。例如可以运用法律优越、法律保留等依法行政的原理，通过对特定领域中特定行政活动

① 参见张翔《基本权利的规范建构》，高等教育出版社，2008，对基本权利功能与国家义务的论述。

② 宋华琳《作为宪法具体化的行政法——〈公法学札记〉的札记》，载《中外法学》2003年第5期。

③ 赵宏《限制的限制：德国基本权利限制模式的内在机理》，载《法学家》2011年第2期。

④ 宋华琳：《药品行政法专论》，清华大学出版社，2015，第12页。

中，是否存在超越职权、违反法定程序、法律适用错误、事实认定错误、滥用裁量权情形的分析，来审视特定行政活动的合法性。例如可以通过行政法总论提供的基本原理，以《药品管理法》和规范控制行政权的一般法律为基础，来审视行政部门推行的电子监管码、飞行检查制度、失信联合惩戒的合法性。

（四）推动行政法分论的制度改革

诸多行政法分论领域，都面临着不同的法律制度缺失问题，这大抵有如下几种情况。第一，具体领域的行政法律制度形成和建立于计划经济时期，是在政事不分、政企不分、政社不分情况下缔造的，体现的是对全行业、全系统的管理，忽略了对行政相对人的保障，在今天不利于对公平竞争权的维护与消费者权益的保护。现行的《铁路法》《电力法》《烟草专卖法》等堪属典型。

第二，具体领域的行政法律制度虽在近年得以修正和发展，但近年来市场化改革遇到重重阻力，政府、企业、事业单位结成的利益共同体不仅没有被瓦解，反而在某种意义上被强化。实体行政法律制度中更多体现了借法扩权、强化行政部门的命令－控制型管理；对国有企业、事业单位予以优待，使得不同市场主体不能平等竞争；“政府之手”越来越长，体现的是政府的包办、扶持、管理，却削弱和阻碍了市场和社会的活力。在国有企业管理、医疗、教育、邮政等领域，这都表现得尤为明显。

第三，在部分具体行政领域，我国的行政管理还存在真空或缺位的现象。例如在化妆品规制领域，我国尚未建立完整的、符合时代要求的规制框架；在矿山安全、职业卫生领域，我国在规制法律、规制机构、规制能力、规制范围等方面，都无法满足保障劳工安全的目标；在食品安全领域，尽管已经颁布《食品安全法》，但食品安全风险评估、食品安全标准制定与修订工作还不能满足公众与行业的需求。在这些领域，最重要的是建立健全相关的具体行政法律制度。

第四，在许多具体行政领域，还未能设计出令多元利益有效表达的行政程序机制。我国行政政策制度形成过程依然是行政主导式的，呈现出浓烈的“炉内灶”特色，相对更为注重征求本行政部门、行政系统或相关事业单位的意见，侧重在政策执行系统内达成妥协和合意，而相对忽视征求公众的意见，忽略回应行政相对人的诉求。这最终导致政策内容过于有利于行政体系，而不利于行政相对人；过于有利于强势利益团体，而不利于组织化程度较低的团体和个人。

第五，在许多具体领域，未能选择最佳的行政组织、行政行为、行政程序设计来实现相应的行政任务。需要研究如何针对不同行政领域中的不同行政任务，针对不同的调控事项和产业结构，针对不同的制度流变和利益分布，选择更为妥当的行政组织形式、行政行为方式、行政程序装置。

因此在行政法学分论研究中，更应关注行政法的制度改革。不应把具体的行政法律制度视为不变的常量，而应将其视为一个可以优化和修正的变量。① 可以通过梳理法律制度的历史流脉，整理现有法律制度框架、已设定的主要法律制度和法律程序、不同主体的权利和义务，分析分论中行政法制度运行的实效和问题，对国外相同或相似领域的法律制度进行比较和借鉴，进而比较制度改革的不同备选方案，对不同的行政组织架构、行政行为形式、行政程序装置进行比较衡量，通过不断开发、创新、改革各种行政组织、行政活动、行政手段，探讨具体领域行政法制度改革的方向。②

（五）探求行政法学分论与总论的互动③

理想的行政法学总论不应是与环境毫无互动的封闭系统，而应是持续演进并实现行政任务的“秩序理念”。行政法学者应尝试将行政法学分论作为

① 宋华琳、李鸻、田宗旭：《中国化妆品监管治理体系的制度改革》，载《财经法学》2015年第3期。

② 刘宗德：《制度设计型行政法学》，北京大学出版社，2013年，自序；宋华琳：《中国行政法学总论的体系化及其改革》，载《四川大学学报》（哲学社会科学版）2019年第5期。

③ 本部分参考了宋华琳《中国行政法学总论的体系化及其改革》，载《四川大学学报》（哲学社会科学版）2019年第5期的相关研究成果。

行政法学总论研究的“试金石”或“参照领域”，让行政法学总论的法律概念、学说和制度的妥当性与说服力在分论中得到检验。①

在研究行政法分论的法律规范、法律制度和法律案例时，应尽量把握具体法律问题在行政法总论中的定位，从中提炼出对一般性法律理论、一般性法律制度的思考。通过行政法学总论与分论的相互学习互动，让行政法学总论真正成为能根据外部环境变化适当增减内容的动态体系，进而推动行政法学总论的持续改革。②

① 参见〔日〕原田大树《行政法总论与参照领域理论》，林美凤译，载章剑生主编《公法研究》第18卷，浙江大学出版社，2018，第148页。

② 参见黄宇骁《行政法学总论阿基米德支点的选择》，载《法制与社会发展》2019年第6期。

B.9
修法之后的行政诉讼法研究

何海波*

摘　要：　在相对短暂的当代行政法学历程中，行政诉讼法研究可谓历史悠久、长盛不衰。尽管在过去20年中，许多新兴研究主题引起了许多年轻学者的兴趣，构成了对行政诉讼法研究的竞争，但对过去5年法学期刊所发文章数量的统计显示，行政诉讼法研究依然是行政法学的重心所在。在《行政诉讼法》修改之后，法学研究面临许多新的课题，包括法律适用、法律改进以及法律实施状况的问题。为回答这些问题，行政诉讼法研究方法，包括案例研究、实证研究、比较法研究，也应不断探索更新。促进法治国家建设，是行政诉讼法学研究应当坚持的使命。

关键词：　行政诉讼法修改　行政诉讼法学　研究状况　研究课题　研究方法

学术研究需要时时回顾和展望。站在2019年的时点去回顾行政诉讼法研究，2014年《行政诉讼法》的修改是一个合适的起点。本报告将从行政诉讼法学研究基本状况、有待今后回应的课题和法学研究方法的提升三个方面，谈一些看法。

---

* 何海波，法学博士，清华大学法学院教授，主要研究方向为行政法与行政诉讼法学。本报告第二、三节部分内容，曾经以“行政诉讼法研究3.0”为题，发表于《北京航空航天大学学报》（社会科学版）2018年第5期。清华大学博士生王敏协助查找了行政诉讼法学研究的相关论文。

一　弦歌不绝：行政诉讼依然是重心

行政诉讼是行政法学研究的重要对象，也是行政法学的主要应用场景。但在过去一段时间，行政诉讼研究似乎有些趋冷。许多学者意识到行政诉讼研究的不足，行政诉讼只能提供合法性，而不是最佳性。在与其他众多主题的竞争中，行政诉讼似乎慢慢地退出它的中心地位。几年来，有学者对此感到忧虑，甚至以“困境”来描述行政诉讼法的研究状况。[①] 情况究竟如何，本报告将从论文、专著和学术活动三个方面讨论。

（一）行政诉讼法学论文的数量

由于刊物范围和论文归属的不确定性，全面、精准统计行政诉讼法论文数量是一个困难的事情。本报告选择两组刊物作为统计范围：一是中国法学会划定的 16 种法学核心期刊，二是《行政法学研究》《行政法论丛》《公法研究》3 种行政法专业期刊。统计时间为 2015 年到 2019 年 8 月。

统计标准很重要，这里着重说明行政诉讼法文章的认定标准。本报告的统计标准是以下几点。（1）标题中含有“行政诉讼”“行政审判”“（针对行政行为的）司法审查”等字样。例如，“行政诉讼司法建议制度的功能衍化”“司法认定无效行政协议的标准”“司法实践中的行政裁量基准”。这表明作者对文章的定位。（2）文章的讨论对象明显属于行政诉讼制度的一个环节的，包括涉及行政诉讼受案范围、审查标准、判决方式和诉讼程序等问题。例如，“土地征收决定不是终裁行为”、“明显不当”的认定、行政机关负责人出庭等。（3）文章没有提及行政诉讼，但显然以行政诉讼作为主要讨论场景的。例如，行政行为程序瑕疵的指正、行政协议的识别与边界、政府信息不存在之证明责任分配。在以上三种之外，虽然援引行政诉讼案例但

---

① 章志远：《当下行政诉讼法学研究困境的解决之道》，载《南京大学法律评论》2009 年第 2 期；章志远：《晚近十年的中国行政诉讼法学研究：回顾、反思与前瞻》，载《清华法学》2015 年第 1 期。

主题与行政诉讼没有密切关系的，不算入行政诉讼。例如，“高校校规的法律属性研究”“假象行政行为的界定和权利救济”。

按照上述标准，2015 年至 2019 年 8 月 23 日，在中国法学会划定的 16 种法学核心期刊中，行政诉讼法论文达 103 篇，占同期行政法和行政诉讼法论文总数的 27%；在《行政法学研究》《行政法论丛》《公法研究》3 种专业期刊中，行政诉讼法论文 128 篇，占同期行政法和行政诉讼法论文总数的 30%（见表 1）。

表 1　2015 年至 2019 年 8 月行政诉讼法文章发表情况

	行政诉讼法(篇)	全部行政法(篇)	行政诉讼法文章比例(%)
16 种核心期刊	103	387	27
3 种专业期刊	128	420	30

如果细分主题，在 16 种核心期刊的 103 篇论文中，与行政诉讼制度发展有关的有 3 篇，与行政诉讼功能有关的有 9 篇，与受理条件有关的有 19 篇（其中受案范围 7 篇、被告问题 4 篇、原告资格 6 篇、其他 2 篇），与审查标准有关的有 18 篇（其中行政程序审查 7 篇、裁量问题 9 篇、事实认定问题 2 篇），与判决方式有关的有 12 篇（散落于不同判决方式中）。以行政行为和行政管理领域为视角的讨论文章形成几个热点主题，其中涉及规范性文件审查的多达 10 篇，涉及行政协议司法审查的有 7 篇，涉及检察公益诉讼的有 6 篇，涉及政府信息公开的有 4 篇；其他涉及公共政策、公物设定、税务、征收、环评的司法审查的，只有一两篇；而在曾经的热点领域——行政处罚、行政许可、行政强制内，不再有专题讨论司法审查的论文。值得注意的是，关于行政诉讼程序鲜有论文出现在核心刊物上。目前所见只有 2 篇，分别讨论简易程序和司法建议；而包括立案登记、行政机关负责人出庭、撤诉、调解、二审、再审、裁判执行在内的广泛领域，没有一篇论文。论文的分布大体上反映了学界关注的重点，也反映了学界关注的盲区。

需要说明的是，上述统计与对行政法其他研究领域的统计可能会有重复，对文章如何归类也可能会有分歧。例如，一篇讨论行政协议、政府信息公开司法审查的文章，在统计行政诉讼法文章时算进去了，别人在统计行政行为文章时也完全可以算进去。除了行政诉讼，行政行为合法性审查也可能发生在行政复议等其他场合。由于行政诉讼法与行政实体法内容上的天然联系，许多行政诉讼中碰到的问题还可能以行政实体法的面目出现。[①] 尽管如此，行政诉讼法研究文章占宽泛意义的行政法研究文章的三成或者接近三成，说明行政诉讼法研究仍然稳稳地占据行政法学研究的重镇。如果把行政法研究比作一个都市，它的中央商务区（CBD）则是行政诉讼法研究。

（二）行政诉讼法的重要专著

行政诉讼法研究专著有相当一部分是对新《行政诉讼法》的阐释。几部由个人独著或者两人合著的行政诉讼法教科书得以再版，或者全新推出。[②] 这些教科书篇幅接近或者超过百万字，其内容的翔实和体系的周密在30年前是难以想象的，甚至在十几年前都是难以实现的。在此意义上，它们印证了行政诉讼规则体系和知识体系的成长。

一些年轻学者对行政诉讼制度中的具体问题进行了深入研究。例如，常晓云对中国行政诉讼起诉制度的研究，俞祺对行政规则司法审查强度的研究，张旭勇对行政判决原理的研究，以及陈思融对行政诉讼补救判决的研究。[③] 这些研究代表了行政诉讼法学的精细化趋势，泛泛而论、点到为止的著述很难作为“专著”出版了。

与之同时，对我国行政诉讼制度历史的梳理也增加了行政诉讼制度的

---

① 余凌云：《行政诉讼法是行政法发展的一个分水岭吗？——透视行政法的支架性结构》，载《清华法学》2009年第1期。

② 梁凤云：《新行政诉讼法讲义》，人民法院出版社，2015；姜明安：《行政诉讼法》，北京大学出版社，2016；何海波：《行政诉讼法》，法律出版社，2016；江必新、梁凤云：《行政诉讼法理论与实务》，法律出版社，2016；胡建淼：《行政诉讼法学》，法律出版社，2019。

③ 熊勇先：《行政给付诉讼研究》，法律出版社，2016；张旭勇：《行政判决原论》，法律出版社，2017；俞祺：《行政规则的司法审查强度：基于法律效力的区分》，法律出版社，2018；常晓云：《中国行政诉讼起诉制度研究》，中国社会科学出版社，2018；陈思融：《行政诉讼补救判决研究》，法律出版社，2019。

“景深”。2014 年《行政诉讼法》修改的部分资料，由全国人大法工委及时汇编出版；[①] 1989 年《行政诉讼法》的立法资料，包括法律草案、讨论文章和事后访谈，也已经被汇编成书。[②] 对民国行政诉讼制度的讨论有了专著，不再倚赖台湾同行的研究成果。[③]

对外国行政诉讼法的译介取得重大进展。英国韦德等的《行政法》，被根据新版重新翻译；美国皮尔斯的《行政法》中文版也得以面世。[④] 这两部被冠以“行政法”之名的巨著，核心都在行政诉讼。对意大利和葡萄牙的行政诉讼制度开始有了介绍，英国的行政裁判制度被完整讨论。[⑤] 主要国家和地区的行政诉讼法典第一次被汇编成册。[⑥] 对于中国的行政诉讼法研究来说，这些文献可谓行政法学研究的重要“基础设施”。

（三）行政诉讼法的学术活动

有关行政诉讼法的学术活动不断。在《行政诉讼法》修改过程中，多个单位举办了不同层次和范围的讨论会，其中清华大学法学院连续举办了 14 场“理想的行政诉讼法”小型讨论会。新《行政诉讼法》颁布后，各地进行了不同方式的研讨。2015 年 11 月，中国政法大学法治政府研究院与清

---

① 全国人大常委会法制工作委员会行政法室编《行政诉讼法立法背景与观点全集》，法律出版社，2015。

② 何海波编《行政法治奠基时：1989 年〈行政诉讼法〉史料荟萃》，法律出版社，2019；蔡小雪编撰《行政诉讼 30 年：亲历者的口述》，法律出版社，2019。

③ 赵勇：《民国北京政府行政诉讼制度研究：基于平政院裁决书的分析》，中国政法大学出版社，2017。

④ 〔美〕理查德·皮尔斯：《行政法》，苏苗罕译，中国人民大学出版社，2016；〔英〕威廉·韦德、克里斯托弗·福赛：《行政法》，骆梅英等译，中国人民大学出版社，2018。

⑤ 王建新：《英国行政裁判所制度研究》，中国法制出版社，2015；罗智敏：《意大利行政诉讼制度研究》，中国政法大学出版社，2018。对葡萄牙制度的介绍，仍然局限于行政法教科书。其中包括：〔葡〕苏乐治：《行政法》，冯文庄译，法律出版社，2014；〔葡〕迪奥戈·弗雷塔斯·亚玛勒：《行政法教程》（第 1 卷），黄显辉、王西安译，法律出版社，2014；〔葡〕若泽·曼努埃尔·里贝罗·塞尔武罗·科雷亚：《行政法原理》，冯文庄译，法律出版社，2017。

⑥ 何海波编《中外行政诉讼法汇编》，商务印书馆，2018。

华大学法学院公法研究中心联合主办了“新行政诉讼法实施半年研讨会”。[①] 2018 年 11 月和 2019 年 11 月，在华东政法大学举行的中国法学会行政法学研究青年论坛分别研讨了“新《行政诉讼法》司法解释理解与适用”和“行政诉讼法学基本范畴”。[②] 2019 年 3 月底，在《行政诉讼法》颁布 30 周年之际，中国法学会行政法学研究会等机构联合举办了“纪念行政诉讼法通过三十周年研讨会”，同天发布了“推动中国法治进程十大行政诉讼典型案例”。[③]

与之同时，新的行政诉讼法研讨平台相继建立。浙江大学与耶鲁大学联合举办的“中美行政法高端论坛”，迄今举办 8 届，聚焦于对行政诉讼案例和司法解释的探讨。[④] 2019 年 9 月，中国法学会行政法学研究会行政法案例专业委员会成立，上海交通大学凯原法学院举办了首次学术年会。[⑤]

综上，在过去几年里，行政诉讼法研究仍然是行政法学研究的头号主题。这一结论并不意外。公民与政府平等对簿公堂、当事各方对行政行为合法性的关注，使行政诉讼成为行政法治的最好意象。行政诉讼立法和司法实践为行政法学研究提供了话题和灵感。行政裁判文书的大量公开，更是为法

---

① 《新行政诉讼法实施半年研讨会顺利举行》，载法治政府网，2015 年 11 月 2 日，http：//fzzfyjy. cupl. edu. cn/info/1021/1070. htm，最后访问时间：2019 年 12 月 1 日。

② 《中国法学会行政法学研究会 2018 年第 3 期青年论坛暨“新〈行政诉讼法〉司法解释理解与适用”学术研讨会在华东政法大学举行》，载微信公众号“法治政府研究院”，2018 年 11 月 20 日；《中国法学会行政法学研究会 2019 年第 2 期青年论坛暨“行政诉讼法学基本范畴”学术研讨会在华东政法大学顺利召开》，载中国政法大学法治政府研究院网站，http：//fzzfyjy. cupl. edu. cn/info/1021/11505. htm，最后访问时间：2019 年 12 月 1 日。

③ 《纪念行政诉讼法颁布三十周年研讨会在京举办》，载新华网，2019 年 4 月 1 日，http：//www. xinhuanet. com/legal/2019 -04/01/c_ 1210096236. htm，最后访问时间：2019 年 12 月 1 日。

④ 最新一次会议的报道，参见《行政规范性文件附带性审查中美研讨会顺利举行》，载浙江大学光华法学院网站，http：//www. ghls. zju. edu. cn/ghlscn/2019/0530/c13700a1221573/page. htm，最后访问时间：2019 年 12 月 1 日。

⑤ 《中国法学会行政法学研究会行政法案例专业委员会成立仪式暨 2019 年学术年会》，载上海交大网站，http：//fzzfyjy. cupl. edu. cn/info/1021/11083. htm，最后访问时间：2019 年 12 月 1 日。

学研究提供了源源不断的素材。几乎所有的行政管理领域和行政管理手段的完善，都要走行政诉讼这座桥。行政法治当然不能仅仅靠行政诉讼制度来支撑，但没有完备的行政诉讼制度，绝不可能有行政法治。这一点意味着，行政诉讼法研究今后仍将兴盛不衰。

与行政诉讼法研究产出的文章数量相比，专门研究行政诉讼法的学者数量偏少。当代的行政法学者多数关心行政诉讼，也写一些行政诉讼的文章，但有几个能够说“我是研究行政诉讼法的”？这可能说明，行政法学内部的学术分工还不够成熟。就像实务界需要专业的行政法律师、法官、检察官、政府法制人员一样，学术界同样需要一批精通行政法理论、了解行政诉讼法实践、长期在此领域精耕细作的行政诉讼法学者。行政诉讼法学要成为一项专门技艺，不是要说别人听不懂的话，而是要在精深研究的基础上，清楚回应这个领域的关切，有效解决这个领域面临的问题。

二　旧题新命：今后的研究课题

一个学科需要时时追问：“未来的课题在哪里?”研究者也常常纠结：“我研究什么好呢?”对于行政法学界来说，行政法治依然是这个时代未完的使命，行政法治建设仍然是法学研究的重大任务。① 具体到行政救济法领域，《行政诉讼法》在2014年的修改构成一个新的讨论起点；接下来，《行政复议法》面临修改；如果目光放得更加长远，行政救济体系的整体改进也需要学界继续努力。

下面，将从法律适用研究、立法研究和实证研究三个方面，对今后行政诉讼法研究的课题提些个人的看法，供讨论和批评。

---

① 姜明安:《行政法治探索》，载《中央政法管理干部学院学报》1997年第5期；应松年:《走向行政法治》，载《行政法学研究》1998年第4期；应松年:《中国行政法学的当代使命——在中国法学会行政法学研究会2005年年会上的讲话》，载《行政法学研究》2005年第4期。

（一）行政诉讼法律研究的课题

《行政诉讼法》修改带来了许多新的问题，一些老问题也在新形势下被重新激发。这为行政诉讼法的解释和适用提供了丰富的课题。对特定研究者来说，最好的办法是走近行政诉讼的参与者，包括法官、律师、老百姓、政府法制人员、检察人员，了解他们的“难点”“痛点”。最高人民法院2018～2019年度准备起草的几个司法解释，大体上反映了法院系统感受最强烈的几个问题。其中包括：行政协议、行政赔偿、行政机关负责人出庭应诉、规范性文件一并审理、行政争议和民事争议一并审理、行政案件庭审程序等。[①] 这里补充列举几个本报告认为比较急迫的课题。

1. 法律授权组织作被告

新《行政诉讼法》更加明确地肯定了行政机关以外组织行使行政职权的情况，把授权主体扩大到规章授权组织。它没有解决的问题是，党组织行使行政职权的情况怎么处理。随着党政机构统筹设立，这个问题变得更加突出。实践中，法院遇到党组织做出的行为一概不受理，党组织的文件一概不审查。由于党内审查机制的欠缺，法院这一立场有可能把党组织的行为导向一个“无法的空间”，这引发了许多人的忧虑。但如果党组织的某些行为可以进入行政诉讼，界限在哪里？与现有的党内审查机制又如何衔接？“法律授权组织”理论带来的另一个问题是，一些社会团体、事业单位对其成员的管理统统被作为“行政行为”，适用行政法的一般原则和《行政诉讼法》的规定。一些学者已经注意到它们与一般行政管理行为的区别，主张分开，但其理论依据和适用边界同样有待澄清。

2. 新型权利的诉讼保护

《行政诉讼法》将诉讼保护的利益从原先的“人身权、财产权”扩大为“人身权、财产权等合法权益”。这一改变对实践的影响可能并不明显，但

① 《最高人民法院2018年度司法解释立项计划》（法办〔2018〕121号）。在这些课题中，检察公益诉讼和行政协议已经出台了司法解释。

对理论的冲击比较大。在此之前，法院已经逐步但有限地接纳“受教育权”“知情权”“环境权”“社会权”的概念。然而，一旦法院的大门真正打开，就会发现形形色色的利益诉求等候在法院门口，要求法院审判。行政诉讼法学者有必要对这些问题一一回应。而所有这些情形归纳起来，给研究者提出了一个基本的问题：确定原告诉权的依据究竟是什么？这在法理学上也是一个经典的问题：“权利”或者“合法权益”应当如何理解？这个问题还可以从宪法角度来讨论：宪法权利如何进入行政诉讼？人权公约对于诉权有何影响？

3. 立案登记制

立案登记制的采用是这次行政诉讼改革直接影响最大的一项措施。在2015年新《行政诉讼法》实施之年，全国一审行政案件的数量比上一年增长了55%。行政诉讼“立案难”大大缓解，但它也带来了短期内人少案多的矛盾。在政府信息公开、投诉举报、土地征收等领域，一些当事人提起大量琐细或者同类的诉讼，更让一些法官感到困扰。在投诉举报、信息公开领域，出现大量“滥诉”现象是否说明原有的行政诉讼受理条件需要重新检讨？在土地征收领域，行政行为涉及众多人的利益，一部分人先起诉，法院以“诉讼标的为其他生效裁判所羁束”为由直接驳回后起诉的案件，是否合适？如果四分之一的一审行政案件被裁定驳回起诉，是否说明立案门槛太低，以致行政庭法官做了很多“无用功”？

4. 审查标准和裁判方式

司法审查标准和裁判方式是行政诉讼的一个核心问题，也是一个需要被翻来覆去讨论的话题。这次《行政诉讼法》增加了一个新的审查标准，即行政行为明显不当；新法也增加了裁判方式，包括确认行政行为无效、因行政程序轻微违法而确认行政行为违法、责令行政机关采取补救措施等。这为法院的审判增加了一个新的有力武器，但法院将会如何运用是个值得关注的问题。从过去实践来看，各地法院甚至同一法院在不同案件里对审查标准的适用是相当混乱的。[①] 新的规定给本已混乱的审查标准和判决方式带来新的

---

① 参见施立栋《被滥用的“滥用职权”——行政判决中滥用职权审查标准的语义扩张及其成因》，载《政治与法律》2015年第1期；邵亚萍《类型化视野下行政行为“适用法律、法规错误”的再认识》，载《浙江大学学报》（人文社会科学版）2019年第5期。

复杂因素。如何厘清各种审查标准之间的关系，以及如何选择判决方式，都值得再讨论。

（二）完善行政诉讼制度的课题

有关制度改进的课题基本上是朝向法律完善的策略研究，属于“立法法学”的范围。[①] 经过这一轮修改，《行政诉讼法》料将稳定一段时间，未来几年之内不太可能被再次修改。但行政诉讼制度的完善没有穷尽，对行政诉讼以及整个行政救济制度改革的讨论也一直在路上。这里列举几个问题，它们需要学界长期深入研究，以备来时。

1. 行政纠纷解决机制的整合和重构

在复议、信访、诉讼等多种行政纠纷解决机制并存、形成事实上制度竞争的框架下，如何合理配置各种纠纷解决机制，让它们各得其所？这始终是个大问题。具体的问题则包括：解决特定领域的民事争议，行政裁决与行政仲裁孰优孰劣？是让行政机关先来裁决，还是要求当事人直接走民事诉讼程序？对行政决定不服的，什么情况应当复议前置、什么情况允许当事人直接去法院？兜兜转转 30 年后，我们发现 1989 年《行政诉讼法》立法时的老话题又被重新提起。原有的讨论理念的成分比较多，经验的研究比较少；规范的分析比较多，利弊的研究比较少。学界需要在新的时代背景中，在更多经验研究和比较研究的基础上重新论证。

2. 法院设置和管辖

在上一轮司法改革和几乎同期进行的《行政诉讼法》修改中，设立行政法院的呼声很高，但行政法院方案没有被采纳。异地管辖、集中管辖、提级管辖和专门法院、跨行政区划法院，现在到处开花，而管辖规则也被搞得越来越复杂。总结各地试点情况，尽快规范法院的设置和管辖，应当是下一阶段司法改革的任务，对行政诉讼的未来将产生重大影响。行政法学者有必要给予更多关切。

---

① 何海波：《中国行政法学研究范式的变迁》，载姜明安主编《行政法论丛》第 11 卷，法律出版社，2008。

3. 行政诉讼被告制度

行政诉讼复杂的被告制度不仅需要解释，也面临重构。在中国，被告绝不仅仅是一个名义，还意味着应诉的义务、行政绩效考评和行政责任的承担。分类细密的被告就是这种行政责任体系的产物，复议机关当被告多少也是这种行政责任体系的产物。这种制度安排（特别是复议机关当共同被告）在一定程度上促进了复议机关认真履行复议职责，但看来代价不菲，应当只是过渡性的。如何重新构造一个简明有效、符合诉讼规律和国家治理需要的被告制度，有待继续讨论。

4. 行政诉讼的功能

从 1989 年《行政诉讼法》制定之时起，行政诉讼制度的功能定位就一直在提供权利救济和从事行政监督之间摇摆。除了这两者之外，行政诉讼制度还有解决行政纠纷、澄清和发展法律、维护统治秩序合法性等其他功能。行政诉讼制度究竟何去何从，需要对其功能定位做整体性考虑，也需要对不同功能做条分缕析的工作。例如，检察公益诉讼和无效行政行为应有起诉期限的限制吗？程序轻微违法且不损害当事人实体权益的，法院还有必要确认行政行为违法吗？行政再审程序应当重在申冤救屈，还是澄清法律规则、统一法律适用？司法建议、复议机关当被告、负责人出庭应诉，这些基于当下国情设立的制度代表未来方向吗？

5. 纠纷的实质性解决

行政诉讼要真正实现解决纠纷的功能，必须受理实质性的纠纷，并实质性地解决纠纷。所谓“受理实质性的纠纷”，指的是法院受理的行政案件总体上必须回应当事人的重大关切和社会的热点领域，而不能都是鸡毛蒜皮的事情。所谓“实质性地解决纠纷”，针对的是目前司法实践中“诉讼程序空转”“案了事不了”的窘境。后面这个问题被指出已经有一段时间，法院系统“实质性解决”的口号也喊了好多年了。[①] 但遗憾的是，学界对这个问

① 戴建志：《最高人民法院行政审判庭庭长赵大光谈行政纠纷的实质性解决》，载《人民司法》2010 年第 7 期；贾亚强：《论行政诉讼实质性解决行政争议的实现：以争讼行政法律关系的确定为研究进路》，载《法律适用》2012 年第 4 期；江必新：《论行政争议的实质性解决》，载《人民司法》2012 年第 19 期。

题还少有关注。提倡纠纷的实质性解决，从法院受理案件的条件，诉的合并、增加、变更，一审法院的判决方式和协调调解手段的运用，二审的审查对象和判决方式，再审的提起条件和裁判方式，一直到行政裁判的执行，都有必要重新检讨。一些诉讼制度的基本理论，例如诉和诉权的概念、民事诉讼与行政诉讼的区分、诉讼请求与裁判方式的关系，可能也需要反思。

6. 行政诉讼类型化

随着行政诉讼研究的精细化，大量讨论是针对特定类型的诉讼进行的。例如，对行政机关作出的行政处理决定提起的诉讼（即有的学者所说的“撤销诉讼”）、行政协议诉讼、行政不作为诉讼、行政赔偿诉讼、规范性文件审查等等。未来如果有机会对《行政诉讼法》做全面修改，这部法律有可能是根据不同诉讼类型分编分章规定的。没有成熟的诉讼类型研究，难以期望完善的行政诉讼法典体系。可见，对行政诉讼分类研究自有必要，对行政诉讼分类立法也有需求。但目前的类型化研究在概念使用上常常让人误解，在研究视角和应用场景上也有局限。为了便于理解，类型化的命名最好从行政争议的类型入手，而不是从法院的判决方式入手。类型化研究不但要追求学理体系的明晰，也应当考虑法典章节的完善。

（三）行政诉讼实证研究的课题

实证研究不仅仅是一种“方法”，在很多时候它本身就是课题。例如，当研究者致力于了解行政诉讼的真实面貌和法院的运作逻辑时，它就是一个有别于规范研究的专门课题。相隔 20 年，龚祥瑞教授和林莉红教授两个团队先后对行政诉讼实践做了大规模的调研。[①] 法社会学和政治学学者也对中

① 龚祥瑞主编《法治的理想与现实：〈中华人民共和国行政诉讼法〉实施现状与发展方向调查研究报告》，中国政法大学出版社，1993；林莉红主编《行政法治的理想与现实：〈行政诉讼法〉实施状况实证研究报告》，北京大学出版社，2014。

国行政诉讼制度表现出浓厚兴趣，努力揭示法律的实际运作及其背后的社会。[①] 尽管如此，我们对行政诉讼许多问题的了解仍然是不真切、不全面的。

1. 行政诉讼的基本状况

从法律制度的实际运作来看，诉讼的基本问题是：谁告谁？为何告？谁来审？怎么审？这些问题放在行政诉讼的全局来看，就是：谁在告政府？原告中，有多少企业、多少个人、多少外国人？来自农村、没有多少知识却一心讨要说法的“秋菊”，现在还有多少？被诉的都是哪些类型的行为？原告胜诉有几成？纠纷是否得到最终解决？一个纠纷从最初发生到最终解决需要多长的时间、花多大的成本？那些没有进入法院的纠纷是什么？对这些问题的认知，将影响我们对行政诉讼制度的理解、运用和重构。

2. 行政诉讼具体制度的运作

一些具体制度的运作情况也值得关注。例如，立案登记制实施后，“滥用诉权”到底有多严重？政府信息公开案件没有单独统计，它们到底占了多大比例？检察机关提起的行政公益诉讼，都是些什么案件？法院因为行政行为程序轻微瑕疵而判决确认行政行为违法的，又有多少？新《行政诉讼法》扩大调解的适用范围后，调解结案为什么没有显著增加？法官为什么不喜欢运用简易程序和陪审员审案？复议机关当被告，在多大程度上提升了行政复议的成效，又给行政机关增加了多大负担？法律不是静止的规范，而是动态的实践。没有对实践状况的调研，对一项制度的实效是无法评估的，对制度合理性的认识也可能是有偏差的。

---

① 例如，张泰苏：《中国人在行政纠纷中为何偏好信访?》，载《社会学研究》2009 年第 3 期；汪庆华、应星编《中国基层行政争议解决机制的经验研究》，上海三联书店，2010；汪庆华：《政治中的司法：中国行政诉讼的法律社会学考察》，清华大学出版社，2011；贺欣：《法院推动的司法创新实践及其意涵——以 T 市中级人民法院的行政诉讼为例》，载《法学家》2012 年第 5 期；于晓虹：《策略性服从：我国法院如何推进行政诉讼》，载《清华法学》2014 年第 4 期；崔威：《中国税务行政诉讼实证研究》，载《清华法学》2015 年第 3 期。

3. 行政诉讼的基本功能

循着同样的视角，我们也可以问一些更大的问题：第一，行政诉讼对于解决纠纷到底能起到多少作用？起诉到法院的，有多少能够称得上“实质性的纠纷”？那些在法律上赢了官司的人对结果是否满意、输了官司的人对结果能否接受？第二，行政诉讼对于改进行政执法、改善行政管理能起多少作用？如果没有行政诉讼，我国的行政执法会有多大差别？第三，行政诉讼对于法治国家的建设，又能起多大作用？行政诉讼制度的建立曾经被喻为“人治时代的终结，法治时代的开始”，但它最后会不会沦为人治的一个环节？

4. 行政诉讼背后的国家和社会

行政诉讼制度像一枚多棱镜，可以折射出一幅更大的图景，即它所赖以存在的社会和政治。就中国的行政诉讼制度而言，为什么会形成复议、诉讼、信访并存的格局？《行政诉讼法》实施 30 年了，为什么许多老百姓仍然“信访而不信法”？一些学者批评、抱怨或者嘲笑复议机关当被告、行政负责人出庭、检察行政公益诉讼等中国特色的法律制度，但是否想过，它们折射出的是一种什么样的国家治理体系？这些宏大的问题，理论上都可以通过实证研究来回答，也有必要通过实证研究来回答。

三　老树新枝：行政诉讼法研究的革新

行政诉讼法研究要提升品质，研究方法上的检讨是必需的。学术研究方法有很多，学界对研究方法的认识也在不断提高。这里仅针对行政诉讼法研究的几个常用方法，包括案例研究、实证研究、比较法研究，谈一点自己的看法。

（一）案例研究

案例研究近几年蓬蓬勃勃，蔚为大观。从较早时期的“判例解读”到多位学者倡导的“判例研读”，案例研究不断深入；从解剖麻雀式的“个案分析”到汇集众多案例的“类案分析”，案例研究的视野也在扩大。总的来说，现有的案例分析主要还是服务于规范分析，目标是剖析案例中蕴含的法理或者归纳各地法院的一般做法。在这方面，今后有继续探索的空间。例如，对一个案例进行多层次、多角度的深度分析，为行政管理的改进提出建议，而不仅仅是“法官应当如何适用法律”[①]；以生动活泼的方式和台前幕后的事实讲述“行政法的故事”，通过故事给人启发[②]；或者，在类案研究的基础上更进一步，利用新的检索技术对数以千计、万计甚至更多的案件进行“众案分析”，以窥全豹。与所有研究一样，案例研究需要清晰的问题意识和创新意识，而不是以案例来注释教科书上的原理。此外，案例研究如何消除事实与规范的鸿沟，也是一个非常困扰的问题。从一组案例中也许能够得出法院事实上是怎么做的，接下来要得出法律是什么样的，那是研究者需要警惕的；如果想进一步讨论法律应当是什么样的，案例能起多大作用更需要谨慎甄别。

（二）实证研究

实证研究的方法多种多样，大体来说有定性与定量之分。这里着重讨论近几年兴起的基于裁判文书统计分析的“数据法学”。确实，在很多时候，只有数据才能更好地呈现全貌，避免以偏概全。但数据的使用常常需要与实地观察（或者亲身参与）、深度访谈、个案分析等结合起来。没有后者的启发，可能意识不到问题之所在；没有后者的辅助，也可能回答不了数据的疑点。研究者需要学会利用数据，但不能迷信数据。

定量研究中遇到的第一个问题，可能是数据的来源问题。目前，行政诉

---

① 一个例子，参见叶俊荣《行政法案例分析与研究方法》，三民书局，1999。

② 两个可以参考的例子，见 Lord Cooke，*Turning Points of the Common Law*，Sweet & Maxwell，1997；Peter L. Strauss ed.，*Administrative Law Stories*，Foundation Press，2006。

讼相关数据主要来自三个渠道：各级法院和行政机关的官方统计[①]，对一定数量样本的手工统计，对司法裁判文书的大数据分析。对裁判文书的手工统计是目前最为流行的方式。学者们拿它分析行政判决的裁判理由，分析法院对规范性文件的审查，分析土地征收、政府信息公开等特定类型案件的情况。[②] 对司法裁判文书的大数据分析是 2014 年裁判文书大规模上网以来的新现象。借助新的检索技术，理论上可以做到对千万级裁判文书的全数据分析。

当大量数据摆在面前，如何处理这些数据将是研究者需要攻克的难关。在中文法学圈，已经有一些学者尝试使用各种统计软件帮助分析，使用各种绘图软件帮助呈现研究结果。好的实证研究还需要好的研究设计。系统地学习实证研究特别是定量研究的方法，今后可能会越来越重要。[③] 可以预料的是，今后会有越来越多的实证研究作品面世。

（三）比较法研究

中国学界注重对发达国家法律制度和学说的介绍，也热衷于引用外国法文献，把它们作为论证规范命题的一种方法。[④] 这种注重法律比较和借鉴的传统今后有必要保持下去。同时，我们需要扩大研究视野，不能总是局限于英美法德日这几个主要发达国家。我们也需要学会“平视西方”，把特定西方国家的法律看成人类多样的法律制度与理论中的一种，争取在知识上与西方学者开展平等对话。研究者还需要警醒的是，由于外国制度学说与中国的情境存在差异，比较法研究有它的弱点。例如，“保护规范理论”在多大程

---

① 关于司法统计数据的分布，参见易霏霏、马超、何海波《我国司法统计数据的公开：现状与建议》，载《中国应用法学》2017 年第 2 期。

② 例如俞祺《上位法规定不明确之规范性文件的效力判断——基于 66 个典型判例的研究》，载《华东政法大学学报》2016 年第 2 期；乔仕彤、毛文峥《行政征收的司法控制之道：基于各高级法院裁判文书的分析》，载《清华法学》2018 年第 4 期。

③ 对法律实证研究方法的介绍，参见张永健《法实证研究：原理、方法与应用》，新学林出版股份有限公司，2019。

④ 一个较早时期的分析，参见何海波《中国行政法学的外国法渊源》，载《比较法研究》2007 年第 6 期。

度上能够用于解决中国行政诉讼的原告资格问题，是相当有争议的。[①]

总的来说，引介外国法需要辨析该制度或者理论的来龙去脉、它的实际效果以及各方意见。而这样的研究是有较高门槛的。迄今为止，能够用一手外文文献做深入研究的并不多见，能够系统阅读相关文献并融汇运用的更是少之又少。多数的文献引用只是寻章摘句，所引文献往往缺乏代表性，甚至，外文文献的引注格式都写不规范。今后，这方面可能需要更多的学术分工，专题的外国法研究主要留给少量有良好外国法背景的学者。

结　语

行政诉讼数量不大却备受重视，因为行政诉讼法代表了正义的面孔，标示着法治的水平。行政诉讼法研究不会过时，过时的只是一些具体题目、具体论点和研究方法。在《行政诉讼法》完成修改后，对新法的解释和适用是过去几年和未来一段时间最重要的主题，但不是全部课题。即使在法律修改后，朝向更完善制度的对策研究仍然需要。随着司法裁判文书的大量公开，通过实证研究揭示行政诉讼现实图景和运作逻辑将成为学术研究新的增长点。行政诉讼研究在趋向多元化的同时，也呼唤研究的规范化和研究品质的提升。开拓新的研究主题、超越传统法学的套路，行政诉讼研究的天地将无比宽广。

① 关于这个主题的讨论，参见赵宏《保护规范理论的历史嬗变与司法适用》，载《法学家》2019 年第 2 期；章剑生《行政诉讼原告资格中“利害关系”的判断结构》，载《中国法学》2019 年第 4 期；成协中《保护规范理论适用批判论》，载《中外法学》2020 年第 1 期。

B.10
《行政法学研究》等法学类核心期刊学术热点分析

李 程 石海波 翁明杰*

摘 要： 以“中国知网”上中文社会科学引文索引（CSSCI）拟收录来源期刊目录中22种法学类核心期刊为统计源，可统计和分析出近3年行政法学界在法学核心期刊上刊发行政法学文章的情况及所刊发文章产生的影响。初步梳理近3年来行政法学研究的学术热点和研究趋势，可从总体上观察和把握学术界在行政法学领域的研究，当前研究主要呈现以下重点。首先，行政法学始终以行政诉讼和行政法学基本原理为基本的研究阵地。在这两个研究领域所取得的学术研究成果，既有对传统问题的深度挖掘，也有对新问题的探索解读，既有对现实问题的细微观察，也有对理论问题的追根溯源。其次，行政法学始终关注现实世界的热点问题，保持及时的回应和有效的关切。最后，从具有高影响力的行政法学文章的研究主题来看，行政法学的研究体系和研究视野正处于拓宽和丰富之中。

关键词： 法学期刊 《行政法学研究》 行政法学 影响力 研究重点

---

* 李程，法学博士，中国政法大学法治政府研究院《行政法学研究》编辑，主要研究方向为行政法学、教育法学；石海波，中国政法大学法学院硕士研究生；翁明杰，中国政法大学法学院硕士研究生。

一　《行政法学研究》2017～2018年刊发文章情况

（一）2017年刊发文章情况

《行政法学研究》2017 年累计刊发文章 72 篇，平均每期发文 12 篇。文章主题涉及我国行政法学发展、外国行政法学理论及实践、行政行为与规制理论、政府信息公开、行政协议、行政复议、行政诉讼、监察立法与监察体制改革、市场监管及网络规制、反腐及其他等方面。其中，以行政诉讼（含行政公益诉讼）为主题的文章数量居首，有关外国行政法学理论及实践、行政行为与规制理论、行政协议、政府信息公开、监察立法与监察体制改革、市场监管及网络规制等的文章数量较多（见表 1）。

表 1　《行政法学研究》2017 年刊发文章主题

单位：篇

文章主题	刊发数量	文章主题	刊发数量
行政诉讼	12	地方立法与行政	4
外国行政法学理论及实践	9	刑法与行政法交叉问题	2
行政协议	5	部门行政法	4
政府信息公开	4	会议综述	3
监察立法与监察体制改革	4	行政行为与规制理论	8
市场监管及网络规制	6	公众参与	2
行政复议	3	我国行政法学发展	1
行政处罚	2	反腐及其他	3

（二）2018年刊发文章情况

《行政法学研究》2018 年累计刊发文章 75 篇，平均每期发文 12.5 篇。文章主题涉及监察立法与监察体制改革、机构改革、行政诉讼、政府信息公开、外国行政法理论及实践、行政协议、地方立法与行政、大数据与个人信息保护等各个方面。其中，以行政诉讼为主题的文章数量居首，有关外国行政法学理论及实践、监察立法与监察体制改革、机构改革、部门行政法、行政协议、政府信息公开的文章数量较多（见表2）。

表2 《行政法学研究》2018年刊发文章主题

单位：篇

文章主题	刊发数量	文章主题	刊发数量
行政诉讼	15	行政许可	3
外国行政法学理论及实践	9	政府信息公开	3
部门行政法	8	刑法与行政法交叉问题	2
监察立法与监察体制改革	6	市场监管与网络规制	2
机构改革	4	大数据与个人信息保护	2
行政协议	4	网约车新政	1
行政行为与规制理论	4	行政强制	1
地方立法与行政	4	其他	7

二 《行政法学研究》2017～2018年刊载文章的影响力情况

（一）2017年刊载文章的影响力情况

截止到2019年11月25日，根据中国知网的统计数据，将《行政法学研究》2017年刊载文章的被引用次数及被下载次数排名前10位的文章分别整理为表3、表4。

表3 《行政法学研究》2017年刊载文章被引用次数排名前10位的文章

单位：次

作者	文章名	被引用次数
胡卫列、田凯	《检察机关提起行政公益诉讼试点情况研究》	103
王敬波、李帅	《我国政府信息公开的问题、对策与前瞻》	62
沈开举、邢昕	《检察机关提起行政公益诉讼诉前程序实证研究》	57
于立深	《行政协议司法判断的核心标准：公权力的作用》	54
孔祥稳、王玎、余积明	《检察机关提起行政公益诉讼试点工作调研报告》	48

续表

作者	文章名	被引用次数
李洪雷	《检察机关提起行政公益诉讼的法治化路径》	47
徐全兵	《检察机关提起行政公益诉讼的职能定位与制度构建》	46
刘畅、肖泽晟	《行政违法行为检察监督的边界》	30
程琥	《论我国网络市场监管的行政法治转型》	27
赵宏	《德国公私合作的制度发展与经验启示》	23

表 4 《行政法学研究》2017 年刊载文章被下载次数排名前 10 位的文章

单位：次

作者	文章名	被下载次数
胡卫列、田凯	《检察机关提起行政公益诉讼试点情况研究》	5457
王敬波、李帅	《我国政府信息公开的问题、对策与前瞻》	3410
沈开举、邢昕	《检察机关提起行政公益诉讼诉前程序实证研究》	2902
于立深	《行政协议司法判断的核心标准:公权力的作用》	2681
焦洪昌、古龙元	《从全国人大常委会授权看监察体制改革》	2118
马颜昕	《行政法重点问题与法治政府新课题——中国行政法学研究会 2016 年年会综述》	2085
李洪雷	《检察机关提起行政公益诉讼的法治化路径》	2045
徐全兵	《检察机关提起行政公益诉讼的职能定位与制度构建》	1965
孔祥稳、王玎、余积明	《检察机关提起行政公益诉讼试点工作调研报告》	1941
刘飞、谭达宗	《内部行为的外部化及其判断标准》	1758

（二）2018年刊载文章的影响力情况

截止到 2019 年 11 月 25 日，根据中国知网的统计数据，将《行政法学研究》2018 年刊载文章的被引用次数及被下载次数排名前 10 位的文章分别整理为表 5、表 6。

表 5 《行政法学研究》2018 年刊载文章被引用次数排名前 10 位的文章

单位：次

作者	文章名	被引用次数
马怀德	《再论国家监察立法的主要问题》	71
张玉洁	《论无人驾驶汽车的行政法规制》	33
陈光中、兰哲	《监察制度改革的重大成就与完善期待》	20

续表

作者	文章名	被引用次数
宋华琳	《中国政府数据开放法制的发展与建构》	19
王春业	《从全国首案看行政规范性文件附带审查制度完善》	14
高小平、刘一弘	《应急管理部成立:背景、特点与导向》	14
林莉红	《论检察机关提起民事公益诉讼的制度空间》	12
王静	《中国网约车新政的变革方向》	11
刘权	《党政机关合署办公的反思与完善》	11
金国坤	《党政机构统筹改革与行政法理论的发展》	10

表 6　《行政法学研究》2018 年刊载文章被下载次数排名前 10 位的文章

单位：次

作者	文章名	被下载次数
马怀德	《再论国家监察立法的主要问题》	4494
张玉洁	《论无人驾驶汽车的行政法规制》	2373
陈光中、兰哲	《监察制度改革的重大成就与完善期待》	1815
金国坤	《党政机构统筹改革与行政法理论的发展》	1724
杨伟东	《新司法解释受案范围规定的思路、逻辑及未来发展》	1661
刘权	《党政机关合署办公的反思与完善》	1585
朱福惠	《国家监察法对公职人员纪律处分体制的重构》	1559
林莉红	《论检察机关提起民事公益诉讼的制度空间》	1511
邢昕	《行政公益诉讼启动标准:基于 74 份裁判文书的省思》	1501
高小平、刘一弘	《应急管理部成立:背景、特点与导向》	1427

三　2019年《行政法学研究》接收投稿与刊发文章情况

（一）接收投稿情况统计

截至 2019 年 10 月 31 日，2019 年《行政法学研究》杂志接收各类作者投稿共计 664 件。从文章主题来看，这 664 篇文章基本涵括了行政法学研究范畴的方方面面，也涉及民法学、刑法学、经济法学、法理学等部门法与行政法主题相交叉的研究领域；从作者的职务和身份来看，在所有接收的稿件中，作者身份为博士生（包括博士后）的有215篇，为讲师的有166篇，为副教授的有80篇，为教授的有54篇，为其他人员（包括本科生和硕士生、企事业单位工作人员、实务部门干部、律师、自由职业者以及其他信息不明者）的有149篇（见表7）。

表7　2019年《行政法学研究》接收投稿情况

作者身份（职务）	篇数（篇）	所占比（%）
博士生（包括博士后）	215	32
讲师	166	25
副教授	80	12
教授	54	8
其他人员	149	22

截至2019年10月31日，2019年《行政法学研究》接收的所有664篇投稿文章中，除去还处于审稿程序中的35篇文章，被决定录用的文章（包括已被安排刊期或已上传网络文件）为69篇，占比约为10%。

（二）刊发文章情况

2019年《行政法学研究》杂志出版6期，共计刊出文章69篇，平均每期发文11.5篇；既设置有“学术专论”“青年论坛”“探索与解读”“行政诉讼”等固定栏目，也开设了“政府信息公开专栏”“行政处罚专栏”“行政复议专栏”“公物收费专栏”等栏目。总体而言，这69篇文章涵盖了行政诉讼、行政复议、行政处罚、信息公开、公共信用等十几个主题。其中，研究行政诉讼和行政行为与行政法基础理论两大基本主题的文章数量依然最多，占最大的比重（见表8），针对信息公开、行政复议、行政处罚等重要制度进行研究的文章则紧随其后。与往年相比，从研究主题的范围和广度来看，2019年所刊出文章既包括了自动驾驶汽车规制、行政公物收费这样的关注现实世界热点问题的主题，也新增加了对民法、刑法与行政法的交叉问题进行跨部门法研究的主题；除此之外，例如公共信用、大数据与网络监管、监察法等近年来备受讨论、需要进一步研究的热点话题，在 2019 年依然受到了持续和深入的关注。

表 8 《行政法学研究》2019 年刊发文章主题

单位：篇

文章主题	刊发数量	文章主题	刊发数量
行政诉讼	12	部门行政法	3
行政行为与行政法基础理论	8	自动驾驶汽车规制	3
信息公开	6	刑法与行政法交叉问题	2
行政复议	5	外国行政法学理论	2
行政处罚	5	监察法	2
行政公物收费	4	重大行政决策	2
公共信用	4	大数据与网络监管	2
行政协议	3	其他	3
民法与行政法交叉问题	3		

四 其他法学类核心期刊 2017 ~2019年刊发行政法学类文章情况①

（一）2017年21种法学类期刊刊发行政法学类文章情况

2017 年，21 种法学类期刊上共刊发行政法学类文章 101 篇，其中《政治与法律》刊发了 17 篇，《中国法学》、《法学论坛》和《法学杂志》各刊发了 7 篇。

① 在中文社会科学引文索引（CSSCI）拟收录来源期刊目录中，法学类核心期刊一共23种。除去《行政法学研究》在前面被单列出来进分析，以及《中国刑事法杂志》因为其仅刊发刑事法学研究的学术论文，没有刊发行政法学类文章外，该部分分析的2017 ~ 2019年刊发行政法学类文章的法学类核心期刊，是指《中国法学》《法学研究》《中外法学》《法商研究》《清华法学》《法学家》《法学》《法制与社会发展》《当代法学》《法律科学》《现代法学》等21种法学期刊（以下简称“21种法学类期刊”）。

1. 2017年刊发的行政法学类文章的影响力分析

（1）2017 年刊发的行政法学类文章被下载次数

截至 2019 年 12 月 20 日，2017 年在 21 种法学类期刊刊发的行政法学类的文章在中国知网下载的次数超过 2000 次的一共有 6 篇，约占 2017 年刊发行政法学类文章总数的 6%。其中下载次数超过 1000 次的文章一共有 36 篇，约占刊发行政法学类文章总数的 36%。2017 年 21 种法学类期刊刊发的行政法学类文章在中国知网下载次数前 10 的情况见表 9。

表 9　2017 年 21 种法学类期刊刊发的行政法学类文章在中国知网被下载次数前 10 的情况

单位：次

文章作者	文章名	文章来源	被下载次数
王克稳	《行政审批（许可）权力清单建构中的法律问题》	《中国法学》2017 年第 1 期	2819
王瑞雪	《政府规制中的信用工具研究》	《中国法学》2017 年第 4 期	2603
姜明安	《中国政府信息公开制度的发展趋势》	《比较法研究》2017 年第 2 期	2569
陈越峰	《监察措施的合法性研究》	《环球法律评论》2017 年第 2 期	2500
金自宁	《地方立法行政许可设定权之法律解释:基于鲁潍案的分析》	《中国法学》2017 年第 1 期	2415
赵宏	《从信息公开到信息保护:公法上信息权保护研究的风向流转与核心问题》	《比较法研究》2017 年第 2 期	2099
韩宁	《行政协议判断标准之重构——以“行政法上权利义务”为核心》	《华东政法大学学报》2017 年第 1 期	1986
陈鹏	《行政诉讼原告资格的多层次构造》	《中外法学》2017 年第 5 期	1915
朱全宝	《检察机关提起环境行政公益诉讼:试点检视与制度完善》	《法学杂志》2017 年第 8 期	1906
邓刚宏	《行政诉讼举证责任分配的逻辑及其制度构建》	《政治与法律》2017 年第 3 期	1884

（2）2017 年刊发的行政法学类文章被引用次数

截至 2019 年 12 月 20 日，2017 年在 21 种法学类期刊刊发的行政法学类的文章被引用的次数超过 10 次的有 37 篇，占 2017 年总刊发行政法学类文章的37%，这些文章都结合当下研究热点，某种程度上为行政法学研究改革指明了方向（见表10）。

表10　2017年21种法学类期刊刊发的行政法学类文章在中国知网被引用次数前10的情况

单位：次

文章作者	文章名	文章来源	被引用次数
陈越峰	《监察措施的合法性研究》	《环球法律评论》2017年第2期	90
王克稳	《行政审批（许可）权力清单建构中的法律问题》	《中国法学》2017年第1期	41
姜明安	《中国政府信息公开制度的发展趋势》	《比较法研究》2017年第2期	41
崔建远	《行政合同族的边界及其确定根据》	《环球法律评论》2017年第4期	41
赵宏	《从信息公开到信息保护：公法上信息权保护研究的风向流转与核心问题》	《比较法研究》2017年第2期	39
王瑞雪	《政府规制中的信用工具研究》	《中国法学》2017年第4期	36
韩宁	《行政协议判断标准之重构——以“行政法上权利义务”为核心》	《华东政法大学学报》2017年第1期	33
王留一	《论行政规范性文件司法审查标准体系的建构》	《政治与法律》2017年第9期	27
王贵松	《信息公开行政诉讼的诉的利益》	《比较法研究》2017年第2期	26
梁君瑜	《行政程序瑕疵的三分法与司法审查》	《法学家》2017年第3期	25
肖卫兵	《论我国政府数据开放的立法模式》	《当代法学》2017年第3期	25
朱全宝	《检察机关提起环境行政公益诉讼：试点检视与制度完善》	《法学杂志》2017年第8期	25

2. 2017年刊发的行政法学类文章的主题

2017年刊发的行政法学类文章的主题涉及我国的行政法基本原理、政府信息公开、行政行为基础理论、行政诉讼、行政处罚、规范性文件、行政协议、行政复议、行政补偿、行政组织法、行政责任、行政规制理论、行政许可等（见表11）。

表11　2017年21种法学类期刊刊发的行政法学类文章主要研究主题

单位：篇

文章主题	刊发数量	文章主题	刊发数量
行政诉讼	16	行政许可	5
行政法基本原理	11	行政协议	4
政府信息公开	11	行政处罚	3
行政行为基础理论	10	行政决策	3
行政责任	6	行政规制理论	2
规范性文件	5	行政复议	2

由表11可知，2017年的行政法学研究的重心仍集中于行政诉讼、行政法基本原理和行政行为基础理论等传统理论。2017～2018年在《政府信息公开条例》修订之际，学术界针对信息公开制度进行了集中研究，政府信息公开类的文章在2017年共刊发了11篇，这些文章在信息公开研究领域产生较大影响。2015年中共中央办公厅、国务院办公厅印发了《关于推行地方各级政府工作部门权力清单制度的指导意见》，该意见要求推行地方各级政府工作部门权力清单制度，强调权力清单制度是国家治理体系和治理能力现代化建设的重要举措。2017年刊发的文章中有5篇关于行政责任的研究，文章呼应了时事热点，针对“权力清单”“责任清单”等行政责任追究的形式进行了深入研究。

（二）2018年21种法学类期刊刊发行政法学类文章情况

2018年，21种法学类期刊共刊发行政法学类文章88篇，其中《政治与法律》刊发了14篇，仍然是21种法学类期刊中刊发行政法学类文章最多的期刊。《中国法学》刊发了8篇，《法商研究》刊发了7篇，《中外法学》、《法学》和《法学杂志》各刊发了6篇。

1. 2018年刊发的行政法学类文章的影响力分析

（1）2018年刊发的行政法学类文章被下载次数

截至2019年12月20日，2018年在21种法学类期刊刊发的行政法学类的文章在中国知网被下载的次数超过2000次的一共有3篇，约占2018年刊发的行政法学类文章总数的3.4%。其中被下载次数超过1000次的文章一共有25篇，约占刊发的行政法学类文章总数的28%。2018年21种法学类期刊刊发的行政法学类文章被下载次数前10的情况见表12。

表12　2018年21种法学类期刊刊发的行政法学类文章在中国知网被下载次数前10的情况

单位：次

文章作者	文章名	文章来源	被下载次数
王万华	《完善检察机关提起行政公益诉讼制度的若干问题》	《法学杂志》2018年第1期	3415
朱芒	《高校校规的法律属性研究》	《中国法学》2018年第4期	2213
刘艺	《构建行政公益诉讼的客观诉讼机制》	《法学研究》2018年第3期	2121
马怀德、孔祥稳	《中国行政法治四十年：成就、经验与展望》	《法学》2018年第9期	1828
林仪明	《我国行政公益诉讼立法难题与司法应对》	《东方法学》2018年第2期	1797
卢超	《从司法过程到组织激励：行政公益诉讼的中国试验》	《法商研究》2018年第5期	1725
谭冰霖	《环境行政处罚规制功能之补强》	《法学研究》2018年第4期	1692
李成	《行政规范性文件附带审查进路的司法建构》	《法学家》2018年第2期	1678
陈兴良	《违反行政许可构成非法经营罪问题研究——以郭嵘分装农药案为例》	《政治与法律》2018年第6期	1587
陈无风	《司法审查图景中行政协议主体的适格》	《中国法学》2018年第2期	1549

（2）2018年刊发的行政法学类文章被引用次数

截至2019年12月20日，2018年在21种法学类期刊刊发的行政法学类的文章被引用的次数超过10次的有16篇，约占2017年总刊发行政法学类文章的18%，这些文章或以行政法学基本理论研究回应行政法发展过程中的新问题，或是结合当下行政法学领域热点进行研究分析，对行政法学研究产生重大影响。2018年21种法学类期刊刊发的行政法学类文章被引用前10的情况见表13。

表 13　2018 年 21 种法学类期刊刊发的行政法学类文章在中国知网被引用次数前 10 的情况

单位：次

文章作者	文章名	文章来源	被引用次数
王万华	《完善检察机关提起行政公益诉讼制度的若干问题?	《法学杂志》2018 年第 1 期	48
林仪明	《我国行政公益诉讼立法难题与司法应对》	《东方法学》2018 年第 2 期	42
刘艺	《构建行政公益诉讼的客观诉讼机制》	《法学研究》2018 年第 3 期	33
李成	《行政规范性文件附带审查进路的司法建构》	《法学家》2018 年第 2 期	18
朱芒	《高校校规的法律属性研究》	《中国法学》2018 年第 4 期	15
刘启川	《独立型责任清单的构造与实践基于 31 个省级政府部门责任清单实践的观察》	《中外法学》2018 年第 2 期	15
王贵松	《论行政诉讼的权利保护必要性》	《法制与社会发展》2018 年第 1 期	15
杨登峰	《法无规定时正当程序原则之适用》	《法律科学》(西北政法大学学报)2018 年第 1 期	14
范伟	《行政黑名单制度的法律属性及其控制——基于行政过程论视角的分析》	《政治与法律》2018 年第 9 期	14
卢超	《从司法过程到组织激励:行政公益诉讼的中国试验》	《法商研究》2018 年第 5 期	13

2018 年 21 种法学类期刊刊发的行政法学类的文章被引用次数前 3 的文章均是对行政公益诉讼的研究，第十二届全国人民代表大会常务委员会第二十八次会议通过了《全国人民代表大会常务委员会关于修改〈中华人民共和国民事诉讼法〉和〈中华人民共和国行政诉讼法〉的决定》，对《行政诉讼法》作出修改，该修正案自 2017 年 7 月 1 日起施行。虽然此次修改的内容不多，但其意义非凡。这表明我国行政公益诉讼已从试点区域扩大到全国范围。[①] 行

① 黄学贤：《行政公益诉讼回顾与展望》，载《苏州大学学报》2018 年第 2 期。

政公益诉讼从地方试点到全国推广，学界对行政法学的研究也纷纷聚焦于行政公益诉讼。

2.2018年刊发的行政法学类文章的主题

2018 年刊发的行政法学类文章的主题涉及我国的行政法基本原理、行政行为基础理论、行政诉讼、行政处罚、规章和规范性文件、行政协议、行政复议、国家赔偿、行政组织法、行政责任、行政监管、行政公益诉讼、信访制度等，有的文章同时涉及两个及以上的主题（见表 14）。

表 14　2018 年 21 种法学类期刊刊发的行政法学类文章主要研究主题

单位：篇

文章主题	刊发数量	文章主题	刊发数量
行政诉讼	13	行政处罚	4
行政法基本原理	12	国家赔偿	3
行政行为基本理论	8	部门行政法	3
行政协议	7	行政复议	3
行政监管	5	行政责任	3
行政公益诉讼	5	刑法与行政法交叉问题	2
规章和规范性文件	4	行政决策	2
行政程序	4	信访制度	2
行政执法	4	行政征收	1
信息公开	3	高校性质及其他	3

2018 年刊发的 88 篇行政法学类的文章仍集中于行政诉讼、行政法基本原理和行政行为基本理论三大主题，行政协议主题的文章相较于 2017 年有所增加，行政公益诉讼的文章一共有 5 篇，这 5 篇文章的被下载次数和被引用次数相较于其他行政法学类文章而言较多。行政处罚类的文章有 4 篇，其中失信联合惩戒制度是 2017 年、2018 年和 2019 年三年的研究热点问题之一。

（三）2019年21种法学类期刊刊发行政法学类文章情况

截至 2019 年 12 月 20 日，在中国知网上已经上传发布的 2019 年 21 种法学类期刊刊发的行政法学类文章总计 105 篇，其中《政治与法律》仍然是刊发行政法学类研究数量最多的法学类核心期刊，共刊发16篇。刊发行政法学类文章超过5篇（包括5篇）的法学类核心期刊共有11种（见图1）。

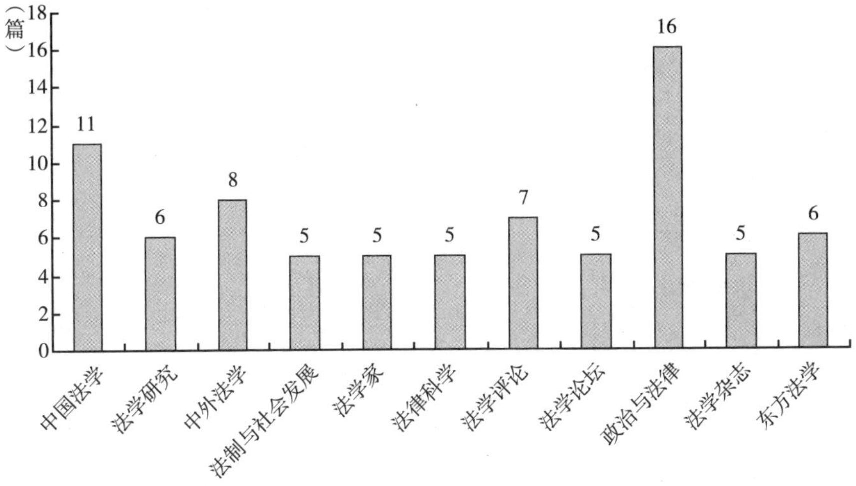

图1　2019年刊发行政法学类文章数量超过5篇的法学类核心期刊

（四）2019年刊发的行政法学类文章的影响力分析

1. 2019年刊发的行政法学类文章被下载次数

2019年刊发的行政法学类文章因为刊发时间较短，所以2019年的行政法学类文章被下载次数明显低于2017年和2018年。截至2019年12月20日，2019年刊发的行政法学类文章被下载次数超过700次的有27篇，约占总刊发行政法学类文章的26%（见表15）。

表15　2019年21种法学类期刊刊发的行政法学类文章在中国知网被下载次数前10的情况

单位：次

文章作者	文章名	文章来源	被下载次数
陈天昊	《行政协议的识别与边界》	《中国法学》2019年第1期	1971
章剑生	《行政诉讼原告资格中“利害关系”的判断结构》	《中国法学》2019年第4期	1761

续表

文章作者	文章名	文章来源	被下载次数
赵鹏	《惩罚性赔偿的行政法反思》	《法学研究》2019 年第 1 期	1675
周佑勇	《司法判决对正当程序原则的发展》	《中国法学》2019 年第 3 期	1576
王霁霞	《共享经济的法律规制逻辑——以网约车行政案件为切入点的分析》	《法学杂志》2019 年第 1 期	1457
熊樟林	《论〈行政处罚法〉修改的基本立场》	《当代法学》2019 年第 1 期	1354
蒋红珍	《正当程序原则司法适用的正当性:回归规范立场》	《中国法学》2019 年第 3 期	1326
江国华	《正当性、权限与边界——特别权力关系理论与党内法规之证成》	《法律科学》(西北政法大学学报)2019 年第 1 期	1298
刘权	《行政判决中比例原则的适用》	《中国法学》2019 年第 3 期	1293
余凌云	《行政协议的判断标准——以"亚鹏公司案"为分析样本的展开》	《比较法研究》2019 年第 3 期	1093

2. 2019年刊发的行政法学类文章被引用次数

2019 年刊发的行政法学类文章刚刊发，被引用的次数也比较少，截至 2019 年 12 月 20 日被引用次数最多的是学者赵宏在《法学家》2019 年第 2 期上刊发的《保护规范理论的历史嬗变与司法适用》，被引用 11 次。这 105 篇行政法学类文章中，被引用次数超过 4 次（包括 4 次）的一共 14 篇，占 2019 年刊发的行政法学类文章约 13%（见表 16）。

表 16　2019 年 21 种法学类期刊刊发的行政法学类文章在中国知网被引用次数前 10 的情况

单位：次

文章作者	文章名	文章来源	被引用次数
赵宏	《保护规范理论的历史嬗变与司法适用》	《法学家》2019 年第 2 期	11
赵鹏	《惩罚性赔偿的行政法反思》	《法学研究》2019 年第 1 期	8
许春晖	《正当程序:滥用程序权的判断标准》	《法学评论》2019 年第 2 期	8
戴国立	《析论高校教育惩戒权的法律控制》	《东方法学》2019 年第 2 期	8
何渊	《智能社会的治理与风险行政法的建构与证成》	《东方法学》2019 年第 1 期	7
肖中扬	《论新时代行政检察》	《法学评论》2019 年第 1 期	7

续表

文章作者	文章名	文章来源	被引用次数
王霁霞	《共享经济的法律规制逻辑——以网约车行政案件为切入点的分析》	《法学杂志》2019 年第 1 期	6
陈天昊	《行政协议的识别与边界》	《中国法学》2019 年第 1 期	4
刘杨	《执法能力的损耗与重建——以基层食药监执法为经验样本》	《法学研究》2019 年第 1 期	4
卢超	《社会性规制中约谈工具的双重角色》	《法制与社会发展》2019 年第 1 期	4
熊樟林	《论〈行政处罚法〉修改的基本立场》	《当代法学》2019 年第 1 期	4
江国华	《正当性、权限与边界——特别权力关系理论与党内法规之证成》	《法律科学》(西北政法大学学报)2019 年第 1 期	4
王贵松	《论行政法上的法律优位》	《法学评论》2019 年第 1 期	4
林鸿潮	《社会稳定风险评估的法治批判与转型》	《环球法律评论》2019 年第 1 期	4

(五)2019年刊发的行政法学类文章的主题

2019 年刊发的行政法学类文章的主题涉及行政法诸多领域，截止到 2019 年 12 月 20 日，对 2019 年 21 种法学类期刊刊发的行政法学类文章的主要研究主题的整理详见表 17。

表 17　2019 年 21 种法学类期刊刊发的行政法学类文章主要研究主题

单位：篇

文章主题	刊发数量	文章主题	刊发数量
行政诉讼	15	行政处罚	7
行政法基本原理	11	国家责任、国家赔偿	4
行政行为基本理论	4	主观公权利、保护规范理论	2
行政协议	6	行政复议	3
风险评估	2	行政责任	3
行政公益诉讼	2	民法与行政法交叉问题	1
规章和规范性文件	6	监察赔偿	2
行政程序	5	信访制度	1
行政执法	4	失信惩戒	1
信息公开	4	高校性质研究	6

2019 年刊发的行政法学类文章的研究主题主要呈现以下几方面的特点。

首先，2019 年刊发的行政法学类研究呈现出新的研究热点，如学者赵宏对主观公权利和保护规范理论进行了研究，尝试借鉴德国的相关制度和理论，为我国的行政诉讼的受案范围和行政诉讼的“利害关系”判断等提供新的思路。其在《中外法学》2019 年第 3 期刊发的《主观公权利的历史嬗变与当代价值》、《法学家》2019 年第 2 期刊发的《保护规范理论的历史嬗变与司法适用》，对域外的经验进行了学习借鉴以推进我国行政法基本理论的更新与发展。

其次，紧跟立法热点。2018 年 9 月 7 日，全国人大常委会公布《十三届全国人大常委会立法规划》。其中修改《行政处罚法》被列为第一类项目，即“条件比较成熟、任期内拟提请审议的法律草案”。《行政处罚法》的修改也成了 2019 年的研究热点，如学者熊樟林在《当代法学》2019 年第 1 期刊发的《论〈行政处罚法〉修改的基本立场》，学者王青斌在《法学评论》2019 年第 7 期刊发的《行政法中的没收违法所得》等，都对《行政处罚法》提出了建议及进行了展望。

最后，针对新法实施后的情况进行立法实践评估。新的《行政复议法》于 2017 年作出修正，运行将近 2 年，针对实践过程中出现的问题，学者进行了深入研究，如学者方世荣在《中外法学》2019 年第 2 期刊发的《论复议机关做被告与做共同被告的不同价值功能》，学者王青斌在《政治与法律》2019 年第 7 期上刊发的《反思行政复议机关作共同被告制度》等，都对行政复议修改中的新规定“复议机关作共同被告”制度进行了思考和评价。

五　行政法学近3年学术热点及研究趋势

综上所述，本报告以《行政法学研究》杂志为中心，同时关注其余 21 种法学类期刊所刊发的行政法学类文章，对近 3 年来行政法学研究的学术热点和研究趋势进行了初步的梳理和总体性的观察；通过横向和纵向的对比，将基本情况说明如下。

第一，行政法学始终以行政诉讼和行政法学基本原理为基本的研究阵地。在这两个研究领域所取得的学术研究成果，既有对传统问题的深度挖掘，也有对新问题的探索解读；既有对现实问题的细微观察，也有对理论问题的追根溯源。以行政诉讼领域为例，公益诉讼、行政协议、规范性文件审查、行政诉讼判决、原告资格、受案范围等问题凝聚了理论沉淀和现实实践，始终处于行政诉讼研究的前沿阵地之中。与此同时，行政复议、行政处罚、信息公开、重大行政决策等重要制度依然是行政法学者深耕细作的重要研究场域，立法改革和制度实践的深入引领着行政法学者在相关领域内进行更加深入的反思与钻研。

第二，行政法学始终关注现实世界的热点问题，保持及时的回应和有效的关切。近 3 年来涌现的诸多现实问题，例如网约车、自动驾驶、大数据、网络与科技监管、失信惩戒等，正成为行政法学的新的研究素材。现实世界的变化对传统行政法的行政行为方式、种类、类型化等产生了一定的冲击，同时这些问题尚处于理论未成熟、现实意义又十分重大的状态之中；行政法学者对这些问题的深入研究和及时回应，对于构造行政法学的现实面向有着重要的意义。

第三，从具有高影响力的行政法学文章的研究主题来看，行政法学的研究体系和研究视野正处于拓宽和丰富之中。在这些文章之中，无论是“老问题”，还是“新问题”，都能取得相当的学术关注度与影响力；同时，从高影响力文章的选题所体现的研究方法来看，各种研究方法所相应的选题，都能在相应的排行中取得一席之地。这所显示的，也正是行政法学在发展中不断完善、不断成熟的过程。

B.11
行政活动方式的自动化趋向及其法律问题

展鹏贺 *

摘　要： 随着互联网、大数据、人工智能等新技术在行政管理和服务活动中的大量应用，传统以人际互动为基础的行政方式在模式上发生了深刻变革。人机互动式的行政自动化模式开始在实践中大量出现。近年来，国务院着眼于互联网、大数据和人工智能技术应用在提升行政效率和政府治理能力方面的显著优势，制定了一系列旨在促进新技术条件下行政管理和服务方式优化升级的规范性文件。各级地方政府亦在国家的政策导向下，在实践中探索实施了大量自动化行政活动方式。作为国家行政权力运行的一部分，行政活动方式的自动化实施同样要受《宪法》框架下依法行政原则的制约。因此，有必要从行政合法性的角度，阐述当前行政自动化发展趋势与行政法律规范体系的契合性，总结因实施方式差异而在诸如主体、程序和决定方面的具体法律问题。

关键词： 自动化　互联网　大数据　人工智能　行政活动

---

* 展鹏贺，法学博士，湖南大学法学院副教授，主要研究方向为行政法学。湖南大学法学院 2019 级硕士研究生王雪瑞为本报告的撰写做了大量的前期资料整理工作，作者在此表示感谢。

一 引言

近年来，随着互联网、大数据以及人工智能等技术的日渐成熟与广泛应用，科技化的触角已经深入社会活动的各个角落，① 国家行政管理和服务活动的方式方法也在这股技术浪潮的席卷中发生着巨大的转变，其中最显著的特征表现为行政活动过程中人的直接参与比重下降，自动化技术和设备的利用大幅提升，政府治理模式持续向数字化、自动化和智能化转变。

对于以政府行政活动为规制对象的行政法部门来说，作为该法律部门核心的依法行政与权利保障原则本身并不反对政府治理模式的技术化转向。但是，面对行政活动在网络与智能技术改造下所表现出的行为方式上的变革，如何通过现有的行政法律制度对其作出正确的解读；同时，如何破解法律规范因其刚性保守固有特点所具有的技术免疫力，与当下行政管理活动自动化发展趋势之间的规范张力，② 是行政法理论和法教义学上所必须回答的重要问题，亦是防止行政法律制度过分被技术化内容牵制而与行政管理制度相混同的重要环节。

在概念上，“行政自动化”或者说“自动化行政”对于行政法领域来说，并不是全新的事物。单纯从自动化设备在政府行政活动中使用的角度观察，自动化行政的制度实践至少可以追溯到20世纪早期交通信号灯的普及。20世纪50年代以后，得益于电子计算机技术的持续进步，世界范围内掀起了又一轮公共行政方式变革的浪潮。行政活动的自动化程度因计算机的广泛应用得以在更广阔的范围内实现：从最初行政机关内部的办公自动化到通过电子化文书、数据传输而实现的外部行政程序机制的自动化。自动化技术对

① 参见〔美〕佩德罗·多明戈斯《终极算法：机器学习和人工智能如何重塑世界》，黄芳萍译，中信出版集团，2017，第28页。

② 参见赵鹏《法律人工智能技术的发展和法学教育的回应》，载《中国高等教育》2019年第Z1期。类似观点参见曹建峰《人工智能法律服务的前景与挑战》，载腾讯研究院网，https：//www. tisi. org/4855，最后访问时间：2019年12月25日。

于政府行政管理模式的形塑，在过去的半个多世纪里，逐渐实现了从单纯工具意义上的工作辅助手段，向功能上具有独立法律意义的制度要素的跃迁。

相比于以往个别领域或者点状的行政活动方式自动化，大数据、互联网以及人工智能技术所带来的行政自动化变革则是全方位、全过程的：大数据技术在海量数据搜集和分析方面的绝对优势，使其正在逐渐取代传统行政调查程序中效率低下且容易犯错的人工方式；[①] “互联网+”技术所实现的终端互联和数据共享，省却了行政程序推进机制上对人工的依赖；具有深度学习能力的人工智能技术的成熟，使得行政主体任何类型的决策都有了自动化的可能。[②] 在新技术条件下，行政自动化愈发展现出其对传统行政活动模式的解构作用，以及对新型行政活动模式的形塑功能。可以预见，自动化将在越来越多的行政管理领域成为行政机关履行职责、实施公权力的重要方式。

考虑到新技术应用背景下行政自动化相对于传统行政管理模式在功能和效果上的巨大提升，以及其在提升国家治理体系效能方面的潜在优势，我国近年来尤其重视相关新技术手段在行政管理和服务活动中的应用，国家层面先后出台了《促进大数据发展行动纲要》《国务院关于加快推进“互联网+政务服务”工作的指导意见》《新一代人工智能发展规划》《关于深入推进审批服务便民化的指导意见》等一系列规范性文件，自动化的行为模式在越来越多的公共行政领域得到了肯定和鼓励。党的十九届四中全会通过的《中共中央关于坚持和完善中国特色社会主义制度　推进国家治理体系和治

① 参见《公安部：进一步推广人工智能脸部识别技术进行打拐》，载《中国日报》（中文网），http：//cn.chinadaily.com.cn/a/201906/04/WS5cf5de8ea31011d294da9f01.html，最后访问时间：2019年12月27日。

② 人工智能与法律的结合早在1987年的国际人工智能与法律会议（ICAIL）上有所讨论，1991年成立的国际人工智能与法律协会（IAAIL）亦把论证和决策的计算模型作为主要的研究议题。在人工智能技术的不断发展中，法律对于技术的免疫力的决定性受到了冲击，人工智能正在越来越多的领域展现出其相比于人类更合理更有效率的决策能力。参见腾讯研究院、中国信通院互联网法律研究中心、腾讯AI Lab、腾讯开放平台《人工智能：国家人工智能战略行动抓手》，中国人民大学出版社，2017，第268～275页；宋华琳、孟李冕《人工智能在行政治理中的作用及其法律控制》，载《湖南科技大学学报》（社会科学版）2018年第6期。

理能力现代化若干重大问题的决定》更是明确提出，要加强数字政府建设；要建立健全运用互联网、大数据、人工智能等技术手段进行行政管理的制度规则，自动化行政活动模式的法制化已经被提上日程。

探索制定行政自动化的制度规则，其根本目的还是要约束以自动化技术为媒介运作的国家行政权力。因此，无论当前自动化技术的具体应用在其他部门法中的地位如何，如果要规范其与国家行政权之间的关系，必须首先将其置于行政法部门的范畴中进行讨论。而从行政法角度对行政自动化相关法律问题考察的规范性起点，便是一切国家行政权力运行所必须遵循的依法行政要求。所以，对以互联网、大数据和人工智能等为基础的行政自动化相关法律问题的梳理，实质上转化为以依法行政要求为准绳，衡量实践中行政自动化方式与行政合法性要求的契合性，进而以现行的行政法律规范为参照，总结出行政活动自动化趋势所引发的特殊法律问题。

为实现这一考察目的，本报告将首先从当下行政活动自动化的制度实践出发，梳理近年来在互联网、大数据和人工智能技术影响下出现的行政自动化实施样本；随后回归行政法的规范视角，阐述技术进步所引发的行政活动方式的自动化转向是否在法理上，或者说在宏观上与公法体系相容；进而再深入具体的实施层面，通过对新技术条件下行政活动方式自动化特点的观察，发现新技术条件下行政自动化在具体规则适用上还有待解决的法律问题。

二　新技术条件下我国行政自动化的制度实践

上文提到，行政自动化在行政法领域并非新生事物，至少从广义的概念上来讲，当下所谈及的行政自动化，依旧是近 20 年[①]来因电子计算

① 从我国的实践来看，1999 年 1 月 22 日，当时的国家电信总局和国家经贸委紧急信息中心联合了 40 多家国家部委信息主管部门倡议发起“政府上网冲程启动大会”，并确立 1999 年为“政府上网年”，由此拉开了我国政府信息化、电子化迅速发展的序幕。参见刘列励《信息时代的电子政务与电子政府——中国“E 政府”呼之欲出》，载《瞭望新闻周刊》2001 年第 14 期。

机技术和互联网技术发展而生的电子政务①的延续。只不过随着互联网、大数据和人工智能技术过去几年中井喷式的发展和相互间融合运用的成熟，电子政务迅速从低层级的建设阶段，实现了信息技术应用的中间环节并跃迁至对整个行政流程的再造与改革阶段。②与此同时，上述自动化技术在塑造行政流程的过程中，正在逐步向行政活动的全领域和全过程蔓延，③相比于制度设计上最初为方便政府与公民交流而提出的电子政务设想，④当前行政活动自动化的步伐早已突破了单纯交流和活动手段的范畴。⑤但不可否认，就当下在我国蓬勃发展的行政自动化实践而言，其制度滥觞仍要归于电子政务相关制度的建设。因此，梳理新技术条件下行政自动化的实践样本时，仍需要继续把电子政务作为观察的制度原点，并以技术应用的进步和行政自动化程度的提高为递进线索，以国家和地方层面为促进和推行相关制度而出台的政策或规范性文件为具体的观察载体。

（一）“政府上网”意义下的电子政务实践

以1999年多部委联合确立的“政府上网年”为制度发端，我国的电子政务实践最初是以政府信息上网为核心内容逐步展开的。2002年国家信息化领导小组发布《国家信息化领导小组关于我国电子政务建设指导意见》，该意见提出要建设标准统一、功能完善、安全可靠的政务信息网络平台，通过形成电子政务网络促进信息资源共享。“政府上网”的体系化和法制化开始受到重视。2004年国务院发布的《全面推进依法行政实施纲要》明确提

---

① 参见高家伟《论电子政务法》，载《中国法学》2003年第4期；周汉华《电子政务法研究》，载《法学研究》2007年第3期。

② 关于电子政务发展的三阶段划分，参见周汉华《电子政务法研究》，载《法学研究》2007年第3期。

③ 高家伟在讨论电子政务法时即认为电子政务触及的对象应当涵盖从技术到行为等众多方面，但其最终落脚点是将电子政务法视作特别行政法。参见高家伟《论电子政务法》，载《中国法学》2003年第4期。

④ Vgl. *Schiller*, in Obermeyer/Funke-Kaiser, VwVfG, § 3a Rn. 2.

⑤ 参见张建光《智慧政务：数字政府发展的新生态》，电子工业出版社，2019，第4页。

出，要“加快电子政务建设，推进政府上网工程的建设和运用，扩大政府网上办公的范围；政府部门之间应当尽快做到信息互通和资源共享，提高政府办事效率，降低管理成本，创新管理方式，方便人民群众”。同时，政府制定的各类规范性文件应当在政府网站上予以公布。在此要求下，这一时期的电子政务建设对内主要是为了提高部门间和机构间的工作效率，对外主要是方便公民在网上获取政府信息。[①] 尽管《全面推进依法行政实施纲要》将网上办公作为电子政务的制度内容予以规定，但受制于当时的技术应用条件，此处的网上办公至多可以理解为部分零散的程序节点的网络化；电子政务建设的工具主义内涵明显，电子技术与政府行为的融合还仅停留在形式上，[②] 自动化意义上的行政活动模式尚未显现。

这一判断也可以从当时地方政府零散出台的电子政务规章中得到印证。比如2004年天津市出台的《天津市电子政务管理办法》、2006年云南省制定的《云南省电子政务管理办法》、2008年呼和浩特市制定的《呼和浩特市电子政务管理试行办法》，在内容上基本都集中于强调政府网络平台的建设管理以及政府信息的网络公开。因此，在我国电子政务的法制化初期，除了在立法目标上将提高行政效率和方便群众作为制度导向外，对于政府具体实施行政活动行为模式的电子化、自动化尚无过多涉及。

（二）“互联网+”模式下程序自动化的显现

尽管围绕“电子政务”概念进行的初步法制化实践并未对政府行政活动的模式产生结构性的彻底变革，但是电子化、网络化平台的搭建，以及规范层面侧重效率、便民服务导向的确立，为后续行政活动自动化的转型趋势

① 《国家信息化领导小组关于我国电子政务建设指导意见》中即规定，电子政务网络由政务内网和政务外网构成。

② 参见马怀德主编《行政法前沿问题研究：中国特色社会主义法治政府论要》，中国政法大学出版社，2018，第363～364页。

奠定了一定的物理基础并提出了相应的制度目标。[①] 在互联网技术飞速发展的背景下，政府结构间的物理界限逐渐消失，碎片化的部门机构通过虚拟的网络得到整合，政府间信息的网络共享使得部门间的活动得以整体协调。[②] 互联网技术已不再局限于单纯发挥形式上相互连接和信息查阅的功能，网络传输所具有的自动化属性，使得行政活动可以借助网络空间打破传统科层制在时间和空间上的诸多限制。着眼于互联网在创新政府服务模式方面的积极功能，近5年来，通过将传统行政任务与互联网技术融合，以"网络化"取代"人际化"的"互联网+"模式成为政府行政活动模式的主要改革方向。

在2015年国务院发布的《关于积极推进"互联网+"行动的指导意见》中，国家明确提出要在政府活动领域通过"互联网+"的模式，实现政府的网络化管理和服务，加快推动互联网与政府公共服务体系的深度融合，构建面向公众的一体化在线公共服务体系；探索公众参与的网络化社会管理服务新模式；探索开展社会治理互联网应用试点；打破政府部门间、企事业单位之间的数据壁垒，提升政府的社会治理能力。2016年国务院又专门针对政务服务与互联网应用的融合出台了《国务院关于加快推进"互联网+政务服务"工作的指导意见》，要求各省级人民政府、国务院有关部门于2017年底前建成一体化网上政务服务平台，至2020年底前，实现互联网与政务服务的深度融合，建成覆盖全国、可实现一网办理的"互联网+政务服务"体系。通过互联网实现的组织聚合性和数据传输自动性对传统的政务服务模式实施优化再造，将与公民和企业密切相关的政府服务事项通过网络平台办理，实现受理、办理和反馈全过程的网络化，将传统政务服务中

---

① 在某种程度上说，电子政务发展到一定程度后必然产生政府活动自动化智能化的转向。参见张建光《智慧政务：数字政府发展的新生态》，电子工业出版社，2019，第6页。类似观点还可参见宋华琳、孟李冕《行政治理中人工智能的引入及法律控制之道》，载中国政法大学法治政府研究院主编《中国法治政府发展报告（2018）》，社会科学文献出版社，2019，第96页。

② 参见汪玉凯《数字政府的到来与智慧政务发展新趋势——5G时代政务信息化前瞻》，载《人民论坛》2019年第11期。

人与人当面的办事程序全部或者大部分改造成网络中数据自动跑路的过程，利用网络技术的无差别共享性实现全国政务服务的均等化，最大限度地方便公民和企业办事。

为规范全国“互联网 + 政务服务”平台的一体化建设，国务院在出台上述指导意见的基础上还具体针对政务服务的网络化办理提出了统一的技术性要求。在《“互联网 + 政务服务”技术体系建设指南》中，政务服务的自动化借助平台间的互联网数据传输来实现。具体的自动化流程如图 1 所示。

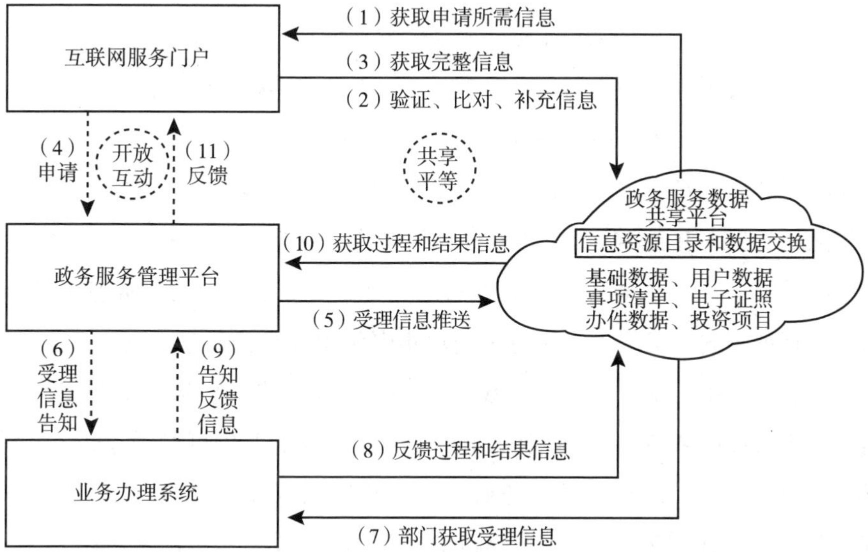

图 1　政务服务的自动化流程

如图 1 所示，大量传统的需要人工完成的程序启动、程序调查、信息获取程序以及决定公布程序都在“互联网 +”的模式下实现了网上的自动运行。按照国务院推进“互联网 + 政务服务”的工作要求，目前全国所有的省级政府都建立了本省（区、市）统一的政务服务网络平台，市县级政府的政务服务平台也在迅速普及的过程中。为了避免政务服务网络平台建设的形式化，国务院在强化地方政府平台搭建义务的同时，尤其重视网上办事的实效。2018 年，国务院先后发布了《关于深入推进审批服务便民化的指导意见》和《进一步深化“互联网+政务服务”推进政务服务“一网、一门、一次”改革实施方案》。这两个规范性文件分别对相关行政活动的网上自动化办理程度提出了总体要求。在前一个文件中，国务院要求与企业生产经营、群众生产生活密切相关的审批服务事项“全程在线”，提高网上办理比例；有条件的市县和开发区80%以上的审批服务事项要实现网上可办。在后一个文件中，规范内容扩展至所有政务服务的“一网通办”程度，按照该方案的要求，“省级政务服务事项网上可办率不低于80%，市县级政务服务事项网上可办率不低于50%”。

在接入模式上，“互联网+”技术所实现的行政程序运行在时空上的异步性，使得公民或者法人可以全天候、无地域限制地借助终端设备，或者手机App、支付宝和微信小程序等应用程序远程办理政务事项。[①] 传统上只在工作时间开放并且限定于特定物理场所的政府，通过互联网的虚拟化手段实现了无人管理，并且24小时“不打烊”。[②] 在“互联网+”模式对政务服务程序的重塑下，以往个人在政府办事时“跑断腿”、排长队的常态化遭遇，已经逐渐被刷刷手机、敲敲键盘等简单步骤所构成的新常态所取代。公民和企业办事的负担大幅度降低，而政务服务的效率却得到了前所未有的提升。

尽管政务服务活动中“互联网+”模式在技术上仍可归属于广义的电子政务范畴，但相比于电子政务概念在行政法领域提出之时，当下“互联网+”模式实践对于行政活动过程的自动化改造效果，无论是在范围上还是程度上都远远超出当时的制度构想。大量行政管理和服务活动的实施手

① 截至目前，全国所有的31个省、自治区和直辖市都已推出省级政务服务网络平台和政务服务App。

② 借助“互联网+政务服务”的平台建设，各地纷纷提出推行24小时“不打烊”政府和“无人政务超市”等制度创新模式。目前有关类似制度实践的新闻报道层出不穷，此处列举了分别针对北京、甘肃和上海三地制度的报道：参见《北京“24小时政务超市”具有示范作用》，载搜狐网，http://www.sohu.com/a/327150459_99983415，最后访问时间：2020年1月15日；《多功能“政务超市”高效便民》，载新浪网，http://finance.sina.com.cn/roll/2018-11-12/doc-ihmutuea9253187.shtml，最后访问时间：2020年1月15日；《24小时政务服务不打烊》，载和讯网，https://news.hexun.com/2019-07-11/197814026.html，最后访问时间：2020年1月15日。

段，以及程序中“政府—个人”沟通方式通过网络中数字化虚拟的数据传输方式实现。因此，行政活动之所以在“互联网+”模式下实现了程序上高度的自动化，除了归功于互联网基础设施的完善，更为关键的是得益于数据分析和处理能力的提升。“互联网+政务服务”的本质就是让数据多跑路、让群众少跑腿。而能够让政府部门间海量的数据自动跑起来，并且还要跑得快、跑得准，关键在于大数据技术在行政活动中的运用。

（三）大数据对行政活动模式的改造

仔细观察行政活动在“互联网+”模式下行为方式高度自动化的实现机制，可以发现，互联网为行政活动搭建了一个自动实施的渠道，而真正实现自动化的效果则是依靠在这个互联渠道中跑路的数据。通过以数据为载体的相关信息在网络中的自动传递和分析处理，来促成行政活动的自动实施。之所以将信息传递和处理的自动化视为行政活动自动化的关键，原因在于行政程序过程的信息交互本质属性。

我国自20世纪70年代恢复法制建设以来，所确立的一条核心法律适用原则是“以事实为依据，以法律为准绳”。行政机关在其执行法律规定、履行法定职责的过程中所从事的亦是查明事实，并将事实涵摄于法规范的过程。从行政活动过程论的角度看，所谓查明事实，就是行政机关充分掌握相关信息和处理信息的过程。在这个意义上，行政活动又可被视为一个信息收集、分析和处理的程序。传统行政活动模式中，用以查明事实的信息处理过程依赖于以人工调查方式进行的收集和处理活动。面对社会经济发展中不断膨胀的行政任务范围和持续多元的社会关系，传统人工处理模式在效率和能力方面的劣势日渐显现。尤其是在风险行政、涉及公共利益的重大决策，以及零散、多元市场主体监管等具体行政活动领域，传统的信息处理模式已难以应对此类行政活动庞大的信息需求。

而在“互联网+”的技术背景下，“政府—社会—个人”间联系方式的变革也为行政活动中获取及分析处理信息机制的变化提供了技术基础。近年来，以互联网为联络载体，借助计算机技术瞬时处理海量信息的“大数据”

模式，成为全球范围内提升政府服务和监督能力的重要技术驱动力量。相比于以往行政活动中有限的小数据分析模式，大数据实现了决策依据从“小样本”到“全样本”的跃迁，相应地，行政活动也从经验模式走向了自动化的大数据分析模式。[①] 一方面，大数据技术打破了信息孤岛，政府可以通过终端设备自动整合相关信息，省却了以往行政活动中大量的人力调查成本，变单一执法为协同执法，[②] 提升了活动效率。另一方面，大数据应用下，一切事物和活动都被以数据的形式表征出来，[③] 通过大数据强大的信息搜索、挖掘、分析和处理能力，行政监管和决策的模式发生了结构性的变化。这种结构性变化基于大数据在查明事实时思维方式的两重改变。

其一，大数据分析的基础是接收数据对象的复杂性，不苛求唯一的、精确的测量结果，而是通过强大的数据分析展现复杂对象的直接变化关系和联系。[④] 这一点恰好解决了多元社会中大量行政活动内容复杂性和行政资源有限性之间的矛盾，复杂社会背景下的行政任务实现，往往不是得出所谓的“精确”结论，而是在法律框架内作出能使各方利益主体接受的决定。

其二，大数据分析有效解决了长期困扰行政执法预判和风险行政决策合理预判中专业经验不足的问题。尽管大数据不提供因果关系推论式的决定过程，但是，依靠对全样本数据的抓取和分析，大数据的结论可以反映相关事物间的强关联性，并以此来对未来做出预测。[⑤] 而当今社会多元背景下大量内容复杂的行政活动，正好可以充分利用大数据的相关性判断，为相关执法

---

① 参见谢治菊《大数据与重大公共决策风险治理》，载《河海大学学报》（哲学社会科学版）2019 年第 5 期。

② 参见牛宗岭《利用大数据及区块链技术构建“政府智慧大脑”》，载《人民论坛》2019 年第 33 期。

③ 参见〔英〕维克托·迈尔－舍恩伯格、〔英〕肯尼斯·库克耶《大数据时代：生活、工作与思维的大变革》，盛杨燕、周涛译，浙江人民出版社，2013，第 123～126 页。

④ 参见〔英〕维克托·迈尔－舍恩伯格、〔英〕肯尼斯·库克耶《大数据时代：生活、工作与思维的大变革》，盛杨燕、周涛译，浙江人民出版社，2013，第 46～66 页。

⑤ 参见〔英〕维克托·迈尔－舍恩伯格、〔英〕肯尼斯·库克耶《大数据时代：生活、工作与思维的大变革》，盛杨燕、周涛译，浙江人民出版社，2013，第 46～66 页。关于大数据结论从因果关系到强相关性的转变还可参见吴军《智能时代：大数据与智能革命重新定义未来》，中信出版集团，2016，第 127～135 页。

和监管行为确定恰当的介入节点，为风险行政决策提供客观合理支撑。

对此，国务院2015年发布的《促进大数据发展行动纲要》中明确提出，要将大数据作为提升政府治理能力的新途径，使其成为处理复杂社会问题的新手段。在具体的实施上，中央层面通过《促进大数据发展行动纲要》和《国务院办公厅关于运用大数据加强对市场主体服务和监管的若干意见》等[①]规范性文件，将基于数据开放共享的政府治理作为行政活动中大数据应用的首要任务。通过运用大数据手段加强对政务数据与其他网络数据的关联分析和融合利用，对相关生产和经济领域的运行进行动态监测和产业安全预警。在政府治理过程中通过对市场和各部门数据的整合和关联分析，预警企业不当行为，提升政府决策和风险防范能力，加强事中事后监管，提高监管和服务的针对性、有效性。在《国务院关于加强和规范事中事后监管的指导意见》中，各级政府被要求将社会投诉举报、第三方平台数据与行政检查、行政处罚、行政强制等履职过程中形成的信息以及司法判决相关信息进行关联整合。运用大数据技术加强对风险的跟踪预警，探索推行以远程监管、移动监管、预警防控为特征的新型监管方式。

在国务院的政策导向下，各地政府近年来纷纷从组织和实践两方面增强大数据技术在行政活动中的作用。在组织保障上，早在国家出台《促进大数据发展行动纲要》以前，广东省就率先在省经信委内设立了独立的大数据管理机构。自2015年起，浙江、贵州、成都、沈阳、兰州等省、市政府也陆续设立了独立的大数据管理机关。通过有力的组织保障，各地积极借助“互联网+”模式的数据整合功能，通过打通部门间数据孤岛、连接第三方数据平台、完善个人和组织的信息数据记录，来实现大数据分析所需的庞大数据内容。在具体的制度实践上，浙江借助大数据分析实施的服务和监管已经覆盖了行政活动的方方面面，小到一个红绿灯的设置、一棵树的虫害防治，大到整个城市社会治安的评估、灾情处置和重大风险的预警，都会借助

① 在《促进大数据发展行动纲要》的指导下，原环境保护部、原农业部、工业和信息化部、交通运输部、原国土资源部、国家卫健委等国务院部委近年来陆续出台了本部门、本领域的大数据建设规划或管理方案。

大数据结论。[①] 在贵州省贵阳市，大数据引领下的新型城市建设被确立为城市发展的首要战略目标，[②]全国范围内首部规范政府数据共享开放的地方性法规——《贵阳市政府数据共享开放条例》，亦在此落地实施。借助国家大数据（贵州）综合试验区的核心区位优势和技术优势，目前贵阳已在住建、城管、市场监管、生态环境、公共安全等众多领域建立了大数据监管模式，通过实时的数据分析为行政机关提供执法预警以及决策参考。

综合对大数据技术特点的分析和制度实践的列举，可以看出，传统行政活动在大数据技术的广泛应用下，在行政活动模式上正愈发显现出两个维度的自动化趋势。一是调查过程的自动化。有了大数据技术对海量数据的瞬时抓取和分析能力的帮助，相当范围内以往单纯依靠人力的调查环节可以借助互联互通的数据共享机制自动完成。二是行政活动决定基础的自动化生成。大数据技术可以通过预先设定的分析模型，自动对大量复杂数据间的关联性作出提示，在大幅提升效率的同时，还避免了人工分析因经验限制和能力差异对结论可靠性的影响。

（四）人工智能对行政决定模式的改造

如果说互联网技术的完善成就了大数据模式，那么大数据所依托的数据挖掘、计算和分析技术的进步则同时促成了一场人工智能的革命。[③] 尽管人工智能概念的提出距今已有近 70 年的历史，但人工设备开始真正引发社会各领域活动模式的深刻变革，还是近年来大数据和深度学习技术间相互促进

---

① 参见马跃明《大数据提升政府治理能力》，载人民网，http://cpc.people.com.cn/n1/2018/0530/c162854-30024075.html，最后访问时间：2020 年 1 月 9 日。

② 参见《遵循发展规律　贵阳以大数据为引领打造创新型中心城市》，载贵阳网，http://www.gywb.cn/content/2016-07/18/content_5103709.htm，最后访问时间：2020 年 1 月 9 日。

③ 参见吴军《智能时代：大数据与智能革命重新定义未来》，中信出版集团，2016，第 39 ~ 40 页。

的结果。[1] 24年前曾引发轰动的“深蓝”和卡斯帕罗夫间的人机对弈，其背后的技术本质就是智能系统对大量数据学习的成果。[2] 随着大数据技术成熟后所提供的学习样本的极大丰富，人工智能技术在认知和判断能力上也得到了前所未有的提升。[3] 以谷歌的AlphaGo系列人工智能机器人先后战胜李世石、柯洁等围棋高手为标志，人工智能正逐渐在社会生活的各个领域展现出强大的学习和决策能力，有关人工智能能否取代人力的讨论也随之持续升温。[4]

在有关人工智能发展带来的机遇和挑战的讨论中，法律人工智能亦是重要的争论焦点。尽管关于人工智能概念的精确定义至今仍是众说纷纭，但这丝毫不影响人们将机器通过算法学习，代替传统上只能依靠自然人智识活动完成的法律活动纳入人工智能范畴予以讨论。约30年前，国际人工智能与法律协会（IAAIL）在美国成立时，列举了该协会旨在推动的十大法律人工智能议题。[5] 而随着人工智能技术的迅猛发展，这些当时看似遥远的设想已经或者正在变为现实。甚至在很多法律实施领域，人工智能技术所实现的自动化程度，已经远远超越了当时的预计，以至于传统上依赖于人类直接思维活动建构的法律上层建筑领域，正在因人工智能的介入而迅速解

---

① 参见龙卫球《科技迭代视角下的人工智能立法》，载《法商研究》2020年第1期；曹建峰《人工智能法律服务的前景与挑战》，载腾讯研究院网，https：//www. tisi. org/4855，最后访问时间：2020年1月13日。

② 参见吴军《智能时代：大数据与智能革命重新定义未来》，中信出版集团，2016，第77～79页。

③ 参见龙卫球《科技迭代视角下的人工智能立法》，载《法商研究》2020年第1期。

④ 参见曹建峰《人工智能法律服务的前景与挑战》，载腾讯研究院网，https：//www. tisi. org/4855，最后访问时间：2020年1月13日。

⑤ 这十大议题包括“（1）法律推理的形式模型；（2）论证和决策的计算模型；（3）证据推理的计算模型；（4）多智能体系中的法律推理；（5）自动化的法律文本分类和概括；（6）从法律数据库和文本中自动提取信息；（7）针对电子取证和其他法律应用的机器学习和数据挖掘；（8）概念上的或者基于模型的法律信息检索；（9）自动化次要、重复的法律任务的法律及其人；（10）立法的可执行模型”。腾讯研究院、中国信通院互联网法律研究中心、腾讯AI Lab、腾讯开放平台：《人工智能：国家人工智能战略行动抓手》，中国人民大学出版社，2017，第269页。

构和异化。[①] 人工智能创作的作品的著作权归属、人工智能侵权的归责模式等问题已经在相关法律部门引发了理论和实践上的激烈讨论。对于法律领域相对趋于保守的行政法部门，人工智能也依旧没有停止涉足。随着“互联网 +”、大数据等技术手段在行政活动中的普及，人工智能主导的行政自动化正在从一种“越轨”转变成一种“选择”。[②]

在提倡科技创新和科技强国的战略背景下，我国在政策导向上将基于人工智能的行政管理和服务活动，连同其他社会领域的智能化治理一并纳入国家人工智能发展的大战略中。2017 年出台的《新一代人工智能发展规划》明确提出，要促进人工智能在行政管理、城市管理等社会治理热点和难点问题中的应用，推动社会治理的现代化。在具体的制度建设上，国务院提出要“开发适于政府服务与决策的人工智能平台，研制面向开放环境的决策引擎，在复杂社会问题研判、政策评估、风险预警、应急处置等重大战略决策方面推广应用。加强政务信息资源整合和公共需求精准预测，畅通政府与公众的交互渠道”。在城市管理中，运用数据融合的方式推动城市基础设施、生态环境等各项与城市运行相关系统的整合，“推进城市规划、建设、管理、运营全生命周期智能化”。此后，国务院又分别在《关于深入推进审批服务便民化的指导意见》、《进一步深化“互联网 + 政务服务”推进政务服务“一网、一门、一次”改革实施方案》以及《国务院关于加强和规范事中事后监管的指导意见》、《优化营商环境条例》等规范性文件中突出强调，要在行政服务和监管活动中大力推行人工智能技术的应用。

有学者在考察 2014 年以来各地行政活动中人工智能技术运用的制度实践后总结道，当前人工智能技术已经广泛渗透到行政立法、行政决策、行政

① 参见腾讯研究院、中国信通院互联网法律研究中心、腾讯 AI Lab、腾讯开放平台《人工智能：国家人工智能战略行动抓手》，中国人民大学出版社，2017，第 269 页。

② 〔美〕瑞恩·卡洛、迈克尔·弗鲁姆金、〔加〕伊恩·克尔编《人工智能与法律的对话》，陈吉栋、董惠敏、杭颖颖译，上海人民出版社，2018，第 239 页。

处分等各种行为类型，以及行政程序的众多环节。[1] 如果从行政活动模式改造的角度看，引入人工智能技术最大的变革之处在于，具有深度学习能力的人工智能技术因其决策效能的优势，正在逐渐压缩具体行政活动中人的决策的空间。相当范围内政府的治理活动，已经由传统上“人—人”间的直接作用模式转变为“人—机”间的交互模式。

在行政审批领域，自2018年以来，以“无人审批超市”、“秒批”、“秒审”、“智能自助登记”、“刷脸办证”、“无感审批”以及“无感申办”等为代表的自动化审批方式迅速在全国多地得到推广。深圳[2]、广州[3]、东莞[4]、天津[5]、郑州[6]、北京[7]等地通过智能化的终端设备，实现了一大批行政审批和登记事项的全程自动化办理。人工智能的算法技术完全取代了科层制下的人力活动，行政活动实现了从程序启动到决定作出的全程自动化。在交通行政执法领域，在原有违章抓拍设备网络的基础上，通过引入人工智能技术自动识别、拍摄和审核违法行为，极大地提升了行政

---

① 参见宋华琳、孟李冕《行政治理中人工智能的引入及法律控制之道》，载中国政法大学法治政府研究院主编《中国法治政府发展报告（2018）》，社会科学文献出版社，2019，第97～105页。

② 《优化营商环境改革丨“i深圳”推出“无感申办”新模式，少填表、办事快!》，载搜狐网，http://www.sohu.com/a/349573927_626425，最后访问时间：2020年1月13日；《外地户口“秒批”落户 深圳已实现40多个“秒批”事项》，载百度号，https://baijiahao.baidu.com/s?id=1618369767286356362&wfr=spider&for=pc，最后访问时间：2020年1月13日。

③ 《唯快不破！黄埔第二批“秒批”事项清单重磅发布！超方便》，载广州日报大洋网，http://news.dayoo.com/guangzhou/201905/30/139995_52612604.htm，最后访问时间：2020年1月13日；《酷！“人工智能+机器人”无人审批模式上线!》，载搜狐网，https://www.sohu.com/a/197605930_99913605，最后访问时间：2020年1月13日。

④ 《刷脸办证！首台智能无人审批自助终端亮相东城政务中心~》，载东莞新闻网，http://www.timedg.com/2018-09/03/20702135.shtml，最后访问时间：2020年1月13日。

⑤ 《天津力推营商环境优化：“无人审批超市”与“找我就行”》，载澎湃网，https://www.thepaper.cn/newsDetail_forward_2790838，最后访问时间：2020年1月13日。

⑥ 《秒批！郑州首个工商个体智能自助机落户郑东新区政务服务中心》，载大河网，https://news.dahe.cn/2020/01-14/578877.html，最后访问时间：2020年1月14日。

⑦ 《“秒批”“无感审批”代表聊北京营商环境新词儿不断》，载新浪网，http://news.sina.com.cn/gov/2020-01-14/doc-iihnzahk4046233.shtml，最后访问时间：2020年1月14日。

执法的效率。[①] 在行政监管领域，通过人工智能技术的深度学习能力，可以在“互联网+”和数据挖掘技术的配合下，及时识别和判定违法情形和违法风险。比如深圳食品安全市场监管中推行的“互联网+明厨亮灶”监管方式，通过人工智能技术对饭店后厨的视频采样进行自动分析，将识别出的违法行为及时提示给市场监管机关。[②]

通过与互联网、大数据技术相配合，人工智能技术在行政活动中的应用使得行政活动模式自动化的程度进一步提高，在相当多的领域甚至实现了从程序启动到对外生效决定作出全过程的自动化。而且，随着算法技术的日益完善，人工智能必将在更多领域展现出其相比于人工决策在效能上的优越性。在国家大力提倡运用人工智能技术提升社会治理能力的政策背景下，可以预见，未来人工智能在行政活动中运用的比重会持续增加。相应地，行政活动自动化的范围会越来越广，程度会越来越深。在这种发展趋势下，考虑到行政活动的国家公权力运行属性，如何保证以人工智能范式实施的行政措施，或者作出的行政决定符合行政合法性的要求，如何确保行政机关以“负责”和“有效”[③] 的方式在其法律执行活动中运用人工智能技术，都需要在行政法的框架内给出答案。

三　行政活动方式自动化的法理基础

党的十九届四中全会通过的《中共中央关于坚持和完善中国特色社会主义制度　推进国家治理体系和治理能力现代化若干重大问题的决定》明确提出，要“建立健全运用互联网、大数据、人工智能等技术手段进行行政管理的制度规则”。如上文所述，行政管理和服务活动中新技术手段的应

---

① 《动态交通智能执法机器人，让违章无处遁》，载搜狐网，http：//www. sohu. com/a/338141333_114967，最后访问时间：2020 年 1 月 14 日。

② 《9 秒完成一张图片审核“互联网+监管”保障食品安全》，载百度网，https：//baijiahao. baidu. com/s? id=1655028630088713857&wfr=spider&for=pc，最后访问时间：2020 年 1 月 14 日。

③ 参见沈向洋、〔美〕施博德编著《计算未来》，北京大学出版社，2018，第 46 页。

用，给行政活动的方式带来了颠覆性的变革，大量传统行政活动方式中的程序机制和决定机制被自动化的机器以及算法过程所替代。在这一传统模式解构、新活动模式生成的过程中，如何从现行的行政法规范体系出发，梳理出行政活动方式自动化可能引发的法律问题，是实现十九届四中全会提出的对新技术应用法制化要求的必要前提。在深入梳理行政自动化实施过程中具体的法律问题之前，还须首先站在法理的角度，解决《宪法》框架下，合法行政原则与行政活动方式自动化转向的契合性问题，或者说，现行的法制体系是否允许当下行政活动模式表现出如此广泛且深入的自动化趋势。

从实践的总结来看，尽管国务院近年来出台了一系列具有导向性的、关于行政活动中新技术应用的规范性文件，地方政府在贯彻实施的过程中亦因地制宜，探索出了形式多样的实践模式，但从依法行政的角度看，上文中列举的由国务院发布的规范性文件，绝大多数在性质上属于行政机关内部的、只在上下级间具有约束力的行政规则；而各地的具体实践也基本是在这些行政规则指导下进行的制度上的自主创新。因此，仅凭国务院的规范性文件和自发的制度实践，尚不足以从依法行政的角度论证行政活动中以自动化方式替代人力活动，尤其是决定活动的合法性。这意味着，必须在更高位阶的行政法渊源中找到行政活动以自动化方式实施的法理基础。

（一）《宪法》中对行政活动方式的规定

尽管我国《宪法》没有明确提及政府从事行政活动的具体方式方法，但是在宏观上对国家行政权力的运行却提出了一些明确的要求。《宪法》第2条第3款规定人民依照法律规定，通过各种途径和形式，管理国家事务，管理经济和文化事业，管理社会事务。根据第5条第1款和第3款规定，在依法治国的要求下，一切国家机关和组织都必须遵守宪法和法律。第7条至第26条分别规定了国家在经济发展、财产保护、教育、科技、卫生、文化等领域的作为义务和目标。第27条第1款则规定，一切国家机关的活动应当遵守效能原则，不断提升活动的质量与效率。

上述这些宪法规范其实隐含了我国《宪法》上对行政活动具体方式的

规范逻辑。首先，《宪法》对行政权力的运行侧重于内容和结果导向，即通过对国家任务和保护义务的规定，指明行政活动应当达成的结果。其次，国家行政活动作为国家机关活动的重要内容，要实现行为效果与效率的双重统一。行政活动的实施方式应当在实现目的的前提下，通过不断调整方式方法来提升效率。最后，在通过行政活动实现社会管理和服务目标的过程中，宪法不预先设定行政活动的方式，而是以能实现任务目的为第一要务。但是，所选取的途径和方式应当符合依法治国原则的要求，即不违反宪法和法律的规定。因此，《宪法》对行政活动实施过程中具体方式的选择，原则上持开放的态度，并将其作为宪法委托交由立法者在具体立法时予以斟酌。行政活动在宪法层面不预设特定的实施方式，即利用新技术条件下的自动化模式实施行政活动，原则上与宪法规定不冲突。但其中还有一个隐含条件，自动化的活动方式不得改变行政活动作为国家行政权直接运行的性质。

（二）行政活动自动化的合法性

尽管《宪法》在规范层面上对行政活动的方式原则上持开放态度，但同时也授予了立法者具体判断的空间。因此，行政活动方式的自动化转型范围应当以法律的允许为限。反过来说，如果法律对行政活动中特定方式的自动化持否定态度，那么与此相应的自动化尝试就应当被禁止。此处法律的否定性规定应做广义理解，既包括明示的禁止，也应当包括默示排斥，即通过对具体规范的解释得出的不允许行政活动以新技术条件下所展现出的自动化形式实施的情形。

从我国现行的行政法律规范体系来看，尽管其保障公民权益、控制公权力行使的基本价值取向，使其在面对新技术应用时往往表现出相比于其他部门法规范体系更趋于保守的特点，在对待行政活动方式自动化技术升级的问题上，法律层面亦展现出开放和支持的规范导向。

根据《行政许可法》第 6 条的规定，“实施行政许可，应当遵循便民的原则，提高办事效率，提供优质服务”。结合该法第 4 条合法原则，第 5 条公开、公平、公正原则的要求，对于实施行政许可的行政活动，只要遵循了法定程序机制和相应的公开要求，行政机关实际上享有行政方式上的选择权。究竟是以人工方式还是自动化方式实施许可，《行政许可法》本身不设限制。而且，在效率原则之下，立法者在许可法框架内实际上对以自动化技术实施行政许可的活动持积极的鼓励态度。根据《行政许可法》第 33 条，“行政机关应当建立和完善有关制度，推行电子政务，在行政机关的网站上公布行政许可事项，方便申请人采取数据电文等方式提出行政许可申请；应当与其他行政机关共享有关行政许可信息，提高办事效率”。[①] 透过该条规定，行政机关在实施许可行为时，实际上还被课予了一种在效率原则下不断将许可方式进行电子化改善的作为义务，即在符合许可法定程序的相关要求下，实施许可的方式应当逐步向电子政务方向发展。考虑到制定行政许可法时，互联网、大数据以及人工智能等新技术手段对行政活动的影响尚未显现，第 33 条中的在当时背景下较为“新兴”的电子政务技术，在今天应当做程度上的扩大解释。[②] 新技术条件下自动化的行政活动方式作为电子政务技术持续发展的升级产物，应当被视为符合该条规定的程序手段。因此，《行政许可法》对具体行政方式的规制，实际上采取了在保证实体和程序正当前提下，“效率原则 + 选择自由”为主导的模式；同时又特别基于提升效率的角度，肯定了实施许可过程中自动化技术应用的必要性。

除《行政许可法》第 33 条的规定外，现行法律和行政法规中有关行政活动方式的条款，只有极少数直接规定了“电子政务”、“电子数据”、“互联网”、“大数据”或“人工智能”等明确的自动化技术方式。[③] 但多数关于行政管理和服务的法律法规，都基于宪法上有关行政权行使的效率原则，明确肯定了在相关特别法规制范围内，行政机关负有不断提升行为效率的法

---

① 国内亦有学者基于对《行政许可法》第 6 条、第 33 条的解读，以“电子数据”和“电子证照”为具体考察对象，将电子政务意义上的行政许可活动纳入“互联网 + 政务服务”的发展趋势中予以讨论。参见宋华琳《电子政务背景下行政许可程序的法律革新》，载《第二十届海峡两岸行政法学学术研讨会论文集》，2019。

② 类似的观点可参见宋华琳《电子政务背景下行政许可程序的法律革新》，载《第二十届海峡两岸行政法学学术研讨会论文集》，2019。

③ 《海关法》第 25 条、《人类遗传资源管理条例》第 29 条、《优化营商环境条例》第 56 条。

定义务。例如《森林法》第55条第2款、《药品管理法》第27条、《外商投资法》第19条、《电子商务法》第72条、《就业促进法》第7条第2款和第35条第2款、《种子法》第15条第3款、《防震减灾法》第74条、《银行业监督管理法》第4条等。

因此，在效率原则的统摄之下，可以认定立法者遵循了宪法层面的要求，在行政活动方式的具体选择上，赋予了行政机关自行选择的权利。而法律法规是通过设定相应的程序机制和任务目标来约束行政方式的具体选择，即针对特定行政管理和服务事项所采用的行政方式，一方面不能被特别法所禁止，另一方面不能违反程序性规定和实体法目的。所以，新技术条件下行政活动方式的自动化发展趋势，原则上可以视为追求效率提升下，行政机关对自身活动方式选择权的行使。只要法律法规没有明确禁止以“互联网+”、大数据、人工智能等自动化形式实施行政活动，行政机关就可以自行决定是否运用，以及在多大程度上运用自动化的方式实施行政活动。但是，所采取的行政自动化的方式要能够实现行政管理和服务的任务目的，并且可以满足相应法定程序内容的实现要求。

四　行政活动方式自动化的法律问题

在法理上确定了新技术条件下自动化行政方式与行政法律体系的契合性，只是在宏观上确认了行政活动方式自动化的合法性基础，并不意味着当前新技术应用引发的具体行政方式自动化变革不受法律的规制。相反，如上文所述，行政机关对行政活动方式的选择首先表现为法律约束下的选择，其次，所采用的自动化方式既要满足行政机关权利行使规范的要求，还要在功能上不弱化法律上权利保障内容的实现。

实际上，正如以往技术进步带来的社会关系变革最终都会引起法律上的巨大争议一样，法学界对于互联网、大数据、人工智能等新技术应用的讨论早已是铺天盖地。因为新技术发展对社会生产生活关系的各个方面都带来了革命性变革，所以有关这些技术应用法律问题的讨论也遍及各个法律部门。

具体到行政法律领域，学者们对于行政活动中互联网、大数据以及人工智能等新技术的运用也已经进行了广泛的讨论。结合已有的讨论成果，对于行政活动方式的自动化趋势，还有如下一些法律问题有待进一步解决。

一是大数据基础上行政活动自动化实施的主体问题。当前各级政府在运用大数据进行行政管理和服务过程中，很多情况下会依托第三方数据公司或者云平台公司来实现数据的存储和传输。而在以大数据为依托实现行政自动化的过程中，数据的及时传输和有效分析是重中之重。在此过程中，第三方主体对于保证行政权有效运行起着重要的作用。与传统办公自动化设备提供者不同，大数据应用下，第三方数据公司通常会直接参与行政权力的行使。因此，不能单纯从政府购买服务的角度理解行政机关与第三方数据公司之间的关系。应当以数据或平台公司实际介入行政权力行使的程度，综合考虑第三方私主体的角色定位。尤其是在行政机关借助第三方私主体进行数据挖掘和作出数据分析结论的情形中，第三方私主体行为的属性、与行政机关的关系究竟该如何判断，目前的法律体系还没有给出明确的答案。

二是行政机关利用大数据过程中结论的合理性问题。大数据技术中结论的合理性和客观性建立在“全样本”的前提预设下，即只要样本足够丰富，一切真理都将不言自明。① 反过来说，如果数据样本不足或是范围有偏颇，则会导致由大数据分析得出的结论合理性不足，进而影响行政活动的合法性。因此，如何保障搜索、挖掘和汇总信息的广泛性，避免行政机关滥用大数据技术，以预设结论的方式进行定向数据捕捞，② 是依法行政原则下行政管理和服务过程中运用大数据技术的关键。当前的相关规范的焦点大多集中于数据资源的互联互通，打破信息孤岛，但对于各个行政主体独立数据库的数据扩充义务，以及私主体相应的数据报送传递义务③还缺乏必要的规范进

① 参见〔英〕詹姆斯·布莱德尔《新黑暗时代：科技与未来的终结》，宋平、梁余音译，广东人民出版社，2019，第 91 页。

② 参见〔英〕詹姆斯·布莱德尔《新黑暗时代：科技与未来的终结》，宋平、梁余音译，广东人民出版社，2019，第 98 页。

③ 有学者从监管角度讨论了当下网络平台数据报送义务规范体系不足的问题。参见刘权《论网络平台的数据报送义务》，载《当代法学》2019 年第 5 期。

行调整；对于大数据结论合理性的监督机制亦缺乏规定。

三是算法的缺陷与规制问题。大数据以及人工智能技术的有效利用，有赖于支撑其实现的算法技术。虽然当前网络化、信息化、智能化技术的飞速发展已经充分证明了算法编程技术取得的进步，但是算法技术本身依旧存在着算法黑箱、算法歧视、算法错误等问题，[①] 有引发违法和不公平结论的风险。而且，从算法当下的发展水平来看，其也存在着容易受不当诱导和驯化的风险[②]，从而导致基于算法实施的行政活动结论不客观。因此，能否确保大数据分析以及人工智能参与下行政活动的合法性，亦取决于能否通过法律规定避免或者防止算法缺陷对行政自动化活动的影响。对此，理论上已经围绕透明和负责原则[③]，并从约束算法编程伦理角度[④]提出了一系列建议，但是如何将这些建议嵌入行政法规范，使之成为制度规定，还有待进一步的讨论。而且，在算法的编程和利用上，因为行政机关的专业性有限，又会出现第三方技术性主体介入的情形，对于算法应用中透明原则的贯彻，是否又会损害第三方的知识产权，或是因算法公开而引发更大的社会风险，目前也缺乏法律上的有效回应。

四是人工智能判断和决策应用于行政决定的问题。人工智能是否有判断和决策能力，已经不是法律上怀疑的对象，相关部门法甚至对人工智能是否能够具有独立的法律主体地位进行了激烈的争论。从制度实践来看，当下在我国行政活动中出现的秒审、无人审批等做法，实际上是以行政制度创新的方式，在一定范围内认可了人工智能决定与传统行政处分决定的一致性。这种通过完全自动化方式作出行政处分的形式，在比较法上已经有了立法模

① 类似的讨论已有很多，可参见马长山《智慧社会的治理难题及其消解》，载《求是学刊》2019 年第 5 期；汪庆华《人工智能的法律规制路径：一个框架性讨论》，载《现代法学》2019 年第 2 期。

② 参见《清华人工智能研究院院长张钹：深度学习的钥匙丢在黑暗角落》，载凤凰网，https：//tech. ifeng. com/c/7tFNUKXB4Cc，最后访问时间：2020 年 1 月 15 日；Hoffmann-Riem，Verhaltenssteuerung durch Algorithmen - Eine Herausforderung für das Recht，in AöR 142 (2018)，S. 1ff。

③ 参见沈向洋、〔美〕施博德编著《计算未来》，北京大学出版社，2018，第 39 ~ 50 页。

④ EU Commission，Draft Ethics Guidelines for Trustworthy AI，18. Dec. 2018.

型，德国联邦议会在 2017 年通过修改《联邦行政程序法》，正式确立了完全自动化作出行政处分的法律制度。对此，如何在我国的行政法律规范体系中为人工智能行政决定作出恰当的规定，如何划定人工智能与人为决定之间的界限，是否能将人工智能决定引入裁量决定领域，成为行政法学必须予以回答的问题。除此之外，在自动化生成决定的情形下，又该如何在法律上区分机器错误与决定违法，目前的规范体系还存在着制度漏洞。

五是行政活动方式自动化趋势下正当程序机制的实现问题。行政机关尽管有选择自由，以自动化方式实施行政活动，但是在程序的推进中，自动化的方式并不意味着对正当程序机制的合法规避。行政自动化依然要保障听证、陈述、申辩、阅卷、咨询等相对人和利害关系人程序权利的实现，以及相应的行政机关程序义务的履行。而究竟如何在“人—机”交互模式下实现以“人—人”交互模式为基础而构建的正当程序机制，就涉及应如何从功能主义的立场出发，将现有的程序规则通过恰当的解释，将其运用于行政自动化的场景。同时，还必须从“目的—手段”相适应的角度，思考在行政自动化行为方式无法实现行政任务时，与人工活动方式的转换机制。而诸如此类问题，目前的理论和实务中尚缺乏系统而有效的回答。

B.12
数字金融时代监管科技的法治化路径

李　帅*

摘　要： 社会的数字化发展使科技创新迎来爆发式增长，新兴金融科技企业利用以“数字”为核心的技术为消费者提供服务，开启了金融科技新革命。在共享金融领域，区块链应用场景、智能投顾服务及大数据风控模式的构建和推广，正在影响投资主体、经营主体、经纪主体以及监管主体间的关系。这种相互关系的变化会在金融交易过程中演绎并传递，从而产生法律效果，形成不同于传统形态的新型金融法律关系。如何在法律原则与法律规则的范围内应用金融科技，如何合理预测并防范金融科技可能诱发的风险，如何借鉴境外市场对金融科技的监管和规制经验，将成为新时期监管活动法治化的题中之义。

关键词： 数字金融　监管科技　信息保护　法治化

一　数字金融发展过程中的潜在风险

互联网技术的全场景应用既拓宽了金融活动的范围，也丰富了其参与主体，使企业投融资渠道更加多元、中介机构的居间经纪业务更加便捷，也打破了个人参与金融活动的场所限制，大大提升了各类金融交易的效率。但不

* 李帅，法学博士，北京外国语大学法学院讲师，主要研究方向为行政法学。

可否认，在当前发展阶段，数字金融仍然面临诸多困境。除了客观存在的市场风险和盈亏风险外，监管部门履职过程中的潜在困难主要表现为，如何应对金融科技高速发展所带来的安全问题与法律挑战。数字金融自诞生起就对金融科技有着较强的依赖，金融科技的全面应用更是提升了网络数据的传输速度，提高了信息承载力，能够提升数字金融的运行效率。但是，当原本具备中立属性的技术受到利益影响时，在设置、运行、修改、维护等环节则可能发生异化风险。

（一）技术中立性弱化引发隐私泄露风险

技术本身具备中立性，但当市场主体的商业偏好影响技术应用时，就会诱发交易安全、数据隐私、身份认证等方面的金融科技风险。结合上文所述，数字金融中的个人信息具备明显的利益复合特征，多重主体不可避免地实施利于自身的金融行为，对用户个人信息或个人隐私而言，就是尽可能地实施有利于自身获利的数据行为。例如在区块链应用背景下，虽然金融机构承诺每一环节均可回溯，但当用户在匿名操作情况下发生密码丢失等意外时，已经上传的个人信息却较难再收回，相关权益难以获得有效保障。此外，金融机构的线上客户端蕴含风险，既可能遭受黑客攻击，也可能因为系统操作而数据丢失。如果说前述两种情形属于当前技术条件下的不可抗力的话，那么金融机构自身调整算法、获取不必要的用户信息，或者利用隐蔽方式不当获取用户知情同意的行为，则毫无例外属于利益诱导下的技术失控现象。同样，大数据、云计算、人工智能等技术亦可诱发诸如内部人员滥用数据、金融资产损失、用户隐私泄露等严重后果。

如果将前述风险类型化，大致可以分为计算机应用的风险、网络安全的技术风险以及平台规范风险和恶意竞争风险。前两种风险相对来说更具备客观性色彩，主要指的是计算机硬件设备损坏、操作系统崩溃造成的金融信息泄露或损毁，以及防火墙漏洞或指令错误导致的账户信息灭失。在后两种风险即平台的规范风险和恶意竞争风险情形下，信息的泄露和损失原因主要可以总结为：第一，非法集资组织借助平台实施不法活动，通过虚假平台骗取用户资金及个人信息；第二，处于运营初期的平台，为争夺市场份额而实施过度补贴、过度降低投融资门槛等违背市场规律的恶性竞争行为，亦可能损害用户的个人信息。[①]

（二）金融脱媒与跨域经营背景下行为的回溯难度增大

互联网时代，金融事务领域呈现明显的全球化特征，金融活动跨越时空、跨越区域的色彩越来越浓厚。与此相伴，共享金融领域潜在的风险也越来越大，传播速度日益加快，“金融脱媒”[②] 愈演愈烈。从社会发展趋势和金融市场规律来看，虽然金融脱媒能够较好地适应金融跨域发展的特征，是未来之必然，但在当前发展阶段，过度追求金融脱媒却容易引发行业混乱和监管的困难。例如，金融活动的开展无须通过任何中介机构，而是直接从投资者连接至融资方，虽然解决了效率问题，却导致监管和追责的困难。具体而言，在纠纷发生后，如果融资方否认金融行为的存在并销毁相关证据，仅凭投资者提供的证据又不足以还原事实时，若无中介机构的存在则很难再回溯相应的交易流程，极有可能造成信息主体的权利损害。

以数字金融的跨域经营为背景，一旦发生上述问题，由于金融活动双方可能存在于不同地域范围，追责的难度将进一步加大。尽管未来可能通过新兴科技手段解决这一问题，但在当前的社会经济环境下，金融脱媒所诱发的信息风险和责任追究困难是确实存在的负外部性。

（三）混业模式加大信息流转的不透明性

金融科技的发展进一步加快了金融机构和非金融企业开展混业经营业务的步伐，典型模式即金融控股集团的成立。这种混业经营本身存在复杂性，金融科技能够将混业模式包装得不易察觉，从而使参与共享金融的散户难以

---

① 周炜、赵大伟：《共享金融的风险与监管》，载《清华金融评论》2018 年第 6 期。

② 金融脱媒（financial disintermediation），又称“金融非中介化”，指在金融管制的情况下，资金供给绕开商业银行体系等金融媒介，直接输送给需求方和融资者，完成资金的体外循环。

了解其资金真实去向，监管部门也无法准确把握相关产品的结构和风险状况。因而在共享金融中，前述混业经营最主要的风险表现为信息流转的不透明。由此所导致的直接后果就是，个人参与者在不知情的情况下遭受经济利益损害。从理论角度来看，则是个人对其金融信息所享有的知情权受到侵害。

金融信息流转渠道和具体应用领域的不明确，既有悖于个人作为金融活动参与主体对自身信息的知情同意原则，又与我国政务公开中“以公开为原则，以不公开为例外”的指导精神不相契合。与行政事务相比，虽然金融活动并不具备完全意义上的公共属性，但由于金融行为特别是共享金融的关涉主体多、影响范围大，确也带有了明显的公共色彩；加之特定金融活动的结果对国家经济发展甚至经济安全有重要影响，因此将“公开”视为共享金融中的基本原则，并用于指导非涉国家秘密、商业秘密类的信息公开具备理论基础和现实可行性。

二　数字金融潜在风险的化解方案探索

数字金融依托互联网技术、大数据风控、智能应用等技术对传统金融资源进行配置，以提升金融信息的规范化与体系化，从而实现后续的应用与保障。可见，金融信息与金融数据的共享应当被视为共享金融的题中之义，而且在很多情况下，亦是共享金融业务领域内的核心部分之一。但由于存在上文提及的技术异化所导致的风险，参与者在数字金融活动中还是会面临诸多安全性威胁。本部分将立足于前文述及的金融科技潜在风险，提出相应的解决思路与方案。

（一）通过业务的连续性管理应对技术失控

针对技术中立性弱化甚至丧失所导致的不利后果，当前金融市场中可行性较强的监管路径，就是实施个人信息安全保护和金融业务连续性管理。具体措施包括：制定明确的行业准入及退出机制，推行强制性的风险安全防控政策，并严格规制各主体互联网系统的基础算法，防止信息红利的异化。这一过程体现了典型的综合治理精神，既有技术治理与法律治理的功能性协调，也有公私法理念与规范的相互作用。在此，进一步分析公私法原则在算法规制中发挥作用的形式，即以下两点。其一，运用公法强制性手段，明确金融中介机构预设算法的禁止行为，形成平台决策的后台自动限制条件。这里的禁止行为包括但不限于：禁止平台在分配资源、确定价格和推送资讯的过程中考虑市场需求、边际成本等因素之外的内容；禁止平台非法读取并利用用户隐私信息、历史交易记录等。其二，遵循私法自治精神，促使金融中介机构成为完全以市场为驱动的决策主体。实际操作中，就是摒除内幕交易等不正当行为，形成以企业盈利、供求关系等价值因素为导向的交易自分配模式，从而在提升用户认可度的同时保障其合法权益、营造证券交易市场的良好环境及共识基础。

此外，由于起步较晚且仍处于发展初期，我国立法对于数字金融的监管尚不完备，相关监管规定较为分散，且以民事基本法和金融类法律法规为主，可操作性不强，规章和规范性文件在数量和质量上均有待增强。鉴于此，笔者提出健全监管法律法规重点：一是进一步协调不同部门法规范在个人金融信息保护领域的力量配比，增强规章和行政规范性文件的规范性；二是调动行业协会、社会团体等组织在个人金融信息保护中的作用，为多元共治奠定基础。

（二）强化国际协作与监管制度的顶层设计

现行有效的信息规范中缺乏对个人信息出境的详细规定，导致信息通过网络流入境外之后便失去有效的保护，相关金融企业也难以找到法律法规作为对外交流时的信息行为依据。因此，跨域经营扩大背景下个人信息保护面临的负外部性，包括但不限于：信息权利损害结果的波及范围广与影响时间长；个人信息受损后恢复原来状态的难度大；个人信息跨时间、跨区域交互流转时的规则缺失；金融脱媒背景下个人信息相关权利受损的法律保障缺失；等等。

在金融活动跨域诱发个人信息损害“跨域”的背景下，可以考虑选择以下两条路径作为强化信息公法保护的措施。第一，不断推进并强化国际交流与协作。充分了解域外在金融活动监管方面的框架和制度措施，结合我国实际情况探索适应国情的个人金融信息保护策略。同时，借鉴国际组织制定的金融信息监管标准，并与相关主体就风险防控、信息利用等问题进行合作，重点借鉴其制度中有关个人金融信息流转与保护的内容，从而推进我国对相关标准的探索。第二，进一步强化个人金融信息保护方面的顶层设计。以我国当前的“一委一行两会”[①] 监管格局为基础，充分探索并制定有针对性的个人金融信息利用与保护规范，制定实施共享金融活动的微观指标和详细步骤，从而构建个人金融信息的源头性、体系化保障制度。

（三）穿透式监管与强制信息披露制度的探索应用

混业经营的发展叠加金融科技的全面适用，使已经存在的金融监管权责不对称、监管标准与监管规则不完备等问题更加突出，由此引发的负面效应有扩大化趋势。因此，采用力度较强的穿透式金融监管，成为防范混业经营风险的有效措施。第一，坚持总体分业经营为主的基本框架，对已经存在的混业经营加强监管。当然，分业模式下从事不同经营内容的金融市场主体间存在公平竞争和规则一致性的问题，单纯的分业监管模式并不足以应对其经营风险，因而不论对于分业经营还是混业经营，均应坚持综合监管思路。第二，持续发展监管科技，丰富金融监管手段，提升跨行业、跨市场交叉性金融风险的甄别、防范和化解能力。具体到实践中，就是搭建金融科技统计监测和风险监测体系，使金融监管能够在多业态、多领域的复杂链条中实现穿透，直接定位个人信息的流向和用途。以互联网私募拆分的监管为例，就是要对私募打包销售多类金融产品的行为进行穿透式拆分，从发现个人投资资金的去向开始，实现个人金融信息的“全穿透”。

---

① “一委一行两会”的金融监管框架，包括国务院金融稳定发展委员会、中国人民银行、中国银行保险监督管理委员会、中国证券监督管理委员会。

此外，强制性的信息披露同样可以作为应对信息不透明的有效举措。当然，需要注意的是强制性披露是有例外的，比如国家秘密、商业秘密和个人隐私信息的合理排除。在此对个人隐私的判定，应当结合“隐私”的人格权属性及个性化差异，以现行法律规定为基础，并且充分尊重个人信息主体的主观意愿。对于依据前述方法判定的个人信息或个人隐私，进行强制性披露、匿名化处理后披露或者不披露。当然，在作出不披露决定的同时需要说明原因。

三　规制金融活动流程以实现信息多维价值

在数字金融中，数据作为一种新的生产要素，对于预判市场走向、调控交易行为、影响各主体权利义务等发挥着重要作用。市场参与者特别是互联网企业，通过收集、存储、挖掘、加密、交易等一系列行为，充分发挥数据作为生产性资源的经济价值，还有企业直接将数据视为一种资产。与传统财产性资产不同，线上数据不具备明显的有体性，而是以无形、可共享及可传输性为主要特点，[①] 这也就导致商业竞争向新的方向发展，并以争夺数据占有状态为主要形式。以网络空间为依托获得新生和发展的数字金融行业，在为使用者提供便捷的同时也诱发一定的信息安全焦虑。特别是对于个人信息而言，频发的受损现象以网络化、瞬变性、复合利益交织等为特征，传统规制手段已不能完全解决新生问题。以数字金融为背景场域，研究各类信息在此过程中如何得到充分保障和合理利用，亦需要通过科技化的监管手段构建科学合理且不同于传统路径的新型权利保障模式。

（一）构建智能反欺诈系统，确保金融信息的闭合性监管

金融活动中存在一定的欺诈现象，以证券交易为例，投机交易者可能以各种不易察觉的形式实施买入卖出，违背市场规律，破坏证券金融安全。当

① 刘金瑞:《数据财产保护的权利进路初探》，载《中国信息安全》2017 年第 12 期。

前，已有众多券商开始对异常交易实施技术监控，例如在交易后台置入实时监测程序，将有效账户比重、有效交易数量以及账户短期流失率等作为重点监测项目，并采用“机防 + 人防”的方式监控信息异动，避免欺诈风险。具体来说，就是对用户的开户时段、所在区域、无效交易数量等内容进行大数据筛查，发现其中的明显异常值，在通过系统定位相关账户的基础上，进行人工回访与跟踪。

这种融合了智能技术的反欺诈系统，在实现上述风险防控的基础上，对于用户个人金融信息的监管与保障，也同样有着积极作用。一方面，金融业实时监测系统中的预设条件，很大比重上是针对账户信息设定的。而实际上，不论是开户地域、有效户的资产还是有效户的注销情况，本质都属于证券投资者的个人金融信息。因而这种全息式的监管，形成了对个人金融信息异动情况的实时把控。另一方面，人工回访与交易限制，阻断了相关主体对个人金融信息的非法利用，结合前述实时监测措施，构成了对个人金融信息的闭合式监管。在这一机制体系下，个人金融信息的安全流转与合法利用能够获得有效保障，金融机构通过个人信息盈利的路径也具备了充分的合规性，即同时实现了个人金融信息的复合利益。

（二）转变资产管理核心策略，构建灵敏有效的信用体系

在资产配置层面，个人金融信息既体现着用户个人的资产状况，又能反映国家在特定时期内的整体经济水平，具有明显的价值复合性。面对当前日益收紧的金融政策，资管行业唯有不断变革其核心策略，方可实现平稳式发展，也方可获得持续保障个人金融信息的动力。信息保护的本质之一是风险防控，那么结合金融合规与风控的内涵，可以将资产管理业务核心策略的转变总结为：一是将风控能力“模型化”和“系统化”，全面启动对风险信息的实时监控；二是在信息碎片化时代，发掘信息的广度、深度、关联性，构建灵敏有效的信用体系。

第一，构建以风控为核心的资产管理策略体系。在当前共享金融模式下，资产管理已逐步成为各类金融机构着力发展的业务内容。对于资管活动

而言，其核心能力是风险处理能力，具体到个人金融信息的保护上，就是需要具备对信息的风险管理能力。在此过程中，承担自我监管职责的金融主体除了严控资金来源与流向、保障资管产品合规运行以外，还应定期向监管行政主体上报和备案，将一定时期内的资管工作内容和已对外公开的研究报告整合后提交，详述在监管用户个人信息过程中实施的具体行为和得到的相关结果。最终，将这种主动配合式的监管行为内化为金融机构保障个人信息的核心措施，从而提升新时期券商工作的合规质效。

第二，全面构建共享金融领域的信用体系。信用体系建设是金融发展的基础，我国现存金融资源错配问题很多都是因为信用体系的不完善。传统的信用建设只能利用银行数据、尽职调查等有限手段，而共享金融借助于互联网大数据、人工智能等技术推动信用体系的完善，尤其是对于难以使用传统信用评估进行界定的个人或商业主体来说，大数据化的信用评估模式将更全面、迅速和有效，成本也更低。以此为基础，将金融机构的个人信息数据库与国家统一的信用平台对接，并制定个人金融信息进入信用平台的条件，一方面使用户明确自身信息的信用价值，另一方面也能起到警示作用，预防潜在的不当金融行为。此外，共享金融当中引入共识机制，可保证网络上各个客户间对账户和资金进行相互监督，使得传统金融监管难以覆盖的“盲区”受到公共金融规则约束。还可在互联网上构造共享账户信息系统，增加金融机构间、金融机构与客户账户间的信息链接，促进商品交易链和资金交易链的透明循环，实现“人人参与”的新模式。[①] 这样一来，信用记录、信用评价及信用调取的全流程都能够得到广泛的社会监督，从而更加的公开、真实和客观。

（三）完善金融信息赋能，打造信息辅助决策的长效机制

依托于金融资产的不同流向，相应金融信息所承载的内涵均有差别。采用技术分析手段对这些信息进行挖掘与分析，基本可以推知相应产业领域的

---

① 周炜、赵大伟：《共享金融的风险与监管》，载《清华金融评论》2018 年第 6 期。

发展情况并预测一定时期内该领域的发展前景。因此，金融信息背后所蕴含的内容极其丰富，在很多情况下可以作为相应经济甚至政治决策的辅助性依据。在未来一段时期，刚性兑付的打破将可能给众多金融子领域带来系统性冲击，如何科学防范冲击并化解风险，成为各大金融主体如今所考虑的重要问题。以之为考量，金融信息的预测功能就发挥出了关键性的效用。

完善金融信息赋能，其主要内涵就是增加并维系金融信息，特别是个人金融信息和资产管理类信息所能够承载和反映实质问题的数量，从而在适用科技手段“解锁”信息时，能够得出更为丰富和精准的行为指导。具体到操作层面，可以通过强制性的程序规定，要求金融活动参与者在实施每一步时，均进行充分的记录，记录的内容不受实体性与程序性的限制，即只要是与资管行为相关均予以记载。在金融信息的后续流转中，这些记录也将随之一同移动。经过这样的“赋能化”流程，相应个人金融信息将具备更强的决策辅助能力，辅助金融机构、行业协会、监管部门等主体作出多种决策。

综上所述，利益复合型信息的保护与利用两者之间实际是相互促进的。因此，个人金融信息的公法保护应当遵循这一普遍价值规律，一方面关注信息保护与利用的合理限度，另一方面注意不同主体权益实现程度的调节与配比，在此基础上，真正实现个人金融信息所复合的多维利益，同时促进我国金融体系的健康发展。

四　全面推进监管科技的发展及其法治化建设

金融科技丰富了数字金融的具体模式，而监管科技的应用则能够有效防范其异化风险。传统法律规制手段较为单一且滞后性明显，在平台交易时代无法发挥有效的监管作用。因而在互联网技术全面应用于证券交易的背景下，全面推进监管主体对监管科技的关注，才能起到实时对接、精准调控、高效规制的作用。而且，监管科技手段注重事前防范，有大量数据结论作为行动依据，可以减少风险发生后再予规制的损失。

（一）智能投顾业务及其信息收集限制

1. 智能投顾业务的运行方式及特征

人工智能背景下，智能投顾成为以资产管理为核心的新型投资顾问模式。具体而言，智能投顾是指通过在线调查问卷获取投资者信息以了解投资者的风险偏好以及投资偏好，从而结合算法模型为用户制定个性化的资产配置方案，包括动态调仓、实时监控等功能。该模式基于大数据分析、量化金融模型以及智能化算法，根据投资者风险承受水平、财务状况、预期收益目标及投资风格偏好等要求，为其提供智能化和自动化的资产配置建议。

与传统投资顾问模式相比，智能投顾试图为投资者提供更具性价比的投顾服务，在相同的服务等级下，资金门槛更低。另外，智能投顾建议的提出依赖于大数据分析，数据越多、数据跨越的时间段越长，其参考价值则越大。基于人工算力与计算机算力之间的差别，智能投顾模式下所需个人金融信息的数量往往更大。

2. 智能投顾业务对法律主体责任范围的拓展

在智能投顾行为中，投顾机器人虽然增加了市场参与者的数量，但本质仅是运营者提供服务的工具，并不具有主体地位，亦未改变投资者与证券服务机构之间的法律关系，因此由投顾服务所引发的法律责任应由运营者承担。在此，运营者作为投顾服务提供方，应履行忠实义务与勤勉义务，不过此时的忠实义务与勤勉义务在具体内容上应当有所更新，即运营者须对算法中的利益冲突进行披露，从而使系统出具的电子问卷在内容上具备合理性，从而准确定位目标客户的风险承受能力；此外，运用者还需要对智能系统的自动化运行进行实时监督与定期维护，防止因系统漏洞引发各类风险。最后，运营者违反忠实义务与勤勉义务须依法承担相应的民事责任，该责任属法定责任，责任的构成须具备“存在智能投顾法律关系”、“违反信义义务之行为”和“投资者因信义义务之违反而受有损害”这三个基本要件。[①] 我

① 郑佳宁：《论智能投顾运营者的民事责任——以信义义务为中心的展开》，载《法学杂志》2018 年第 10 期。

国《证券投资顾问业务暂行规定》确立了投资顾问服务机构的信义义务体系，[①] 在证券服务机构的道德义务之上附加了法律强制性的义务内容，从而为投资者权益提供了明确的法律保障。

3. 明确智能投顾实施过程中的信息收集限制

在明确了智能投顾责任承担规则的基础上，可以进一步对其运营者（多数情况下为金融中介机构）的信息收集行为作出规范和限制。首先，运营者应当以“满足正常工作需求”和“最小范围获取用户个人信息”为指导原则，杜绝不加说明地概括式获取用户授权的行为，杜绝出于“怕麻烦”心理而一次性获取用户授权的行为。其次，获取的信息应当与投顾业务范围具备关联性，这同样是为了避免运营者借“顾问”之名行不当获取信息之实。最后，要求智能投顾主体收集个人信息时，必须遵循更为严格的告知程序。这是因为，金融投资行为本身具备风险性，在当前国家提出“破刚兑”的环境下，投资者需要以自身风险承受能力为基础谨慎作出决定。虽然智能投顾业务会在综合分析各种数据之后给出投资建议，但同样需要个人投资者自行考量与判断。加之投资者提供信息的真实性和完整性也会影响大数据分析结果，从而影响投顾建议，所以，运营者的告知内容应当包括以下几项：其一，个人投资者应当保证所提供的信息真实、完整；其二，所收集的个人金融信息的具体用途、使用方式及使用时限；其三，有必要将投资建议的风险性予以告知和说明，促进个人投资者理性决策。

（二）大数据风控技术对异常信息的监控

1. 大数据风控体系的特征

传统风控体系对风险的定性往往以主观规则和客户评级为主，存在数据获取维度窄、定量分析能力弱、难以精确化等缺陷。例如，风险评级模型的构建多以客户历史行为数据为基础，无法前瞻性地预测未来风险情况，从而导致风险管理滞后。在数字化转型背景下，传统风控模式已无法满足全面风

① 参见《证券投资顾问业务暂行规定》第4~5条。

险管控的需求，而以大数据、人工智能为代表的新技术，则为风控领域相关痛点的解决提供了良好契机。在此背景下，金融机构可以利用大数据技术整合用户全息数据，进行多维度交易风险评测，这样不仅能够提升评估精准度，还有利于将传统模式下难以度量的风险显性化，提升风控能力。此外，大数据与人工智能技术的应用还可以使监管主体实时监测交易行为、定位异常账户、及时采取管控措施，从而改变事后分析方式，建立起主动的实时响应机制，提高风控效率。

2. 异常信息的定性及其处理方式

在实施大数据风险监测的过程中，由监管科技捕获到的异常信息以金融交易数据为主，但也不排除伪装身份信息、虚假账户信息等内容。对金融机构和监管机构来说，对前者异常交易信息的处理，应当采用查实情况、约谈相关责任主体的方式，目的在于消除违法违规交易；对后者虚假账户信息的处理，则应当在查实情况后，采用注销账户、限制相关责任人开户或交易的方式处理，预期达到的效果是维护金融交易中账户信息的真实与安全，保障金融活动参与者的合法权益。

3. 大数据风控中传统举证责任内涵的丰富

针对风控流程中相关行为所引发的纠纷，法定解决途径必然会涉及举证责任问题。传统法治理念要求行为主体为自身行为承担举证责任，举证范围包括行为的法律依据和事实根据，即金融机构和监管主体，应当在确有证据表明危险存在或将要发生时，方可采取排除或防止危险的措施。然而，金融活动中各类风险的防范更多针对潜在危害，在当前知识无法充分解释因果关系的条件下，要求金融活动主体证明金融危害必将发生，可能性极小。特别是对于系统性金融风险，如果一定等危害事实发生方可采取措施，实际是在根本上取消了对风险的防范。

因此，面对因个人金融信息风险防控所产生的纠纷，传统与举证责任分配及各主体承担举证责任程度相关的规定，应当变通适用。其一，传统“谁主张谁举证”或“举证责任倒置”原则不能直接适用。英国行政法学者伊丽莎白·费雪（Elizabeth Fisher）曾指出，举证责任本身能否用于风险预防领域是有疑问的。因为在风险预防当中，待证事实并非已经发生的确定风险，而是对未来的预测。在这样的领域，所谓举证责任无论分配给谁都是不可承受之重。[①] 其二，智能风控纠纷中的举证责任强度应当合理弱化。例如，遵循“举证责任减轻”思路，就可以避免极端立场而安全地转入技术性问题，如重新确定证券监管机构所负证明责任的范围多大为宜、不同主体证明标准应达到什么程度、司法审查中法院应在多大程度上尊重监管机构依据不充分证据所做的事实判断等。

（三）监管沙盒制度下的信息保护新规测试

1. 监管沙盒的内涵及特征

“沙盒”（sand box）一词原本是计算机安全领域的术语，指的是一个与外界环境相对隔离的空间，可以使内部代码或算法在相对不受限制的场域内进行运作，因此是计算机程序运行中一种特殊的安全机制。沙盒模式被引入法学领域后，主要被应用于监管场景中，并以调和制度创新和法律规范之间的关系为关键测试目标。在金融领域创设监管沙盒，其意义在于平衡金融创新与风险规制，并对拟实施的法律制度进行试点试验。其一，监管者在沙盒中可以改进传统的“一事一授权”模式，将事前审核、事中监督以及事后的随访评估引入其中，并充分关注投资者意愿。这样不仅有利于测试传统规制手段能否继续在新兴事务领域发挥作用，还可以探索规制与监管的创新路径，一举多得。其二，监管者可以通过对沙盒环境中的企业进行全流程观察，了解并认知金融企业创新机制的思路来源、潜在风险和应对措施，从而有效提升监管行为的针对性，有利于降低金融产品真正面世之后的监管成本。其三，监管者可以通过对沙盒内部环境的监控和分析，保持对金融科技的敏感度，在此基础上精准定位消费者需求和企业发展动因，从而对现行法律规范中不具备适应性的条文内容进行修订和删改，进一步发掘新的监管视

---

① Elizabeth Fisher, *Risk Regulation and Administrative Constitutionalism*, Oxford Portland, Or.: Hart Publishing, 44 -46, 2007.

角和监管方向。[1]

2. 信息保护义务主体在沙盒制度下的行为模式

监管沙盒运作过程中，主要的参与主体就是金融机构和监管机构，那么对于金融机构来说，为保障其新开拓产品的及时面世，并在今后能够合法合规运行，应当积极报名参与沙盒试验，在此虚拟空间中创新产品、享受有条件的法定责任豁免，提升金融创新的市场转化率。当然，不得忽视对个人参与者金融信息的保护，如果有自身适用效果较好的保护措施，或者有创设新的保护措施的意愿，都可以在沙盒环境中进行尝试，从而在试验结束后决定是否将其作为一项长效机制。从监管部门角度来看，其职责在于选定试验区域、试验对象，并创设相对封闭的沙盒环境供企业实施金融创新行为。同时，监管主体还可以将未正式颁布或未正式实施的个人信息保护规范在沙盒中试用，观测其作用效果，为日后是否推行此项制度提供实证依据。此外，在监管沙盒模式中，双方主体还应充分关注自身与对方间的互动关系，致力于在监管者与被监管者之间形成良性互动。当前，我国监管部门正在借鉴英国金融行为管理局实施的圆桌会议、非正式会谈等方式，构建监管沟通机制。在此环境下，有望实现金融产业发展与个人金融信息保护的双赢。

3. 监管沙盒中行为主体法定责任的有条件豁免

在监管沙盒模式下，出于试验政策、培育创新等目的，被监管者基于现行规范所应承担的法律责任被有条件地豁免。从审慎监管的角度看，其本质就是有限度地放松监管。[2] 具体而言，被监管者在沙盒模式下能够享受的责任豁免及政策优惠主要包括以下几点。第一，可以实施一些现行法律规范所禁止的金融行为，或者在法律存在空白的领域进行行为尝试和探索。实践当中，金融企业的创新产品可能违背现行法律规范时，应当允许其申请进入监管沙盒，在一定的时间和空间范围内享受法律责任的豁免，从而获得试验新品的机会，也给监管者以研判的机会，减少因产品存在潜在风险而被监管者

① 张红：《监管沙盒及与我国行政法体系的兼容》，载《浙江学刊》2018 年第 1 期。

② 李爱君：《监管沙盒的新意与悖论》，载李爱君主编《金融创新法律评论》2017 年第 2 辑，法律出版社，2017。

延迟面世的情形，提升金融创新的市场转化率。例如，金融机构新开拓的产品可能存在用户个人信息泄露的风险，或者可能在运作过程中发生技术异化而导致个人金融信息被不当利用，那么沙盒就为这种新产品的先行先试提供了可能，从而提前了解其实施之后的可能结果，作出是否予以全面推行的决定。第二，沙盒中可以建立起政府监管机构与企业之间的有效沟通机制，强化监管者与被监管者之间的理解与合作。一方面，行业协会、社会组织以及政府部门等监管主体，可以在第一时间为金融机构等被监管者提供法律咨询建议，进行有效的合规指导。另一方面，如果金融机构因自身的创新行为而存在违法违规风险时，可以第一时间向监管机构咨询，从而得到合规建议。就个人金融信息的保护而言，因此类信息综合体现了多方主体的权益，所以沙盒也同时为这些利益相关方提供了一个交谈与协商的场所，从而使监管主体和金融机构可以在政策出台或产品面世前，通过充分沟通而互相了解行为意愿，这将有利于公法规制与金融行为的协调发展，从而提升金融信息的保护与利用质效。

当然，此处被监管主体法定责任的豁免，仅可以在监管沙盒这个特定空间中享有，离开沙盒环境后则必须接受现行法律规范的调整。由此可见，沙盒制度在一定程度上具有法律规范的性质，所以其确立方式也应当采用法律规范的基本制定模式。在此，笔者建议由全国人大常委会就实施监管沙盒制度作出决定，并授权国务院或其职能部门制定沙盒内部的具体运作规范。当然，前述具体规范的制定，需要充分参考我国当前在银行、证券、电子商务等方面的法律法规。

五　结语

科技在金融监管中的应用须转化为具体可操作的法律制度方能达到良治之功效。以数字金融场域下信息不对称、平台多元业务交织为背景，关注金融科技实际应用中的既存问题与潜在风险，并以法学研究方法为指导，一方面分析金融科技对传统法学理论的丰富与发展，另一方面探索新制度的设计思路，从而提升交易效率、实现数据价值、保障信息安全、明确权责划分、维护消费者权益以及完善政府监管体系，是监管科技法治化的实质内核。可见，监管科技不仅仅是一种有效的监管工具，更是诱发监管领域范式转换的关键变量，是未来金融监管的必然发展趋势。

B.13

城市环境治理行政法治发展报告

王树良*

摘　要： 我国城市环境治理目标已经从治理危及居民生命健康的环境公害转变为保障居民良好生活环境、实现居民对美好生活向往的新阶段。当前我国城市环境治理目标具体表现为进一步提高城市空气质量、解决城市生活污水和生活垃圾问题、提升市容市貌。为此，各地政府正在通过加强地方立法和完善执法等方式，努力应对当前城市环境问题。本报告针对我国当前的城市环境问题，分别梳理了其立法现状、全国各城市实践现状的制度建设以及取得的成绩效果，针对目前的立法现状及实践中遇到的新形势新要求，展望未来的发展动态，力求实现城市环境协调发展，提高人民对城市生活的满意度。

关键词： 城市空气污染治理　城市生活污水治理　城市生活垃圾治理　市容市貌治理

从国际经验看，城市环境治理目标主要分为两个阶段：保障健康阶段和提高生活质量阶段。前者是防止环境公害，保障居民的基本生存权，后者是营造良好的生活环境，提高居民的生活质量。随着我国城市基础设施的完善和环境

---

* 王树良，法学博士，中国政法大学在职博士后，南京财经大学法学院讲师，主要研究方向为行政法、环境法。

治理措施的健全，危害居民生命健康的环境公害已经极为罕见，城市环境治理目标已经全面转向营造良好的城市居住环境，实现居民对美好生活的向往。这一目标可以具体分解为进一步提高城市空气质量、解决城市生活污水和生活垃圾问题、维护市容市貌。对此，本报告将分别从城市空气污染治理、城市生活污水治理、城市生活垃圾治理、市容市貌治理四个方面，梳理最近的行政法治发展动向。基于本报告的篇幅限制，在时间上，本报告对最新立法动向的整理主要限定为从2018年底到2019年底；在内容上，本报告没有网罗每个领域所有的问题，而是从每个领域中选取了受公众关注较多的典型问题进行梳理和分析。在城市空气污染治理方面，主要关注机动车排气污染防治和建筑工地扬尘污染防治的法治问题；在城市生活污水治理方面，重点关注雨污分流的法治问题；在城市生活垃圾治理方面，主要关注生活垃圾分类管理的法治问题；在市容市貌治理方面，主要对城市绿地保护以及市容和环境卫生管理进行梳理。

一　城市空气污染治理法治发展状况

机动车排气污染与建筑工地扬尘污染日益成为城市空气污染的主要来源，国家层面从提高机动车排放标准、推行新能源汽车、强化对建筑工地扬尘污染监管等方面入手，对城市空气污染进行防控，为各地提供了有效指引。当前，各地区在城市空气污染防治法律体系的构建上已初具规模，并取得了一定成效，但污染增长态势还在继续。鉴于此，本部分将从各地关于机动车排气污染与扬尘污染立法现状及实践着手，分析我国城市空气污染治理的法治现状和发展趋势。

（一）机动车排气污染防治

1. 立法现状及实践

我国已连续十年成为世界机动车产销第一大国，机动车污染状况日益突出。尤其是在大中型城市，机动车尾气排放已成为城市细颗粒物（$PM_{2.5}$）污染的主要来源。而在人口密集区域，尾气排放直接威胁人民群众的健康。

因此，有效控制机动车排气污染不仅是扎实推进生态文明建设的重要组成部分，也是保障民生的现实要求。为确保防治工作早见成效，各地正在不断加大机动车污染防治力度，出台相关法规对机动车排气污染进行规制。

2018 年，北京市、上海市、山西省、江苏省、山东省，以及南京市、吕梁市、长治市、潍坊市、银川市和兰州市制定修改了大气污染防治条例；宁波市、长春市、绵阳市制定修改了机动车排气污染防治办法。① 2019 年，厦门市、广州市、南宁市、佛山市、杭州市制定修改了机动车排气污染防治办法，将机动车排气污染防治纳入城市综合交通规划。同时各地推动机动车排放标准升级，大力发展新能源车，机动车污染防治工作收效明显。

（1）多地采用国Ⅵ标准，加快油品质量升级

2018 年，河南、云南、江苏、广东、海南五省提前供应符合国Ⅵ标准的车用汽油。2019 年 1 月 1 日起，全国全面供应符合国Ⅵ标准的车用汽柴油，停止销售普通柴油和低于国Ⅵ标准的车用汽柴油。②

2019 年 7 月 1 日起，北京、上海、天津、河北、广东等多地开始实施国Ⅵ排放标准。北京市发布《关于北京市提前实施国六机动车排放标准的通告》，通告显示北京市实行“新车新标准、老车老标准”的管理原则。已取得北京市车辆牌照的在用车，不受新标准的限制，但仍须达到车辆原排放标准要求。③ 广东省发布《广东省人民政府关于实施轻型汽车国六排放标准的通告》，明确从 2019 年 7 月 1 日起，轻型汽车除符合国Ⅵ排放标准要求外，给国Ⅴ标准车辆上牌设立了 3 个月过渡期，并首次明确国Ⅴ标准二手车未来 4 年内在珠三角区域内可互迁。④

---

① 参见《中国移动源环境管理年报（2019）》，http：//www.mee.gov.cn/hjzl/sthjzk/ydyhjgl/201909/P020190905586230826402.pdf，最后访问时间：2020 年 4 月 28 日。

② 参见《中国移动源环境管理年报（2019）》，http：//www.mee.gov.cn/hjzl/sthjzk/ydyhjgl/201909/P020190905586230826402.pdf，最后访问时间：2020 年 4 月 28 日。

③ 新华社：《北京将实施国六机动车排放标准》，载中国政府网，http：//www.gov.cn/xinwen/2019－06/29/content_5404497.htm，最后访问时间：2019 年 12 月 10 日。

④ 南方日报：《广东：7 月 1 日起全省实施国六排放标准》，载中国政府网，http：//www.gov.cn/xinwen/2019－06/30/content_5404584.htm，最后访问时间：2019 年 12 月 10 日。

（2）加快车辆结构升级，推广使用新能源汽车

2018年，全国汽车保有量达到2.4亿辆，同比增长10.5%，新能源汽车保有量达到261万辆，同比增长70.0%。[①] 新能源汽车销量的大幅提升离不开各地政策法规的支持，2018年至2019年12月，各地出台有关支持新能源汽车推广以及配套设施建设的规范性文件共42件，从财政补贴、税费减免、基础设施建设、公交运营补贴等方面入手，加大新能源汽车运营支持力度。

2019年1月21日，广西多部门联合印发了《加快广西新能源汽车推广工作的通知》，规定利用政府投资设立的公共停车场、市政道路两旁设立的停车位，新能源汽车可以享受减半征收停车费的优惠。与此同时，还将新能源汽车充电插座纳入各地的充电设施建设考核指标，并明确了新能源汽车充电电价的执行要求和具体操作。[②] 贵州省计划2019年内推广使用甲醇汽车1万辆，新增的中心城市公交、邮政、出租、环卫车辆优先使用新能源或清洁能源汽车，并同时落实新能源汽车车辆购置税优惠政策，推行乘用车企业平均燃料消耗量与新能源汽车积分并行管理办法。[③]

2019年6月3日国家发展改革委、生态环境部、商务部印发《推动重点消费品更新升级　畅通资源循环利用实施方案（2019—2020年）》，要求各地不得对新能源汽车实行限行、限购，已实行的应当取消。该方案公布后，信阳市、晋城市发布限行通告时，均响应了新能源汽车不受限行措施限制的规定。

同时根据《关于进一步完善新能源汽车推广应用财政补贴政策的通

① 生态环境部网站：《生态环境部发布〈中国移动源环境管理年报（2019）〉》，载中国政府网，http://www.gov.cn/xinwen/2019-09/05/content_5427449.htm，最后访问时间：2019年12月10日。

② 新华社：《广西：10城市出台新能源汽车停车半价优惠政策》，载中国政府网，http://www.gov.cn/xinwen/2019-08/28/content_5425253.htm，最后访问时间：2019年12月10日。

③ 新华社：《贵州多措并举稳定和规范汽车消费》，载中国政府网，http://www.gov.cn/xinwen/2019-09/12/content_5429562.htm，最后访问时间：2019年12月10日。

知》，地方自6月25日后，对新能源公交车和燃料电池汽车等之外的新能源汽车不再给予购置补贴，而转为用于支持充电桩和加氢站等基础设施“短板”建设和配套运营服务。根据相关通知要求，上海进行了积极回应，新能源汽车地方购置补贴将转为支持充电桩和加氢站等建设。目前，上海充电桩总量达到21万个，基本上同新能源汽车24万多辆的保有量持平，预计接下来每年还将新增5万~8万个充电桩。①

2. 未来发展动态

目前，我国的机动车污染防治法律体系虽已初具规模，但仍存在较多不足。首先，配套法规不健全。在机动车排气污染的监督管理方面，上位法主要为原则性的规定，规则性内容相对较少，对于机动车排放标准和监测的方法缺乏详细介绍，导致在地方实施的可操作性大打折扣。同时各地区机动车规模、产业结构等因素均有其地域性，而地方制定专门性法规数量较少，很难同当前机动车污染防治需要相匹配。其次，缺乏倡导购置新能源汽车的法律机制。使用新能源机动车来保证低碳增长，防控传统燃油机动车带来的污染排放已成为国际共识。我国政府为新能源汽车制定税收优惠政策以提高其市场份额，但是新能源汽车的政府补贴款项的接收方为机动车制造商，消费者无法直接享有优惠。而补贴数额较小，力度较轻，难以动员制造商充分配合。在新能源机动车相关配套设施的建设方面，我国区域差距仍然较大，并且缺乏相应的法律规范。

对于上述问题，我们认为可以从如下两个方面对机动车污染防治的法治建设进行完善。

一是完善机动车污染防治的专门立法。尽管机动车污染防治的相关制度内容已不断完善，但未涵盖机动车污染防治的所有领域，无法满足机动车污染防治的现实需要。制定统一的机动车污染防治立法，对进一步完善城市机动车污染治理，仍具紧迫性和现实性。同时还要推进地方关于机动车污染防

① 新华社：《上海：地方补贴将“退坡”新能源汽车“主动出击”》，载中国政府网，http：//www.gov.cn/xinwen/2019－04/11/content_5381621.htm，最后访问时间：2019年12月10日。

治的精细化立法工作。受地理环境、发展状况等多种因素影响，各地防治机动车污染的着力点并不相同。因此，地方各级人民政府可以立足本地实际，突出重点，着眼于当地机动车污染防治的特殊性进行精细化立法，以更有利于贯彻便捷高效低排放的绿色发展理念。①

二是为新能源汽车提供法律保障。新能源汽车能够提高燃料质量与资源利用率，还能有效降低环境污染。我国新能源机动车尚在起步阶段，国家应当持续加大对新能源汽车的支持力度，出台政策保障新能源机动车在市场配额上的优势，继续落实并完善相关政策，保证新能源汽车的保有量稳定提升。此外，加快新能源汽车推广与加大充电桩等配套基础设施建设的投入，亦能充分缓解传统机动车尾气排放造成的环境污染。

（二）城市建筑工地扬尘污染防治

1. 立法现状及其实践

为深入贯彻《大气污染防治法》与《打赢蓝天保卫战三年行动计划》中关于扬尘污染治理的规定，近年来，多地出台了规定，意图建立城市建筑工地扬尘污染防治规范化、制度化、常态化长效管理机制。

2018 年初至 2019 年 11 月，西安市、肇庆市、潮州市、德州市、荆州市、滁州市、漯河市、晋中市、赤峰市、临汾市、岳阳市和十堰市制定修改了扬尘污染防治条例。上述各地方立法主要从三方面入手，落实扬尘污染防治工作：一是强化道路扬尘管控，多措并举落实大气污染防治工作任务；二是加强对施工工地监管，强化对建筑工地监管，落实工地围挡、道路硬化，施工外墙设置密目式安全网、出入口设置车辆冲洗设施等防扬尘措施；三是强力推进裸露土壤治理，通过补植草皮、铺挂绿网等方式对城区裸露土壤进行整治。此外，值得注意的是，多地立足于信用体系建设，尝试构建“黑名单”制度，并同互联网技术相结合，搭建智慧平台，监控扬尘污染。

① 孟庆瑜：《我国机动车污染防治法律问题初探》，载《法学杂志》2019 年第 11 期。

（1）构建扬尘污染防治“黑名单”制度

住建部发布的《关于进一步加强施工工地和道路扬尘管控工作的通知》中提出，将扬尘管理工作不到位的不良信息纳入建筑市场信用管理体系，如若情节严重，直接列入建筑市场主体“黑名单”。

《陕西省蓝天保卫战 2019 年工作方案》中规定，将环境污染情节严重的单位，列入建筑市场主体“黑名单”。北京市将对扬尘违法行为主体及其有关工作人员开展联合惩戒，将被处罚 4 次（含）以上、拒不整改的，纳入企业信用“黑名单”。[①] 南京市开展全市建设工程工地扬尘专项整治行动，定期发布工地扬尘治理“红黑榜”，红黑榜将直接影响项目施工方的信用状况。

（2）开展智慧工地建设

陕西省在《陕西省铁腕治霾打赢蓝天保卫战三年行动方案（2018—2020 年）》中提出，要利用 3 年时间建立完善住建监管智慧平台，所有建筑施工工地安装视频监控设施，并与住建部门管理平台联网，实现建筑工地空气质量数据、城市道路清扫、执法监管等信息的互联共享和动态更新，提高空气污染治理的精准度，实现对施工扬尘、道路扬尘排放情况的靶向管控。河北省也将扬尘污染治理数据与环境监控网络平台相连，对市区建筑工地扬尘污染情况实时监控。截至 2019 年 11 月底，成都市在 1629 个工地已安装扬尘在线监测等设备，系统会自动推送超标信息，要求施工现场立即采取降尘措施，将未及时整改回复的企业纳入信用管理，实现了对全市建设工地扬尘排放的精准管控。[②]

2. 未来发展动态

对于建筑工地扬尘污染问题，虽然各地已经采取相应措施进行控制，仍存在诸多问题亟待解决。具体而言，首先体现为监管主体不明。国家及地方

① 北京日报：《北京：多次扬尘违法将被联合惩戒》，载中国政府网，http：//www. gov. cn/xinwen/2019 -04/02/content_ 5378984. htm，最后访问时间：2019 年 12 月 10 日。

② 新华社：《成都：工地建筑如何实现“绿色”生长?》，载中国政府网，http：//www. gov. cn/xinwen/2019 -11/29/content_ 5456963. htm，最后访问时间：2019 年 12 月 10 日。

性法规中概括性规定较多，地方环保行政主管部门的组织和实施要求不明确，难以协调相关工作，且目前尚未形成部门联合执法机制，对于重点难点问题缺乏系统性分析和工作部署以及经验总结，从而容易在部门之间形成重复劳作和互相推诿的局面。其次，污染防治措施落实不到位。加强源头治理是根本，虽然法规对扬尘单位的主体责任做了明确规定，但从实际情况来看，效果不尽如人意，应付检查的形式主义工作形式依然存在，采用传统检查方式难以确定责任主体。为解决现实存在的问题，在以后的扬尘治理工作中应注意以下两点。

一是建立长效机制，落实主体责任。构建更加严密的责任分工体系，在完善监管体系和定量考核机制的基础上，进一步建立施工扬尘污染环境管理工作联席会议机制，完善绩效考核体系，建立通报、反馈机制。① 各责任部门齐抓共管，形成合力，深入推进治理工作，巩固治理成效。

二是积极推进智慧工地建设。建立和完善监管体系，通过颗粒物在线监测系统、物联网、大数据及移动互联网等先进技术，形成由环保管理部门、施工单位及社会公众共同参与的扬尘污染监督治理模式，确保扬尘治理全方位、广覆盖、无死角，从而实现精细化的环境管理。

二　城市生活污水治理法治发展状况

城市经济的发展在让人们生活质量有所提高的同时，也使城市生活污水排放量逐年增加，水域承载能力逐渐下降，逢雨必涝、雨天黑臭、气味难闻严重影响人们的生活。解决该问题的切入点是实行源头截污、雨污分流的排水机制。本部分通过梳理各城市生活污水治理的立法现状及实践状况，分析我国城市生活污水治理法治化发展的动态。

---

① 陈晓婷：《上海市施工扬尘污染环境管理体系探索与实践》，载《环境科学导刊》2019 年第 S1 期。

（一）立法现状

关于城镇排水与污水处理，国家层面的专门法律法规只有2014年1月施行的《城镇排水与污水处理条例》。2016年底，国家发展和改革委员会、住房和城乡建设部印发的《“十三五”全国城镇污水处理及再生利用设施建设规划》指出，应加大投入，实现城镇污水处理设施建设由“规模增长”向“提质增效”转变。住房和城乡建设部、生态环境部、国家发改委联合发布《城镇污水处理提质增效三年行动方案（2019—2021年）》（以下简称《方案》），对全国重点区域及重点流域的污水处理提出了更高的要求。[①] 与此同时，为解决中西部地区城镇污水处理水平较低问题，平衡区域发展，2019年7月13日，国家发改委、财政部、生态环境部、住建部四部委联合发布通知，要求在全国范围内要落实该方案。为加大城镇污水治理提质增效的力度，认真落实三部委发布的行动方案，全国各城市也陆续出台相关方案积极响应。吉林省在城镇污水处理提质增效方面率先行动，制定三年行动方案，江苏、上海、浙江、安徽等省市也积极制定方案，全面提升城市生活污水收集处理能力。为应对排水与污水处理工作面临的新情况、新问题，珠海、深圳、上海、南京等城市及时启动了排水条例的修改工作，将雨污分流作为治理城市生活污水的主要机制。近期，上海拟对施行了23年的《上海市排水与污水处理条例》废旧立新，将本市建设海绵城市的成果与排水前端延伸管理相结合，增加了雨水源头减排内容：一是明确“源头减排”是排水与污水处理必须遵循的原则之一；二是将雨水源头减排相关要求纳入国土空间规划予以控制；三是规定雨水集蓄利用设施建设要求。[②]《南京市排水条例》为实现城市污水处理提质增效提出了一系列

① 《城镇污水处理提质增效三年行动方案（2019—2021年）》（建城〔2019〕52号），2019年4月29日发布。

② 《聚焦城市排水和污水处理难题，上海拟对这个施行了23年的条例废旧立新》，载上海市人大常委办公厅官方澎湃号上海人大网，https：//www. thepaper. cn/newsDetail_ forward_ 4938045，最后访问时间：2020年4月28日。

措施，如：将逐步实现雨污分流的全覆盖，同时规定新建、改建住宅的阳台要单独设置污水管道。[①] 深圳市聚焦城市排水和污水处理难题，目前也对《深圳市排水条例》进行了修改。

现行修改的大多数法律法规明确提出，“雨污分流，源头减排”可以全面提升城市生活污水收集处理能力。但我国目前尚无专门的立法对雨污分流予以规定，实行雨污分流的规定只分散于各法律法规中，如《城镇排水与污水处理条例》特别提出要加强雨水排放管理，严禁雨污混接。三部委发布的《城镇污水处理提质增效三年行动方案（2019—2021 年）》也明确提出，新旧城区除干旱地区外均实行雨污分流改造。除此之外，部分城市专门制定了雨污分流攻坚计划，明确各项工作。《上海市排水与污水处理条例》中明确提出源头减排的理念，确保城市排水安全，《南京市排水条例》更是将雨污分流作为城市污水排放的主要原则之一。部分地级市结合本市实际情况制定阶段性雨污分流实施方案与攻坚计划。如南京市制定了《南京市雨污分流攻坚计划（2017—2019 年）》，潍坊市制定了《2018 年雨污分流改造工程实施方案》，咸阳市制定了《咸阳市城区雨污分流建设实施方案（2018—2025 年）》等。各地区在具体实施雨污分流改造工程时还会根据上位法的规定进行精细化的规定。上述规范性文件对城市生活污水实行雨污分流改造提供了重要的法治保障。

（二）实践状况

南京市较早提出实施雨污分流改造，专门制定了《南京市雨污分流攻坚计划（2017—2019 年）》，构建较为完善的城市排水体系，为城市污水处理提质增效提供助力。至 2019 年，南京市 400 个雨污分流片区改造工程已全部开工，目前已完成 181 个。[②] 2018 年，上海市查明全市雨污混接点超过

---

① 《南京市排水条例》（南京市人民代表大会常务委员会公告第 49 号），2017 年 12 月 14 日发布。

② 参见中国污水处理工程网《南京市 2019 年年度 400 个雨污分流片区改造计划已全部开工 目前已完成 181 个》，https://www.dowater.com/news/2019-11-06/1096082.html，最后访问时间：2019 年 12 月 10 日。

2万个，随即制定了“整治三年行动计划”，计划在2019年内完成1200个旧城区雨污混接改造，到2020年底实现污水全收集、全处理。[①] 山东省潍坊市制定了《中心城区雨污分流改造工程实施方案》，2019年计划实施112个小区（单位）、29条街巷、81处混接错接点雨污分流改造，目前已经进入收尾阶段。[②] 此外，为从源头上彻底解决汛期城市积水内涝和渭河水环境污染问题，咸阳市采取新建、改建相结合的方式，正在分阶段推进城区雨污水分流管网建设，计划到2025年，咸阳城区建设雨污分流项目85个，届时，咸阳城区主次干道雨污分流率将达到100%。[③]

为了顺利推进雨污分流工程，部分城市会不定期借助网站、新媒体、手机客户端等多种互联网平台向社会公众推送雨污分流的实施状况，让社会公众意识到雨污分流是长期的惠民工程，鼓励社会公众一起参与雨污分流改造，并指导和完善居民住宅区、企业厂区等非公共区域的排水设施改造计划，逐步实现本市区域内雨污分流的全覆盖。此外，为加快推进本市分流制地区雨污混接改造工作，上海、湖北等城市制定了奖惩办法。如《上海市住宅小区雨污混接改造市级奖励资金办法》中不仅规定了工作目标和要求、住宅小区雨污混接改造方式、政府的责任分工和资金来源，还规定了具体的操作流程，让各个区在进行雨污分流改造中参考。

（三）未来发展动态

1. 重视信息化建设，推行智慧掌控

城市雨污分流改造涉及面广、实施难度大。面对错综复杂、埋藏在地

① 参见上海市人民政府网《上海：年内1200个小区将完成雨污混接改造》，http：//service.shanghai.gov.cn/SHVideo/newvideoshow.aspx？id＝F4D7824065B512DA，最后访问时间：2019年12月10日。

② 潍坊晚报：《潍坊今年112个小区雨污分流改造　明年继续推进改造施工》，载齐鲁网，http：//weifang.iqilu.com/wfminsheng/2019/1112/4375283.shtml，最后访问时间：2019年12月10日。

③ 黄香梅：《到2025年咸阳市雨污分流率将达到100%》，载陕西传媒网，http：//www.sxdaily.com.cn/2019－09/06/content_8035914.html，最后访问时间：2019年12月10日。

下的排水系统，如只单纯凭借个人经验、传统图纸实施管理，很难满足大数据时代下现代城市建设与管理的要求，更难以及时、准确地对城市生活污水排水体制给出系统、科学的规划和管理建议。政府可以借助互联网功能推行智慧掌控，建立适合当地条件的排水设施地理信息系统，将现代地理信息和数字化技术运用到日常运行管理、风险控制和应急中是源头雨污分流建设的发展方向。[①] 例如，目前广州正在推进网格化治理，建立以网格为单元的治水体系，有效完善治水工作中“全覆盖－可追溯－可倒查”的责任体系。[②]

2. 落实政府责任，发挥社会监督作用

治理城市生活污水，政府应积极完善激励支持政策，例如加大财政力度，提高污水处理费、保障生活污水收集处理设施的建设以及积极鼓励公众参与，发挥社会监督作用。此外，政府需要改变监管方式虚化的弊端，持续推进社会公众参与，赋予公民广泛的监督和参与权利，让公民主动加入保护城市生活水资源的队伍，建立线上线下举报平台，保障公众的环境知情权、监督权，加强对政府、排污单位的监督，实现权力制衡。

3. 探索建立专门的雨污分流相关立法

建立城市雨污分流排水机制是保护环境、节约能源、促进经济社会可持续发展的重要举措。但我国城市雨污分流改造工作一直处于探索阶段，目前经济发展迅速的城市大部分已经完成了雨污分流改造，但对于雨污分流实施，我国并无专门配套的法律法规保障，相关规定基本上散落在各地方排水条例中。我们建议部分试点先行的城市总结经验，将可行的经验做法在规范性文件中予以体现和固化，以供其他还在探索阶段的城市参考，为各地解决城市污水排放、有效提升人民生活质量提供坚实的法治保障。

---

① 青川县人民政府：《专家解读〈城镇排水与污水处理条例〉》，http：//www.cnqc.gov.cn/NewDetail.aspx？id＝20180822125555178，载中国市政工程协会，最后访问时间：2019年12月10日。

② 禤倩红、刘罡、朱文玲：《广州：清污分离　提质增效》，载《城乡建设》2019年第12期。

三　城市生活垃圾治理法治发展状况

随着我国城市人口的集中，生活垃圾成为影响城市环境的重要因素。垃圾分类是垃圾处理的必然方向，城市生活垃圾分类迫在眉睫。本部分以近年来城市生活垃圾分类的立法和实践为主线，在分析我国当前城市生活垃圾立法现状、各省市实践的基础上，对我国城市生活垃圾治理的法治发展动态进行展望。

（一）立法现状

1. 垃圾分类整体立法现状

2019 年作为垃圾分类的“立法年”，全国各地都在探索将城市生活垃圾分类纳入法治化轨道。2019 年 1 月 31 日，上海市十五届人大二次会议表决通过了《上海市生活垃圾管理条例》，并于2019 年 7 月 1 日起实施，上海市正式进入垃圾分类的强制时代，也标志着我国垃圾分类工作开始进入初步实质性阶段。在垃圾分类立法方面，我国目前已经有 30 个城市出台了与垃圾分类相关的地方性法规或规章，地域分布上以中东部地区为主，单位机关分布上以中央单位、驻京部队和各省直机关带头推行垃圾分类为主要特色。[①] 2019 年 11 月 15 日，住房和城乡建设部召开《生活垃圾分类标志》标准发布新闻通气会，公开了新的《生活垃圾分类标志》，实现了垃圾分类的标准化。[②]

生活垃圾作为放错位置的资源，“无废城市”建设在加快进行中。来自住建部的最新数据显示，全国 600 多个大中城市中已有 237 个地级及以上城市正式启动垃圾分类，重点城市生活垃圾分类覆盖率达 50% 以上。其中，

---

① 中国建设报：《〈生活垃圾分类标志〉标准发布》，载住房和城乡建设部网，http：//www. mohurd. gov. cn/xwfb/201911/t20191118_ 242752. html，最后访问时间：2019 年 12 月 10 日。

② 新华社：《与你有关！〈生活垃圾分类标志〉新“国标”来了》，载中国政府网，https：//mp. weixin. qq. com/s？src = 11&timestamp = 1575375156&ver = 2012&signature = eT5jr2RI9xBUttWkMyuZ6x9O – Y22IvQdGh6Yc2m5SGGigNWUoG79PdaeVs – bOMgHxuaGUNHVbIq2cPeyn19FO3oc2d88jo01zHGCmz3Vl – acLj – * W7zUvSvk75 – MVUv7&new = 1，最后访问时间：2019 年 12 月 10 日。

上海、厦门、广州等 14 个城市的生活垃圾分类覆盖率已经超过 70%。

2. 住房和城乡建设部印发通知后46个重点城市的立法实施现状

2017 年 12 月，住房和城乡建设部正式印发《关于加快推进部分重点城市生活垃圾分类工作的通知》，指出要将北京、上海等 46 个重点城市建设成为垃圾分类示范城市，带动城市生活垃圾分类工作总体运行步伐。① 当前，46 个重点城市中，已经有 45 城以意见、实施方案或行动计划的形式将垃圾分类提上立法进程，其中广州市、深圳市、苏州市、银川市、太原市等 9 个城市出台了专门的垃圾分类管理条例。从区域分布来看，长三角地区以宁波、苏州为代表，华南地区以广州、深圳为代表。此外，作为非省会、非计划单列市、非直辖市的山东泰安、江西宜春两市的立法速度也相当令人瞩目。②

3. 上海、北京、深圳等重点城市垃圾分类立法现状

上海作为实施垃圾分类政策的先行城市，在 2018 年 3 月就发布了《关于建立完善本市生活垃圾全程分类体系的实施方案》，提出在居住区普遍推行生活垃圾分类制度，并提出 2020 年将建成生活垃圾全程分类体系。2018 年 4 月，上海市又发布《上海市生活垃圾全程分类体系建设行动计划（2018 年—2020 年）》（以下简称“三年计划”），对上述实施方案进行了细化。计划提出到 2020 年上海市所有区实现生活垃圾分类全覆盖，对上海市生活垃圾分类三年实施目标作出了明确规划。③ 到 2019 年 7 月 1 日，上海市正式迎来垃圾分类最严立法——《上海市生活垃圾管理条例》，生活垃圾分类强制时代由此开启。而南京作为中国古都之一，垃圾分类立法工作也在加速进行中，2019 年 11 月 15 日，《南京市生活垃圾分类管理条例（草案建议

---

① 46 个重点城市包括：北京、天津、上海、重庆、石家庄、邯郸、太原、呼和浩特、沈阳、大连、长春、哈尔滨、南京、苏州、杭州、宁波、合肥、铜陵、福州、厦门、南昌、宜春、郑州、济南、泰安、青岛、武汉、宜昌、长沙、广州、深圳、南宁、海口、成都、广元、德阳、贵阳、昆明、拉萨、日喀则、西安、咸阳、兰州、西宁、银川、乌鲁木齐市。

② 丁宁：《46 个重点城市垃圾分类立法工作怎么样了?》，载水网固废网，https://chuansongme.com/n/2864862152526，最后访问时间：2019 年 11 月 21 日。

③ 《〈上海市生活垃圾全程分类体系建设行动计划（2018 年—2020 年）〉发布》，载上海市人民政府网，http://www.shanghai.gov.cn/nw2/nw2314/nw2315/nw5827/u21aw1304805.html，最后访问时间：2019 年 12 月 10 日。

稿)》开始公开征求意见。草案对个人与单位垃圾不分类的罚款最高额作了限定，个人最高罚200元，单位最高罚5万元。该草案还对目前产生垃圾量大的外卖行业、快递行业进行了原则性规定，要求餐饮配送经营者使用可降解环保餐盒或者复用餐盒，商品销售场所不得主动、无偿提供塑料购物袋，推广使用菜篮子、布袋子，从垃圾处理源头进行控管。① 2019年8月《深圳经济特区生活垃圾分类管理条例（草案)》已处于审议阶段。深圳市同样将垃圾不分类行为上升为“违法行为”，主管部门对于未按照要求分类投放生活垃圾的进行罚款并同时责令改正，乱投放垃圾行为将与个人信用挂钩，公共信用信息系统会将乱投放垃圾行为作为不良行为记入参考数据。② 北京早在2011年就出台了《北京市城市生活垃圾管理条例》，对生活垃圾的分类作出全面规范，但在实施上还有所欠缺。2019年11月27日，北京市人大常委会通过了《北京市人大常委会关于修改〈北京市生活垃圾管理条例〉的决定》，修改后的条例较以往对于生活垃圾分类提出了更严格的要求，并于2020年5月1日正式实施。③ 新修订的条例将同时对单位和个人明确垃圾分类责任，以立法方式使软约束逐步“硬起来”。从2020年5月1日起，北京市一次性用品如超薄塑料袋的使用将会受到限制，不执行垃圾分类的单位和居民会面临处罚，教育部门要将生活垃圾减量、分类及处理的知识纳入中小学及学前教育教学中。

（二）实践状况

1. 全国重点城市垃圾分类总体状况及收益

垃圾分类定好规矩才能定方圆，各地立法的实施代表着垃圾分类正式进

① 江苏环境：《〈南京市生活垃圾分类管理条例〉草案建议稿公开征求意见》，载中国环境网，http：//www. jshj. org/news_ show. aspx? id =21586，最后访问时间：2019年12月10日。

② 深圳人大：《〈深圳经济特区生活垃圾分类管理条例（草案）〉首次提请审议》，载广东人大网，http：//www. gdrd. cn/rdgz/gsrd/201909/t20190918_ 169848. html，最后访问时间：2020年4月28日。

③ 张红兵：《北京市通过生活垃圾管理条例修订决定》，载北京人大网，http://www. legaldaily. com. cn/rdlf/content/2019 -11/29/content_ 8061171. htm，最后访问时间：2019年12月10日。

入“强制时代”。《上海市生活垃圾管理条例》正式实施的同时，北京、广州及深圳这些一线城市以及不少大城市也推出了相应的举措。2019 年起，46 个城市作为先行先试的重点城市已初步建成生活垃圾分类收集、运输、处理的一套流程体系，并形成了集中分类投放加定时定点督导等特有模式。[①] 46 个重点城市已开展垃圾分类主题宣传和实践活动 4.3 万次，入户宣传 1200 多万次，志愿者参与人数超过 70 万。[②] 垃圾分类的实施将会带动以垃圾分类为主的垃圾分拣等处理设施及相配套环卫设备的需求提升，2025 年之前全国地级市垃圾收转设备有望新增 162 亿元。

全国 46 个垃圾分类重点城市居民小区垃圾分类覆盖率达到 53.9%（见图 1）。

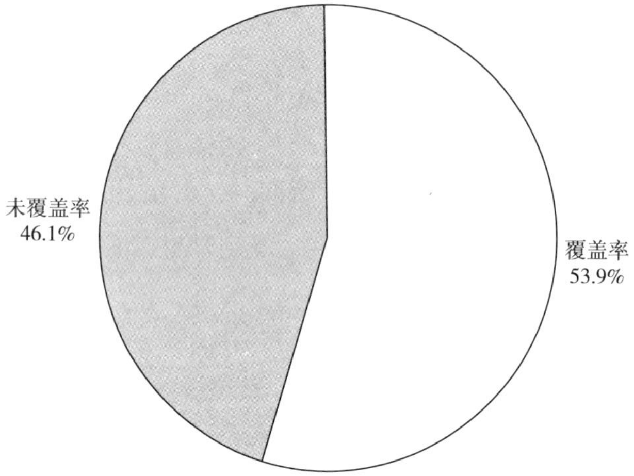

图 1　全国垃圾分类重点城市居民小区垃圾分类覆盖率情况

资料来源：住房和城乡建设部，http：//www. mohurd. gov. cn/xwfb/201911/t20191118_ 242752. html，最后访问时间：2019 年 12 月 10 日。

① 央视网：《最新标志发布！46 个城市小区垃圾分类覆盖率达 53.9%》，http：//news. cctv. com/2019/11/16/ARTI83Xiu99c5VL0wtAcyaFm191116. shtml，最后访问时间：2019 年 12 月 10 日。

② 新华网：《生活垃圾分类在全国地级及以上城市全面启动》，http：//www. xinhuanet. com/fortune/2019 - 02/21/c_ 1124147569. htm，最后访问时间：2020 年 4 月 29 日。

2. 地方垃圾分类实践状况——以上海市为例

2019 年 7 月 1 日《上海市生活垃圾管理条例》实施当天，执法部门对于垃圾分类不规范的情形共开出 600 多张整改单，整体成效好于预期。上海市的地方立法涵盖了生活垃圾从产生源头到末端处理的全流程，目的是实现对垃圾进行全周期管理，以实现城市垃圾减量化、资源化、无害化。上海市在垃圾分类不同环节都设置了双向监督机制，并坚持分类必然作为收运和处置的前置程序和量化考核以落实各方责任，对垃圾做资源化处理，减少混装混运情况，并联合城管执法部门加强执法。①

根据上海市三年行动计划安排，2019 年已有静安、长宁等 6 个区实现了垃圾分类全覆盖，在此基础上着重推动黄浦、徐汇、普陀、闵行、嘉定、金山 6 个区实现全覆盖，全覆盖区的比例将翻一番。在垃圾处理硬件基础设施上，上海市实施垃圾车专车专用制度，通过张贴不同垃圾识别标志增强垃圾车区分度。同时通过互联网技术，建立市、区、街镇三级生活垃圾全程分类监管系统以加大治理力度。“绿色账户”是上海市通过互联网加入垃圾分类公司的模式，用以鼓励居民垃圾投放时实施垃圾分类。干湿投放、分类投放可以扫二维码换取积分，积分兑换有价值商品。截至 2019 年 7 月，“绿色账户”覆盖户数 699 万，发卡数量 603 万。② 此外，上海市积极推动学校普及垃圾分类知识，将重点放在中小学教育上。

《上海市生活垃圾全程分类体系建设行动计划（2018 年—2020 年）》也在逐步推进，居住区垃圾投放点销项式管理正式启动，其重点是垃圾箱房投放点改造。2019 年上海市改造垃圾箱房投放点数量达到 1.7 万个，截至 12 月初上海市居住区分类投放点改造量约 1.03 万个，而街头废物箱已经由原先的 9 万只减少到去年底的 7 万只。同时全市垃圾投放点容器、标识、收运体系规范配套比率必须要在 60% 基础上进一步提升。

---

① 新华网：《〈上海市生活垃圾管理条例〉正式实施　沪上垃圾分类迈入“硬约束”时代》，http://www.xinhuanet.com/politics/2019-07/01/c_1124696166.htm，最后访问时间：2019 年 12 月 10 日。

② 中国产业信息网：《2019 年上海垃圾分类行业发展现状及未来发展前景分析》，http://www.chyxx.com/industry/201907/758128.html，最后访问时间：2020 年 4 月 28 日。

（三）未来发展动态

1. 生活垃圾分类处理系统的建成

住房和城乡建设部于2017年12月印发《关于加快推进部分重点城市生活垃圾分类工作的通知》指出，“2020年底前，46个重点城市基本建成生活垃圾分类处理系统，基本形成相应的法律法规和标准体系，形成一批可复制、可推广的模式。在进入焚烧和填埋设施之前，可回收物和易腐垃圾的回收利用率合计达到35%以上”。①

2. 垃圾分类立法工作的发展

在垃圾分类的立法方面，具有原则性规范的全国性立法具有引导作用，能够推动地方立法工作的实施。垃圾分类工作涉及城市管理、道路运输、环境卫生等多个政府部门，各部门交叉管理容易出现行政效率低、职责权限划分不明等问题，因此地方可设立专门的垃圾分类联合协调机构，将来也可以把垃圾分类纳入地方政府考核标准中，这些都可以在立法工作中体现，以提高地方政府进行垃圾分类工作的积极性。在立法上可设置鼓励性条款，让居民有一个接受和适应的过程。不仅针对参与垃圾分类的居民，对于垃圾分类的企业，也可以给予一定的政策扶持，比如减免税收、提供技术支持等。在生活垃圾分类收集、运输、处理各环节中可支持政府和市场合作模式，鼓励社会资本参与生活垃圾各环节，实行一体化经营，并相应地完善相关的法律法规。②

3. 现代新技术与垃圾分类工作的结合

在2019年9月20日举行的“2019垃圾分类&人工智能高峰论坛”上，全新的人工智能垃圾分类装置发布。在北京、上海等城市，多种具备不同功

① 住房和城乡建设部：《住房城乡建设部关于加快推进部分重点城市生活垃圾分类工作的通知》，http：//www.mohurd.gov.cn/wjfb/201801/t20180103_234625.html，最后访问时间：2019年12月20日。

② 新华网：《46个重点城市生活垃圾分类有了推进“时间表”》，http：//www.xinhuanet.com//2018-01/05/c_1122217903.htm，最后访问时间：2020年4月28日。

能的智能垃圾箱正在各个小区陆续试点。比如，北京市某小区的一款智能垃圾桶，LED 屏会实时更新国家垃圾分类的相应政策，演示分类步骤，还可以实时称重，结算积分，居民可以用积分兑换生活用品。住房和城乡建设部联合中国政府网共同推出的“全国垃圾分类”小程序方便市民直观了解生活垃圾分类及标志新情况。

四　市容市貌治理法治发展状况

近年来，城市在发展经济过程中，越来越注重治理与发展协同并进，呈现出和谐发展态势。市容市貌作为城市的“一张脸”，代表了城市的整体风貌与精神状态。近年来各城市在绿化、广告牌匾及夜市的治理上尤为积极，体现出城市市容与城市功能的改变与发展。本部分以近年来我国城市绿化、城市市容和卫生管理为切入点，在分析城市景观立法、实践现状的基础上，探讨我国城市市容市貌治理法治发展的未来动向。

（一）城市绿地保护

1. 地方立法现状及实践状况

为了加强城市绿化管理，保护和改善城市生态环境，自 2018 年以来，我国各地城市依据国务院制定的《城市绿化条例》，加强城市绿地保护的立法。2018 年 7 月 27 日，南京市修改了《南京市城市绿化条例》，并制定了《南京市永久性绿地管理规定》；2018 年 1 月 23 日，山东省济宁市通过了《济宁市城市绿化条例》；2018 年 7 月 27 日，济南市通过了《济南市城市绿化条例》；2019 年 8 月 9 日，长沙市批准通过《长沙市城市绿化条例》。另外，南阳市近年来陆续编制完成了《南阳市中心城市组团绿道规划》、《南阳市城市绿地系统规划（2014—2020）》、《南阳市城市绿化条例》和《南阳市古树名木保护管理办法》等。当前，各城市主要通过修改城市绿化条例、增设配套子规划及法规，来确保城市绿化管理有法可依、有章可循。关于城市绿地的规定主要有以下特点。

（1）绿地面积只增不减

在相应立法和条例规章制度出台后，各城市大力展开整改措施，确定了城市绿地总量只增不减的总原则，提高部分城市建设项目绿地率标准，规定永久性绿地等概念，如南京市关于绿化保护有两项特别规定：一是明确“永久性绿地”的保护程序；二是加强对绿色廊道的保护。[①] 济宁市规定城市规划区内的新建居住区，绿地率不得低于35%，此外也提出了永久性绿地制度。[②] 长沙市规定了经批准的城市绿线，不得擅自变更，因城市绿地布局调整，或者因重大市政基础设施建设需要变更或者调整城市绿线的，调整绿线不得减少规划的绿地总量。

（2）细化树种规划，突出行道树建设和保护

道路绿化是城市绿化的重要内容，济宁市为保障行道树种植有量有质，对新建道路绿化的原则、树木规格均作了具体规定，并规定种植要符合公共交通安全要求。[③] 开封市在城市绿化条例中规定，行道树应当选用深根性、分枝点高、冠大荫浓、生长健壮、适应城市道路环境条件，且落果对行人不会造成危害的树种，提倡城市主次干道单侧种植双排以上行道树。[④] 此外，长沙市、南阳市等也都对道路的绿化作出了相应的规定。

（3）损害绿化的行为受到处罚

在绿地保养上，明确城市绿化管理、违法行为处置部门的职责，加大对擅自占用绿地，损坏花草树木和绿化设施，擅自修剪、移植和砍伐树木等城市绿化违法行为的处罚力度。如长沙市规定，砍伐、擅自移栽以及其他行为导致古树名木损坏或者死亡的，按照损失的评估值赔偿，并处以损失的评估

---

① 南京市绿化园林局：《市政府关于印发南京市永久性绿地管理规定的通知》，载南京市人民政府网，http：//www. nanjing. gov. cn/zdgk/201905/t20190513_ 1535356. html，最后访问时间：2019 年 12 月 10 日。

② 参见济宁城市管理局《济宁城市绿化条例》http：//csgl. jining. gov. cn/art/2018/5/1/art_ 4535_ 696104. html，载济宁市城市管理局网，最后访问时间：2019 年 12 月 10 日。

③ 参见济宁城市管理局《济宁城市绿化条例》http：//csgl. jining. gov. cn/art/2018/5/1/art_ 4535_ 696104. html，载济宁市城市管理局网，最后访问时间：2019 年 12 月 10 日。

④ 参见《开封市城市绿化条例》第 18 条。

值5倍以上10倍以下罚款。济南市则规定按树木赔偿费的3倍以上5倍以下处以罚款。关于擅自占用绿地或者经批准占用绿地到期未退还的，长沙市规定应责令退还、恢复原状，按照实际占用时间处以每日每平方米100元的罚款，逾期不改正的，自逾期之日起处以每日每平方米200元的罚款，造成损失的，应当依法赔偿。济宁市要求责令限期退还、恢复原状，并可按照所占绿地面积处以每平方米200元以上500元以下的罚款。

2. 未来发展动态

尽管各地相继实施城市绿化条例及相应的实践措施，但实践过程中还存在以下问题。第一，部分城市“重建轻养”，在绿化养护管理上投入少。第二，绿化监督机制薄弱，缺乏统一协调性。第三，存在一些不科学的倾向，盲目引进新品种。

着眼未来，在城市绿化过程中要做好城市绿化的总体规划。首先，为了使城市绿化发挥出应有的作用，建成后的绿化养护工作是重中之重。应该加大对绿化养护工作的资金投入，壮大养护队伍，建立规范的绿化养护措施，加大绿化执法力度。其次，要充分发挥科技在绿化工作中的优势，发展节约型绿化，推广海绵型绿地建设，鼓励道路绿化实行下沉式绿化等方式。最后，要加大信息公开，强化绿化工作全过程的透明性。建设项目附属绿化工程的设计方案要由城市绿化行政主管部门提出书面审查意见，其审查意见、竣工后绿地指标、永久性绿地名录以及各类重点城市绿化信息都应公开。

（二）城市市容和环境卫生管理

1. 广告治理

（1）广告治理立法现状及实践

为了规范广告活动，保护消费者合法权益，促进广告行业健康发展，维护社会经济秩序，2018年10月26日修正后的《广告法》实施。新《广告法》由旧《广告法》的49条变为75条，其中新增33条，删除3条，修改37条，原文保留的只有8条。除了对广告本身内容管理规定进行修改和补充说明外，对于广告的户外设置和管理，第 41 条和第 42 条也有相应的修改。[①] 各城市为规范对户外广告和牌匾标识的管理，保护城市景观风貌，提升城市品质，维护公共利益和公共安全，根据《广告法》《城市市容和环境卫生管理条例》等法律相继出台了户外广告和牌匾标识管理条例来具体保障。具体体现为以下几点。

第一，整顿流动性广告。张家口市于 2019 年底出台《广告牌匾管理办法和广告牌匾设置导则》，加强整顿利用机动车辆、徒步骑行等形式进行的各类流动性广告，清除所有张贴、喷涂、刻画和散发的小广告，全面整治“城市大花脸”的乱象，市、县（区）分别出台城市户外广告牌匾标识设置导则和管理办法，形成长效管理机制。[②] 唐山市加大对出租车、公交车及其他交通工具上喷绘或安装的流动广告的巡查清理，除公交车、出租车外禁止任何交通工具安装用于发布商业广告的显示设施。此外，沧州市禁止张贴、喷绘、刻画和散发招贴式小广告。

第二，加强对电子广告的管理。苏州市从 2019 年 8 月到 12 月底对未经许可或虽经许可设置尚在期限内，但不符合省、市设置技术规范的店招标牌和字幕式电子屏开展集中清理整治。唐山市从 2018 年就严格管控各类指示灯箱、起落架、落地灯箱、柱式广告、LED 闪烁灯箱和可移动灯箱设置，并规定电子广告禁止播放声音。[③] 张家口市也于 2019 年清除各类违规灯箱广告，对户外电子广告显示设备进行清理整顿，不符合规划和市容管理要求

① 参见《广告法》第 41 条规定：“县级以上地方人民政府应当组织有关部门加强对利用户外场所、空间、设施等发布户外广告的监督管理，制定户外广告设置规划和安全要求。户外广告的管理办法，由地方性法规、地方政府规章规定。”第 42 条规定：“有下列情形之一的，不得设置户外广告：（一）利用交通安全设施、交通标志的；（二）影响市政公共设施、交通安全设施、交通标志、消防设施、消防安全标志使用的；（三）妨碍生产或者人民生活，损害市容市貌的；（四）在国家机关、文物保护单位、风景名胜区等的建筑控制地带，或者县级以上地方人民政府禁止设置户外广告的区域设置的。”

② 参见张家口新闻网，http：//www. zjknews. com/news/shizheng/201904/29/243141. html#n = 1，最后访问时间：2019 年 12 月 10 日。

③ 参见唐山市人民政府网，http：//www. tangshan. gov. cn/zhuzhan/chengguan/20190227/679974. html，最后访问时间：2019 年 12 月 10 日。

的，依法予以取缔。

第三，严禁重要位置设置广告。苏州市明确规定户外广告设施严禁在以下五类位置设置：一是交通信号设施、交通指路牌、交通标志牌、交通执勤岗设施、道路隔离栏、人行天桥护栏、高架轨道隔声窗、道路及桥梁防撞墙与隔音墙；二是国家机关、文化教育场所、文物保护单位、名胜风景点及其建筑控制地带；三是建（构）筑物屋顶；四是保护性古建筑或可能危及建（构）筑物和设施安全的位置；五是遮挡重要历史建筑和城市标志性建筑的视线走廊。[①] 沧州市重点整治城市出入口、迎宾线路、主次干道和户外公共场所、城市重点地段和重要节点周边，依托建（构）筑物、施工围挡等设置的户外广告和门头牌匾标识。[②]

（2）未来发展动态

各城市广告牌治理要坚持全面管理的原则，但从广告的治理具体措施上看，各城市多局限于户外广告的设置管理上，因而更应当着眼于规划、内容、发布、维护等方面的管理，重点增加内容发布相关条款，在制度设计上做到户外广告设施设置与内容发布相衔接。此外，在户外广告牌的信息管理上，济南市规定了城市管理部门要建立户外广告和牌匾标识管理信息系统并向社会开放，将户外广告和牌匾标识专项规划以及户外广告设置方案、设置人、设置申请和批准等有关信息纳入该系统，方便设置人、利害关系人、社会公众和有关管理部门查询和监督。[③]

2. 夜市整治

（1）夜市整治立法现状及实践

长期以来，夜市乱象已成为城市管理的一大问题。为更好地繁荣发展城

---

① 参见苏州市人民政府网，https：//www. suzhou. gov. cn/news/bmdt_ 991/201808/t20180817_ 999611. shtml，最后访问时间：2019 年 12 月 10 日。

② 参见沧州市人民政府网，http：//www. cgj. cangzhou. gov. cn/zcfg/596239. shtml，最后访问时间：2019 年 12 月 10 日。

③ 参见济南日报《〈济南市户外广告和牌匾标识管理条例〉修订亮点解读》，载济南市人民政府网，http：//www. jinan. gov. cn/art/2019/6/17/art_ 1861_ 3022278. html，最后访问时间：2019 年 12 月 10 日。

市夜间经济，进一步转方式、调结构、扩内需、促消费，加快培育经济发展新动能，各城市相继出台关于推进夜间经济发展的实施意见、摊点管理规范等以促进对夜市的治理和整治。

一是严格管理早夜市时间。《哈尔滨市街路市场摊区规范整治工作方案》提出，哈尔滨市将严控早市撤市和夜市入市经营时间。春夏秋季（4～10 月）早市 7：30 闭市，节假日可延至 8：00，夜市 17：30 开市，21：00 闭市。冬季（11 月至次年 3 月）早市 8：00 闭市，节假日可延长至 8：30，夜市17：00 开市，21：00 闭市。特殊路段街路市场摊区开市、闭市时间依据市政府有关规定及交通流量情况另行确定。[①] 合肥市在《合肥市摊点管理规范》中对摊群点的经营时间作出规定，原则上夏季（5～10 月）不早于 21：00，不晚于 24：00；冬季（11 月至次年 4 月）不早于 20：00，不晚于 24：00。[②]

二是鼓励成立相关行业组织和市场化运营主体，引导行业自律发展。哈尔滨市要求各区政府对市场摊区经营承包者和经营公司重新进行考核评估，对近两年管理不到位、管理手段粗放、只收费不管理的承包者或承包企业进行清理。同时，制定市场摊区承包管理准入机制，通过招标等多种形式，引入信誉好、管理水平高的物业企业、保安公司参与管理；鼓励企业、个人利用城市空闲场地、房屋开办临时疏导市场，吸引业户逐步退路进厅、进场。[③] 此外，济南市和上海市鼓励成立夜间经济发展相关行业组织和市场化运营主体，促进行业国内外交流合作，引导行业自律发展。

（2）未来发展动态

夜市治理未来发展方向，一是需要继续做好夜市试点工作，在市场运营上如卫生、时段、区域等方面建立统一管理标准，引导季节性夜市规范有序发展。二是鼓励成立夜间经济发展相关行业组织和市场化运营主体，引导行

---

① 参见东方资讯《哈尔滨市出台方案全面规范整治市场滩区》，载黑龙江政府网，http：//mini. eastday. com/a/190327120829896. html，最后访问时间：2019 年 12 月 10 日。

② 参见合肥新闻《合肥市摊点管理新规　禁止新设露天啤酒广场》，载安徽网，http：//www. ahwang. cn/hefei/20191024/1945849. html，最后访问时间：2019 年 12 月 10 日。

③ 参见东方资讯《哈尔滨市出台方案全面规范整治市场滩区》，载黑龙江政府网，http：//mini. eastday. com/a/190327120829896. html，最后访问时间：2019 年 12 月 10 日。

业自律发展。三是对夜市的市场经营秩序进行规制，使夜市良性发展。安岳市结合实际情况，成立油烟噪声污染整治工作领导小组，实行划片包干责任制，各司其职、各负其责。通过包片整治这样一种形式，更能明确工作任务和工作目标，细化责任分工，这也是在未来夜市治理中值得学习和借鉴的地方。[①]

① 参见资阳日报《刚柔并济“顽疾”夜市“变脸”更有序》，载安岳网，http：//www.anyue.gov.cn/news/show/230772，最后访问时间：2019 年 12 月 10 日。

B.14

我国检察公益诉讼制度的新发展与新挑战*

——基于2017～2019年数据的理论反思

刘　艺**

摘　要： 本报告以2017年7月1日至2019年10月30日的实证数据为基础，对行政诉讼法和民事诉讼法修法之后检察公益诉讼司法实践在案件数量、办案重心、案件范围、办案流程等方面的发展态势进行了细致分析。从内、外部因素的变化角度对检察公益诉讼变化的原因进行了深入探讨。在此基础上，本报告从内、外、广、深四个维度提出了推动检察公益诉讼制度完善的若干建议。

关键词： 检察公益诉讼　公益司法保护机制　检察机构改革　行政检察　诉前程序

2014年10月23日，中国共产党第十八届中央委员会第四次全体会议通过的《中共中央关于全面推进依法治国若干重大问题的决定》提出，“探索建立检察机关提起公益诉讼制度”。2015年7月1日，第十二届全国人大常委会

* 本报告为国家社科基金重点项目“检察机关提起行政公益诉讼的理论反思与制度构建研究”（项目编号：15AFX009）、2014年重庆市社会科学规划项目“大数据时代的隐私风险与法律规制变革”（项目编号：2014YBFX07）阶段性成果之一。

** 刘艺，法学博士，中国政法大学教授，博士生导师，中国政法大学检察公益诉讼研究基地执行主任，主要研究方向为行政法学、检察学。

第十五次会议通过了《全国人民代表大会常务委员会关于授权最高人民检察院在部分地区开展公益诉讼试点工作的决定》（以下简称《授权决定》）。在2015年7月至2017年6月两年试点的制度建构探索期内，运行机制不明、办案经验不足、参与各方缺乏协同等问题层出。2017年6月27日，十二届全国人大常委会第二十八次会议通过了修改民事诉讼法和行政诉讼法的决定。《民事诉讼法》第55条第2款、《行政诉讼法》第25条第4款分别增加了检察机关提起民事公益诉讼和行政公益诉讼的规定。检察公益诉讼制度在立法上正式得以确立。修法不仅标志着检察公益诉讼制度迈入了新的发展阶段，也意味着制度建构进入深化和细化阶段。2017年7月1日至2019年10月31日，检察公益诉讼在案件数量、办案重心、案件范围、办案流程等方面发生了巨大变化。及时研判这些变化的制度意义，并进行有针对性的调整与建构，有助于推动检察公益诉讼制度在内、外、广、深四个维度的良性发展。

一　我国检察公益诉讼制度正式确立后的新发展①

（一）办案数量明显增加、诉前履职率略降、行政公益诉讼起诉案件量锐减

2017年下半年是我国检察公益诉讼制度全面推行的开端。当年7月至12月，全国检察机关向人民法院提起233件公益诉讼案件，其中民事公益诉讼29件、行政公益诉讼130件、刑事附带民事公益诉讼74件。同期，全国法院受理人民检察院提起的环境公益诉讼案件77件，其中民事公益诉讼25件，占环境公益诉讼案件总数的32%。而2017年全年，人民法院审结各类公益诉讼案件1112件，其中有985件检察公益诉讼案件，检察公益诉讼

① 本报告中人民法院的数据来自最高人民法院环资庭对2017年7月1日至2019年6月30日检察公益诉讼受理与审理工作的统计。因全国受理刑事附带民事公益诉讼案件、行政公益诉讼案件的法庭存在较大的差异，环资庭统计的检察公益诉讼数据恐有不全，但环资庭统计的环境民事公益诉讼案件的数据较全。人民检察院的数据来自最高人民检察院2017年7～12月通报、2018年公益诉讼通报以及2019年线上系统对公益诉讼办理情况的统计。

案件在审结的公益诉讼案件中占到了89%。

2018年是检察公益诉讼制度蓬勃发展的一年。这一年中，检察机关共提起3228件公益诉讼案件（其中行政公益诉讼案件587件、民事公益诉讼案件165件、刑事附带民事公益诉讼案件2476件）。同时期，全国法院共受理人民检察院提起的环境公益诉讼案件1737件（其中民事公益诉讼113件，行政公益诉讼376件，刑事附带民事公益诉讼1248件），受理的检察公益诉讼案件数占环境公益诉讼案件总数的96%；全国法院审结各类公益诉讼案件2138件，其中有2020件检察公益诉讼案件，检察公益诉讼案件占审结公益诉讼案件的94%。

2019年1月至10月，检察机关共提起3020件公益诉讼案件，其中提起行政公益诉讼案件269件，民事公益诉讼案件301件，刑事附带民事公益诉讼案件2450件。而截至2019年6月30日，全国法院受理人民检察院提起的环境公益诉讼案件767件，占环境公益诉讼案件总数的92%；同时期，全国法院审结各类公益诉讼案件1105件，其中有842件检察公益诉讼案件，占各类公益诉讼案件的76%。

在两年多时间里，无论是人民检察院的立案量、起诉量，还是人民法院的受理、裁判数据都呈现出快速增长的态势。这种趋势与修法密切相关。修法之后，特别是2018年3月2日《最高人民法院、最高人民检察院关于检察公益诉讼案件适用法律若干问题的解释》（以下简称《检察公益诉讼司法解释》）出台之后，审判机关的受理与裁判活动有了明确依据，办案质效明显提升。但该制度与现行诉讼机制的内生抵牾仍未消解，特别是2019年进入二审程序、再审程序的案件增多①，人民法院审理时更加谨慎，2019年审结量呈下降趋势。而检察机关的立案数在2017年到2018年大幅增加，这与最高人民检察院采取了全面动员、全员培训、整体布局、加大考核等举措紧

① 如2019年行政公益诉讼二审裁判结果中裁定维持20件、裁定撤销原判发回重审21件、判决维持22件、判决驳回23件、改判24件。再审裁判中审理未结25件、裁定驳回26件、裁定维持27件、裁定撤销原判发回重审28件，判决维持29件、判决驳回30件、改判31件。

密相关。最高人民检察院在修法之前就全面部署，采用各种方式鞭策各地检察机关在短时间内熟悉这项新业务，并在全面推开阶段采取了更为积极的推动策略。2018 年增加的立案量是 2017 年下半年立案量的 10.4 倍，2019 年 1 月至 10 月的立案数比 2017 年下半年增长近 10 倍。①

进一步分析可以发现，履行诉前程序案件数量大幅增加，但履职率略有下降。截至 10 月底，2019 年全国检察机关已立案 100279 件（见图 1），履行诉前程序的案件数为 79214 件，也就意味着履行诉前程序的案件占立案案件的 79%。这个数据与 2017 年下半年的 90%、2018 年全年的 91% 相比有明显下降。将进入诉前程序的案件数量与立案数量进行比较发现，民事检察公益诉讼进入诉前程序的比率呈现下滑态势，即由 2017 年的 18.6% 降至 2018 年的 9.6%，2019 年小幅下降至 9.4%。反观行政公益诉讼履行诉前程序的情况，其与立案数量的比则是 87.3%。这是民事公益诉讼的诉前程序与行政公益诉讼的诉前程序功能不同所致。"两高"《检察公益诉讼司法解释》将民事公益诉讼诉前程序转变为一种诉权衔接程序，而行政公益诉讼诉前程序是提起诉讼的必要前提，如果没有诉前程序，诉讼就无法启动；行政公益诉讼的诉讼程序是诉前程序发挥作用的必要保障，如果没有将提起诉讼作为可能采取的后续手段，那么诉前程序的效果就不一定能够得到保证。但诉前程序与诉讼程序的运行机制不同，也分处行政与司法两个阶段，因此，行政公益诉讼诉前程序具有一定独立性，可以独立发挥作用。

数据显示，提起诉讼的案件比例大幅下降。检察机关办理公益诉讼案件可分为三个阶段：立案、诉前程序、提起诉讼。立案数、诉前案件数在增加，三阶段之间数值差距却在进一步加大。2019 年 1 月至 10 月，全国检察机关提起诉讼案件数只占履行诉前程序案件的 3.8%、占立案量的 3%。这个数据与 2017 年下半年的 2.6%、2.3%，2018 年的 3.1%、2.9% 相比，呈稳步上升趋势。但提起诉讼量占立案量的比重的增长趋势

① 2017 年立案数为半年的立案数据，共 9918 件；2018 年全年立案 113160 件；2019 年的立案数为 100279 件。

放缓。进一步对提起诉讼案件类型细分发现：2019 年提起的行政公益诉讼案件只占 8.9%。可见，旨在维护客观法律秩序的行政公益诉讼并未成为检察公益诉讼的重心。

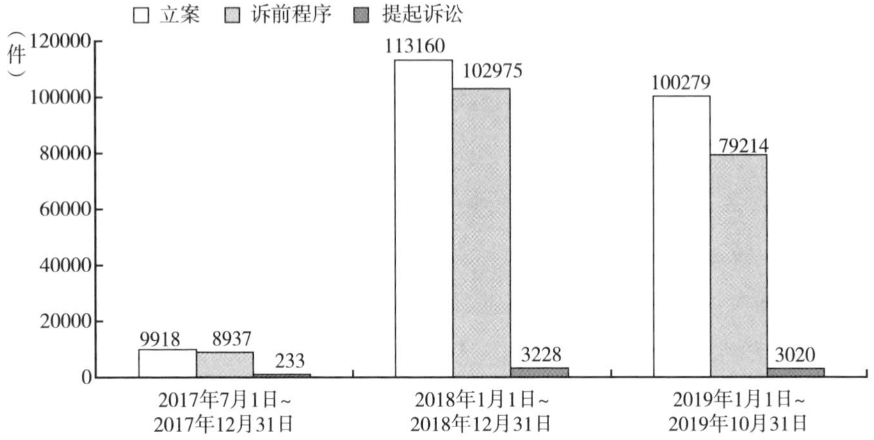

图 1　2017 年 7 月 1 日到 2019 年 10 月 31 日公益诉讼检察案件总量

（二）部分非试点地区办案动力强健、东中西部办案各有特点、基层检察院是办案主力军

统计数据表明，东中西部地区①的办案态势有所不同。两年试点期间，东中西部地区都有试点省（区、市）。经过两年试点，试点地区应该在组织、人员经验与能力等方面都优于非试点地区。从提起诉讼的数据来看，东中西部原试点地区的办案量一直高于原非试点地区。但从立案数据看，东中西部试点地区的案件量在所属地区的比重都从 2017 年下半年始逐步降低。比如，

① 本报告依据全国人大六届四次会议通过的“七五”计划以及 1997 年全国人大五届二次会议、2000 年西部大开发战略调整划分了东中西部地区。其中所指东部地区包括北京、天津、河北、辽宁、上海、江苏、浙江、福建、山东、广东和海南 11 个省（市）；中部地区包括山西、吉林、黑龙江、安徽、江西、河南、湖北、湖南 8 个省（市）；西部地区则包括内蒙古、广西、四川、重庆、贵州、云南、西藏、陕西、甘肃、青海、宁夏、新疆 12 个省（区、市）。

东部地区的原试点地区在2017年下半年的立案量为2185件，占东部地区全部立案量的74.4%；2018年则共立案19406件，比重降至50.2%，再到2019年则立案13304件，比重进一步减小，仅占东部地区总立案量的39.2%（见图2）。由此可见，东部地区原试点地区虽然办案量也在不断增加，但其他6个非试点地区立案量占比却在逐年增加。以诉前案件量为例，东部与西部试点地区的诉前办案量连续3年都高于非试点地区。但中部地区则不同，2017年下半年中部地区原试点地区办案量占总办案量的52.1%，原非试点地区占比47.9%；但2018年原非试点地区诉前办案量占比63.7%，2019年占比63.1%，高出原试点地区诉前办案量近1倍。当然，这并不说明试点地区不努力，只能说明中部非试点地区的办案积极性高，办案能力快速提升。

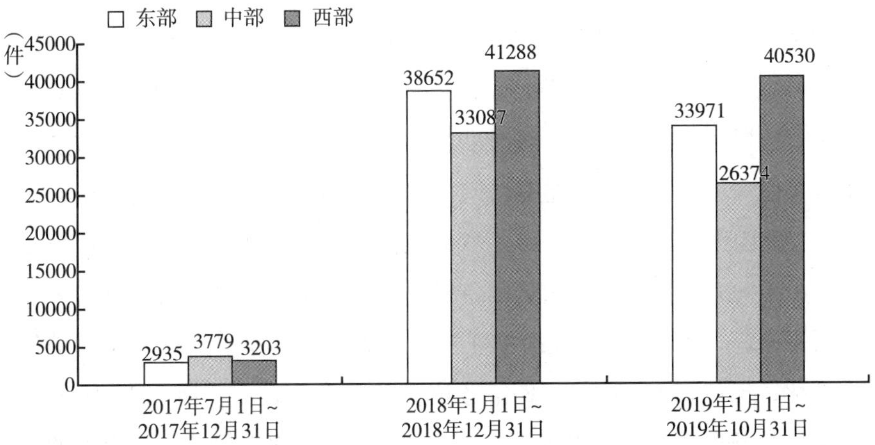

图2　2017年7月1日至2019年10月31日东中西部地区立案数量的变化

学界一直有人质疑，即使是检察公益诉讼制度也无法破解经济发展与环境保护的内生冲突难题。我国经济发展水平呈东中西三个阶梯。本报告将三个地区的检察机关办案数据①进行比较分析。东中西部地区无论是立案数、履行诉前程序数量、提起诉讼数量都呈现出显著的差异。以立案阶段为例，

① 因为2017年立案数没有按四大领域进行分别统计，因此，本报告无法只对生态环境与资源保护领域的立案数、履行诉前程序数与起诉数进行分析，而是对所有领域的数据进行比较分析。

西部地区的立案量长期居于高位，2017 年 7 月 1 日至 2019 年 10 月 31 日的决立案量为 85021 件，比中部地区的 63240 件多 21781 件。考虑到立案虽多但若不能进入下一个程序则无法溢出办案效果，因此应结合履行诉前程序、提起诉讼的数据一起分析。分析的结果是，中部地区履行诉前程序的案件数量占立案量的 84.8%，西部地区为 85%，东部地区为 78.8%。虽然这个数据中部地区与西部地区基本持平，但考虑到中部地区仅囊括 8 个省级区域，从数量上相较于东部 10 省、西部 12 省并不占优势。[①] 其次，中部地区提起诉讼案件量（2118）占履行诉前程序案件量（53662）的 3.9%，也略高于东部地区的 3.89%（2322/59544）和西部地区的 2.87%（2077/72277）。如果单看以上数据，显然中部地区实际办案数量更大，质效也更高。但是，考虑到西部地区的青海、西藏、新疆等地区的检察干警之工作重心并非业务工作；东部地区的京津沪三个直辖市因各种因素影响存在成案方面的困难，而且直辖市所辖基层人民检察院与省院所辖的基层人民检察院数量差距较大，只选取总量进行数据评估有失偏颇，较难获得客观评价，因此，本报告选取东中西部地区排前六名的省级人民检察院对三阶段平均数值进行比较。之所以选择前六名，是因为以六名为限，可以取立案数、诉前案件数、提起诉讼数中的任何一个指标进行排名，前六名的省级单位几乎是相同的，只是排名先后顺序有所不同。[②] 考虑到制度全面推开之后，最高人民检察院的工作要求每年都在变化，比如 2017 年、2018 年考核任务要求比较高，而 2019 年下半年又将考核任务量下调。本报告将前六名两年多的办案总量除以 3 得出的平均数，一定程度上可以消减因政策变化产生的波动（见表 1）。

以上数据显示出东部地区进入诉前程序阶段的案件更多，说明立案时线索质量较高，能更快履行诉前程序。履行诉前程序的案件占立案量的 87.63%，说明检察机关内部的立案程序也具有独立的价值。中部地区

① 从平均数值上看，中部地区的基层检察院的数量并不少于东部地区或是西部地区基层检察院的数量。

② 以起诉数为标准，排名前六名的还有甘肃。因其他两项指标中新疆都高于甘肃，本报告选取了新疆。

提起诉讼案件量占履行诉前程序案件量的比重最大，为 3. 83% 。西部地区的 2. 49% 为三个地区的最低数值。最低数值绝对不能证明西部地区履行诉前程序更有成效。中部地区这一数值更高反而能说明诉前程序并不能解决全部问题，有些争议仍需进入诉讼程序予以解决。至于是哪些问题则需要进行专门和深入的分析。但是，中部地区单独提起行政公益诉讼的案件占总办案量的比重为 20. 87% ，提起民事公益诉讼案件量为总办案量的 9. 07% ，提起刑事附带民事公益诉讼的案件量占总办案量的 70. 07% 。而东部地区三类诉讼案件办理量分别为 11. 07% 、8. 25% 、80. 69% ；西部地区的分别为 14. 31% 、5. 49% 、80. 20% 。因此，从成案角度看，中部地区的案件线索更有价值，也办理了更多行政公益诉讼案件。当然，仅通过以上数据并不能认为办案量与经济发展水平必然有正相关或者负相关关系。但综合来看，中部地区的办案态势最为平稳，线索成案率更高，应继续坚持多办理行政公益诉讼案件的工作方针；西部地区的案件线索最多；东部地区诉前履职率最高。

表 1　东中西部地区各程序阶段公益诉讼案件量排名前六的案件量分布与成诉率

地区	省份	立案数	起诉占比 / 合计	诉前案件数	诉前对立案占比 / 合计	提起诉讼数	起诉对诉前占比 / 合计
东部	江苏	5086		4284		178	
	河北	5008	3. 05%	4333	87. 63%	149	3. 48%
	浙江	4683		4332		131	
	广东	3835		3419		56	
	辽宁	2952	23282	2436	20401	62	710
	山东	1718		1597		134	
中部	湖南	3926		3058		82	
	山西	3437	3. 29%	3147	85. 76%	63	3. 83%
	安徽	3130		2624		189	
	湖北	3100		2731		121	
	黑龙江	2849	17988	2515	15426	35	591
	吉林	1546		1351		101	

续表

地区	省份	立案数	起诉占比 / 合计	诉前案件数	诉前对立案占比 / 合计	提起诉讼数	起诉对诉前占比 / 合计
西部	贵州	4693	2.11% / 23943	4530	84.79% / 20301	72	2.49% / 506
	内蒙古	4330		3880		69	
	云南	4299		3575		66	
	四川	4024		2185		171	
	陕西	3888		3683		88	
	新疆	2709		2448		40	

修改后的《民事诉讼法》《行政诉讼法》并没有规定人民法院、人民检察院受理公益诉讼案件的管辖原则有何不同。司法实践中，法院都未完全遵循民事诉讼、行政诉讼的一般管辖原则。虽然“两高”《检察公益诉讼司法解释》原则上规定，行政公益诉讼由基层人民检察院办理，民事公益诉讼由分州市人民检察院办理，并分别对应同级人民法院受理，但各地的做法各异。比如浙江省办理民事公益诉讼案件通常是由基层人民检察院向中级人民法院起诉。2019 年的数据也表明，在诉前阶段，由基层人民检察院办理民事公益诉讼案件、刑事附带民事公益诉讼案件量占 89.2%，在起诉阶段基层人民检察院办理量占 93.5%，而分州市人民检察院办理量只占 10.7%（民事）、6.46%（刑附民）；而在诉前阶段，基层人民检察院办理的行政公益诉讼案件量占比 99.1%，分州市人民检察院办案量占比 0.85%，省级人民检察院办理了 1 件诉前行政公益诉讼案件；100% 的起诉案件都由基层人民检察院办理。① 可见，无论哪种诉讼类别，无论哪个阶段，基层人民检察院都是办案主力军。另外，三类诉讼类别中，管辖并未坚持法检同级监督原则，

① 2019 年 1 月至 10 月，民事公益诉讼、刑事附带民事公益诉讼案件在诉前阶段办案总量为 3205 件，而基层人民检察院办理 2859 件，分州市人民检察院办理 346 件；提起诉讼总量为 2752 件，基层人民检察院办理 2574 件，分州市人民检察院办理 178 件。行政公益诉讼案件在诉前阶段办案总量为 76009 件，而基层人民检察院办理 75354 件，分州市人民检察院办理 648 件，省级人民检察院办理 1 件；提起诉讼总量为 269 件，基层人民检察院办理 269 件。

而人民检察院管辖原则与人民法院的管辖原则并不统一；公益诉讼办案力量下沉虽然有利于调动基层人民检察院优化办案力量配置，但不符合行政公益诉讼的监督规律。基层人民检察院难以突破行政系列的条块化制约，结果是检察行政公益诉讼只能将监督重点下沉，瞄向最基层的乡镇人民政府和县级人民政府的行政职能部门，较难发挥行政公益诉讼维护客观诉讼的功能。

（三）办案重点转移、民事公益诉讼案件量快速增加、刑事附带民事公益诉讼案件量逆袭

两年试点期间，检察机关工作重点是办理行政公益诉讼案件，数量达 1029 件，占比 89.47%；办理民事公益诉讼案件 567 件，占 2.84%；刑事附带民事公益诉讼案件只有 135 件，占比 0.68%；行政附带民事公益诉讼案件 2 件，占比 0.01%。但全面推开实践之后，检察公益诉讼运行趋势发生了明显转捩。2019 年数据显示，行政公益诉讼提起量仅占 8.9%,[①] 甚至不及民事公益诉讼（9.97%）的办理比例（见图 3）。行政公益诉讼起诉难的问题已经成为公开的秘密。起诉难既有诉讼制度层面的原因，也有外部环境的问题。行政公益诉讼大多只能提起确认违法之诉致使行政诉讼程序空转，是各方不愿意提起诉讼的重要原因之一；行政机关不愿、不敢当被告也是客观现实；制度定位之争以及检察机关提起诉讼的案件价值有局限性等因素都影响了起诉率。检察机关办理的行政公益诉讼案件大部分在诉前程序阶段便结案。2019 年的相关数据表明，约 80.3% 的案件在诉前程序阶段被化解（见图 4）。检察机关力图构建没有诉讼程序的行政公益诉讼制度，力图在诉前程序阶段将违法问题全部纠正[②]，将

---

① 截至 2019 年 10 月的数据。参见最高人民检察院行政公益诉讼情况基础表、民事公益诉讼情况基础表。

② 《行政诉讼法》第 25 条第 4 款规定：“人民检察院在履行职责中发现生态环境和资源保护、食品药品安全、国有财产保护、国有土地使用权出让等领域负有监督管理职责的行政机关违法行使职权或者不作为，致使国家利益或者社会公共利益受到侵害的，应当向行政机关提出检察建议，督促其依法履行职责。行政机关不依法履行职责的，人民检察院依法向人民法院提起诉讼。”

立案量与诉前案件量的比率降低为零作为工作目标。在以上各种因素的作用之下，履行诉前程序案件与提起诉讼案件的倒挂现象越发严重。虽然不应以起诉量来判断办案重心，但检察公益诉讼制度建构本来就是以检察行政公益诉讼为重点的。目前制度运行偏离了初心和重心。这种现象不应被回避而应被正视和重视。另外，行政机关在诉前程序中对检察建议往往只进行书面回复，而是否实质性地整改以及整改程度是否符合法定要求，还需要检察机关进一步跟进调查，但跟进调查的情况并不乐观。根据《全国检察机关公益诉讼办案工作2018年12月份情况通报》，2018年全年办理101254件行政公益诉讼诉前检察建议案件，行政机关纠正违法或履行职责的案件数为72568件，检察建议得到落实的比率为71.67%。而根据2019年4月至6月最高人民检察院开展的公益诉讼“回头看”专项活动评估结果，行政机关逾期未回复的1973件、实际未整改的909件、整改不彻底的5403件、事后反弹回潮的466件，[①] 说明履行诉前程序的案件中仍有8.64%的回复并未实现公益保护的目标。评查时发现，行政机关存在虚假整改、事后反弹回潮及检察建议制发不规范、裁判未能执行等问题。因此，诉前程序履行程度高导致起诉率低的理由难以成立。

检察机关提起的民事公益诉讼案件量在2017年至2019年实现了9倍多的增长。因《检察公益诉讼司法解释》第13条已经将民事公益诉讼诉前程序转化为诉权衔接机制，用起诉量除以诉前案件量并不能说明检察民事公益诉讼案件的成案率。但通过民事公益诉讼诉前程序数据，可以看出检察机关支持起诉的案件量，分析出检察民事公益诉讼机制对于其他民事公益诉讼的辅助性功效。支持起诉是我国《民事诉讼法》中规定的一项重要原则，其法律渊源可追溯到1982年《民事诉讼法（试行）》第13条的规定。然而近20年的司法实践中支持起诉的案例并不

① 参见张军《最高人民检察院关于开展公益诉讼检察工作情况的报告——2019年10月23日在第十三届全国人民代表大会常务委员会第十四次会议上》，https：//www.spp.gov.cn，最后访问时间：2019年1月16日。

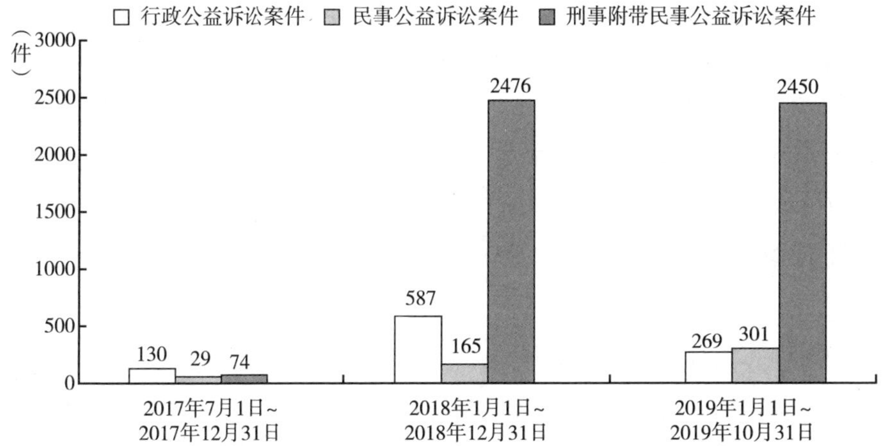

图 3　2017 年 7 月 1 日至 2019 年 10 月 31 日三种诉讼类型案件提起诉讼的数量分布

多。直到 2000 年最高人民检察院拟制定《关于强化检察职能、依法保护国有资产的通知》（该文件为讨论稿，最后未实施），明确要求各级检察机关试点支持起诉并制定比较详细的操作规则后，各地检察机关才开始进行了一系列的试点工作。该试点工作在环境保护和国土资源案件上产生了良好的效果。2012 年修改的《民事诉讼法》第 15 条规定，“机关、社会团体、企业事业单位对损害国家、集体或者个人民事权益的行为，可以支持受损害的单位或者个人向人民法院起诉”，但未明确在公益诉讼中是否可以支持起诉，也未明确检察机关应该承担支持起诉的职责。检察机关开展公益诉讼试点之后，最高人民检察院于 2015 年 12 月 16 日通过了《人民检察院提起公益诉讼试点工作实施办法》，其中第 13 条第 2 项明确规定“有关组织提出需要人民检察院支持起诉的，可以依照相关法律规定支持其提起民事公益诉讼”，为检察机关支持公益诉讼提供了明确的法律依据。吉林省长春市人民检察院支持起诉韩昌、韩成龙、王亚丽消费民事公益诉讼案是公益诉讼试点期间全国首例由检察机关支持起诉的消费民事公益诉讼案件，具有示范性和开拓性。2017 年 7 月 1 日新修改的《民事诉讼法》第 55 条第 2 款规定，机关或者组织针对破坏生态环境和资源保护、食品药品安全领域侵害众多消费者合法权益等损害社会公共利益的行为提起诉讼的，人民检察院可以支持起诉。该规定从法律上确立了检察机关对民事公益诉讼案件可以支持起诉。2019年的统计数据表明，经过公告程序，检察机关支持起诉的案件量达265件，这个数字与检察机关自己提起的民事公益诉讼案件量（301件）基本相当，仅少约14%。可见，支持起诉机制不仅发挥了辅助、补充社会组织诉权的预设作用，还使检察机关实际成为社会组织提起民事公益诉讼的支撑力量。

另外，生态环境和资源保护领域、食品药品安全领域的公益诉讼数量由民事公益诉讼与行政公益诉讼两部分组成。因此有必要分别对民事公益诉讼类型、行政公益诉讼类型中生态环境和资源保护领域、食品药品安全领域的案件量进行分析。我们发现在诉前程序阶段，行政公益诉讼在生态环境和资源保护领域、食品药品安全领域的案件数量远远超过了民事公益诉讼类型。根据2018年数据，生态环境和资源保护领域的民事公益诉讼案件仅为行政公益诉讼案件的2.2%；2019年数据表明，民事公益诉讼的案件量虽已达2018年全年的2倍多，但仍只达到同时期行政公益诉讼案件数量的4.7%。在食品药品安全领域，2018年民事公益诉讼案件数量则仅为行政公益诉讼类型案件量的1.4%，2019年增加到4.2%。若将检察公益诉讼定位为一种治理手段，发挥司法程序直接保护公益的功效，则需加大这两个领域内行政附带民事公益诉讼案件的办案力度。试点期间，吉林白山案不仅成为最高人民检察院的指导案例，且发挥了综合治理的良好功效。制度全面推开之后，全国检察机关未办理一件行政附带民事公益诉讼案件显然不太正常。某些环节的明确反对意愿、行政与民事案件管辖的分散化、缺乏明确规范依据等主客观原因，并不应该成为各级检察机关放弃两类诉讼争议一并解决或者附带解决的理由。

刑事附带民事公益诉讼取代行政公益诉讼成为检察公益诉讼的办案重心，这既是法理融合的结果也是现实规律的呈现。从现实角度看，破坏生态环境和资源保护、侵害食药领域众多消费者权益的行为往往既涉嫌刑事犯罪，又构成民事侵权。试点期间办理的民事检察公益诉讼案件中96%都是已追究刑事责任，再由公益诉讼检察部门[①]单独追究侵权责任。同一案件所涉两种责任由同一检察机关先后提起诉讼分别进行追究，虽然不会引发程序协同问题，也更利于保障刑事案件办理时效，但也存在一些劣势。比如违背先民后刑的原则。这些案件的刑事责任与民事责任具有明显的相干性和关联性，分别追究责任是否会加重处罚，且先行的刑事制裁虽然最重却不以恢复受损的公益为目标，即使再追究赔偿或者修复的民事责任，客观上也会出现被告接受刑罚之后，往往已经无力承担侵权责任，无法实现恢复性司法的功效等情况。因此，附带解决民事公益诉讼争议也符合法安定性、罪罚相当、成本效益等原则。另外，检察机关更易从刑事领域获得这类民事公益保护线索，检察人员固有的刑事法律知识背景决定了刑事附带民事公益诉讼在发展方面有较强的认识基础。最后，全面推开后最高人民检察院每月对各地公益诉讼办案数量进行排名，也让检察机关为应对业绩考核与排名压力努力寻找更便于办理的案件线索。

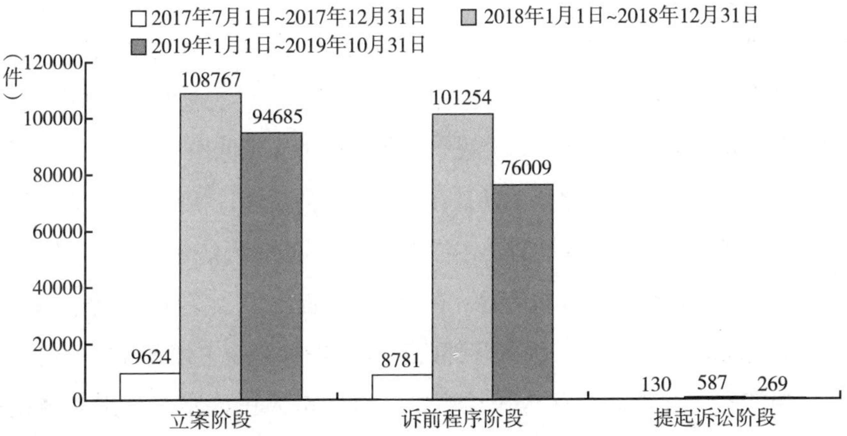

图4　2017 年 7 月 1 日至 2019 年 10 月 31 日行政公益诉讼案件在不同程序阶段的数量分布

① 试点期间承担公益诉讼改革任务的部门是检察院的民事行政检察部门。2019 年 2 月，最高人民检察院的民事行政检察部门分成民事检察部门、行政检察部门和公益诉讼部门。省级人民检察院的内设机构与最高人民检察院一致。但地市级人民检察院与基层人民检察院的公益诉讼职责由行政检察部来承担。本报告为了避免称谓上的混乱，不采用原有的称谓，而统一称为“公益诉讼检察部门”“刑事检察部门”。

（四）受案范围稳步拓展、五大领域案件的办案比重差逐步减小

2018 年 5 月 1 日起施行的《英雄烈士保护法》第 25 条规定了人民检察院对于侵害英雄烈士姓名、肖像、名誉、荣誉行为可以提起公益诉讼，从立法层面将民事公益诉讼拓展至英烈保护领域，也使得检察公益诉讼受案范围从四大领域扩展为五大领域，其中仅有生态环境与食药安全两个领域可以办理民事和行政公益诉讼案件。但在司法实践中，检察机关也向负责英雄烈士名誉保护工作的行政机关发送了大量履职的检察建议。这类检察建议并非行政公益诉讼的诉前检察建议，因为法律并未授权检察机关提起该类行政公益诉讼。可将这类检察建议归为社会治理类检察建议。在受案范围探索方面，最高人民检察院将金融领域防范化解重大风险、扶贫、安全生产、网络侵害、军事国防等纳入了公益诉讼案件的办理范围。在对“等外”领域的探索上，省级人民检察院也非常积极。截至目前我国已有 10 个省级的人大常委会，还有相当多的设区的市的人大常委会通过制定地方法规的形式，对公益诉讼范围进行了拓展和深化。其中，河北、内蒙古、河南、湖北、广西、云南、山东 7 省区将安全生产、文物和文化遗产保护、电信互联网涉及众多公民个人信息保护等领域作为检察机关公益诉讼的受案范围。上海市检察机关还从注册地在沪的留学、就业招聘、网购等与民生密切相关的部分 App 中梳理出“以默认方式获取个人信息授权”“强制索取或过度索取个人信息”等侵权问题，有针对性地提出了“尊重用户选择权，落实知情同意原则”“落实各级主管部门管理责任和企业主体责任”等检察建议。[①] 浙江省宁波市海曙区人民检察院、诸暨市人民检察院分别对骚扰电话、用户买房后信息泄露问题进行了检察公益诉讼。[②]

检察公益诉讼全面推开之后，检察机关先后开展了“舌尖上的安全”“守护海洋”“黄河清四乱”“汾渭平原大气污染综合治理”“长江经济带长效机

---

① 屠春含、吴礼勤：《探索公益诉讼多维度保护 App 所涉个人信息》，《检察日报》2019 年 8 月 4 日，第 3 版。

② 参见检察机关公益诉讼全面推行两年工作情况新闻发布会，https：//www. spp. gov. cn/spp/zgrmjcyxwfbh/zgjqmtjgyssjcgz/index. shtml，最后访问时间：2019 年 10 月 10 日。

制”等专项活动。从具体办案领域来看，生态环境和资源保护领域仍是办案重点，食品药品安全领域案件更容易引起社会关注。英雄烈士名誉荣誉保护类案件虽然总数不多，但成案率高。英雄烈士名誉荣誉保护领域在2018年实现了零的突破，共计10件进入了诉前程序阶段（见图5）。2019年英雄烈士名誉荣誉保护领域案件立案43件，履行诉前公告程序的24件（其中包括无社会组织起诉的21件和未到一个月公告期的5件）[①]，提起诉讼20件（其中18件为民事公益诉讼案件，2件为刑事附带民事公益诉讼案件）（见图6）。经历了2018年案件数量的爆发式增长后，2019年各个领域的案件数量逐渐趋于平缓，食品药品安全领域的案件量在2018年1月到2019年10月甚至出现了36%的降幅。结合诉前程序阶段的图表来看，各领域在诉讼阶段的案件增减情况基本与其保持了同步，在2018年案件数量实现了较大幅度的增长，在2019年则保持了较为稳定的水平，案件主要集中在生态环境和资源保护领域、食品药品安全领域，而五大领域的案件总量比较平稳，食品药品安全领域案件还彻底扭转了试点期间只有29件位列最后一名的窘境，办案量位列第2位，符合人民的期许。

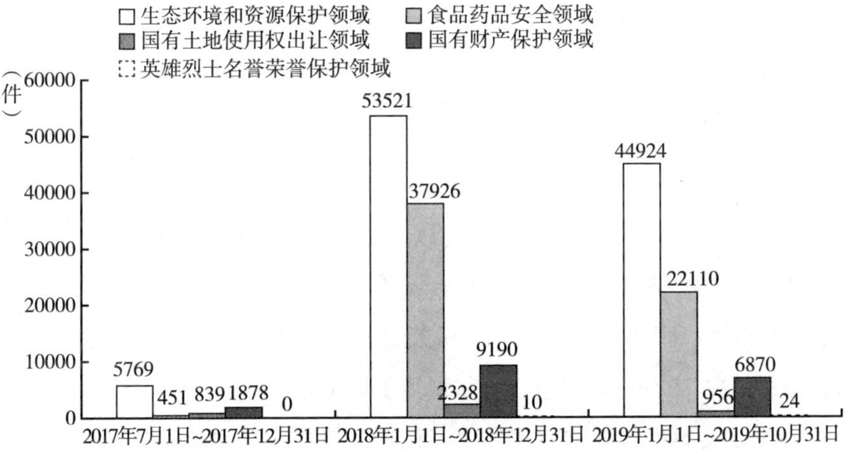

图5　2017年7月1日至2019年12月31日不同领域的案件在诉前程序阶段的数量分布

① 有交叉，这是两个不同的变量，一是无社会组织起诉的案件，二是一个月公告期未到的案件。

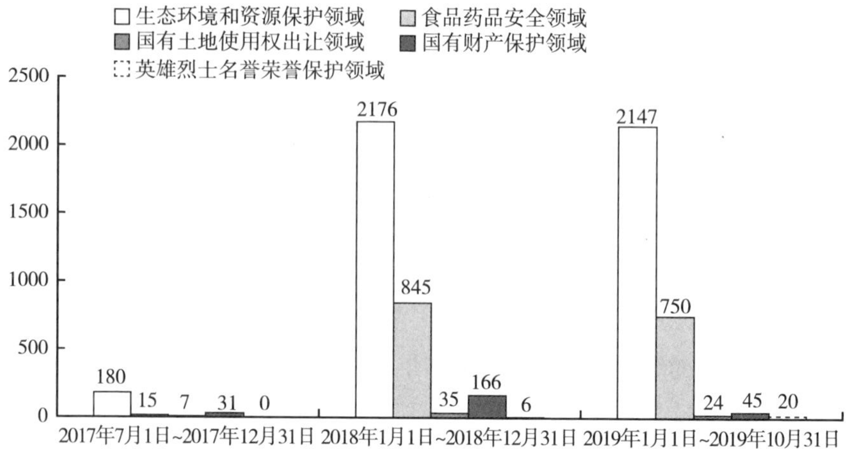

图 6　2017 年 7 月 1 日至 2019 年 12 月 31 日不同领域的案件在诉讼阶段的数量分布

（五）法检积极探索审理规则，完善、推动鉴定机制改革

人民法院在遵循诉讼制度基本规则的基础上，积极发挥技术专家在证据采样指导、损害事实查明、因果关系认定、修复方案选择、修复成果验收等方面的重要作用。实践中存在多种方式。第一种是由专家担任人民陪审员直接参与案件审理，如根据《人民陪审员法》第 16 条第 2 项规定，人民法院审理根据民事诉讼法、行政诉讼法提起的公益诉讼案件时，由人民陪审员和法官组成七人合议庭进行。第二种是作为当事人一方或双方申请的专家辅助人，如在贵州省六盘水市六枝特区人民检察院诉贵州省安顺市镇宁布依族苗族自治县丁旗镇人民政府环境行政公益诉讼案中，检察机关起诉时提交了一份专家意见。开庭前，丁旗镇人民政府主动进行了整改，将垃圾予以清运，覆土后种上树木。清镇市人民法院环资庭因案件争议事实发生变化在庭审之前聘请专家对丁旗镇人民政府整改情况进行了实地查勘，固定证据，同时确认了环境损害情况及拟定了相应的修复方案，并出具了案件的第二份专家意见。人民法院主动聘请专家出具专家意见属于积极履行审判职责的表现，值得称赞。但本案中这两份专家意见的性质是不同的。检察机关在起诉阶段提交的专家意见主要是“体验性”陈述，

意在证明损害的客观存在，应视为当事人陈述，不应被当成专家证人证言；而后一份专家意见是对专业问题进行的回答、解释、说明，应属于专家证人证言。试点期间，法检对于这两类证据的类别与效力问题有不同认识，随着司法实践的深化，建议人民法院尽快确立两种证据的不同证明标准。第三种是作为专家咨询委员会或专家库成员，为审判人员提供咨询意见。在判决方式方面，人民法院积极探索环保禁止令制度，通过颁发禁止令、禁业令，禁止、限制污染者在诉前或诉中、诉后的排污行为，既可避免损失持续扩大，也加大了罪犯的违法成本，取得了良好的社会效果。① 如 2018 年 12 月浙江省青田县人民法院针对一起污染环境类刑事附带民事公益诉讼案件，首次发出浙江省污染环境类刑事附带民事公益诉讼行业禁业令，禁止四名污水处理企业相关负责人从事污水处理及相关经营性活动。② 除此之外，人民法院灵活运用替代性修复责任方式。当受损生态环境客观上无法修复或没有必要修复时，各地人民法院按照《最高人民法院关于审理环境民事公益诉讼案件适用法律若干问题的解释》的规定，在法律框架内积极灵活适用“补种复绿”“增殖放流”“护林护鸟”“劳务代偿”等替代性修复责任，促进区域环境容量和承载能力的恢复和提升。③

为化解民事公益诉讼鉴定难、起诉时公益受损证据收集难等问题，最高检与生态环境部等九部委在 2019 年联合印发《关于在检察公益诉讼中加强协作配合依法打好污染防治攻坚战的意见》（以下简称《意见》）。《意见》要求，适当吸纳相关行政执法机关的鉴定检测机构，加快准入一批诉讼急需、社会关注的生态环境损害司法鉴定机构。④ 2019 年 5 月 24 日司法部发布《关于进一步做好环境损害司法鉴定管理有关工作的通知》，其第 3 项明确规定：“及时推出一批检察公益诉讼中不预收鉴定费的鉴定机构……未预

① 参见江必新《中国环境公益诉讼的实践发展及制度完善》，载《法律适用》2019 年第 1 期。

② 陆玫、钟伟锋：《浙江法院发出首份污染环境类“刑附民”公益诉讼行业禁止令》，澎湃新闻，https：//baijiahao. baidu. com/s？ id = 1619185854701566572&wfr = spider&for = pc，最后访问时间：2019 年 1 月 16 日。

③ 参见江必新《中国环境公益诉讼的实践发展及制度完善》，载《法律适用》2019 年第 1 期。

④ 参见陈媛媛《最高检与生态环境部等九部委联合印发意见加强公益诉讼协作配合　合力打出污染防治攻坚“组合拳”》，《中国环境报》2019 年 1 月 24 日，第 8 版。

先收取的鉴定费待人民法院判决后由败诉方承担。……每个省份原则上至少报送1家在检察公益诉讼中不预先收取鉴定费的环境损害司法鉴定机构。”截至2019年上半年，已有58家鉴定机构向司法部申报作出不预收鉴定费的承诺。2019年，最高人民检察院与中国科学院成立了生态环境鉴定联合实验室，部分地方检察机关也与本地的环境检测中心展开合作建立了检测或鉴定机构。如浙江省人民检察院联合省生态环境厅成立了全国首家公益诉讼（环境损害）司法鉴定联合实验室，为环境公益诉讼案件勘验取证、检测鉴定提供技术服务。

（六）检察公益诉讼程序规则尚不完备，案件数量分布极其不均，败诉率也不容小觑

民事诉讼法、行政诉讼法关于公益诉讼的规定分别只有127个和140个字。《检察公益诉讼司法解释》虽然将2015年至2017年两年间检察公益诉讼试点经验进行归纳总结，并提炼升华成为规范性成果，但也仅有27条，仍未建构起完备的规范之网。其后，最高人民法院、最高人民检察院也发布了检察民事、行政公益诉讼案件办案指南，以及若干工作文件，但仍有层出不穷的新问题需要指引。目前争议较大的问题包括检察公益诉讼二审上诉制度、行政公益诉讼受案范围、行政机关依法履职判断标准、刑事附带民事公益诉讼案件审理程序、案件管辖等。除此之外，“两高”在诉前公告方面出台的司法文件也有许多值得商榷的地方。2019年12月6日，《最高人民法院、最高人民检察院关于人民检察院提起刑事附带民事公益诉讼应否履行诉前公告程序问题的批复》（以下简称《批复》）施行。该《批复》针对部分高级人民法院、省级人民检察院的请示明确规定，“人民检察院提起刑事附带民事公益诉讼，应履行诉前公告程序。对于未履行诉前公告程序的，人民法院应当进行释明，告知人民检察院公告后再行提起诉讼”。理由是诉前公告程序不仅有利于实现民事公益诉讼应有的公众参与和社会监督功能，对于人民检察院依法履行监督职责也具有重要作用。[①] 但从学理层面看，要求人

---

① 参见孙航《“两高”联合发布批复明确人民检察院提起刑事附带民事公益诉讼应履诉前公告程序》，《人民法院报》2019年12月6日，第3版。

民检察院提起刑事附带民事公益诉讼时履行民事公益诉讼诉前公告程序无法保障罪刑法定原则的实现。通常情况下，若被告人履行了民事责任可以适当减轻刑事责任，但为保障其他诉讼主体的诉权而将刑事责任与民事责任分开来追究，有悖成本效益原则与罪刑法定原则。其次，将已经办理或者正在办理的刑事案件中是否承担民事责任的决定权交给社会组织，有悖法安定性原则。每年由社会组织办理的民事公益诉讼案件量为两位数，而由检察机关办理的环境犯罪案件数就超过 1 万件。如果将附带民事公益诉讼案件的裁量权交由社会组织，将使社会组织拥有与刑事被告人进行讨价还价的空间。美国告发人诉讼的司法实践就曾发生过类似问题。① 综上，若将诉权平等保护、诉讼成本收益原则、法安定性原则与罪刑法定等原则进行价值排序的话，应将法安定性、罪刑法定放在首要位置，加上对成本收益原则等因素的考量，则不应该要求刑事附带民事公益诉讼立案时必须提交“履行了民事公益诉讼诉前公告程序的证据”。当然，以上理由并不能否定人民法院平等保护诉权的初衷。但诉权平等并不是绝对的，还需结合诉讼功能和诉讼能力进行考虑，否则很可能会背离刑事附带民事公益诉讼的功能，产生南辕北辙之效。②

省级人民检察院检察公益诉讼办案量分布不太均衡的问题比较突出。据统计，近两年半时间里，每年平均办理诉前程序案件超过 4000 件的省级人民检察院有：贵州、河北、浙江、江苏省人民检察院；超过 3000 件的省级人民检察院有内蒙古自治区人民检察院及陕西、云南、广东、湖南省人民检察院。而将两年多诉前阶段的案件数量除以 3，得出的平均办案量只有 100 件左右，省级单位也有 4 个。据统计，全国法院受理检察公益诉讼案件数量最多的地区达 300 余件，而案件审结量只有 10 件以下的地区也有 6 个。而且无论是从办案还是审理的质量来看，部分检察公益诉讼案件含金量不高、司法文书说理不充分等问题依然存在。

---

① 参见刘艺《美国私人检察诉讼演变及其对我国的启示》，载《行政法学研究》2017 年第 5 期。

② 参见刘艺《刑事附带民事公益诉讼的协同问题研究》，载《刑事法律杂志》2019 年第 5 期。

因提起诉讼的检察公益诉讼案件不多，因此少量撤回诉讼或者被裁驳、判驳的案件更值得关注。截至2019年10月，由检察机关撤回的行政公益诉讼起诉案件量为16件，裁定驳回起诉1件、裁量驳回1件；二审时裁定维持、判决维持各1件，占法院审结案件的13.5%。民事公益诉讼案件一审裁定不予受理、驳回起诉各6件，判决驳回1件；二审裁定驳回1件、维持4件、判决维持4件，占法院审结案件7.2%。可见，未能成功维护客观秩序的公益诉讼案件并不在少数。笔者将这类案件视为检察机关败诉案件。传统行政诉讼以主观权利保障为起因，而原告主观权利是否获得充分救济通常与原告的预期有关而与客观法律秩序无关。有时法院完全支持了原告的诉求，但判决并不符合原告预期或者由于种种客观原因无法执行，原告会自认败诉。检察行政公益诉讼的败诉虽然名义上特指公益起诉人，即检察机关的主张未获人民法院支持，但因其客观诉讼的特征，败诉并不仅局限于诉讼程序意义上，还包括未实现诉讼目的以及这项公益司法保护制度是否可行。比如检察行政公益诉讼是客观诉讼，因不符合起诉条件等未进入诉讼程序，意味着检察机关维护特定领域法律秩序的尝试被阻碍。这种阻碍可能是立法欠缺等客观原因造成的，也可能是认识不足等主观原因造成的。但无论是哪种原因，都不利于通过检察行政公益诉讼维护统一法律秩序的目的与功能之实现。因此，深入剖析检察行政公益诉讼败诉案件，具有重大的理论和实践意义。然而，检察败诉案件之提法，让检察机关十分避讳。2017年6月30日最高人民检察院召开新闻发布会，解读全国人大常委会关于修改民事诉讼法和行政诉讼法的决定精神，介绍检察机关开展公益诉讼试点工作两年的主要情况和经验成效时，检察机关明确提出“起诉案件中，人民法院判决结案437件，全部支持了检察机关的诉讼请求”。[①] 2017年7月前后，参与试点的13个省级检察机关在总结两年试点成绩时，大多提及“诉求全实现”或者“案件均胜诉”的成效。这些表述显然存在问题。首先，统计时间段的

① 《最高检“全面实施检察机关提起公益诉讼制度”新闻发布会》，http：//gjwft.jcrb.com/2017/6yue/qmssjcjgtqgyss/，最后访问时间：2019年12月25日。

特殊性。检察机关提起行政公益诉讼案件的时间段主要集中在试点的第二年，即2016年11月至2017年6月。试点结束时，大部分案件还未经审理和宣判，检察机关不能只提起诉讼就说诉讼请求全部获得支持。其次，统计范围的特定性。这样表述的目的如果是提振士气或者总结经验，也需要注明只统计了进入诉讼程序的案件。客观上讲，有一些提起了诉讼而未获立案的案件并未归入统计范围。最后，统计标准的差异性。检察公益诉讼以维护客观法律秩序为诉讼目的。部分案件在诉讼程序上可能是败诉的，但因诉讼目的实现，也可用“诉求全实现”描述。所以，检察机关如果只关注“诉求全实现”或“案件均胜诉”而回避现实存在的败诉是不足取的。

二　检察公益诉讼新发展的内外部原因剖析

检察公益诉讼在修法确立制度后的各种发展是由多方面原因促成的。从人民法院的角度看，最高人民法院进一步推动环境审判的集中管辖，在部分地区探索按流域指定法院集中审理公益诉讼案件等改革举措，一定程度上摆脱了地方保护主义对环境公益诉讼审判活动的干预。① 从检察机关的角度看，可将各类因素概括为内、外两个方面。

（一）内部环境的变化：设置机构、配备人员、重构体系

1. 设置公益诉讼、未成年人检察部门（办案组）专门办理公益诉讼案件

2018年7月6日由习近平总书记主持召开的中央深改委第三次会议决定设立公益诉讼检察厅。2018年8月最高检党组落实中央深改委的要求，成立公益诉讼检察厅筹备组，并在内设机构的改革过程中正式组建了第八检察厅作为承办公益诉讼检察业务的专门机构。2018年12月下旬，按照《最高人民检察院职能配置、内设机构和人员编制规定》的要求，第八检察厅

① 参见江苏省人民法院、江苏省人民检察院关于印发《省法院、省检察院第二十八次工作会谈纪要的通知》（苏高法〔2019〕105号）。

专门履行公益诉讼检察职责，第九检察厅履行未成年人保护方面的公益诉讼检察职责。随后，地方检察机关也结合内设机构改革开始同步落实专门履行公益诉讼检察职责的部门。截至 2019 年 9 月，已有 25 个省级人民检察院单设公益诉讼检察机构，市、县两级人民检察院则组建了公益诉讼专门机构或专门办案组。在设立承办公益诉讼检察业务的专门机构之前，公益诉讼检察业务由民事行政检察部门承担。但民事行政检察部门的传统业务重点是民事、行政审判监督工作，与公益诉讼检察业务需要的专业背景与业务能力要求存在一定差距。根据公益诉讼办案要求，公益诉讼检察官应该兼具职侦人员的侦查能力、刑事公诉人员的出庭能力、诉讼监督人员的审查能力等。为了强化法律监督的职能、提高公益诉讼办案效果、推进专业建设，在检察机关内设立专门办理公益诉讼检察业务的部门是最基本的组织保障。

2. 合理配置办案力量

民事行政检察部门长期存在案多人少、力量不足的问题。[①] 在承担了公益诉讼办案任务之后，人员问题更为突出。2019 年修订的《检察官法》将“开展公益诉讼”纳入检察官的职责范围，在规范层面上肯定了检察官办理公益诉讼检察业务的合法性、正当性，同时有助于检察系统内部认识公益诉讼检察业务重要性。在检察机构改革过程中，各级检察机关陆续将精兵强将充实到公益诉讼与未成年人检察部门，充实了办案力量。比如湖南省人民检察院为公益诉讼检察部门配备 36 名编制；河北全省基层人民检察院都配置了 2 名以上员额检察官组成公益诉讼办案组，保证人员配备与公益诉讼职能履行相适应。其次，2018 年司法警察也开始参与公益诉讼工作，具体办理案件过程中大量需要由司法警察承担的公益诉讼调查等任务。该年度全国检察机关司法警察维护公益诉讼办案场所秩序、参与公益诉讼调查核实、保护公益诉讼检察人员安全等工作 8946 件、29519 人次。北京、江苏、山东、湖北、重庆等检察机关司法警察参与公益诉讼的实践也证明，司法警察参与

① 参见周斌《检察机关提起公益诉讼试点一年多办案 1710 件；已判案件检方起诉意见均获法院支持》，《法制日报》2016 年 11 月 4 日，第 3 版。

公益诉讼工作，既能有效保障公益诉讼顺利进行，提升办案质效，又能增强公益诉讼工作的刚性，司法警察成为检察办案包括公益诉讼调查核实工作中不可或缺的力量。[①]

3. 重构检察业务体系

2019 年 1 月 17 日，张军检察长在全国检察长会议讲话中提出“四大检察”全面协调充分发展的任务。所谓“四大检察”是指刑事检察、民事检察、行政检察与公益诉讼检察。自 1979 年《人民检察院组织法》颁布以来，检察机关长期以刑事检察为中心，民事检察、行政检察业务不是重点业务。从“四轮驱动”到“四大检察”，我国检察业务门类得以重新建构。在国家治理体系与治理能力改革的大背景下，四大检察的分门别类并不意味着分道扬镳，而是意味着对检察业务进行了重新划分，重新确立了检察业务的重心与发展动力。由于刑事、民事和行政检察之间早已形成较为稳定的关系形态，而新兴的公益诉讼检察如何与传统“三大检察”业务实现融合发展，自然成为当下检察理论研究的热点问题。但这方面的理论成果却十分缺乏。司法实践已经走到理论研究的前面，但也产生了更多需要理论解释的问题。

（二）外部环境的演变与发展：党委与人大支持发挥关键作用

作为一项具有中国特色的司法机制，检察公益诉讼制度的创新性在于其形成了牵连甚广、多层嵌套的复杂网状治理结构，同时关涉行政权、司法权、立法权以及公民权，构成了国家治理体系中的重要一环，其重要性不言而喻。但由于缺乏了解，制度实施的初始阶段容易遭遇阻力。初步统计数据显示，自 2018 年以来，江苏省淮安市检察机关共办理公益诉讼案件 266 件，开展调查核实工作 289 次，受到阻挠、干扰、拒绝、拖延 113 次，占 39.1%。[②] 检察公益诉讼制度的健康发展除了检察机关的努力，还离不开人大及其常委会、政协、政府等的支持。各级人大及其常委会作为我国的权力机关、立法主

---

① 参见谢文英《公益诉讼：在共识中形成合力》，《检察日报》2019 年 10 月 21 日，第 5 版。

② 参见谢文英《公益诉讼：在共识中形成合力》，《检察日报》2019 年 10 月 21 日，第 5 版。

体，主要通过定期听取和审议检察机关公益诉讼工作专项报告，开展专项监督检查，监督检察机关依法履职，监督人民法院依法审理公益诉讼案件，监督行政执法机关依法办理检察机关提出的监督事项。截至2019年10月，20个省级人大常委会听取了检察公益诉讼专项报告，河北省等10个省级人大常委会作出专项决定。据统计，截至2019年10月，已有26个省区市的党委、政府办公厅发布了相关文件，支持、促进检察公益诉讼工作的开展。[①] 党委、政府支持检察公益诉讼的具体举措包括将公益诉讼案件数据纳入领导干部政绩考核和法治政府建设考核，将领导干部干预公益诉讼工作的情况纳入党风廉政建设责任制检查内容，将检察公益诉讼工作费用纳入财政预算，以及对行政执法人员与检察干警进行联合培训，建立行政执法与公益诉讼信息分享与执法协作机制等。这些举措证明党委高度重视、政府全力支持公益诉讼工作。

三　如何回应检察公益诉讼实践的挑战

（一）内部：实现公益诉讼检察与三大检察的内部融合

“四大检察”应该是分工合作、分进合击的关系。公益诉讼检察要实现其与三大检察业务的融合发展，则需加强衔接机制的建设。在三大检察业务中，行政检察与公益诉讼检察的关系最为紧密，两者在业务领域也存在交叉。“四大检察”将行政（诉讼）检察（监督）与公益诉讼检察分立，是基于机构、履职阶段与履职方式的区分，符合正当程序理念和职能分离原则。但此区分并不影响行政检察与公益诉讼检察基本上是种属关系的定位。而行政诉讼检察与公益诉讼检察两个部门的绝大部分业务内容归属于同一法律门类，且监督行政权行使的不同阶段。因此，两类检察业务都归属于广义

① 参见张军《最高人民检察院关于开展公益诉讼检察工作情况的报告——2019年10月23日在第十三届全国人民代表大会常务委员会第十四次会议上》，https：//www. spp. gov. cn/spp/tt/201910/t20191024_ 435925. shtml，最后访问时间：2019年1月16日。

的行政检察范围。广义的行政检察是党的十八届四中全会之后兴起的概念，特指检察权对行政行为的全过程监督机制。全过程监督包括诉前程序中发送检察建议、提起公益诉讼、启动审判监督程序、提出再审检察建议等。行政检察监督既可以在诉讼程序中进行，也可以在诉讼程序之外进行。但根据行政过程论的观念，两个部门的业务有交叉，也需要衔接，因此需要尽快建立具体的协作机制，这样才能实现 1 +1 大于 2 的监督效果。如在行政检察部门进行行政非诉讼执行专项活动的同时，公益诉讼检察部门也应该重点办理不作为行政公益诉讼案件，这样才能形成联动机制。公益诉讼检察部门开展食药安全领域公益诉讼案件的办理，行政诉讼检察部门就应该开展食药安全领域行政抗诉的类案办理。从机制关联的角度看，公益诉讼检察处于行政检察的中心位置，既可以将监督触角延展到行政执法活动中，也可以通过诉讼制度进行专门监督，还可以向行政检察部门移交诉讼监督案件。但从监督的实效性来看，行政检察是公益诉讼检察的保障机制。因为在诉讼监督案件中极易发现公益诉讼检察线索，且诉讼监督案件督促行政机关依法行政的效果也十分突出。实践中，检察机关从事行政检察业务的人员总量偏少，因划分为行政检察与公益诉讼检察两个部门，再加上两个部门根据业务的需要分别开展不同的专项活动，很难集中力量提升行政检察监督的整体效应。因此，无论从理论层面还是实践层面，这两个部门都应当加强联系，互为支撑，重构新时代行政检察的新格局。

而公益诉讼检察业务与刑事检察业务的融合应从案件线索的发现与移送、共同办案等角度着手。刑事检察与行政检察（包括公益诉讼检察）的天然关联源于我国犯罪与违法的二元制裁体系。1979 年《人民检察院组织法》通过时，立法机关要求“检察机关对于国家机关和国家工作人员的监督只限于违反刑法需要追究刑事责任的案件”。长久以来，刑事检察是检察机关的工作重点，更是发挥法律监督功能最有力的保障。然而，党的十八届四中全会决定建立检察机关提起公益诉讼制度的理由之一是检察机关将其打击犯罪的触角朝前延伸，才能防止行政违法行为、不作为演变为犯罪行为。尽管法院才是确定被告人是否有罪的最终机关，但公安机关、检察机关对自已立案或直接受理的案件均具有撤销的决定权。刑事检察部门应该联合行政检察部门（包括公益诉讼检察部门）共同监督这一领域。当然，违法与犯罪的构成要件不同，已经构成犯罪的行为通常不能通过行政公益诉讼的方式来办理，以免混淆刑事检察与公益诉讼检察两项职能。但从实效角度看，今后应全面梳理滥用职权等渎职犯罪的责任追究体系，借助行政公益诉讼制度解决刑事领域国家利益保护不力的困境。比如对滥用职权和玩忽职守等渎职类犯罪开展专项国有财产流失案源清理，并开展专项公益诉讼行动。在刑事司法领域，追究滥用职权和玩忽职守等渎职类犯罪时通常不会借助刑事手段追回这部分流失的国家利益和社会公共利益。根据《人民检察院刑事诉讼规则》和《公安机关涉案财物管理若干规定》，对涉案财物会依法采取查封、扣押、调取、先行登记保存、抽样取证、追缴、收缴等措施提取或者固定，以及从其他单位和个人接收与案件有关的物品、文件和款项等。在具体办案中，因滥用职权或者玩忽职守造成国家财产流失，通常只提取一般转账记录作为证据留存，而不会去追回流失的国有财产。因此，刑事检察领域对这类犯罪，即使追究了个人的刑事责任，也不会追回流失的国有财产这类犯罪的特定物。开展此类专项活动，则可以推动该领域国家利益保护体系的完善。其次，根据近年来刑事附带民事公益诉讼案件快速增长的现状可知，这两项业务之间存在衔接的必要性。衔接机制包括：在刑事案件办理过程中，需充分关注提起附带民事公益诉讼的必要性；办理民事、行政及公益诉讼案件时，应将涉及刑事犯罪、职务犯罪的线索及时移送给刑事检察部门。

公益诉讼检察与民事检察是介入与协调的关系。公益诉讼检察部门可在国家利益和社会公共利益保护问题上介入传统的民事检察业务，对基层民事检察部门开展民事公益诉讼检察业务加强监督。检察机关介入民事诉讼的两项前提条件是当事人申请或者案件涉及“国家利益”与“社会公共利益”保护问题。而传统民事检察活动通常是因当事人或者当事人之外的公民、法人或者其他组织向检察机关申请监督而启动。虽然民事检察部门应对私益与公益进行平等保护，然而受启动条件限制，公益保护问题并不是民事检察部门办案的出发点与重点。检察公益诉讼是客观诉讼，以维护客观法律秩序为目的。若民事检察中私益保护与国家利益和社会公共利益保护或维护客观秩序的价值发生冲突，则仍应以维护客观法律秩序为首要目的。无论公法还是私法，出于国家利益和社会公共利益的考虑以强制性规范对私权施加合理的限制都是必需的，也体现了所有权人应当承担社会义务的法治理念。为了更好地保护国家利益和社会公共利益，民事检察部门、公益诉讼检察部门或行政检察部门也可以共同办理民事检察案件，以免因过分强调私益保护而造成国家利益和社会公共利益损害的后果。其次，"四大检察"之一的民事检察并不包含"民事公益诉讼检察"。检察公益诉讼是富含治理内涵的司法体制创新。行政公益诉讼是检察公益诉讼试点改革时确立的重点内容，而民事公益诉讼领域则要求检察机关保持谦抑克制的立场。两年试点期间，检察机关将检察公益诉讼制度在三大诉讼制度上进行了重新组合，即检察机关除了单独提起行政或者民事公益诉讼之外，还可提起刑事附带民事公益诉讼和行政公益诉讼附带民事公益诉讼。这样的组合机制，让检察公益诉讼的功效不只限于司法系统，还扩展到社会与国家治理层面。特别是行政公益诉讼附带民事公益诉讼机制克服了只提起行政公益诉讼追究行政不作为，法院只能判确认或者履职的弊端。而行政机关不履职的主要原因之一是执法力量不足。行政公益诉讼判决其履职只是发挥了督促行政机关履职的作用，而未根本解决执法力量不足的现实困难。但是如果一并提起民事公益诉讼，则可以对侵权行为追究违法责任，通过法院的赔偿损失、恢复原状等判决，让行政公益诉讼附带民事公益诉讼发挥恢复法律秩序的功能，直接实现治理功效。因此，检察民事公益诉讼机制的治理价值逐渐凸显。最后，应该注意行政公益诉讼与民事公益诉讼功能日渐趋同的变化。在试点期间，行政公益诉讼是检察公益诉讼试点改革时确立的重点内容，而民事公益诉讼领域则要求检察机关保持谦抑克制的立场。检察机关在行政公益诉讼中担当法律监督职责，而在民事公益诉讼中通常作为诉讼代理人。但随着检察公益诉讼实践工作的全面展开，检察民事公益诉讼的公法责任日渐凸显。如在《上海市历史文化风貌区和优秀历史建筑保护条例》的修改过程中，笔者提出"历史文化风貌区"和"优秀历史建筑"符合《文物保护法》第 2 条的规定，属于国家保护的文物范畴，与公共利益紧密相关。上海的优秀历史建筑大部分属于公有。公有的历史建筑租赁他人期间发生了损毁，应要求承租人进行赔偿。即使优秀历史建筑属于私人所有，法律出于公共利益的考虑，以强制性规范对私权施加合理的限制也属必需，体现的是所有权人应当承担社会义务的理念。所有权人在行使所有权时，必须合于国家社会的公共利益。如果针对所有权的限制性立法规定的收益大于成本且无私权侵害之虞，那么此项立法就是具有正当性且符合社会需求的。对《环境保护法》第 2 条关于“环境”的规定进行文义解释推演，可知其也是包括自然环境和人文环境的。其中的“人文遗迹”自然包含在人文环境中。《辞海》解释“人文”为“人类社会的各种文化现象”，因此，“人文遗迹”是可以覆盖到具有历史意义、艺术意义等的建筑或建筑群上的。因此，立法机关可以授权检察机关为了保护优秀历史建筑而提起民事公益诉讼。该建议被上海市人大常委会采纳。可见，检察机关在民事公益诉讼中已经超越了诉讼代理人的角色，除了利益保护之外，还发挥着国家治理的功能。

（二）外部：如何建立公益诉讼检察与法治政府的耦合

检察公益诉讼制度建构伊始就成为行政检察业务的重点内容。表面上看，在检察行政公益诉讼的案件办理过程中，检察机关与行政机关属于对立的关系。但若从保护公益的角度看，行政机关作为公权力机关亦负有保护国家利益、社会公共利益不受侵害的职责与义务。因此其与检察机关并非两相对立的。公益诉讼检察属于行政权与检察权、检察权与公民权、检察权与审判权之间的交叉地带。由于功能与地位存在显著差别，传统的行政诉讼检察与法治政府的关联程度原本不高。从新中国成立之初始，我国就将行政检察权交由检察机关行使，其间关于检察机关是否可以行使该权力以及如何行使这项权力存在一定争议，但通过检察权来监督行政权的基本架构从未遭受根本性的否定，反而一直在稳步发展。在很长一段时间里，行政检察制度即行政诉讼检察，只能发挥间接监督行政机关的作用。然而，随着国家治理体系和治理能力现代化目标的确立，行政检察特别是检察行政公益诉讼与法治政府的联系日渐紧密。工程学中用“耦合”概念描述不同实体间相互依存的关系。耦合是指两个体系通过各种因素相互作用而彼此影响的现象。从协同学角度看，耦合作用及其协调程度决定了系统由无序走向有序的趋势。

在国家治理体系和治理能力现代化的背景下，将公益诉讼视为治理体系的组成部分，并与其他治理手段一起协同治理，已经在各方形成共识。2019年1月2日，最高检与生态环境部、国家发改委、司法部、自然资源部、住房和城乡建设部、交通运输部、农业农村部、水利部、国家林业和草原局九个部委联合发布《关于在检察公益诉讼中加强协作配合依法打好污染防治攻坚战的意见》。除此之外，公益诉讼检察与法治政府的耦合协调对两种制度各自的正常运行与协同发展具有更为显著的意义。目前最为常见的公益诉讼检察制度和法治政府建设的耦合类型归纳如下。（1）共同目标的耦合。《法治政府建设实施纲要（2015—2020年）》将司法系统与法治政府建设耦合的内容集中在“依法有效化解社会矛盾纠纷”领域，要求政府“自觉接受党内监督、人大监督、监察监督、民主监督、司法监督”。检察公益诉讼应加强对法治政府的监督，推动依法行政、严格执法，有效化解社会矛盾纠纷。（2）工作重点的耦合。法治政府建设“完善依法行政制度体系”的要求中，明确指出加强法治政府建设，必须规范红头文件的原则。公益诉讼检察工作是为了维护客观法律秩序，可以开展行政公益诉讼附带规范性文件审查的专项活动，与法治政府建设开展同步的专项活动。（3）数据共享机制。公益诉讼检察与法治政府建设的数据共享可以借助“两法衔接平台”。但目前两法检察机关内部只有侦查监督部门可使用“两法衔接平台”数据。即使经2018年检察机构改革，这项监督任务仍交由刑事检察部门行使，而未能明确公益诉讼检察部门可以借助该平台监督行政执法。而且传统的“两法衔接平台”只能按模块化要求输入相关数据，而已有的模块中并没有包括行政执法公正文明规范的数据，也不包括行政执法活动是否造成国家利益或者社会公共利益损害、行政处罚是否不执行等数据。若“两法衔接平台”上有这方面的数据，大可以交给公益诉讼检察部门进行监督。因此，如何从现有的“两法衔接平台”抽取公益诉讼检察部门需要的数据既是当下紧迫的信息化建设任务，更是实现公益诉讼检察与法治政府建设数据耦合的关键。①

（三）广度：检察公益诉讼受案范围如何拓展

随着经济社会的发展和检察公益保护的质效提升，公益诉讼的保护范围有逐步扩大的趋势，将《民事诉讼法》第55条第2款和《行政诉讼法》第25条第4款里的“等”解释为“等外等”既符合公益诉讼发展的实际需要，也符合立法机关希望稳妥推进制度改革的初衷。2019年10月召开的中共十九届四中全会通过的《中共中央关于坚持和完善中国特色社会主义制度　推进国家治理体系和治理能力现代化若干重大问题的决定》中明确提出，要拓展公益诉讼案件范围。但具体的拓展方式以及拓展的范围等问题仍需进一步研讨。理论界对于案件范围的拓展的理解亦存在不同的认识，比如“拓展案件范围是否仅仅理解为拓展案件领域？是否还包括对公益范围、案件类型等的拓展？比如，是否需要向预防性公益诉讼延伸，从实然损害到风险预防？对英烈名誉保护是否包括对英烈纪念设施的保护，是否可以从民事公益诉讼拓展到行政公益诉讼？”② 笔者认为拓展主要指公益诉讼受案范围的拓展，而拓展应遵循两大诉讼的既有规则。如拓展“等外等”的公益保护领域应该首先符合《行政诉讼法》第25条、“两高”《检察公益诉讼司法解释》限定的起诉条件。而拓展的标准应该坚持管制领域优先、司法治理有优势的领域优先、分散性利益保护优先、专业化程度高的特定领域优先等标准。③ 如国防军事领域的公益保护责任通常无法由社会组织来承担，可由军事检察院承担。检察公益诉讼是一种公益司法保护机制，该机制是用于弥

① 参见刘艺《论行政检察与法治政府的耦合发展》，载《国家检察官学院学报》2020年第3期。

② 胡卫列：《因应人民生活新需　推进检察公益诉讼》，《检察日报》2019年12月19日，第3版。

③ 刘艺：《检察机关提起公益诉讼亟须厘清的几个问题》，《学习时报》2015年8月27日，第A4版。

补传统行政机制不足而兴起的，因此拓展受案范围时不应忘记初心。在拓展的具体方式方面，全国人大常委会、最高人民法院、司法部对个案突破受案范围都持保守态度。符合法治原则的方法是在立法机关、审判机关与检察机关达成共识的基础上，由有权机关通过规范予以明确。实践中有两种拓展受案范围的方式，第一种是由省级人大常委会授权在“等”外进行探索。比如 2019 年 7 月 26 日，湖北省第十三届人民代表大会常务委员会第十次会议通过的《湖北省人民代表大会常务委员会关于加强检察公益诉讼工作的决定》（下称《决定》）成为第一份授权检察机关公益诉讼“等”外探索的文件。该《决定》授权检察机关“持续在生态环境和资源保护、食品药品安全、国有财产保护和国有土地使用权出让、英雄烈士保护等重点领域推进公益诉讼工作，依法在安全生产、文物和文化遗产保护、电信互联网涉及众多公民个人信息保护等领域探索开展公益诉讼工作”。第二种是在立法机关、审判机关、司法行政部门与检察机关达成共识的基础上，由有权机关通过规范予以明确。如 2019 年 1 月，最高人民检察院与全国妇联联合下发《关于建立共同推动保护妇女儿童权益工作合作机制的通知》，首次明确针对国家机关、事业单位招聘过程中存在的性别歧视，检察机关可以发出检察建议或者提起公益诉讼。最后，应在相关司法解释中考虑增加关于范围扩大的基本原则、认定程序以及限制扩大的各种条件，以符合社会主义法治严格执法、公正司法的基本要求。

（四）深度：如何深入建构符合需要的检察公益诉讼机制

检察公益诉讼制度作为一项创新的司法治理机制，蕴含了对现有体制机制和法律法规的改革。检察公益诉讼的实践发展之迅速、情形之复杂要求相关法律法规进行更为细致和深入的调整。以管辖为例，由于检察机关可以提起三类公益诉讼（行政公益诉讼、民事公益诉讼、刑事附带民事公益诉讼），因此需要对管辖原则进行重新调整。管辖原则的调整除应考虑法检审级对应问题，还需要考量起诉期限、证明责任分配与证据标准、诉前程序与诉讼程序衔接等因素。公益诉讼起诉率低既可能与行政干预有关，也与环境、食药元素的本质特性相关。由于水、大气、河流等环境要素具有天然流动的特征，且并不受限于行政区划，因此，要实现对它们的充分保护与治理，治理主体必须做出调整才能妥善应对。这也就意味着检察机关在办理这类公益诉讼案件时，不应受制于以行政区划划定的区域范围为基础设置的管辖范围。因此，办理公益诉讼案件必然需要与跨区划司法改革关联起来。现行属地管辖难以满足办案需要，需要解决机构设置、工作机制建设等方面的问题，但更重要的是管辖原则在规范层面的建构。以跨区划管辖为例，上海、江苏、浙江、安徽“三省一市”检察机关建立了环太湖流域生态环境保护司法协作机制，并通过了《沪苏浙皖检察机关加强环太湖流域生态环境保护检察协作三年行动方案》。四川、重庆、贵州、云南、西藏、青海六地检察机关会签了《关于建立长江上游生态环境保护跨区域检察协作机制的意见》；2019 年 4 月最高检出台了《关于长江经济带检察机关办理长江流域生态环境资源案件加强协作配合的意见》，从妥善处理跨省案件管辖和线索移送，建立跨省案件办理司法协作机制，推动建立检察机关日常工作协作机制，加强与监察、行政执法机关沟通协调，解决案件办理中鉴定难等突出问题，强化组织保障和督促落实等方面明确了 20 条具体措施。但是，这些措施都没有规定线索移送之后，移送管辖、指定管辖的原则和具体规则是什么，地域管辖的特殊性有哪些。检察机关试图依托原有的铁路运输检察院推进跨行政区划检察院建设，但铁路沿线设置的检察机关与以流域管辖为主的检察机关所处的位置、管辖区域存在诸多差异，所以，机构设置的便捷性与管辖的合理性之间的张力仍需进一步调整。

中国式的检察公益诉讼从一出生就饱受争议。在西方法治语境中，政府代表公共利益并由公法加以规范是通说。在我国，保障和维护公共利益不仅是公法的责任，更是社会主义法治体系的应有之义。然而，作为我国公法的核心概念，“公共利益”并未被赋予比较确定的含义。我国宪法中“公共利益”一词是在需要征收征用土地、公民私有财产时出现的。但“公共利益”是否就是与“个人利益”相对立的概念并不明确。除了“公共利益”表述之外，我国宪法中还有“社会秩序”、“国家安全”、“国家的、社会的、集体的利益”以及“祖国的安全、荣誉和利益的行为”等表述，这些概念与“公共利益”是包含关系还是并列关系，也未见权威解释和学理阐述。但从我国《民事诉讼法》第55条规定的“公益诉讼”条款对“公益”的指向来看，该“公益”虽然指向社会公共利益，但并不排斥与个人利益、集体利益、国家利益具有关联性。司法实践表明，民事公益诉讼的“公益”，既指个人利益加重的公共利益，也指与集体利益、国家利益具有重叠交叉关系的社会公共利益。而我国检察行政公益诉讼保护的“公共利益”既指客观法律秩序，也指富含社会主义制度内核的国家利益、分散性公共利益与集体性公共利益。[①] 因我国“公共利益”与美国公民诉讼、德国利他性团体诉讼指向的“公共利益”内涵不同，代表国家提起公益诉讼的主体也会有所不同。根据《宪法》第134条的规定可以推导出，我国检察机关提起公益诉讼正是履行法律监督职能的一种方式或手段。也就是说，政府是行政管理领域国家利益和社会公共利益的代表；当出现政府没有履行好维护公益职能的情形时，检察机关作为国家在司法领域的公共利益代表之一，可以提起公益诉讼，督促行政机关依法行政，履行法定职责，保护公益，维护客观法律秩序。因此，我国检察公益诉讼是一种中国式的公益司法保障机制。既然是司法保障机制，必然具有司法程序的特征与优势。但从过去两年多的数据来看，治理功效实现仍然主要是在诉前阶段，而非诉讼阶段。提起诉讼的案件量过少，司法治理与行政治理仍然很难全面实现1+1大于2的协同治理功效。当然，制度的完善是长期而复杂的过程。唯有不断探索，及时调整，检察公益诉讼制度才能逐步走向完善。

① 参见刘艺《构建行政公益诉讼的客观诉讼机制》，载《法学研究》2018年第3期。

B.15
行政复议发展年度报告（2019）

曹鎏　宋平*

摘　要： 我国行政复议制度自建立以来，在制度体系完善和体制机制改革上不断有新举措，取得新成效，呈现新气象。近年来集中行政复议权改革、行政复议委员会制度改革稳步推进，“三化”改革取得阶段性成果。本报告通过对行政复议大数据的分析，探讨了我国行政复议发展成效及面临的困境。当前我国行政复议体制机制尚不完善，化解行政争议的主渠道作用未得充分发挥，行政复议法明显落后于实践发展，亟待修改。笔者认为，我国行政复议发展的理性之路在于不断深化行政复议体制机制改革，探索行政复议与行政诉讼和谐共生之路，与此同时，应当尽快修订行政复议法，以回应并引领行政复议改革与发展。

关键词： 行政复议　体制改革　主渠道

行政复议制度自建立以来，在化解行政争议，强化行政监督与保障公民、法人和其他组织合法权益等方面发挥了不可替代的重要作用。自1999年《行政复议法》颁行至今已有20年，行政复议制度体系不断完善，为持

---

* 曹鎏，法学博士后，中国政法大学法治政府研究院副教授，国家监察与反腐败研究中心执行主任，主要研究方向为行政法与行政诉讼法、监察法等；宋平，法学硕士，中国法制出版社编辑，主要研究方向为行政法与行政诉讼法。

续推进依法行政、建设法治政府发挥了“晴雨表”和“助推器”的功能，并日益成为化解行政争议的“主渠道”，法治国家建设的重要抓手。时至今日，行政复议体制机制改革稳步推进，成效显著。

一　行政复议体制改革实践解析

（一）集中行政复议权改革全面推开

我国行政复议是“条块结合”的体制，这集中体现在《行政复议法》第12条至第15条以及《行政复议法实施条例》第23条至第25条的规定之中。然而，“条块结合”模式使得行政复议权较为分散，复议资源不集中，容易造成管辖冲突以及同案不同判，[①] 影响复议决定的质量。2008年9月，国务院法制办公室发布了《国务院法制办公室关于在部分省、直辖市开展行政复议委员会试点工作的通知》，提出通过试点工作积极探索相对集中行政复议审理体制。2015年，中共中央、国务院印发《法治政府建设实施纲要（2015—2020年）》，要求“完善行政复议制度，改革行政复议体制，积极探索整合地方行政复议职责”，这些都为集中行政复议权改革提供了基本遵循，指明了前行方向。

截至目前，全国共有23个省（区、市）探索在省、市、县不同层级开展行政复议体制改革，试点单位达到822个，具体包括5个省级政府、141个地市级政府和676个县级政府，其中浙江、山东已在全省推广。[②] 浙江省义乌市于2015年9月挂牌成立全国首家行政复议局，探索改变“条块结合”的行政复议管辖体制，原则上实行“政府集中”管辖。目前行政复议局模式已经在浙江省全面铺开，截至2019年7月，省市县三级都设立了行

① 参见赵大程《打造新时代中国特色社会主义行政复议制度体系》，载《中国法律评论》2019年第5期。

② 参见中国法学会行政法学研究会、中国政法大学法治政府研究院《行政复议法实施二十周年研究报告》，中国法制出版社，2019，第59页。

政复议局并挂牌。[1] 山东省目前已经实现了省、市、县一级政府只设立一个行政复议机构的目标，改革较为彻底、成效良好。除此之外，广东省佛山市在集中行政复议权方面，从“三统一、一分别”深化到“四统一”，[2] 实现了从相对集中到全面集中的跨越。

实践证明，改变“条块结合”的行政复议管辖体制，整合地方行政复议职责，实现行政复议工作由政府“一个口子对外”，有助于集中力量补足行政复议功能运行的制度短板，充分发挥行政复议效能，进一步提升行政复议的便民度以及公信力。

（二）行政复议委员会制度改革稳步推进

2008 年 9 月，为进一步完善行政复议体制和工作机制，提高行政复议解决行政争议的质量和效率，增强行政复议制度的公信力，充分发挥行政复议制度重要作用，国务院法制办决定在北京市、黑龙江省、江苏省、山东省、河南省、广东省、海南省、贵州省共 8 个地方开展行政复议委员会试点工作，试点工作稳步推进，多地形成了诸多有益的探索经验，成果丰硕，主要形成了咨询型复议委员会和案件议决型复议委员会两种模式，前者以北京市为代表，行政复议委员会的主要职责是“审议重大疑难行政复议案件、研究行政复议工作中的重大问题”，后者以上海市为代表，行政复议委员会直接审理行政复议案件。可以说，引入外部专家，对解决行政复议天然中立性、公正性不足的难题无疑具有对症下药的重要作用。

北京市作为行政复议委员会先行试点城市，于 2007 年即成立了北京市行政复议委员会，自 2008 年市政府行政复议委员会第一次案件审理会议召开以来，北京市政府行政复议委员会共召开案审会 40 余次，审议涉及土地

---

① 参见中国法学会行政法学研究会、中国政法大学法治政府研究院《行政复议法实施二十周年研究报告》，中国法制出版社，2019，第 161 ~ 162 页。

② “三统一、一分别”是指统一人员、统一受理、统一审理、分别决定，“四统一”是指统一人员、统一受理、统一审理、统一决定。

规划、城市管理、政府信息公开、土地与房屋征收等领域的重大、疑难、复杂案件100余件，[1] 目前行政复议委员会已是第四届，改革稳步推进。上海市经过这几年的不断探索和完善，目前已形成一套颇具特色、科学高效的案审会制度。案审会票决形成审议意见，市司法局无权改变该审议意见，市政府有否决权，[2] 但至今，市政府从未改变过行政复议委员会的审议意见。上海市行政复议委员会案审会制度在个案定分止争、确立类案审理和行政执法标准、行政复议法律宣传教育等方面取得了良好成效。[3]

实践证明，行政复议委员会制度的有效运行，对于从根源上避免“官官相护”，确保“自己不得当自己案件的法官”的自然正义原则落地，进一步优化行政复议资源配置，充分发挥专家学者等社会力量的作用，进而增强复议结果的正确性和可接受度，提升复议决定的公信力和权威性，意义重大。

（三）行政复议“三化”改革取得阶段性成果

“三化”包括信息化、规范化和职业化，其是为贯彻新时代法治政府建设新要求而推行的新一轮复议改革，因很好地契合了行政复议的自身特点而在实践中显示出了强大的生命力。

1. 信息化

2018年，司法部因应我国国家治理现代化之势推进行政复议信息化进程，发布了《“数字法治　智慧司法”信息化体系建设指导意见》《“数字法治　智慧司法”信息化体系建设实施方案》《司法部办公厅关于推广应用全国行政复议工作平台的通知》等系列文件，对行政复议的信息化发展做出了顶层设计。据此要求，行政复议与应诉局会同信息中心共同研发了全国

① 参见中国法学会行政法学研究会、中国政法大学法治政府研究院《行政复议法实施二十周年研究报告》，中国法制出版社，2019，第106页。

② 市政府如需行使否定权，应通过重新召集案审会或负责人集体讨论决策的形式行使。

③ 参见中国法学会行政法学研究会、中国政法大学法治政府研究院《行政复议法实施二十周年研究报告》，中国法制出版社，2019，第142～143页。

行政复议工作平台，该平台主要包括六大模块，即案件办理模块、智能预警提醒模块、数据统计模块、数据分析研判模块、典型案例管理模块、行政复议机构人员管理模块，该设计有利于加强复议监督和系统管理，提升行政复议办案质效，目前已在全国推广应用。

此外，国务院各部门和地方政府也在积极推进复议信息化建设。海关总署结合“智慧海关”建设，将“行政复议案件管理系统”“海关行政诉讼案件系统”进一步整合升级为“海关复议诉讼案件管理系统”，实现海关复议和诉讼案件数据的“互联互通”。地方层面，广东省通过借力公共法律服务平台、开通行政复议微信公众号等方式，从便民角度不断推进行政复议信息化工作，广州市推行网上立案申请，广州、珠海、中山等市开发了复议文书电子送达系统。吉林省长春市采取了“互联网+行政复议”的模式受理行政复议案件，利用政府“一门式、一张网”平台受理行政复议案件，使复议窗口前移。① 浙江省义乌市还运用互联网实现了网上听证、调解审理办案。行政复议的信息化改革进一步提升了行政复议的便捷度和智能化。

2. 规范化

行政复议制度的良好运行，离不开行政复议规范化建设。我国行政法律、法规对行政复议规范化的规定较为模糊，实践中行政复议工作规范性不足，不利于行政复议机关开展工作，易对相对人的合法权益产生损害，进而有伤行政机关的权威。规范化建设是规范行政复议工作、提高行政复议质效，进而提升行政复议公信力和权威性的应然之举和必然之需，行政复议的规范化，要求建立一套科学标准的行政复议工作体系，包括办案流程、队伍建设、保障措施、指导监督等的规范化。

《行政复议法》实施后，中央多部门陆续出台了一系列有关行政复议规范化的文件和政策，以通过规范化保障和落实行政复议法治化。作为全国行

① 参见中国法学会行政法学研究会、中国政法大学法治政府研究院《行政复议法实施二十周年研究报告》，中国法制出版社，2019，第114页。

政复议主管机关，国务院原法制办较早地发布了《关于进一步加强行政复议工作规范化建设的实施意见》《行政复议法律文书示范文本》等文件，统筹行政复议的规范化建设。地方政府亦积极探索，出台行政复议案件办理规程、管辖暂行办法、案卷管理规定等落实性文件，完善行政复议规范体系。实践中，山东省淄博市颇具典型性。淄博市行政复议标准体系共设置“行政复议基础保障标准体系、行政复议立案标准体系、行政复议审理标准体系、行政复议决定标准体系、行政应诉标准体系”五大支柱体系，下设20个子体系，共计222个标准项，[①] 全面提升了行政复议的规范化程度。此外，各地政府也都强化了行政复议人员队伍培训工作，加大行政复议的保障措施投入力度，包括经费支持、场所支持、设备支持等，为行政复议工作顺利开展提供充分的人力物力支持。

3. 职业化

相对于规范化，职业化更多的是针对相关领域的工作人员，强调其应当具备相关的职业资格、技能和素养等以与其岗位要求相匹配。行政复议的法律性、专业性较强，对行政复议相关工作人员的能力素养要求较高，然而长久以来，行政复议存在着“案多人少”、办案人员专业化能力不足、分工不科学、复议队伍不稳定等难题，亟待解决。为此，《法治政府建设实施纲要（2015—2020年）》提出“切实提高行政复议人员素质”的基本要求，“三化”改革也将打造职业化的复议队伍作为重要一环。

《行政复议法》于2017年进行了修订，其中第3条增加了“行政机关中初次从事行政复议的人员，应当通过国家统一法律职业资格考试取得法律职业资格”的规定，回应了行政复议职业化改革相关要求。近年来，各地也在不同程度上扩大复议人员队伍，提升复议人员职业化水平。广东省行政复议专职人员从1999年，到2018年增加近10倍。浙江省截至2018年行政复议局有在岗人员400余人。北京市自2006年起就正式实施了《行政复议

① 《淄博首创行政复议标准体系 222个标准项实现应诉全面规范》，http：//www.legaldaily.com.cn/index/content/2017-06/18/content_7209303.htm？node=20908，最后访问时间：2020年2月11日。

人员资格管理办法（试行）》，截至 2018 年底，北京市具有行政复议资格的人员达 788 人。[①] 随着行政复议体制机制改革的不断推进，各地区行政复议队伍也将不断扩大、日渐稳定，职业化水平也将渐次提升。

二　行政复议的大数据分析

（一）行政复议案件数量分析

行政复议案件的申请量、受理量和审结量是体现行政复议化解行政争议功能发挥情况最直观的指标。随着行政复议公众知晓度的不断提升，以及制度优势的不断显现，行政复议案件数量在整体上呈现出不断上涨的趋势（见图 1）。

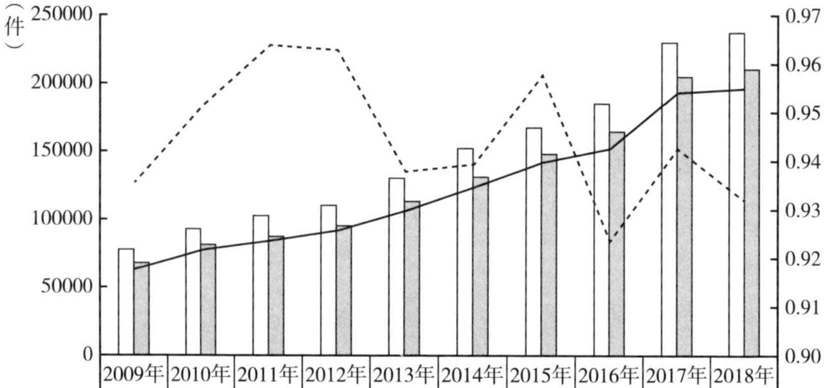

	2009年	2010年	2011年	2012年	2013年	2014年	2015年	2016年	2017年	2018年
申请量	77877	93055	102815	110543	130537	152714	167744	185864	230705	237928
受理量	68062	81571	87540	95511	113542	131848	148396	164909	205533	211058
审结量	63688	77606	84387	91974	106491	123859	142139	152310	193740	196716
审结率	0.936	0.951	0.964	0.963	0.938	0.939	0.958	0.924	0.943	0.932

图 1　2009 ~ 2018 年行政复议案件数量情况

① 参见中国法学会行政法学研究会、中国政法大学法治政府研究院《行政复议法实施二十周年研究报告》，中国法制出版社，2019，第 88 页。

如图 1 所示，2009 年至 2018 年，行政复议申请量、受理量和审结量增长趋势非常明显。审结率近十年稍有波动，但均在 92% 以上，显示行政复议制度运行向好。

从申请量和受理量①上来看，2009 年《行政复议法》历经第一次修改后，行政复议申请量呈现出逐年大幅上升趋势。2018 年申请量达到了 237928 件，约为 2009 年的 3.1 倍。行政复议案件申请量的变化情况是集中反映行政复议制度社会公信力与权威性大小的晴雨表，行政复议申请量不断增多，显示出行政复议制度社会公信力不断增强，复议制度良性发展。究其原因，一方面是由于我国正处于社会转型期，行政争议多发，争议数量和种类也在不断增大和丰富，总体量变大；另一方面，随着《行政复议法》出台以及配套制度的不断完善和行政复议体制机制改革的不断推进，行政复议成本低、效率高的制度优势愈加凸显，为民众所知和认可，公民选择行政复议途径进行个人维权的意愿增强。

从审结量和审结率方面来看，2009 年以来，案件审结量不断增加，由 2009 年的 63688 件增加至 2018 年的 196716 件，其变化趋势与案件申请量呈正相关关系，近十年的审结率总体维持在 92% 以上。案件申请量与审结量的同时攀升以及审结率的稳定态势也从侧面反映出，面对行政复议案件数量不断增多且案件审理难度不断加大的情况，行政复议机关能够不断适应办案需求，专业素质不断提升，化解行政争议的能力不断增强。审结率方面，2012 年、2013 年审结率明显下降，这可能是受 2011 年国务院法制办发布的《关于进一步加强行政复议工作规范化建设的实施意见》影响，其强调复议案件受理程序要规范化，全国各地也据此积极开展行政复议工作规范化建设，因而在制度建设过渡期出现短暂的审结率下降情况。但从长远看，由此带来的行政复议各环节便捷性、规范性提高，制度优化更利于行政复议的良性发展。

---

① 2009 年至 2018 年的申请量和受理量囊括了来源于 31 个省区市（不含香港特别行政区、澳门特别行政区和台湾地区）和国务院部门的行政复议案件。

（二）行政复议案件涉及领域情况分析

行政复议案件涉及的领域是行政争议的集中点所在，本部分主要分析2009年至2018年行政复议涉及的领域。

行政复议案件类型可以体现社会发展热点难点，案件涉及领域很大程度上反映了社会发展变迁情况以及行政权在社会治理中的动态作用情况。从表1可以看出，2009年行政复议主要涉及公安、劳动社会保障、土地、房屋征补、林业、交通运输、工商等领域，时至2018年，公安、土地、房屋征补、食品药品、劳动社会保障、城乡规划、工商成为行政复议所涉最多的案件类型。变化较为明显的是林业、交通运输类行政复议案件逐渐减少，城乡规划、食品药品类行政复议案件不断增多，林业和交通运输都带有浓厚的社会基础建设色彩，而城乡规划和食品药品更多地与市场经济相关，这一变化趋势体现了随着社会主义市场经济活力不断释放，行政复议案件重点逐渐从传统上的重点民生领域向市场监管领域过渡，这也启示行政机关要与时俱进，有针对性地在矛盾集中领域提升治理能力和水平。

表1　2009～2018年行政复议案件涉及的领域情况统计

2009年	领域排名	公安	劳动社会保障	土地	房屋征补	林业	交通运输	工商	其他	总计
	受理(件)	20678	11508	8080	3309	2547	2231	2092	17617	68062
	占比(%)	30.38	16.91	11.87	4.86	3.74	3.28	3.07	25.88	100
2010年	领域排名	公安	土地	劳动社会保障	房屋征补(拆迁)	城乡规划	林业	工商	其他	总计
	受理(件)	25579	13136	12226	6263	3660	3610	2396	14701	81571
	占比(%)	31.36	16.10	14.99	7.68	4.49	4.43	2.94	18.02	100
2011年	领域排名	公安	土地	劳动社会保障	房屋征补	城乡规划	工商	林业	其他	总计
	受理(件)	25727	15628	10714	8153	4049	3745	3651	15873	87540
	占比(%)	29.39	17.85	12.24	9.31	4.63	4.28	4.17	18.13	100

续表

2012年	领域排名	公安	土地	劳动社会保障	房屋征补	城乡规划	工商	林业	其他	总计
	受理(件)	28978	14376	10951	9272	4018	3945	3872	19925	95337
	占比(%)	30.40	15.08	11.49	9.73	4.21	4.14	4.06	20.90	100
2013年	领域排名	公安	土地	房屋征补	劳动社会保障	工商	林业	城乡规划	其他	总计
	受理(件)	29758	18696	12352	10082	6167	4601	3990	27436	113082
	占比(%)	26.32	16.53	10.92	8.92	5.45	4.07	3.53	24.26	100
2014年	领域排名	公安	土地	房屋征补	劳动社会保障	工商	城乡规划	林业	其他	总计
	受理(件)	39738	20622	12032	11042	7034	6157	4548	30471	131644
	占比(%)	30.19	15.66	9.14	8.39	5.34	4.68	3.45	23.15	100
2015年	领域排名	公安	土地	房屋征补	劳动社会保障	工商	城乡规划	食品药品	其他	总计
	受理(件)	49505	19341	13362	11060	5624	5482	5048	38274	147696
	占比(%)	33.52	13.10	9.05	7.49	3.81	3.71	3.42	25.91	100
2016年	领域排名	公安	土地	房屋征补	劳动社会保障	工商	食品药品	城乡规划	其他	总计
	受理(件)	60982	19533	11519	10440	9962	8801	6240	36713	164190
	占比(%)	37.14	11.90	7.02	6.36	6.07	5.36	3.80	22.36	100
2017年	领域排名	公安	土地	食品药品	房屋征补	工商	劳动社会保障	城乡规划	其他	总计
	受理(件)	83221	20373	14006	13978	13254	9960	7836	42905	205533
	占比(%)	40.49	9.91	6.81	6.80	6.45	4.85	3.81	20.87	100
2018年	领域排名	公安	土地	房屋征补	食品药品	劳动社会保障	城乡规划	工商	其他*	总计
	受理(件)	85644	21634	17335	13936	12547	8620	7931	43411	211058
	占比(%)	40.58	10.25	8.21	6.60	5.94	4.08	3.76	20.57	100
2009年至今	领域排名	公安	土地	劳动社会保障	房屋征补	工商	城乡规划	食品药品	其他	总计
	受理(件)	449810	171419	110530	107575	62150	51692	44968	307569	1305713
	占比(%)	34.45	13.13	8.47	8.24	4.76	3.96	3.44	23.56	100

注：*基本包括交通运输、税务、民政等行政管理各个领域。

（三）行政复议案件审结情况分析

《行政复议法》第 28 条确定了 5 类复议决定，即维持决定、责令履行决定、撤销决定、变更决定和确认违法决定。从审理结果看，自 2009 年以来，总体上作出维持决定案件占审结案件的 55.82%；作出直接纠错决定案件占审结案件的 11.29%（其中责令履行占 1.72%，确认违法占 1.90%，撤销占 7.29%，变更占 0.38%）；调解和解率为 4.65%。具体情况如表 2。

表 2　2009～2018 年不同类型行政复议决定比率情况

单位：%

年份	维持	责令履行	确认违法	撤销	变更	调解和解	其他终止	其他*
2009	62.22	0.80	0.88	6.81	0.64	3.60	19.91	1.48
2010	58.78	0.82	0.59	6.44	0.49	4.31	20.21	3.52
2011	59.18	1.09	1.06	5.82	0.54	3.51	19.00	3.76
2012	57.66	1.39	1.22	5.76	0.38	4.08	20.07	3.95
2013	55.84	1.50	1.46	5.13	0.20	3.62	19.10	5.53
2014	59.73	2.14	2.22	5.22	0.45	2.64	16.80	3.21
2015	54.59	2.69	2.35	7.95	0.33	2.07	18.78	2.12
2016	48.48	2.58	3.29	10.58	0.30	3.84	17.99	1.08
2017	50.89	2.20	2.85	9.29	0.24	8.80	12.09	1.27
2018	50.80	1.96	3.03	9.91	0.21	10.05	10.65	1.33
平均	55.82	1.72	1.90	7.29	0.38	4.65	17.46	2.73

注：* 不含驳回率。

1. 复议维持率变化情况

如图 2 所示，行政复议维持率除 2016 年为 48.48% 外，其他年份均在 50% 以上。即便是在 2015 年行政诉讼法确立“复议维持当共同被告”制度，以解决“维持会”现象、加强监督的背景下，维持率依旧“居高不下”。单纯从数字来看，该制度的确立在短期内确实起到了一定的作用，这可以从 2015 年和 2016 年两年的复议维持率的对比中看出。但是，复议维持率的影响因素是多方面的，实际上，近年来我国行政复议体制机制改革不断深入，行政复议独立性、公正

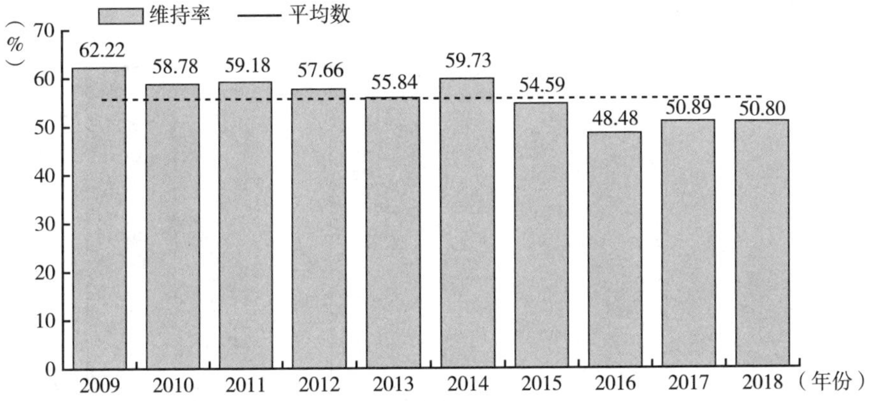

图 2　全国行政复议决定维持率变化趋势（2009～2018）

性的提升一定程度上可以降低维持率，我们不能片面地看待维持率短暂降低这一现象。同时，我们也应认识到维持率的短暂降低可能只是这一新改革带来的制度“应激反应”，应予理性对待，从更长远的时间内观察、检验行政复议维持当共同被告的制度效果，防止落入“假改善”的误区。

另外一方面，从图 3 中我们也可以发现，近三年的复议后再起诉被告败诉率在 10% 左右，行政复议维持综合正确率①平均约为 94%，反映出法院对行政复议决定有较高程度的认同，所谓“维持会”的问题难符其实，这从根基上冲击了“复议维持当共同被告”的制度设计基础，需要我们进一步反思该制度存在的正当性、必要性与合理性。

2. 复议直接纠错率变化情况

相较于其他行政争议解决机制，行政复议的优势体现为复议机关作为被申请机关的领导机关，对其具有较广而深的监督纠错权。2009 年至 2018 年，行政复议决定直接纠错率整体呈上升态势，其中 2016 年达到峰值，为

① 本报告认为复议维持决定作出后，申请人不再提起诉讼的，应视为复议维持正确。因此，判断复议维持决定的作出情况，不能仅考虑一审法院所支持部分的复议维持案件数量，还应当将复议维持决定作出后，申请人不再提起诉讼的案件一并进行综合考量，故提出复议维持综合正确率概念。复议维持综合正确率 =（复议维持案件数 - 被告败诉案件数）/复议维持案件数 ×100%，复议维持综合正确率是在假定人民法院一审作出的都是正确判决的情况下，对复议机关作出的所有维持决定正确程度的一种综合考量。

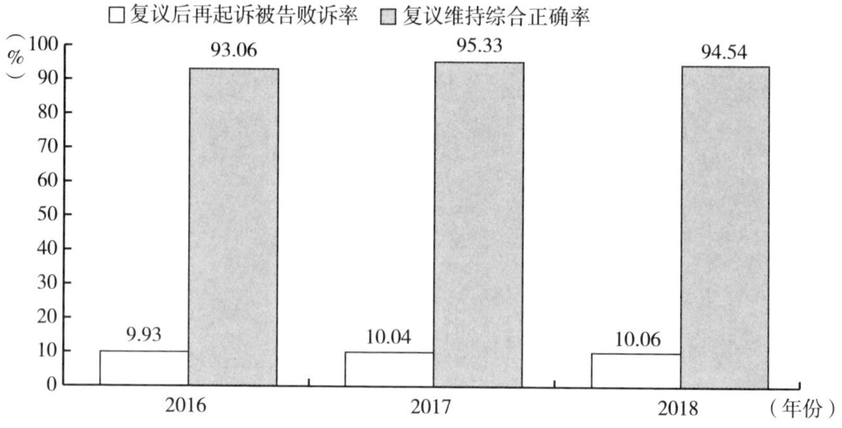

图3　全国复议后再起诉被告败诉率、复议维持综合正确率（2016～2018）

16.75%（见图4），其后虽略有下降，但是我们也不能单纯认为复议制度的纠错功能减弱。进行纠错源于复议机关对被复议具体行政行为“认定事实清楚，证据确凿，适用依据正确，程序合法，内容适当”的不认可，其前提是原被复议行政行为本身合法性、合理性不足，而随着我国依法治国的深入推进，行政执法法治化水平不断提升，整体上原行政行为的自身合法性在提高，这也会在一定程度上影响复议纠错率，我们不能仅从形式上的纠错率数值来评价复议监督功能的发挥。

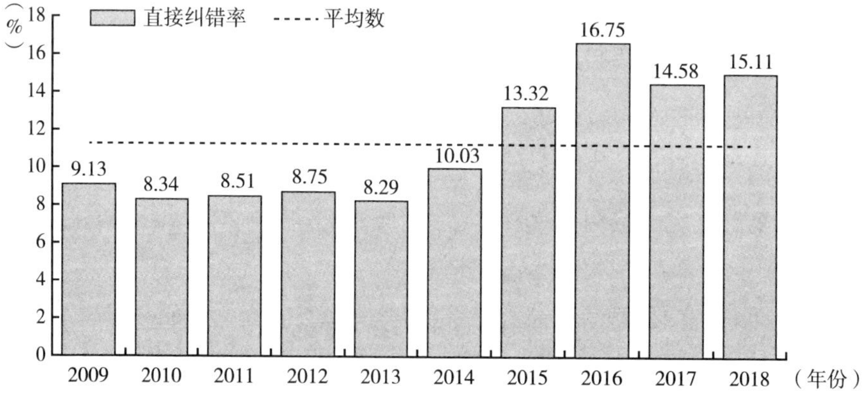

图4　全国行政复议决定直接纠错率* 变化趋势（2009～2018）

说明：* 包括确认违法、撤销、变更、责令履行的情况。

3. 实质化解纠纷情况

以往判断行政复议的运行效果，一般是从监督的角度，以纠错率这一指标来观测，但是随着行政复议实践的深化，大家认识到，评价行政复议工作必须从争议化解和监督两个方面考察，因此调解和解率以及定分止争率也成为重要观测点。

（1）全国行政复议决定调解和解率变化情况

行政复议制度中调解和解制度具有独特优势：一是作为一种更柔性的争议解决方式，其缓和了行政机关与相对人之间的矛盾和冲突，双方协商对话，也利于争议实质化解；二是复议机关不只是争议的居中裁决者，其也是原行政行为作出机关的上级机关，拥有领导监督职权，同属行政系统，能够更专业、科学地引导双方达成一致意见。

从图 5 可以发现，在 2009 年至 2015 年，全国行政复议调解和解率整体维持在 2.0% ~4.5%，而自 2015 年起，调解和解率明显上升，由 2.07% 上升至 2018 年的峰值 10.05%。从整体上看，调解和解制度在行政复议案件中的适用率愈来愈高，在一定程度上缓解了实践中案件数量不断攀升、审理难度不断加大与制度供给不足之间的矛盾。行政复议调解和解制度的确立有效回应了我国建立多元行政纠纷解决机制的现实需求，在实践中也显示出了强大的生命力，适用范围不断拓宽，价值逐渐得以彰显。调解和解过程中的沟通交流不仅实现了“定分止争”，也极大地促进了当事人与行政机关之间的互谅互信，提升了行政复议的权威性，实现了争议解决过程中法律效果与社会效果的统一。

（2）定分止争率

“定分止争”“案结事了”是行政争议得以实质化解的集中体现。而在行政复议制度运行过程中，经行政复议后当事人是否仍旧提起行政诉讼是判定行政争议是否得到实质性化解、实现“案结事了”的重要指标，在此将行政复议后当事人不再提起行政诉讼案件的比率界定为定分止争率。

从图 6 可以看出，2009 年至 2014 年行政复议定分止争率基本维持在 76% ~86%。然而，2014 年《行政诉讼法》修改，进一步确立了解决行政争议的立法

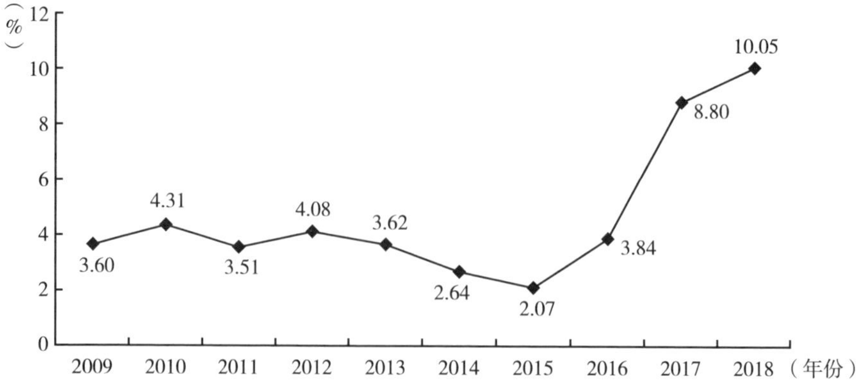

图5　全国行政复议决定调解和解率变化趋势（2009～2018）

目的，确立了“立案登记制”等制度，行政诉讼案件数量在一定时期内迅速上升，行政诉讼的公众信赖度提高，这可能也是2014年之后经行政复议后不提起行政诉讼案件比率呈下降趋势的一个重要原因，与行政复议相比，行政诉讼这一途径于相对人而言，更具吸引力。需要说明的是，行政复议法已经实施20年尚未修订，尽管各地试点工作推进良好，但是行政复议体制本身存在自己审自己的缺陷是客观事实。就2018年来看，近三年的定分止争率大致维持在65%～70%，也提示我们要持续推广复议体制机制改革，加快行政复议法修改以及配套制度的跟进，增强行政复议实质化解争议的能力。

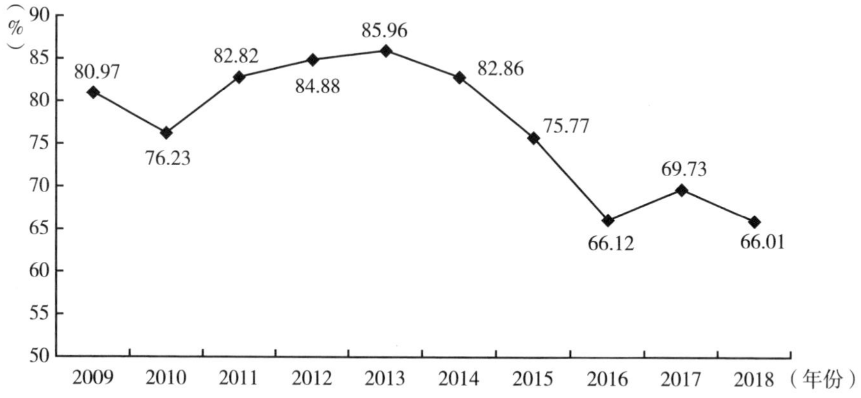

图6　全国经行政复议后不提起行政诉讼案件比率变化趋势（2009～2018）

（四）行政复议案件应诉情况分析

自1994年起我国就建立了行政复议、应诉案件统计制度，[①] 以便更好地掌握全国行政复议和应诉工作的情况。这一制度的建立，有利于上级部门了解下级部门的复议相关工作情况，统筹把握，也有利于复议机关进行自我究查，查漏补缺，有的放矢。通过对行政复议应诉案件相关信息的整理，我们可以较好地从中观测复议工作的重点和难点。

基层行政机关应诉率高，说明其仍是依法行政的难点所在。另外，当前我国“放管服”改革快速推进，成效显现，行政执法重心不断下移，这增加了基层行政诉讼中的被告，包括原行政行为作出的行政机关，以及经过复议的，还可能包括复议机关，2014年《行政诉讼法》修订时，还增加了“复议维持当共同被告”的规定。了解行政应诉中作为被告的行政机关的级别和类型，可以帮助我们更好地观测行政争议的集中点。根据表3，市、县、乡级政府及其部门处理的行政复议案件占总数的81.6%，县级政府及以下处理的案件占比为53.53%，这充分反映出我国行政争议主要在基层。然而，基层政府行政诉讼败诉率较高，[②] 基层政府要结合自身情况持续提升依法行政能力和水平。

表3　2018年行政应诉案件被告情况

被告	乡镇政府	县级政府部门	县级政府	市级政府部门	市级政府	省级政府部门	省级政府	国务院部门	其他*	总计
数量（件）	14949	50533	47652	41451	17877	7129	3443	13541	14779	211354
占比（%）	7.07	23.91	22.55	19.61	8.46	3.37	1.63	6.41	6.99	100

注：*主要包括县级以上地方政府依法设立的派出机关、政府工作部门依法设立的派出机构、法律法规授权的组织等。

---

① 1994年8月3日，国务院法制局发布了《国务院法制局关于建立行政复议、应诉案件统计制度的通知》。

② 2018年为18%。

2018年行政应诉案件中，已审结179826件，其中：判决驳回诉讼请求83913件，占46.66%；判决改变（包括判决撤销、变更、确认违法或无效、履行法定职责或给付义务）26345件，占14.65%（在判决改变中，复议机关单独应诉以及共同应诉的为6894件，占26.17%；复议机关单独应诉的为1440件，占5.47%；共同应诉的为5454件，占20.7%）（见表4）。从以上数据可知，行政复议申请人对复议机关的变更决定满意度相对较高，行政复议机关的内部监督优势和效果明显。但同时，判决改变中复议机关作共同被告的比例以及原行政行为机关单独应诉比例较高，也反映出目前行政复议在化解行政争议方面尚存在一定提升空间。

表4　2018年行政应诉案件审理情况

单位：件

<table>
<tr><th colspan="4">类型</th><th colspan="3">数量</th></tr>
<tr><td rowspan="13">一审判决</td><td colspan="3">驳回诉讼请求</td><td colspan="3">83913</td></tr>
<tr><td rowspan="12">改变</td><td rowspan="3">撤销</td><td>原行政行为机关单独应诉</td><td>9828</td><td rowspan="3">13388</td><td rowspan="12">26345</td></tr>
<tr><td>复议机关单独应诉</td><td>615</td></tr>
<tr><td>共同应诉</td><td>2945</td></tr>
<tr><td rowspan="3">变更</td><td>原行政行为机关单独应诉</td><td>381</td><td rowspan="3">557</td></tr>
<tr><td>复议机关单独应诉</td><td>42</td></tr>
<tr><td>共同应诉</td><td>134</td></tr>
<tr><td rowspan="3">确认违法或无效</td><td>原行政行为机关单独应诉</td><td>6149</td><td rowspan="3">8483</td></tr>
<tr><td>复议机关单独应诉</td><td>565</td></tr>
<tr><td>共同应诉</td><td>1769</td></tr>
<tr><td rowspan="3">履行法定职责或给付义务</td><td>原行政行为机关单独应诉</td><td>3093</td><td rowspan="3">3917</td></tr>
<tr><td>复议机关单独应诉</td><td>218</td></tr>
<tr><td>共同应诉</td><td>606</td></tr>
</table>

三　当前我国行政复议发展的困境解析

（一）主渠道目标未达成，复议制度建设待完善

行政争议解决方式有多种，长久以来行政复议和行政诉讼作为两大渠

道，是化解行政争议的“主力”。《行政诉讼法》自1989年颁行后，在化解行政争议方面作出了重要贡献，诉讼作为保障公民合法权益的主要途径也随着我们法治进程的推进，民众维权意识的增强，得到群众的认可，在行政争议解决领域发挥着重要作用。行政复议作为行政争议解决的另一重要渠道，同样发挥着不可替代的作用，并在应然层面发挥主渠道作用。然而实践中该作用尚未得到充分发挥，这可从行政复议与行政诉讼案件数量上得以窥见。2018年各级法院审结一审行政案件91.3万件，同比上升46.2%，[①] 而2018年各级复议机关受理行政复议案件约21.1万件，审结约19.7万件（其中34%的案件未能实现“案结事了”，又进入行政诉讼程序），由此可见，行政复议若想在实然上成为化解行政争议的主渠道尚有一段距离。

理论上，作为行政系统内部的行政争议解决渠道，行政复议具有审查深入、纠察权力广、方式多样、时效快等行政诉讼无法比拟的优势，理应吸引绝大多数行政争议案件；反过来看，行政诉讼作为化解行政争议的“最后一道防线”，本不应该冲在化解行政争议的第一线。然而，实践中，大多数行政争议还是直接流向了行政诉讼，而非行政复议，这与应然状态不符。行政争议未在复议阶段得到充分分流，原因是多方面的。

一方面，行政复议的公众知晓度较低，认可度不高。行政复议宣传深度和广度不够，公众知晓率不高。很多公众对行政复议缺乏了解甚至没有听说过。诉讼制度产生较早，刑事诉讼、民事诉讼的运行早已让民众对诉讼制度产生了信赖，司法机关比行政机关，对于公众来讲，更加中立公正，行政诉讼有这样天然的基础优势。而行政复议产生较晚，而且“先天不足”，作为行政系统内的监督方式之一，复议机关被认为与被复议机关“一体”，天然有“官官相护”、办案不公的嫌疑，使得相对人“敬而远之”，不愿将行政复议作为解决纠纷的首选途径。另一方面，行政复议本身确实存在一定缺陷。

一是独立性不足，其一直在行政诉讼的“笼罩”之下。如1990年《行

① 2018年最高人民法院工作报告。

政复议条例》出台以与1989年的《行政诉讼法》配套，直至1999年《行政复议法》出台，行政复议制度方有了法律层面的依据。2014年《行政诉讼法》修订，其中涉及对行政复议制度的一些修改，《行政复议法》的修改多次提上日程依旧未得，无法发声，预计即将进行的《行政复议法》修改也会如前向《行政诉讼法》靠拢，保持亦步亦趋的基本态势。然而，行政复议若想发挥主渠道功能，必须更加独立，切忌简单套用行政诉讼的做法，行政复议与行政诉讼制度形成相互协调、互恰互补的关系方有真正成为化解行政争议主渠道的可能。

二是当前的行政复议体制有待完善、复议能力建设不足。行政复议本身备受诟病的点在于其公正性和权威性不足，而当前，行政复议体制机制设置和队伍建设却并不能很好地弥补这些不足。尽管当前的行政复议体制改革已经取得很大成效，但我国的行政复议整体上依旧存在各级复议机关复议能力普遍偏弱，与承担的工作任务不相适应的问题，这突出表现在机构不健全、专职人员不足、复议队伍能力不够、程序繁杂且不够公开透明等方面，这极大地影响了行政复议机关及时受理、依法办理复议案件。尤其在基层，复议资源配置少而矛盾最为集中，有些行政复议机关不能严格依法审查和公正裁决案件，办案效率不高，裁决缺乏充分论证说理，没有赢得公众的信赖，也使行政复议成为化解行政争议主渠道丧失了最大的基础。

（二）行政复议法已经成为行政复议进一步发展的“阻力”

行政复议法作为行政复议领域最高位阶的法律规范，一直指导着行政复议工作。但是，法具有滞后性。我国的行政复议法于1999年制定，仅分别于2009年、2017年就其中的两条做了修改，行政复议制度整体上自1999年以来几乎没有大的变化。而这20年间，我国社会发展日新月异，法治建设发展迅速，行政复议法早已不能适应前述情况。根据党中央和国务院的部署和要求，行政复议法修订工作早在2010年即列入国务院立法计划，此后专家们起草了行政复议法修订草案的初稿，多次召开会议听取各有关方面的意见，后因涉及国务院行政复议体制改革有关问题，相关立法工作暂停。当前行政复议法的相关规定已经明显落后于实践，严重影响了行政复议制度的功能发挥，阻碍了行政复议的进一步发展。行政复议法亟待修改，吸纳改革经验，满足时代需求。

首先，当前行政复议体制改革试点工作如火如荼地开展，却无法律依据，改革良好经验也尚未上升为法律。我国行政复议委员会改革试点工作于2008 年展开，至今已有 10 余年，10 余年来，行政复议委员会改革取得卓越成效，而其依据只是国务院发布的一个通知。① 实践中，我国已经形成了多种行政复议体制，无论是引入外部专家还是集中一级政府的行政复议权等，这些改革举措均与行政复议法的规定不符，甚至是相冲突的。复议体制改革已经到了一个节点，应当及时将有益经验上升为法律，不能让行政复议的前进“于法无据”。

其次，行政诉讼法修改对行政复议产生了一定的冲击。一方面，行政诉讼法已经修改，使得行政复议制度显得“落人之后”，主渠道目标实现困难。一是受案范围，行政诉讼法在修订过程中增加了四项行政行为，从而使得理论上受案范围应当宽于行政诉讼的行政复议的受案范围明显略窄，减弱了行政复议的纠纷化解能力。二是受理条件，行政诉讼采“立案登记”制，使得行政复议的“实质审查”更无竞争力，大量行政争议被拒门外，此外还有管辖体制分散、审理机制不畅等问题。另一方面，行政诉讼法涉及行政复议的修订，也给行政复议工作带来一定困难，这突出体现在行政复议机关作共同被告上。这一制度改变给复议机关带来了更多的工作量和压力，复议机关应接不暇却也“无计可施”。

最后，行政复议立法目的与其定位不符，应当重新审视。《行政复议法》第 1 条确立了三个立法目的，一是防止和纠正违法的或者不当的具体行政行为，二是保护公民、法人和其他组织的合法权益，三是保障和监督行

① 《国务院法制办公室关于在部分省、直辖市开展行政复议委员会试点工作的通知》（国法〔2008〕71 号）。

政机关依法行使职权。从法律表述来看，当前的立法目的主要集中在行政复议的监督和救济功能上，行政复议法并未如行政诉讼法一样，将解决行政争议作为其立法目的之一，与其成为行政争议解决主渠道的目标不相应。其实行政诉讼法中确立“复议维持当共同被告”的一个很重要的目的也是促使复议机关更好地履行解决行政争议的职责，使更多的行政争议能在行政复议阶段得以解决，而不是都涌向法院。[①] 当前学界对行政复议的认识渐趋统一，在强调其监督的功能上，更加突出其化解行政争议的基础功能，行政复议理应成为化解行政争议的主渠道，而这一点尚未在行政复议法中体现。

一部法律的立法目的是体现其宗旨、功能、定位的重要形式，也是在面临各种情况时应当遵从的最高原则、考虑的终极要义。当前的行政复议法立法目的与行政复议的发展目标和当下共识不一，一定程度上对行政复议工作造成了困扰。即便《行政复议法实施条例》增设了“解决行政争议”这一目的，但法律并未明示，此点应厘清；进一步，为防止出现立法目的条款在具体个案中的严重失衡，也应在修法时仔细斟酌“监督行政”“维护权益”“解决行政争议”三者之间的内在关系。[②]

四　行政复议制度的未来展望

（一）行政复议法修改的几点意见

1. 扩大受案范围，放宽受理条件

衡量一种争议解决方式是否为主渠道，受理案件数量和实质化解纠纷率是主要指标。行政复议作为行政系统内部的监督和权利救济的重要方式，理

① 王春业：《论新〈行政诉讼法〉对〈行政复议法〉修改的影响》，载《福建行政学院学报》2016 年第 4 期。

② 参见周佑勇《我国行政复议立法目的条款之检视与重塑》，载《行政法学研究》2019 年第 6 期。

应在受理广度和审查深度方面强于行政诉讼，“准入门槛”低于行政诉讼。而当前，行政诉讼法经修订后，将“具体行政行为”改为“行政行为”，并扩大了受案范围，将行政协议争议，不服土地、房屋等征收、征用及其补偿决定，行政机关滥用行政权力排除或者限制竞争，违法集资、摊派费用等行政行为纳入了受案范围。从法条规定上，我们可以看出行政复议的受案范围是窄于行政诉讼的。不仅如此，修订后的行政诉讼法施行了立案登记制，在立案环节解决了当事人立案难的问题。建议行政复议法修改时，扩大受案范围，当然也要注意避免将复议范围与诉讼范围完全等同，应当尽可能将行政机关与相对人产生法律上利害关系的行为都纳入行政复议范围；[①] 同时建议放宽受理条件，将更多的行政争议纳入复议渠道，充分分流，使行政复议成为名副其实的化解行政争议的主渠道。

2. 重新审视行政复议机关“双被告”制度的去留问题

2015 年行政诉讼法“复议维持当共同被告”制度一经确立，便引起了理论界和实务界的广泛关注。这一制度的设计初衷是为了应对实践中所谓复议机关为了避免作被告而频频作维持决定，导致“维持率”居高不下，沦为“维持会”的现象，督促行政复议机关更实质地去解决行政争议。然而，从近几年的实践运行情况来看，该制度运行后并没有达到设想中的效果，实际上该制度也不可能发挥相应作用。

首先，从该制度确立的前提来看，该制度设置的初衷是为了消灭“维持会”现象，然而通过前文的数据统计我们可以看出，近几年的行政复议维持综合正确率保持在 93% ~95%，司法机关与复议机关在对原行政行为的判断上大体是一致的，故所谓的“维持会”并不符其实，实则“皮之不存，毛将焉附”。另外，化解行政争议的方式本就是多元而各有侧重的，行政诉讼侧重于救济，而行政复议侧重于纠纷化解和监督，我们不可能追求行政复议在高效化解行政争议的同时，还要维持百分之百的正确率，这 6% 左右的缺憾完全可以通过司法途径弥补。

① 王万华：《〈行政复议法〉修改的几个重大问题》，载《行政法学研究》2011 年第 4 期。

其次，“行政复议机关是否作被告”的问题本质上反映的是立法者对行政复议的属性定位。① 行政复议兼具立法性和司法性，是在行政系统内的司法活动，复议机关是行政争议的居中裁决者，而至行政诉讼领域，行政复议机关又可能因自己的“居中裁决”变为“被审判者”，从行政复议中的纠纷解决者变为行政诉讼中与原被申请人捆绑在一起的“共同被告”，这在逻辑上是矛盾的，也会影响复议机关形象，降低行政复议公信力。

最后，当前的行政复议维持当共同被告的制度设计并没有“改善”复议维持率居高不下的状况，反而产生了明显的“副作用”。一方面，实践中复议机关既要做好自己的本职裁决工作，又要耗费巨大复议资源去应诉，造成了复议机关应诉压力的剧增，影响了正常复议工作的开展。另一方面，行政诉讼法司法解释对“复议机关决定维持原行政行为”做了进一步阐释，其包括复议机关驳回复议申请或者复议请求的情形，但以复议申请不符合受理条件为由驳回的除外，复议机关也可能为了避免当被告而频作驳回决定，近几年上升的驳回率也警示我们，该制度可能将复议机关引向“驳回会”的困境。

对于“作不作共同被告”的问题，行政诉讼中规定的双被告制度，是不符合复议制度的性质、特点和规则的，建议在行政复议法修改时改变这一规定。② 此外，在复议决定的类型上，可参照行政诉讼法，将“维持”类型删除，用驳回复议请求代之，以更加突出公正性，同时也可与解决行政争议主渠道的定位、准司法的属性相匹配。对于“作不作被告”的问题，原则上行政复议是行政司法活动，复议机关本不应作被告，但是考虑到复议机关不予受理与法定期限内未作行政复议决定，意味着复议机关并未对原行政机关的行政行为进行实质处理，应当保留这两种情况下当事人的选择权。③

3. 将复议体制改革成果上升为法律，完善审理机制

（1）组建行政复议委员会，集中行政复议权

2008 年行政复议委员会试点工作即在 8 个省、直辖市展开，各地结合

---

① 曹鎏、冯健：《行政复议“双被告”制度的困境与变革》，载《中外法学》2019 年第 5 期。

② 应松年：《对〈行政复议法〉修改的意见》，载《行政法学研究》2019 年第 2 期。

③ 曹鎏、冯健：《行政复议“双被告”制度的困境与变革》，载《中外法学》2019 年第 5 期。

自身情况贯彻国务院要求推行行政复议委员会试点工作，党的十八届三中全会决定、《法治政府建设实施纲要（2015—2020 年）》（以下简称《纲要》）均提出要完善行政复议制度，《纲要》还提出要探索整合地方行政复议职责。当前《行政复议法》所确立的“条块管辖”模式引发了复议职能、资源分散，审理标准、复议质量不一，复议机构杂乱等问题，而目前成型的试点模式能够较好地应对这些问题。当前各试点地区逐步实现了一级政府只设立一个行政复议机关，集中行政复议资源，整合复议队伍，这能够很好地解决复议力量不足的问题，也能进一步化解机构杂乱、标准不一等难题。另外，在复议人员方面，各地探索出行政复议委员会制度，或引入外部专家，借力“外脑”，或集中行政系统内复议专业人员，而无论哪种方式，都有利于提升行政复议的独立性和公正性。

试点地区的行政复议纠错、实质化解争议情况都有了明显的改善，试点实践证明，改革有力地提升了行政复议公正性和权威性。在中央全面依法治国委员会第三次会议已经通过行政复议体制机制改革方案，复议体制改革将全面铺开，行政复议法修改已提上日程的当下，在复议体制机制改革运行 10 年、取得良好成果、经验较为成熟的情况下，应当将已经较为成熟的集中行政复议权、设置行政复议委员会审理行政复议案件等有益的改革经验纳入法律，进一步推广，提升我国行政复议整体水平。

（2）丰富行政复议审理方式

当前行政复议法规定行政复议原则上采取书面审查的办法，特殊情况下也可以听取有关人员的意见。这一制度设计更多的是考虑到了行政复议的效率，却很难保障公平。申请人的诉求没有被充分听取，行政复议也不如行政诉讼能以各种程序来保障公平、公开、透明，在一定程度上导致了公众对行政复议不信任。行政复议的审理方式修改已成为当前理论界和实务界较为关注的一个问题。有一部分人认为行政复议应当走司法化道路，然而这一提议很可能消解行政复议的独特优势，使行政复议丧失生存根基，造成“过犹不及”的后果。还有一部分人主张不走“司法化”道路，但借鉴行政诉讼的一些审理机制，以提升行政复议的公正性和权威性。

行政复议独立性、公开性、公正性不足乃其弊病，修改行政复议的审理方式，以审理方式的转变促进行政复议审理的公开、公正是行政复议发展的必由之路。目前在保留行政复议高效、便捷的优势的同时，按照程序正当的基本要求改造行政复议程序，形成繁简分流的复议审理程序模式已成热潮，听证也成为行政复议最常用的审理方式。此外，行政复议作为化解行政争议的主渠道，为了能够实质性地化解行政争议，多地也加强了行政复议中的调解和解工作，收效良好。在行政复议法的修改中，笔者建议增加、细化听证、调解相关内容。

4. 解决行政复议和行政诉讼衔接问题

我国《行政复议法》在行政复议和行政诉讼的衔接上确立了四种方式，即相对人自由选择、复议前置、复议终局以及复议后再诉讼。一般情况下，相对人可以自由选择向行政复议机关提起行政复议或者直接向人民法院提起行政诉讼，也可在不服行政复议后向法院起诉；特殊情形下，相对人要先经过行政复议程序，不服复议决定方可提起行政诉讼，以及对于省级政府和国务院部门行政行为不服的可以选择复议终裁的方式。

当前有学者提出，我国应当采取行政复议法复议前置原则，① 以充分分流行政争议，契合将行政复议打造成为行政争议主渠道的目标。然而该提议“治标不治本”，在尚未提升行政复议能力的情形下，通过强制性制度使行政相对人先提起行政复议确实“强人所难”；另一方面，行政复议和行政诉讼是两种独立的争议化解方式，应当充分尊重相对人的程序选择权，通过确立复议前置原则来保障行政复议的主渠道目标的实现，实属“本末倒置”。笔者认为，应当保留“自由选择为原则，复议前置为例外”的制度，一方面尊重相对人的程序选择权，另外一方面也可使行政复议和行政诉讼良性竞

① 如耿宝建法官认为现有行政复议制度并未发挥良好的分流作用，且复议处理方式的专业性和合理性并未得到重视，坚持复议前置原则是行政复议作为化解行政争议“主战场”“主渠道”作用的直接体现（耿宝建：《行政复议法修改的几个基本问题》，载《山东法官培训学院学报》2018 年第 5 期）。杨海坤、朱恒顺也认为应当贯彻穷尽行政救济原则，删繁就简普遍建立行政复议前置制度（杨海坤、朱恒顺：《行政复议的理念调整与制度完善——事关我国〈行政复议法〉及相关法律的重要修改》，载《法学评论》2014 年第 4 期）。

争，长远来看，这更利于行政复议的发展。至于有关复议前置的例外规定，可以继续采用明确列举的方式，对于技术性、专业性较强的案件，通过行政复议方式先行审理，发挥行政复议专业性优势。①

（二）行政复议成为化解行政争议主渠道的必由之路

1. 行政复议不应走“司法化”道路

行政复议是行政司法活动，兼具行政性和司法性，这是其特殊性所在。行政复议作为系统内的争议解决方式，“公正性”天然遭到怀疑，这也是当前其主渠道目标尚未达成的关键原因之一。部分学者就此提出，为了提升行政复议的公正性，建议行政复议进一步采纳行政诉讼的证据制度、审理程序等，试图让行政复议“司法化”。然而，司法化并非解决行政复议制度失灵的有效方案，② 确保行政复议更加公正也并不等于行政复议要照搬司法程序规则，行政复议改革不可过度。

行政复议与行政诉讼皆为化解行政争议的重要方式，各有其优势。行政诉讼是司法渠道，是保障公众合法权益，监督政府依法行政的最后一道屏障；行政复议作为行政系统内解决行政争议的重要方式，有着高效、便捷、审查强度较大等优势，如果行政复议走司法化道路，行政复议也将成为“无本之木”，结果必将适得其反。提升行政复议公正性不只有“司法化”这一条道路，行政复议可以借鉴行政诉讼制度中的原告资格、受案范围、举证等制度，然而其更应当结合自身的特殊性，在提升行政复议公正性的同时不失其高效率的优势。行政复议和行政诉讼应当差异化发展，各发挥其所长，才能更好地合力化解行政争议，监督政府依法行政，保障公众合法权益。

2. 持续推行“三化”改革

当前的“三化”改革有针对性地补足了行政复议自身体制机制存在的短板和不足，助力了行政复议优势的发挥，目前也显现出强大的生命力。实

---

① 参见王万华《完善行政复议与行政诉讼的衔接机制》，载《中国司法》2019 年第 10 期。

② 梁凤云：《也谈行政复议“司法化”》，载《国家检察官学院学报》2013 年第 6 期。

践证明，“三化”改革对促进行政争议的化解，提升行政复议公信力和权威性有重要的作用，我们应当继续推行“三化”改革。

加强复议信息化工作。行政复议的信息化一方面可以优化行政复议工作，辅助行政复议决定的作出，便于复议各方对复议活动的监督，提升行政复议的高效运行以及公开公正；另外一方面，信息化平台的建设也有利于保障复议申请人和被申请人的知情权与合法权益，提升公开透明度和群众认可度。我们要进一步利用好国家信息化发展成果，优化复议工作。行政复议信息化下一步工作的重点应该是，进一步推广全国行政复议工作平台，进一步推进行政复议文书、年度报告网上公开，典型案例公开等。

夯实行政复议规范化。行政复议当前面临着机构繁多、队伍参差不齐等难题，容易导致审理标准不一，公正性难以保障，也有损其权威。规范化本身是一个系统性工程，贯穿行政复议工作的全过程，不管是办公场所、办案流程还是审理标准等都要走规范化道路，减少因标准不一带来的个案中的资源损耗和不公。当然，标准化并非单一化，各复议机关仍应结合自身具体情况在规范化的大框架下进行动态调整，使行政复议工作更加科学、渠道更加畅通。

强化复议队伍职业化建设。行政复议工作的开展不只需要制度和技术，复议队伍建设也是重点。当前行政复议机关内存在复议队伍不稳定、复议专业人才不足的问题，行政复议工作有其特殊性，对相关工作人员的专业素养要求较高，需要复议队伍进一步实现“职业化”。职业化体现为专业化和行业化，为此，需要进一步加强对现有行政复议人员的管理和培训工作，提升其专业能力，进一步明确分工，提升办案效率；同时需要进一步加强经费、编制保障，吸引更多专业人才，努力打造业务过硬、作风优良的复议官队伍。

3. 行政复议与行政诉讼互补互恰、和谐共生

行政复议和行政诉讼皆为化解行政争议的渠道，从打造最优化解行政争议法治体系的视角来看，二者应当加强良性互动，优势互补，形成行政复议作为主要过滤器，行政诉讼作为最后一道屏障的“竞争中合作、差异中互

补”的行政争议化解新格局，[①] 这才是行政复议的理性发展之路。

行政复议和行政诉讼虽有很多共同点和联系，行政复议相关制度从产生之初就深受行政诉讼的影响，但二者毕竟是两种不同的制度，二者在功能定位、性质和受理范围以及审理方式等方面都存在着一定的差异，重构两者的关系要注重两者的差异化发展，同时做好行政复议与行政诉讼的互动。行政复议的天然优势决定了其应然状态下的化解行政争议主渠道的地位，而行政诉讼作为保障人民合法权益的最后一道屏障，也要借力行政复议的分流作用，减轻办案压力，专注于公正地定分止争。当前，多地还建立了复议机关与法院之间的联席会议，二者加强沟通，构建化解行政争议共同体方是未来发展方向。

① 章志远：《行政复议与行政诉讼衔接关系新论——基于解决行政争议视角的观察》，载《法律适用》2017 年第 23 期。

·六　北京市法治政府专题·

B.16
北京市行政法治的发展（2019）

王春蕾　芮雪晴*

摘　要： 2019年，北京市行政法治发展取得显著成效。为适应首都城市发展战略定位，北京市相关部门加强重点领域立法，提高立法质量，坚持首善标准，推进法治政府建设，深化行政管理体制改革，深入推进新一轮“放管服”改革，多元化纠纷解决机制进一步完善，加快构建社会治理共享共治新格局。北京市行政法治发展在今后必将面临更多新问题与新形势，需要继续结合首都特色与发展战略，坚持问题导向，深化体制机制改革，提高法治政府建设的质效。

关键词： 北京　行政法治　首都特色　法治政府

2019年是新中国成立70周年，2019年，北京市积极贯彻落实中央关于依法治国的战略部署，结合首都发展实际，不断推进行政法治建设。在加强重点领域立法、深化行政体制机制改革、破解社会治理难题等方面成效显著。从依法治市到依法治国，在法治轨道上推进国家治理体系和治理能力现代化，必须深入推进法治中国首善之区建设。

---

* 王春蕾，法学博士，中国政法大学法治政府研究院师资博士后，主要研究方向为行政法与教育法；芮雪晴，中国政法大学博士研究生。

一　2019年北京市行政法治建设主要成就

（一）紧扣首都城市战略定位，加强重点领域立法，提高立法质量

1. 适应首都城市治理需要，推进重点领域立法

2019 年，北京市进一步推进城市精细化治理、生态环境保护、保障和改善民生、优化营商环境等重点领域的立法。北京市人大适应首都城市治理需要，制定并实施了《北京市非物质文化遗产条例》《北京市街道办事处条例》《北京市促进科技成果转化条例》等地方性法规，修订了《北京市城乡规划条例》《北京市生活垃圾管理条例》《北京市河湖保护管理条例》《北京市水土保持条例》《北京市农业机械化促进条例》《北京市动物防疫条例》《北京市公园条例》《北京市绿化条例》《北京市实施〈中华人民共和国残疾人保障法〉办法》等 13 部地方性法规，起草并审议了《北京市机动车和非道路移动机械排放污染防治条例》等地方性法规，启动了“北京市文明行为促进条例”“北京市地方金融监督管理条例”“北京市户外广告设施设置管理条例”等地方性法规的立法工作，并着手修订《北京市志愿服务促进条例》《北京历史文化名城保护条例》《北京市宗教事务条例》等地方性法规。[①] 北京市政府紧扣首都城市战略定位，立足加强“四个中心”功能建设，不断提高“四个服务”水平，完善行政立法。[②] 制定《北京市实施〈规章制定程序条例〉若干规定》《北京市内部审计规定》《北京市生产经营单位安全生产主体责任规定》3 部政府规章，修改《北京市促进慈善事业若干规定》《北京市科学技术奖励办法》《北京市禁止露天烧烤食品的规定》《北京市工程建设监理管理办法》4 部政府规章，废止《北京市人才招聘管

---

① 参见《北京市人大常委会 2019 年立法工作计划》，北京市人大常委会网站，http：//www.bjrd.gov.cn/zdgz/lfgz/lfjh/201903/t20190304_191664.html，最后访问时间：2020 年 1 月 8 日。

② 参见孙莹《今年市政府计划立法 43 项》，《北京晚报》2019 年 7 月 10 日，第 8 版。

理办法》等9部政府规章。[①]

2. 完善立法体制机制，提高首都立法工作质效

2019年6月28日，北京市委常委会会议审议通过了《中共北京市委关于新时代加强和改进人大工作的意见》，提出完善立法体制机制，提高立法工作质量和效率的要求。[②] 在该意见指导下，北京市逐渐完善党委领导、人大主导、政府依托、各方参与的立法工作格局，明确市人大常委会立法规划计划经市委全面依法治市委员会审议、市委常委会审定后组织实施。法规草案涉及重大利益调整的，在市委全面依法治市委员会统筹协调后，再进入法定审议程序。进一步加强人大在立法中的主导作用，发挥人大在选题立项、组织协调、牵头起草、审议把关、备案审查衔接全过程中的主导作用。[③] “开门立法”得到进一步推进。在立法工作中，注重提高立法工作知晓率与参与度，深入基层开展调研论证，广泛征求各方意见、凝聚共识。[④]

（二）坚持以首善标准建设法治政府，深化行政管理体制改革

1. 推进新一轮“放管服”改革，进一步优化营商环境

为贯彻落实党中央、国务院深化“放管服”改革决策部署，2019年，北京市政府结合发展实际，印发《北京市新一轮深化“放管服”改革　优化营商环境重点任务》，自此北京市“放管服”改革迎来“3.0版本”。“3.0版本”改革提出了12个方面204项改革任务，涉及各领域营商环境改革。新一轮“放管服”改革充分体现了公众导向，广泛听取意见，旨在更好地便利企业和群众办事，提高群众获得感。2019年，北京市“放管服”

① 参见北京市人民政府门户网站“政务公开”栏目，北京市人民政府门户网站，http：//www. beijing. gov. cn/zhengce/zfwj/zfwj2016/szfl/，最后访问时间：2020年4月28日。

② 参见《中共北京市委关于新时代加强和改进人大工作的意见》（2019年6月28日）。

③ 参见北京市人大常委会法制办公室《紧扣首都发展　完善体制机制　不断提高立法工作质量和效率》，中国人大网，http：//www. npc. gov. cn/npc/d25cqgdflfgzzth008/201911/a99f79b42ae94bafa81d27eccbb15401. shtml，最后访问时间：2020年4月28日。

④ 参见《坚持问题导向　开门征求意见　使立法的过程成为凝聚共识推动工作的过程》，《北京日报》2019年8月29日，第1版。

改革成效显著。在减少审批事项、简化流程、缩减材料等方面大刀阔斧地进行改革。市区两级推出600项“最多跑一次”高频政务服务事项，将企业群众办事平均跑动次数压缩到0.3次以下。办事材料缩减率达60%，办理时限大大压缩。895项事项实现网上通办，150项事项可自助办理。[①] 在重点领域加快推进以企业投资项目承诺制为核心的工程建设项目审批流程改革。2019年，北京市全面清理证明事项，实现市区两级政府设定的证明事项全面取消，此外，相关规定中的办理服务事项必备的“其他”兜底条款也全部删除。为加强放管结合，创新监管方式，北京市制定了《北京市关于在市场监管领域全面推行部门联合“双随机、一公开”监管的实施方案》，明确方式方法，建立监管平台，运用大数据等技术提高监管效能。在政务服务方面，充分发挥大数据等信息技术的功能，以提高政务服务的质效。北京市政务服务管理局成立一年以来，信息技术被广泛应用于优化服务中。一网通办、掌上办、自助办等多种便民举措以信息技术为依托，极大地便利了企业与群众办事。

2. 推进市区两级机构改革落实到位，构建科学高效机构职能体系

2019年，北京市深化行政体制改革，不断优化机构职能配置，构建高效的行政体制机制。市区两级机构改革落实到位，将市、区两级行政机构编制进行精简和下放，转变原先的职能划分模式，以优化功能为目标，调整机构职能配置。[②] 秉持同一事项由同一部门负责的原则，以更加科学合理的方式进行职能划分与调整。通过构建高效的运行体系，促进政府部门更好地履行职能，比如将市司法局、市政府法制办整合为新的市司法局。区级机构改革亦是如此。为保民生、促发展，北京市在2019年的机构改革中还建了一些新机构。比如为落实北京新总体规划，组建了市规划自然资源委。组建了市场监督管理局，加强对与百姓生活息息相关的市场的监管。成立了市人才工作局，利用首都作为人才聚集地的优势，加强引才用才。又如市政务服务

① 参见《2019砥砺奋进》，《北京日报》2020年1月13日，第2版。

② 参见任珊《加强党的领导、优化机构职能、二千三百六十六名编制下沉基层　市区两级机构改革落实到位》，《北京日报》2019年7月11日，第1版。

局成立后提升优化了政务服务水平。而各区级政府也积极推进机构改革。各区结合本区情况，展开机构改革与职能优化工作。此外，北京市为促进机构编制管理的规范化，严格落实中央关于机构限额的规定，减少多头管理。

3. 推进落实行政执法“三项制度”，加强行政执法监督工作

2019 年 5 月 6 日，北京市为提升行政执法规范化水平，印发文件确立了行政执法公示制度、执法全过程记录制度和重大执法决定法制审核制度，并已经完成三项制度的部署与准备工作。首先，行政执法三项制度的确立促进了行政执法规范化。行政执法公示制度使得执法过程公开、透明，在受到监督与检视的情况下，执法人员将严格遵守执法规范；执法全过程记录制度则是侧重执法过程的留证；重大执法决定法制审核制度则有助于保证执法行为的合法性。其次，行政执法三项制度还将促进社会矛盾的有效解决，有助于社会矛盾纠纷源头治理模式的实现。行政执法公示能够增强执法结果的公信力与可接受度；执法全过程记录是对行政执法事实与证据的记录，有利于减少因事实不清引起的纠纷；重大执法决定法制审核制度则从根本上降低了行政执法行为的违法率以及因此产生的纠纷数量。同时，注重发挥信息技术在法治政府建设中的作用，比如在行政执法监督中充分利用大数据的方式实现有效监督。北京市自 5 年前建立行政执法信息服务平台后，利用大数据等技术有效提高了行政执法监管效能。通过系统归集执法数据、监测执法过程、构建分析模型等方法客观展示行政执法的运行情况。①

（三）完善纠纷多元化解机制，推进社会矛盾有效化解

1. 行政诉讼发挥应有功能

行政诉讼在促进行政争议实质性化解中全面发挥应有功能。随着公民法治意识的逐渐增强，行政诉讼一审受案数量呈逐年增长趋势。2019 年，北京市各级人民法院注重发挥行政诉讼的功能，保障行政相对人合法权益，

① 《发挥大数据优势 北京行政执法监督成绩斐然》，北京市司法局官网，http：//sfj. beijing. gov. cn/sfj/sfdt/sfxzyw59/517692/index. html，最后访问时间：2020 年 1 月 10 日。

促进行政机关依法履行职责。一方面，加强对行政行为的合法性审查，监督行政机关依法行政；另一方面，加强引导行政相对人对权利义务的认知，促使行政机关改进行政行为，更好地实现行政纠纷的实质性化解。

2. 行政复议工作质量稳步提升

2019 年，北京市行政复议案件受案量稳步增长。从行政复议受理的案件类型看，基本围绕与群众切身利益联系紧密的领域，如治安与社保等类型的案件。除行政复议申请数量提升外，行政复议的工作质量也得到稳步提升。自 2012 年提出加强本市行政复议规范化建设以来，北京市行政复议工作规范化水平显著提升，促使进入行政复议的纠纷得到化解。2019 年正值《行政复议法》实施 20 周年，面临行政复议制度改革的新形势，探索提高行政复议专业化与规范化成为工作重点。北京市提出探索建立“1 + 16”的行政复议工作新体系，用来促进行政争议有效解决，并助推法治政府建设。①

3. 行政调解机制不断完善

行政调解较行政诉讼与行政复议，具有灵活、高效等优势，在化解争议时显现出强大的制度功能。近年来，在北京市不断推进城市治理的过程中，探索如何在源头有效化解纠纷成为多元纠纷解决机制面临的问题，而行政调解则发挥出了不可替代的重要作用。北京市构建基层行政调解组织，畅通行政调解渠道，组建行政调解专家库，以提高行政调解质效和解决疑难案件。② 例如，2019 年，北京市顺义区积极探索行政调解体制机制，构建“1 + 2”模式，建立行政争议化解中心，成立区行政调解委员会和行政调解工作室，逐步实现了全区行政调解全覆盖，近半数行政纠纷在初期被成功调解。③

① 《探索建立“1 + 16”行政复议北京模式》，北京市司法局官网，http：//sfj. beijing. gov. cn/sfj/sfdt/fzxc74/517545/index. html，最后访问时间：2020 年 1 月 10 日。

② 《北京顺义行政调解成功率近半，实现行政调解组织全覆盖》，北京晚报官方网站，https：//www. takefoto. cn/viewnews - 1907335. html，最后访问时间：2020 年 1 月 10 日。

③ 李凤：《顺义行政调解组织全覆盖》，《北京日报》2019 年 10 月 15 日，第 7 版。

（四）推进基层依法治理，构建首都精治共治法治新格局

1. 加强基层社会治理，推进“吹哨报到”“接诉即办”改革

2019 年，北京市紧密结合自身情况，着重破解超大城市所面临的社会治理难题。2019 年初，召开街道工作会议，提出通过权力下放强化基层治理能力。同年 11 月，《北京市街道办事处条例》审议通过，并于 2020 年 1 月 1 日起施行。《北京市街道办事处条例》的出台在一定程度上解决了基层治理的诸多问题。街道办事处的职责得以明确，并且捋清了政府、街道办与居委会的关系，形成了协调互助的新格局。基层街道形成的“街乡吹哨，部门报到”优秀经验被反映在了此次立法中。“吹哨报到”在北京市铺展开后，逐渐为北京市基层治理打开新的局面。北京市基层治理逐渐向精细化与服务型转变，民有所呼、我有所应成为基层治理的导向。2018 年，“吹哨报到”在北京市全面推进，2019 年，在 2018 年的工作基础上，探索建立了“接诉即办”机制。“接诉即办”“未诉先办”等创新做法促进基层治理高效运行，群众诉求快速办理，不仅实现了办事时限的缩短，还坚持问题导向，以切实解决实际问题为目标展开城市基层治理。“吹哨报到”“接诉即办”等一系列基层管理体制的改革创新，促使原先单一主体封闭治理逐渐迈向共享共治的新格局。2019 年，北京市积极改革创新社会治理体制机制，直面基层治理新形势与新问题，坚持问题意识与公众导向，促进了首都城市治理能力的显著提升。

2. 落实普法责任制，构建公共法律服务体系

2019 年，北京市推进落实普法责任制。通过制定普法责任制清单，明确各单位的普法责任，并且在全市范围内探索普法工作新的实践经验，促进“谁执法、谁负责”的责任制被严格遵循。审议通过《北京市“谁执法、谁普法”责任制实施办法》，对各部门普法工作进行部署。普法责任制的落实情况还被作为考核内容纳入综治考核中。通过村委会和居委会的法律顾问制度促进普法工作的有序开展，强化人民的法治意识。重点推进对青少年群体的普法工作，通过法治基地与普法节目促进青少年学法懂法。这一年，北京

市普法活动形式更加丰富，大数据、新媒体、人工智能等新技术被开发用来进行智慧普法。智慧普法具有积极回应公众的用法需求，跟进社会热点难点问题，提升普法的吸引力和趣味性、精准性等功能。[①] 此外，2019 年，北京市建立公共法律服务四大平台，并基本实现了公共法律服务在全市范围的适用。实体、网络、电话、项目四个平台实现融合。北京市公共法律服务网络平台自 2017 年起开始建设，2019 年 9 月，全市范围内的公共法律服务协同调度平台建立，为群众获得法律服务提供了便利。2019 年上半年，通过电话方式提供法律咨询共计 129325 人次，满意度达到 98.05%。公共法律服务项目平台的服务领域涵盖了政府决策、信访接待、村居自治、群众普惠等，提供项目包括律师服务、公证、司法鉴定、法律援助、法治宣传、矛盾调解、特殊人群帮教、商事仲裁等。[②]

二　北京市行政法治建设的未来发展趋势

（一）北京市行政法治发展的特点

1. 体现首都特色，适应首都发展

一是鼓励科技创新与成果转化。北京市为全国科创中心城市，科技创新发展具有重要意义。2015 年《促进科技成果转化法》修订，标志着我国科技体制改革进入新阶段。而本法的修改也为北京市因地制宜地建设本市科技成果转化机制提供了引导。在遵循本法的基础上，北京市立足自身需求，破除改革难题，探索创新适合首都特色的科技成果转化体制机制。

2019 年，北京市出台《北京市促进科技成果转化条例》，明确了政府与市场的关系以及相关民事权利与行政事权的区别，对科技成果转化过程中的

① 《北京“谁执法谁普法”普法责任制　清单即将发布》，北京市司法局官网，http://sfj.beijing.gov.cn/sfj/sfdt/sfxzyw59/462626/index.html，最后访问时间：2020 年 1 月 10 日。

② 《北京实现公共法律服务体系全覆盖》，北京市司法局官网，http://sfj.beijing.gov.cn/sfj/sfdt/ywdt82/flfw93/472817/index.html，最后访问时间：2020 年 1 月 10 日。

法律适用也进行了明确规定，有利于消除不同创新主体间的阻碍，保证彼此间平等享有权利和获得利益。该条例结合北京市在科技创新发展中的需求，着力解决科技成果转化体制机制的问题，是一项先行先试的创新举措。科技领域作为重点领域应当加强立法，通过立法加强科技法治。《北京市促进科技成果转化条例》的出台不仅将破除实践难题，还将释放科创市场活力，促进科技创新发展。

二是首都治理体系和治理能力现代化。十九届四中全会强调要扎实推进国家治理体系和治理能力现代化。北京市应当深入贯彻会议精神，努力推进首都治理体系和治理能力现代化。2019 年，北京市积极探索适合首都战略发展定位的治理方式，破解超大城市治理难题。为发挥首都特色优势，不断优化制度设计，进行体制机制改革。重视完善首都“四个中心”的功能优势，围绕如何提高“四个服务”质量做出努力。这一年，首都北京在促进经济高效发展、城市精细化治理等方面取得显著成效。北京市制定了新城市总体规划，并积极部署落实新规划，并且在城市治理中坚持“七有”“五性”，惠及百姓，提高群众幸福感。2019 年，北京市持续深化改革，全面贯彻落实中央关于深化改革的部署，并结合首都特色，积极探索改革创新，在城市治理过程中形成了很多宝贵的“北京经验”。“街乡吹哨，部门报到”改革不断推进且收效明显，“接诉即办”制度对于解决基层治理问题产生积极成效。探索建立具有首都特点的超大城市基层治理新格局。

2. 坚持公众导向

党的十九大报告提出，要转变政府职能，建设人民满意的服务型政府。建设人民满意的政府就要坚持公众导向，支持公众诉求。2019 年，北京市在行政法治过程中，注重回应公众需求，引导群众等多元主体参与到城市治理中来，提出要建立共建共享共治的城市治理新格局。这一新格局强调多元主体共同参与，将城市治理由原先自上而下的治理模式转变为多元主体共同建设、共同治理的新模式，以利于培养群众的主人翁意识，激发共享共治参与主体的积极性。

北京市政府积极改进行政管理思路，不断强化服务意识，摒弃以便于管理为目标的导向，转而以听民声、顺民意为宗旨改进行政方式，优化行政服务，并且通过体制机制革新，培育群众主动参与城市建设的理念，促进群众为城市治理建言献策，及时反馈自身需求，建立起政府与公众的良性互动机制。例如，2019 年《北京市生活垃圾管理条例》的修订过程中，坚持开门立法，充分体现了公众导向。在修订过程中，近 1.5 万人大代表深入基层开展调研，获取各方主体的意见。目前已在全市范围内建立起城市社区议事厅，有效解决了基层治理的诸多难题。面向公众的共享共治格局有利于提高城市精细化治理水平，让人民群众在共治中产生获得感，在共享中产生幸福感。坚持公众导向使得群众真正成为决策的参与者，也使得政府在决策过程中更加了解民意和民情，切实解决实践中的问题。

3. 注重区域法治协同发展

京津冀协同发展有助于疏解北京非首都功能。京津冀协同发展不仅是经济领域的协同，也需要通过建立法治协同机制，为京津冀区域协同提供有力的法治保障。京津冀协同发展是国家的一大重要战略部署。因此，北京市在促进经济、科技等领域协同过程中，也重视发挥法治的基础性保障作用，旨在通过法治协同助推全面协同。2018 年京津冀签署《京津冀协同推进商务法治建设若干意见》，建立商务法治协同工作机制。该意见有助于完善京津冀三地商务领域的协同法治建设，为规范商务领域公平有序发展提供法治保障。2019 年，北京市进一步深化区域协同，加强协同立法，拟在 2020 年在京津冀共同启动“机动车和非道路移动机械排放污染防治条例”的立法程序。此外，北京市还积极探索建立京津冀区域环境保护协同的法治保障措施。

（二）北京市行政法治建设的问题及建议

一是城市精治共治法治水平有待进一步提升。精治共治法治是指城市的精细化治理、多元主体共同参与治理以及依法治理。2019 年，北京市在促进城市精细化治理方面成效显著，在城市治理过程中更加注重公众导向。北京市依法行政与依法治理的能力不断提升，法治政府建设取得显著成效。但精准治理任重道远，面对城市治理中出现的复杂形势，精准决策的能力有待进一步提升。面对基层治理的难点痛点，仍需要通过体制机制革新，调动各方主体积极性，培育和提高公众参与城市治理的观念与能力，以助力破解治理难题。北京市需进一步加强法治政府建设，提高依法行政能力。例如，落实《北京市街道办事处条例》中的规定，依照该条例规定开展基层社会治理工作；制定和实施物业管理条例，完善社区依法治理制度体系。未来北京市应当立足于超大城市功能定位与首都发展战略，以首善标准推进北京市精治共治法治，打造与首都发展战略相适应的城市治理体系。聚焦于健全精治共治法治的城市管理体制机制，推进首都治理体系和治理能力现代化。北京市基层治理面临的体制机制问题有待进一步破解，“吹哨报到”“接诉即办”“未诉先办”等改革举措有待进一步完善。

二是行政执法能力与执法效能有待进一步提升。2019 年，北京市为进一步规范行政执法工作、提高行政执法效能，出台了行政执法三项制度，将于 2020 年全面推行。为促进三项制度平稳落地，行政执法部门应当严格遵循制度规定，并做好配套实施工作，根据实际情况进一步细化和调整。进一步切实提高行政执法效能，促进执法部门严格规范公正文明执法。提升行政执法效能的关键在于改进行政执法人员的执法理念。应当引导行政执法工作人员树立执法为民、以人为本的观念。在执法过程中，善于运用多种行政执法方式解决问题，改进执法方式和执法态度，改善执法效果。加强对行政执法工作人员的培训，提高执法能力与执法素质，确保行政执法符合法定程序、遵循比例原则等，促进严格执法、公正执法和文明执法。此外，还应加强信息技术在行政执法领域的应用，完善行政执法信息平台的建设与统筹，汇总并利用行政执法部门执法数据，加强对行政执法工作的动态把握与有效监督，进一步推进行政执法体制改革，提升基层行政执法效能。

三是法治意识与法治思维有待进一步加强。依法治国与法治政府建设，不仅是制度文明的进步，更体现着“运用法治思维与法治方式深化改革、推动发展、化解矛盾、维护稳定、应对风险”的治理智慧。但是目前仍有部分行政机关存在法治意识不强、法治观念有待提升、法治思维欠缺、依法行政能力有待加强等问题，一些领导干部往往仅注重学习贯彻政策文件和上级部署，运用法律手段推动工作、解决难题的意识不强，局限于用“老办法”开展工作，很多时候想不到在法律法规方面还有明确的规定要求。[①] 为解决这一问题，需要进一步加强对行政机关及其工作人员的教育与培训，培养行政机关及其工作人员的法治意识，提高其运用法治方式解决问题的能力。行政机关在行使行政职权、履行行政职责的过程中，应当强化法治意识，遵循法治原则，将法治思维贯穿于推进改革、促进发展、解决争议的各个环节。

① 杨学博：《思想纵横：善用法治思维开展工作》，《人民日报》2019 年 7 月 18 日，第 9 版。

B.17
北京市规划行政法治建设回顾与展望

王青斌　张莹莹*

摘　要： 近年来，北京市十分重视规划领域的行政法治建设工作，并取得了十分显著的成就，包括修改《北京市城乡规划条例》，为规划行政法治建设提供法律支撑；积极转变政府职能，优化北京市的营商环境；推行权力清单制度，深入推进简政放权；加大信息公开力度，主动接受人民监督；创新工作方法，不断提高行政复议诉讼工作水平等。但与此同时，北京市的规划行政法治建设依然面临以下问题：一是违法建设拆除工作任重道远；二是简政放权仍有较大进步空间；三是依法行政水平有待进一步提高。因此，有必要从以下几个方面入手，着力清除规划行政法治建设道路上的种种障碍，推动北京市规划行政良性发展：坚决遏制违法建设，兼顾合法性与效率性；全面提高依法行政水平，推进法治规划建设；深入推进简政放权，打造服务型政府。

关键词： 规划行政　简政放权　依法行政　服务型政府

近年来，北京市高度重视规划工作，坚持全面依法行政，先后发布了《北京城市总体规划（2016 年—2035 年）》《关于全面深化改革提升城市规

---

* 王青斌，法学博士，中国政法大学法治政府研究院教授，博士生导师，主要研究方向为行政法学；张莹莹，中国政法大学博士研究生。

划建设管理水平的意见》《北京市土地资源整理暂行办法》《“互联网 + 不动产登记”改革实施方案》《北京市不动产登记工作规范（试行）》《关于进一步优化营商环境缩短不动产登记办理时限的通知》等一系列文件，并完成了《北京市城乡规划条例》的修改工作，为具体规划工作的开展指明了方向。与此同时，北京市在大力推进规划行政法治建设的过程中也暴露出一些问题和不足，亟须厘清与解决，以贯彻北京市委市政府对北京市发展的新要求，推动法治政府建设水平不断向前。

一 北京市规划行政法治建设取得的成就

1. 修改《北京市城乡规划条例》，为规划行政法治建设提供法律支撑

为解决北京市城乡规划管理中存在的问题，按照北京市人大常委会2018年立法工作计划，北京市规划和自然资源委员会牵头组织开展了《北京市城乡规划条例》（以下简称《条例》）的修订工作，北京市第十五届人民代表大会常务委员会第十二次会议于2019年3月29日修订通过，并自2019年4月28日起施行。修订后的《条例》在为新版城市总规的实施提供制度性保障与固化优化营商环境改革成果的同时，更为疏整促和查处违法建设提供了法规支撑，并完善了政府行政执法的监督制约机制，为北京市的规划行政法治建设提供了坚实的法律保障。

第一，在违法建设查处方面，《条例》一方面规定违法建设查处职责下沉街乡，另一方面规定通过丰富执法手段与建立执法联动机制及时遏制违法建设，从而为疏整促和违法建设查处工作提供了法治保障。一是考虑到法规的稳定性，同时为下一步综合执法体制改革预留空间，明确街道办事处查处违法建设，可以依照国家和本市有关规定开展综合执法工作，按照有关法律规定相对集中行使行政处罚权。二是为进一步加大对违法建设的查处力度，形成查处合力，对基层政府与基层自治组织的职权进行划分，明确乡镇人民政府和街道办事处既有权巡查、制止，也有权依法予以处理；居委会等基层自治组织则仅能劝阻和报告。三是丰富执法手段，既明确部分违法建设可以

适用代履行，又完善了强制决定的作出程序，包括书面责令停止违建、查处、扣押、强制拆除、回填等。四是建立执法联动机制，规定对违法建设不予办理相关证照、对违法建设不得提供市政公用服务、对违法建设当事人实施信用惩戒、探索对违法建设适用公益诉讼等，形成对违法建设的联合打击。

第二，在执法监督方面，《条例》注重扎紧制度的笼子，明确在规划实施和查处违法建设过程中加强对执法行为的规范，公开透明执法，完善对政府行政执法的监督制约机制。一是规定执法机关实施监督检查和查处违法建设，应当实行行政执法公示制度、执法全过程记录制度、重大执法决定法制审核制度。在行政执法公示制度层面，首先，执法机关应当通过政府网站及政务新媒体、办事大厅公示栏、服务窗口等平台向社会公开行政执法基本信息和结果信息；其次，实施监督检查时，应当主动出示执法证件，向当事人和相关人员表明身份。此外，执法机关查处违法建设，应当在执法决定作出之日起 20 个工作日内向社会公布执法机关、执法对象、执法类别、执法结论等信息，接受公众监督。在执法全过程记录制度层面，执法机关应当对行政执法的启动、调查取证、审核决定、送达执行等全部过程进行记录；对实施查封或者强制拆除的全程进行音像记录；完善执法案卷管理制度，按照有关法律法规和档案管理规定归档保存执法全过程记录资料。二是鼓励社会公众对违法建设行为进行举报。一方面，执法机关应当公布举报电话和其他举报方式，对单位和个人举报的违法建设行为，应当及时、完整记录并妥善保存。另一方面，举报事项属于本部门职责范围的，应当及时受理，并依照法律、法规以及国家和本市相关规定进行核实、处理，将处理结果告知举报人。不属于本部门职责范围的，应当将有关案件线索转交负有查处职责的部门，并告知举报人。此外，为了保障举报人的合法权益，执法机关及其工作人员应当为举报人保密。

2. 积极转变政府职能，优化北京市的营商环境

根据党中央、国务院关于深化“放管服”改革和进一步优化营商环境的部署要求，北京市高度重视规划行政领域的营商环境优化工作，通过积极

推进行政审批制度改革、规范不动产登记工作等举措，在政府职能转变中不断提升规划领域的政务服务水平，为优化北京市的营商环境作出了重要贡献。

第一，积极推进行政审批制度改革。一是按照《北京市推进网上办事实施方案》的要求，全面清理服务事项。2018 年，北京市规划和自然资源委员会按照市审改办要求，清理行政审批中介服务事项 3 项，取消行政许可事项 1 项；为建立统一的市场准入负面清单制度，结合权力事项清单，初步梳理出 31 项市场准入事项；配合北京市营商环境改革，大力精简规范政务服务和公共事项，通过取消、调出、整合等方式，将 142 项市级事项（含市级独有、市区共有）精简为 56 项，共减少 86 项，精简比例达 61%；将 28 项区级独有事项精简为 6 项。[①] 二是深化建设项目行政审批流程改革工作。一方面，研究起草了《关于进一步优化营商环境深化建设项目行政审批流程改革的意见》，通过建立一家受理、部门联动并限时办结工作机制，推行“一站式”窗口服务，深入推进“互联网 + 政务服务”等举措，最大限度地减少了政府对企业活动的干预，受到了世界银行和国务院的充分肯定。另一方面，根据国务院办公厅发布的《关于开展工程建设项目审批制度改革试点的通知》，制定了《北京市工程建设项目审批制度改革试点工作实施方案》，将建设项目行政审批流程改革向政府投资项目延伸，并将其审批时限压缩至 100 个工作日。

第二，规范不动产登记工作，提升不动产登记领域政务服务水平。一是出台了《关于加强不动产登记领域服务窗口建设有关问题的通知》，聚焦升级“一窗办理”体验，着力为企业群众提供房产过户“六个一”服务，即企业群众只需进一个门，在同一窗口，交一套材料，用一个环节，跑一次路，花费最多一天时间，就可以办完从房屋买卖合同签订、缴税到领取不动产权证书全过程手续。具体改革措施主要包括以下四个方面：优化综合窗口

---

① 参见《北京市规划和自然资源委员会关于 2018 年法治政府建设情况的报告》，北京市规划和自然资源委员会官网，http：//ghzrzyw. beijing. gov. cn/zhengwuxinxi/tzgg/sj/201912/t20191231_ 1550383. html，最后访问时间：2020 年 4 月 29 日。

配置、压缩综合窗口办事时间、聚合全流程办事环节、强化部门间工作融合。二是印发了《北京市不动产登记工作规范（试行）》，既明确了房地一体登记的原则和程序，保障了交易安全，又顺应了国家简政放权的大政方针，对办理程序和办事手续做到尽量简化，并压缩业务办理时限，减轻了群众负担。

第三，开展公平竞争审查工作，清理不必要的规范性文件。2018 年，北京市规划和自然资源委员会对现行北京市规划、国土类政府规章、规范性文件（含市政府、市政府办公厅文件）和其他政策措施中的地方保护、指定交易、市场壁垒等内容进行认真清理，共清理政府规章 30 件、规范性文件 362 件。[①] 另一方面，配合建设项目审批流程改革，北京市规划和自然资源委员会也对现行规范性文件进行了清理，废止了 30 件委发规范性文件，对 15 件由市政府和市政府办公厅制作的规范性文件，上报市政府建议废止。[②]

3. 推行权力清单制度，深入推进简政放权

权力清单生成于“法不授权不可为”的朴素法治理念，意在通过公开行政权力事项，实现对行政权力的控制。[③] 具体是指政府及其部门在全面梳理其所行使的公共权力的基础上，依法界定每个部门、每个岗位的职责与权限，然后将职权目录、实施主体、相关法律依据、具体办理流程等以清单方式进行列举和图解，并公之于众。《中共中央关于全面推进依法治国若干重大问题的决定》提出，“推行政府权力清单制度，坚决消除权力设租寻租空间”是实现全面履行政府职能的重要措施，也是加快建设法治政府的重要内容。北京市在规划领域也积极推行权力清单制度，在“北京市规划和自

---

① 参见《北京市规划和自然资源委员会关于 2018 年法治政府建设情况的报告》，北京市规划和自然资源委员会官网，http：//ghzrzyw. beijing. gov. cn/zhengwuxinxi/tzgg/sj/201912/t20191231_ 1550383. html，最后访问时间：2020 年 4 月 29 日。

② 参见《北京市规划和自然资源委员会关于 2018 年法治政府建设情况的报告》，北京市规划和自然资源委员会官网，http：//ghzrzyw. beijing. gov. cn/zhengwuxinxi/tzgg/sj/201912/t20191231_ 1550383. html，最后访问时间：2020 年 4 月 29 日。

③ 刘启川：《权力清单推进机构编制法定化的制度建构——兼论与责任清单协同推进》，载《政治与法律》2019 年第 6 期。

然资源委员会”官方网站上单独设置了“权力清单”与“行政处罚清单”栏目，公布了北京市规划和自然资源委员会的权力底数与行政处罚权力底数。其中权力清单共计 359 项，行政处罚清单共计 207 项。[①] 一方面，全面梳理和公布北京市规划和自然资源委员会承担的行政职权事项，编制权力目录和优化权力流程，确保权力只能在依法赋予的职责和权限之内运行，最大限度地压缩工作人员行使权力的自由裁量空间，做到清单之外无职权；另一方面，规范行政处罚行为，公布行政处罚权力清单和流程图，制定行政处罚裁量基准，实现规划领域行政处罚裁量基准统一、裁量模式统一和公示文本统一。

4. 加大信息公开力度，主动接受人民监督

近年来，北京市各级规划行政主管部门高度重视信息公开工作，坚持“以公开为常态，不公开为例外”的原则，着力加大信息公开力度，加强政策解读，强化舆情分析应对，主动回应社会关切，接受人民监督，收到了良好的社会效果。第一，北京市各级规划行政主管部门官方网站均设置“通知公告”栏目，定期发布并实时更新项目设计方案、处罚决定书、听证会公告等信息，保证公民的知情权。第二，北京市规划和自然资源委员会网站设置民意征集、在线访谈、咨询电话等栏目，积极主动听取群众意见，服务于规划领域的行政法治建设。如 2018 年 12 月，昌平分局在线访谈了“优化营商环境改革有关情况介绍”。第三，积极主动公示规划领域的各类重大决定和行政决策，积极听取公众意见。第四，规划类公示涵盖审批之前与审批之后的全过程，并主动公开审批结果。2018 年，北京市规划和自然资源委员会通过官方网站和“首都之窗”政府信息公开专栏主动公开信息共计 26425 条，收到信息公开申请 10622 件并全部予以了答复，认真做好主动公开和依申请公开工作，不断提高信息公开工作质量和业务水平。[②] 全年因政

---

① 北京市规划和自然资源委员会官网，http：//banshi. beijing. gov. cn/pubtask/bmfw. html？locationCode =110000000000&deptCode =11110000MB0390782F，最后访问时间：2020 年 4 月 29 日。

② 参见《2018 年北京市规划和自然资源委员会政府信息公开工作年度报告》，北京市规划和自然资源委员会官网，http：//ghzrzyw. beijing. gov. cn/zhengwuxinxi/zfxxgknb/zfxxgknb _ 2018/202001/t20200102_ 1552190. html，最后访问时间：2020 年 4 月 29 日。

府信息公开行为引发行政诉讼案 81 件，其中胜诉 50 件，被纠错 2 件，其他情形 29 件；因政府信息公开行为引发行政复议 133 件，其中胜诉 115 件，被纠错 18 件。[①] 全年没有出现因信息公开被投诉情况。

5. 创新工作方法，不断提高行政复议诉讼工作水平

近年来，针对规划领域复议和诉讼案件数量居高不下的现状，北京市高度重视规划领域的行政复议和行政诉讼工作，通过不断创新工作方法，着力提高行政复议与诉讼的工作水平。北京市规划和自然资源委员会建立了行政复议诉讼共享管理系统，明确了行政复议和应诉的职责分工，规范了工作程序，完善了行政机关负责人出庭应诉制度，强化了工作考核和责任监督等内容。截至 2018 年 12 月 10 日，全委共发生行政复议案件 339 件。其中，国土类 270 件、规划类 35 件、不动产登记类 34 件；发生诉讼案件 1098 件，其中，国土类 305 件、规划类 110 件、不动产登记类 683 件。[②] 2018 年按《行政诉讼法》和市法制办关于行政机关负责人出庭应诉的要求，完成两次委领导出庭应诉工作，取得了很好的社会效果。

二　北京市规划行政法治建设面临的主要问题

北京市在大力推进规划行政法治建设，取得诸多成就的同时，也暴露出一些问题，包括违法建设拆除工作合法性与效率性的脱节、建设项目审批效率需进一步提高等，亟须关注和解决。

1. 违法建设拆除工作任重道远

针对违法建设拆除工作的重要性和问题突出性，修改后的《条例》明确了查处违法建设的职责分工、查处手段和程序，规定建立和实施查处违法

① 参见《2018 年北京市规划和自然资源委员会政府信息公开工作年度报告》，北京市规划和自然资源委员会官网，http://ghzrzyw.beijing.gov.cn/zhengwuxinxi/zfxxgknb/zfxxgknb_2018/202001/t20200102_1552190.html，最后访问时间：2020 年 4 月 29 日。

② 参见《北京市规划和自然资源委员会关于 2018 年度绩效管理工作自查情况的报告》，北京市规划和自然资源委员会官网，http://ghzrzyw.beijing.gov.cn/zhengwuxinxi/jhzj/gzzj/sj/201912/t20191213_1689515.html，最后访问时间：2020 年 4 月 29 日。

建设的信息共享机制、控制违法建设责任制和考核评价制度、行政执法公示制度、执法全过程记录制度、重大执法决定法制审核制度、举报制度，并明确了违法建设当事人的法律责任，形成了较为完善的查处违法建设工作制度。在此背景下，2011 年北京市人民政府公布的《北京市禁止违法建设若干规定》有很多内容显得不合时宜，亟须根据《条例》进行修改、补充和完善，如《北京市禁止违法建设若干规定》中有关违法建设拆除主体与程序的规定与《条例》并不统一，在执法主体方面，街道、乡镇作为属地政府，对当地违法建设情况最清楚，制止也最及时，但是《北京市禁止违法建设若干规定》未明确赋予街道执法主体资格，《条例》则明确了街道的查处资格。因此，有必要对《北京市禁止违法建设若干规定》予以调整和修改，以适应新时代北京市拆除违法建设工作的实际需要，为具体违法建设拆除工作的开展提供统一、科学、完备的法律依据，否则就会出现违法建设拆除的法律依据混乱与工作无序状态，引发不必要的行政争议，造成行政资源和司法资源的浪费。

就执法而言，违法建设拆除工作如何兼顾合法性与效率性是北京市规划行政领域的一个待解难题。一方面，违法建设的本质是违法当事人侵占公共利益为己谋利，存在侵占社会公共资源和城市空间、破坏城市形象、危害市场经济秩序、危害社会管理、破坏社会风气等客观危害。为了加强城乡规划管理，有必要赋予规划主管部门或各级地方政府一定的行政强制权力，允许其采用必要的强制手段，使其能及时对违法建设采取强制措施，及时查处和制止违法建设。另一方面，依法行政是行政法领域的基本原则，[①] 法律制度是行政机关实施行政行为的依据，所有行政权力的行使都必须有法律的明确授权，否则即为违法行政。违法建设的拆除工作不能片面追求效率，而必须在法治的框架内运行。因此，违法建设拆除工作实际上常常陷入两难境地，一方面，必须追求效率，以遏制违法建设的个别实施与整体增长，客观上却导致了很多程序违法的现象发生，如应当催告当事人限期拆除而未经催告程

① 参见周佑勇《行政法基本原则研究》，武汉大学出版社，2005，第 166 页。

序直接拆除。实践中很多案例正是违法建设拆除工作程序违法所致。另一方面，拆除违法建设不能逾越法律的界限，否则有违依法行政原则，但客观上确实影响了执法效率。如何兼顾合法性与效率性就成为违法建设拆除工作必须解决的问题。

此外，对正在搭建、开挖的违法建设如何处置也是北京市规划行政法治建设的一个短板。按照北京市委市政府的部署，全市治违工作包括“控新生、拆既有”两大任务。其中对新生违法建设要求“一经发现，立即制止”，实现“动态清零”。为了贯彻落实《条例》第74条及其他相关条款，立即制止和拆除（回填）在施的违法建设行为和设施，更好落实对违法建设的打击，2019年5月10日，北京市规划和自然资源委员会与城管执法局联合制定了《条例》的配套文件《关于立即处置在施违法建设的实施意见（试行）》，详细规定了对在施违法建设的处置方案和程序。然而，在具体的执行工作中仍然面临重重阻力，一方面，为了加强城乡规划管理，有必要对新生违建保持控违、拆违的高压态势，严格执法；另一方面，如何通过执法起到杀一儆百、真正从源头上减少甚至避免违法建设的效果，仍然是北京市需要攻坚的重大课题。

2. 简政放权仍有较大进步空间

《中共中央关于坚持和完善中国特色社会主义制度　推进国家治理体系和治理能力现代化若干重大问题的决定》提出，“深入推进简政放权、放管结合、优化服务，深化行政审批制度改革，改善营商环境，激发各类市场主体活力”。规划领域较多涉及政府与市场、政府与社会的关系，因而规划领域的简政放权程度直接决定了北京市简政放权的成效。不可否认，近几年北京市在规划领域推行的各项有关简政放权的改革卓有成效，但仍然存在较大的进步空间。

第一，建设项目审批效率需进一步提高。为进一步优化营商环境，提升政务服务水平，北京市规划和自然资源委员会近几年高度重视深化建设项目审批制度改革，推出了“多规合一”协同平台，印发了《“多规合一”协同平台工作规则》，并将建设项目审批权限下放至各区，从而有效简化了行政审批流程，对于加强统筹协调、提升行政审批效能、优化政府服务能力、促进政府职能转变起到了明显效果。但是，由于各相关部门下放权限并不一致，区相关部门工作人员也存在不会批、不敢批的现象，“多规合一”协同平台在实际运行中出现了很多问题，建设项目审批效率整体不高即是其中之一。因此，市级各相关部门还需加强指导，区政府则需进一步统筹推动，确保固定资产投资项目等各类建设项目尽快落地，从而进一步降低企业的财务成本和时间成本，提高群众满意度。

第二，权力清单仍有清理空间。简政放权要求处理好政府与市场、政府与社会的关系，“将该放的权力放给市场和企业，以政府权力‘瘦身’打开激发市场活力之门”。[①]《条例》第 30 条第 2 款即规定，有关主管部门应当公布审批事项清单。北京市规划和自然资源委员会虽然在原有基础上大幅缩减了审批事项，但不尽彻底。如“从事测绘活动的单位测绘资质审批”被明确列入了北京市规划和自然资源委员会的权力清单，其实完全可以交由行业组织、学会依法依规自律管理，政府则主要负责依法制定标准或评价规范，变事前审批为事中和事后监督，从而既能够有效遏制权力“寻租”，也能够充分发挥行业组织的创造力。此外，凡是市场能干的都应该交给市场干，充分发挥市场的作用，政府要减少对企业微观经济行为的干预，减少不必要的审批，干那些市场干不了的事情。因此，有必要结合实际对北京市各级规划主管部门的权力清单尤其是行政审批清单和行政处罚清单进行逐一核查和进一步清理，从而最大限度地发挥社会和市场的作用。

3. 依法行政水平有待进一步提高

近几年，北京市规划领域先后采取了强化信息公开、清理规范性文件等措施，依法行政水平有了明显提升，工作人员运用法治思维和法律手段解决问题的能力也有了显著提高，但仍然存在以下问题。

第一，信息公开仍不充分。一是公开意识及内容需要进一步深化，主动

---

① 沈荣华：《十八大以来我国“放管服”改革的成效、特点与走向》，载《行政管理改革》2017 年第 9 期。

公开的政府信息与公众的需求存在一定差距，重点领域政务公开信息的实效性、准确性等需进一步加强。二是对于依申请的信息公开，存在办理时限较长、拖延答复、答复告知文书格式内容不统一、欠缺解决疑难复杂问题能力等问题，严重影响了公民的知情权。三是网页申请缺少提示功能，申请人往往提交了不明确的申请内容后才被通知对原申请内容进行补正，既浪费了申请人的时间和精力，也浪费了行政资源。四是各部门之间沟通不畅，实践中经常出现不同信息公开申请人就同一事项向不同部门申请的情况，存在沟通不及时、答复混乱等问题，有必要加大沟通协调力度。

第二，规范性文件清理不足。近年来，为进一步发现和解决行政规范性文件中不符合法律、法规、规章规定和相互抵触、依据缺失、不符合科学发展导向、有碍社会公正以及不适应经济社会发展要求的问题，贯彻落实国家及本市关于加强法治政府建设有关文件要求，北京市开展了一系列对行政规范性文件的清理工作。但整体而言，并未完全贯彻《自然资源规范性文件管理规定》的要求，存在规范性文件违反上位法、不定期清理、清理结果公开力度不足等现象。

第三，信访工作偏离法治化轨道。一是服务态度不够热情周到，在接访过程中不注意方式方法，不认真倾听群众诉求，不能详细记录反映的问题。二是信访答复质量不高，经常出现低级错误，包括编号错、字错、收件日期错、信访名称人数错、小区名称错、单位名称错、多漏字、无法律依据等。三是拖延答复，对信访举报所反映问题不能及时调查处理和按时反馈答复意见。四是诉讼与信访相互交织，不能正确处理涉诉信访问题，造成矛盾进一步激化。

此外，北京市各级规划主管部门依然存在不作为、慢作为、乱作为等违法现象，败诉案件时有发生。

三　北京市规划行政法治建设的未来展望

针对北京市目前规划行政法治建设过程中存在的违法建设拆除工作任重

道远、简政放权仍有较大进步空间、依法行政水平有待进一步提高等问题，有必要从以下几个方面入手，着力清除规划行政法治建设道路上的种种障碍，推动北京市规划行政法治建设健康、良性发展。

1. 坚决遏制违法建设，兼顾合法性与效率性

《2019 年北京市政府工作报告重点工作分工方案》将“持续深化违法建设治理，加大建筑垃圾资源化利用，按照‘场清地净’标准拆违腾退土地 4000 公顷，引导鼓励各区争创无违建区、乡镇”列为 2019 年北京市重点工作之一，为有效遏制违法建设，需要重点做好以下几项工作。

第一，违法建设拆除工作必须兼顾合法性与效率性。一方面，违法建设的高发性、破坏性、危害性等特征决定了必须加强违法建设查处力度，开展季度土地变更调查与动态巡查工作，坚决遏制各类违法建设，完成全年拆违 4000 万平方米以上的目标，实现执法全覆盖。同时加强重点区域空间管控，深入开展违建别墅、“大棚房”等问题专项整治，实现依法履行职责到位率 100%、整改查处到位率不低于 95% 的目标。另一方面，依法行政与建设法治政府的基本要求决定了违法建设拆除工作必须严格执行《条例》与《关于立即处置在施违法建设的实施意见（试行）》有关监督制约机制的规定，实行行政执法公示制度、执法全过程记录制度和重大执法决定法制审核制度，同时严格遵循查处违法建设的程序要求，减少甚至避免违法现象尤其是程序违法的发生，兼顾合法性与效率性，保证“程序不减，效率提高”。强化多部门联动，用足执法协作、违法信息公示和信用归集等措施，让违法者“一处违法，处处受限”。

第二，加快修订《北京市禁止违法建设若干规定》，为疏整促和查处违法建设提供法治保障。一方面，修订后的《北京市禁止违法建设若干规定》必须与《条例》中有关违法建设的规定相互衔接和统一，不能相互抵触或冲突，确保查处违法建设的法律依据统一化。另一方面，修订后的《北京市禁止违法建设若干规定》有必要对《条例》中有关违法建设的范围、查处程序、查处措施等规定做进一步细化，进一步优化违法建设查处程序、统一执法标准、明确执法纪律，推动实现执法信息公开透明、过程全面留痕、

决定合法有效。具体而言，既要优化各部门查处违法建设的职责分工，形成违法建设查处工作合力；也要建立执法机关与有关主管部门的执法联动机制和查处违法建设的信息共享机制，加强对城乡规划工作的监督检查和对违法建设的查处。

第三，充分发挥投诉举报制度的作用，扩大违法建设信息来源。一是建立健全投诉举报制度，拓宽并公布群众举报违法建设的途径，为公众投诉举报提供充分便利。包括网络途径，如网上市长信箱、网上信访信箱、百度举报直通车等；电话途径，如拨打 12345 市长热线、城管部门 96310 执法热线、城市环境热线 96005、规划执法热线 63811813 等、便民热线 80858586 等；现场举报；写信举报等。二是规划行政主管部门、城市管理综合行政执法机关和乡镇人民政府等负有查处职责的机关应当建立投诉举报奖励制度，违法建设经查证属实的，对举报人予以表彰、奖励。三是依法保障投诉举报人的合法权益。一方面，负有查处职责的机关应当对投诉举报线索及时调查核实，并向投诉举报人反馈处理结果。另一方面，有关部门应当对投诉举报人的相关信息予以保密。

2. 全面提高依法行政水平，推进法治规划建设

《中共中央关于坚持和完善中国特色社会主义制度　推进国家治理体系和治理能力现代化若干重大问题的决定》提出，“坚持和完善中国特色社会主义行政体制，构建职责明确、依法行政的政府治理体系”，北京市有必要在规划领域全面提高依法行政水平，推进法治规划建设，并重点做好以下几项工作。

第一，强化信息公开工作。一是加大重点领域主动公开和网上公开力度，主动分析群众和企业获取信息需求，研究便利获取路径，推进重点领域信息公开的安排部署。各单位应该在履行核查程序后自觉、及时、准确公开相关信息，保证公开信息的完整性和准确性。《北京城市总体规划（2016 年—2035 年）》第 128 条即规定了“健全规划公开制度”，要求编制、实施、修改全过程公开。二是针对依申请公开，一方面规范办理程序，坚持热情接待、规范答复、按时办结，做好咨询、申请、收费和回复等工作，提高办理效率。

工作人员应该认真对待每一个信息公开申请，认真、规范制作告知书，努力提高依申请信息公开的承办质量。另一方面建立各部门之间、上下级之间的会商制度，强化沟通协作，及时研究依申请公开中的疑难、复杂问题，通过政府信息公开促进依法行政。

第二，以信息化建设为依托，全面实现管理信息化。一是持续做好政务信息宣传平台建设，办好各级规划主管部门的门户网站，营造良好的规划管理社会环境。二是强化信息化管理手段，不断增强规划领域的信息化业务水平。包括打造北京市规划数据服务中心、加强各类数据库建设、建立电子档案、建立各部门之间的信息共享机制、充分利用北京市工程建设项目“互联网+多规合一”协同平台等，切实提高办事效率。

第三，实现信访法治化。一是高度重视信访案件的办理工作，把“事要解决”当成根本落脚点，严格接访、办件制度，积极梳理解决历史遗留的疑难复杂案件，及时发现化解新问题。二是规范信访工作流程，完善网上办理系统，提高信访案件办理效率和质量。三是落实诉讼与信访分离制度，推进通过法定途径分类处理信访投诉请求工作，将涉法涉诉信访逐步引入法治轨道解决。四是加强逐级反映诉求引导，做好领导干部接访、约访、下访工作的落实，突出领导接访下访重点，实现定点接访与约访下访相结合，化解疑难信访案件，认真做好矛盾排查工作，确保社会稳定。

第四，完善监督考核体系，建立责任追究机制。一是建立考核评价制度，围绕控制违法建设、行政应诉、规范性文件清理等重点工作安排量化考核标准，完善依法行政监督考核体系，加强上级政府对下级政府重点工作落实情况的监督检查和考核评价。二是建立责任追究机制，一方面要加大行政问责力度，加强对履责缺失与不作为的治理力度，加强对违反中央八项规定精神问题的查处；另一方面要严控诉讼风险，定期研究和通报行政案件办理情况，实施行政案件败诉责任追究制度，杜绝程序性和主观性败诉。

此外，针对北京市城市化发展进程较快、规划领域行政复议及诉讼量较大等情况，有必要继续加大行政机关负责人出庭应诉力度，并积极鼓励和动员相关工作人员参加法院审理案件的旁听，提高工作人员的依法行政意识。

3. 深入推进简政放权，打造服务型政府

《中共中央关于坚持和完善中国特色社会主义制度　推进国家治理体系和治理能力现代化若干重大问题的决定》提出，“深入推进简政放权、放管结合、优化服务”“建设人民满意的服务型政府”，北京市的规划行政法治建设也应立足于服务型政府建设的目标，重点从以下几个方面深入推进简政放权。

第一，深化行政审批制度改革，为公众提供最大限度的便利。一是加快建设全市工程建设项目审批系统，实现网上办理和一网通办，提高审批效率，节约公众办事时间。二是尽快制定全市统一的工程建设项目审批服务事项规划标准，对审批事项逐项制定业务手册和办事指南，明确事项名称、设定依据、实施主体等要素，进一步细化“批不批”标准和规则，并向社会公开。三是相关部门要加紧制定并出台与《条例》配套的规范性文件，调整内部审批程序和外部沟通协调机制，切实压缩审批时限，着力精简审批事项，努力提升行政效能，让市场主体能够实实在在地感受到《条例》修订带来的新提升。

第二，全面落实不动产统一登记制度。一是扎实做好不动产登记历史数据整合，按照自然资源部“户落幢，幢落宗”的要求，组织开展内外业调绘和关联工作，初步奠定统一登记的数据基础。二是完善不动产统一登记信息平台、预约系统和不动产数据库建设，完善当前的登记系统，实现业务与系统的无缝衔接。三是完善不动产登记中心制度体系，建立有效的激励和约束机制，如不动产登记规范化检查制度，提升不动产登记工作的制度化和规范化水平。同时开展全市性不动产登记业务培训，进一步提升登记系统工作人员的业务水平和综合能力，并探索异地不动产登记的可行性。

此外，规划领域的行政法治建设有必要从严格落实权力清单和责任清单入手，严格执行行政处罚裁量基准，最大限度地减少自由裁量权，提高规划管理服务水平。

B.18

“条块协同”破解基层执法难题

——北京市平谷区“吹哨报到”三协同执法机制研究报告

张　莉*

摘　要： 针对屡禁不止的砂石盗采现象，北京市平谷区政府自2017年起探索出三协同执法机制。采用“乡镇吹哨，部门报到”“一门主责，其他配合”“部门要求，乡镇落实”三种链条方式，在乡镇与部门之间、部门与部门之间开展协同执法。通过建立问题清单、权责清单、绩效清单和警示清单，强化问题导向，明确职责权限，加强考评监督。三协同执法机制打破现有层级划分和部门壁垒，纵横结合，力量下沉，通过整合资源、建立制度和过程控制，破除了以往“运动式执法”的弊端，结束了“条强块弱”“条专块难统”的局面，实现了执法常态化，为破解基层治理难题、推进法治政府建设提供了有益经验。

关键词： 执法体制　执法机制　基层治理　联合执法　综合执法

中国的执法难题集中在基层，行政体制机制改革与治理能力提升重点也在基层。从行政体制看，北京市采取的是两级执法、三级管理模式，将需要提供普遍服务管理的职责赋予了市、区（县）、乡镇，将需要专业技能的执

---

* 张莉，法学博士，中国政法大学法治政府研究院教授，博士生导师，主要研究方向为行政法学。

法权集中在市、区（县）两级。这就容易在基层形成“看得见的管不了，管得了的看不见”的问题。在与农业生产生活密切相关的耕地保护、河道治理、环境保护领域，情况尤其如此。

平谷区作为传统的农业区县，为了维护土地这一安身立命之本，自然重视生态环境建设。然而，2006 年起，随着经济转型和城市化进程的加快，受经济利益驱动，平谷区范围内的砂石盗采现象日益严重，土地、河道、山体、林木受到破坏，危及地下水源安全。盗采矿产资源的行为不仅破坏了平谷的绿水青山，还严重扰乱了社会秩序，甚至威胁到群众的生命安全。① 这与其国家生态文明示范区和北京市生态涵养区的功能定位不符，背离了生态立区的宗旨与原则。如何遏制住破坏生态环境的违法行为，在辖区内实现依法全面履职、提高执法效能，是摆在平谷区委、区政府面前的一道难题。

2017 年 3 月至 2018 年 6 月，中国政法大学法治政府研究院受平谷区人民政府委托，对该区 2012 ~ 2016 年打击砂石盗采状况进行了评估，并跟踪其 2017 年 1 月开始的基层执法改革，形成了课题研究成果。② 如今两年过去，平谷区以“吹哨报到”为代表的三协同执法机制得到了党中央和北京市委的认可，成为教学及改革案例，③ 在全国引起广泛关注。笔者作为当年课题组负责人，愿借《中国法治政府发展报告（2019）》出版之机，分享这一推进基层治理、深化执法体制机制改革的自主创新

① 2016 年，5 月 13 日晚，平谷区金海湖镇黑水湾村附近一金矿内发生事故，导致 6 死 1 伤，相关报道有：《北京平谷金海湖镇金矿盗采案致 6 死 1 伤》，搜狐网，http：//news. sohu. com/20160516/n449628380. shtml；《平谷盗采金矿事故：家属称有人在井下加工炸药起火》，http：//news. china. com/domestic/945/20160516/22654501_ 1. html，最后访问时间：2017 年 3 月 15 日。

② 该课题研究成果由评估报告、执法手册与调研报告三部分组成。其中，评估报告包括 1 份总报告和 14 份分报告，通过深入调研、查阅执法案卷及台账等材料，课题组对 2012 年至 2016 年北京市平谷区政府及各部门、各乡镇打击砂石盗采执法工作状况进行了全面评估，剖析了砂石盗采屡禁不止的原因，提出了“综合执法改革”思路与路径。详见新闻报道《基层综合执法改革论坛在京举行》，法治政府网，http：//fzzfyjy. cupl. edu. cn/info/1021/8781. htm，最后访问时间：2018 年 6 月 6 日。

③ 如中国社会科学院、中国浦东干部学院、北京市委党校等院校教学案例，2019 年 7 月入选中组部“贯彻落实习近平新时代中国特色社会主义思想在发展改革稳定中攻坚克难案例”等。

实践。

本报告将按照历史、现状与未来的逻辑顺序，剖析三协同执法模式的由来、内容及特点，最后结合专业所学提出未来进一步完善的建议。

一　砂石盗采屡禁不绝，运动执法难以为继

“天下之事，不难于立法，而难于法之必行。”[①] 在作为国民经济和社会发展重要物质基础的矿产资源领域更是如此。为了整顿矿业秩序，打击乱采滥挖行为，实现矿产资源合理开发、永续利用，国务院于 2005 年印发了《国务院关于全面整顿和规范矿产资源开发秩序的通知》。为了响应通知要求，原国土资源部于同年印发了《非法采矿、破坏性采矿造成矿产资源破坏价值鉴定程序的规定》，并会同最高人民法院、最高人民检察院和公安部联合印发了《关于在查处国土资源违法犯罪工作中加强协作配合的若干意见》，希望通过相应工作机制的建立，加强国土资源行政主管部门与人民法院、人民检察院、公安机关之间的沟通联系。

北京市政府为了保护自然资源、改善生态环境，早在2001 年就发布了《关于关停本市范围内砂石场的实施方案》，明确要求停止受理砂石开采企业的采矿登记申请，不再办理新的采矿许可证，2003 年底前关闭市域内所有砂石场。然而，在经济利益诱惑下，采砂行为不减反增，在地广、山多、河道多的平谷区更是甚嚣尘上。从 2006 年起，为了保护生态环境，平谷区开展了多轮专项整治行动，制定了一系列打击砂石盗采的管理办法与实施细则。2011 ~2014 年，更是开展了“亮剑行动”，集中开展联合执法百余次。随着国土、水务、工商、公安等执法部门深入乡镇突击检查、联合巡查、现场执法，砂石盗采的猖獗势头得以遏制，但在实施过程中也暴露出一些问题。如，由于砂石违法行为链条化，通常包括开采、运输、堆放、加工、经营、使用等多个环节，涉及十余个部门，发生职权交叉

① （明）张居正：《请稽查章奏随事考成以修实政疏》。

时，部门间相互推诿情况较为突出。随后开展的多次执法行动试图破解这一难题，但也只是在执法时机械地将各有关部门召集在一起，靠领导干部协调沟通或现场“威权”拍板。总体说来，这一阶段的砂石违法打击行动只是短期内形成高压态势，一旦突击执法结束，砂石盗采行为便死灰复燃，甚至报复性反弹。

出现这样的局面，根源在于执法机制不顺，行政执法与行政管理脱节，乡镇与区直部门各自为战。具体表现为以下几点。

1. 纵横缺乏联动，查处违法不及时

乱挖盗采、违章建设、污染环境等违法行为多发生在基层，乡镇干部、普通群众往往第一时间发现，却无法有效处置。由于沟通不畅，加之路途遥远、执法力量薄弱，区县委办局在基层执法中“出工不出力”现象普遍。从水务和国土部门提供的2012～2016年台账看，存在较多执法人员接到举报、到达现场后发现“现场有盗采痕迹，未发现机械设备”“少量盗采砂石痕迹，夜间又巡查未发现盗采车辆及人员”的现象。如此高频次的漏网结果，固然与执法面积广、人手不足、装备落后有关，但执法力量高高在上、乡镇与部门衔接不畅也是不争的事实。乡镇与区直部门之间配合不力的情形还发生在日常管理活动中。例如，针对水务局下发的“加强河道管护函”或“督办清除河道内垃圾的函”，有些乡镇政府既不处理，也不回复，置之不理，而水务局对此也无可奈何。

除了条块之间推诿扯皮外，一些具有执法保障功能的部门在打击砂石违法行为过程中也没有充分发挥作用。以公安为例，依据《治安管理处罚法》之规定，[①] 面对妨碍公务行为，公安机关可以依法行使制裁权，轻则警告、200元以下罚款，重则处以五日以上十日以下拘留并处500元以下罚款。而

① 《治安管理处罚法》第50条规定：“有下列行为之一的，处警告或者二百元以下罚款；情节严重的，处五日以上十日以下拘留，可以并处五百元以下罚款：

（一）拒不执行人民政府在紧急状态情况下依法发布的决定、命令的；

（二）阻碍国家机关工作人员依法执行职务的；

（三）阻碍执行紧急任务的消防车、救护车、工程抢险车、警车等车辆通行的；

（四）强行冲闯公安机关设置的警戒带、警戒区的。”

2012～2016年5年间，在打击砂石违法行动中，公安机关该项职权的利用率为零。与之形成鲜明对照的是，访谈过程中各部门反映执法人员在履职过程中被殴打、围堵等情形屡见不鲜。此外，面对砂石盗采此类违法链条长、隐蔽性强、存在黑恶势力插手嫌疑的违法犯罪行为，公安机关执法思路过于保守，没有利用刑事侦查的有效手段先行介入，而是坐等国土、水务等部门移送案件，而这些部门移送的案件又往往因为质量不高被退回，这就给违法犯罪分子以可乘之机。

乡镇与部门、部门与部门之间“你呼我不应”“你来他不来”的情形势必造成执法链条中断，出现“九龙治水而水不治”的局面。

2. 区级部门履职率低，执法效能低下

履职率是指部门实际行使的职权与权力清单赋予的全部职权的比率，它能够反映出部门的职权利用情况。履职率越高，部门的职权利用率就越高，履职情况也越好。根据平谷区法制办梳理的各部门涉及砂石盗采运输堆放加工经营使用等环节行政处罚职权清单，课题组结合各部门对调研提纲的反馈以及与个别部门的座谈记录，计算出打击砂石盗采若干主要部门的履职率（见表1）。

表1　打击砂石盗采若干主要部门的履职率情况

	国土	水务	工商	交通	公安	环保	住建	园林
清单赋予处罚职权总数	5	8	11	11	2	6	12	2
实际行使职权数	2	1	2	1	0	6	12	1
履职率(%)	40	12.5	18.2	9.1	0	100	100*	50

注：*住建委的行政处罚利用率是100%，但均是针对合法搅拌站，不涉及非法搅拌站。

从表1中可以看出，各部门履职率普遍较低，均有多项职权处于闲置状态。这固然与立法模糊、缺乏可操作性有关，但还是暴露出某些部门在执法过程中，要么过多关注罚款数额和震慑效果仅使用个别条款，令多数职权形同虚设，要么以部门利益为重，崇尚保险做法，唯恐因行使处罚强制权多走一步而惹火烧身、招来祸患。

社会生活纷繁复杂，很难靠个别部门单打独斗解决全部问题，在查处复杂违法行为时，更需要乡镇和区直部门协同配合。然而，自20世纪八九十年代开始，伴随着机构数量的增多，出现了“立法部门化”倾向。中央部委不仅主导着法律法规的起草进程，还决定其内容，在其中“夹带”部门私益，导致法律法规间矛盾冲突日渐增多，令政府、市场主体、司法机关“各依各法”现象层出不穷。从平谷课题情况看，部门间存在着遇到难题“据法”推诿塞责的情形。例如，对于非法经营砂石料行为，区国土分局认为应当由区工商分局依照《无照经营查处取缔办法》进行查处，而区工商分局认为，砂石料属于矿产资源，不属于工商分局的职权范围。① 两部门在同一事项上对职权划分的分歧，直接导致非法经营砂石料行为在5年间未能得到有效查处。

从理论上讲，部门之间的权责争议都能借助《立法法》确定的规范冲突规则或机制得到解决。问题久拖不决的背后，其实是相关部门担当意识的缺乏。砂石违法行为是复杂经济社会关系的缩影，② 既然职权交叉或权力真空不可避免，在一时难以改变职权碎片化现状的情况下，只能借助监督考核促使各部门忠于职守、履职尽责。然而，现实情况远非如此。

3. 人员考核监督不到位，机构责权不匹配

面对砂石盗采引发的种种问题，执法人员经常表现出不敢为、不知为、不擅为、不全为。这里有意识问题，也有能力问题。但不管怎样，

---

① 具体理由如下：根据《无照经营查处取缔办法》第14条第2款的规定，“对无照经营行为的处罚，法律、法规另有规定的，从其规定”。而《矿产资源法》第42条第1款规定，“买卖、出租或者以其他形式转让矿产资源的，没收违法所得，处以罚款”。因此区工商分局认为，《矿产资源法》对矿产资源经营行为作出了规定，属于“法律、法规另有规定”的情形，故应当由区国土分局按照《矿产资源法》处理。

② 砂石类违法链条的不同环节可能同时涉及多个部门：在采掘阶段上，因所处地域不同，涉及国土、水务、农业和林业等部门；运输环节可能涉及交通、交管、城管等部门；至于流通与使用环节，又需要工商、住建、税务等多部门协力。

只要加强培训考核、督促检查到位，困难还是可以克服的。然而，实践表明，行政系统内的监督考核往往流于形式，标准过于宽泛，缺乏对突出问题的督察考核力度。从调研获取的信息看，平谷区多年前就已形成内外联动的执法监督考核机制，不仅区监察局对执法工作实施专门监督，大多数委办局也建立起内部执法监督机制，对本部门执法人员开展考核。与此同时，区政府也高度重视执法监督工作，5 年间制定的打击砂石盗采实施方案与工作办法中都有有关执法监督的具体规定。2016 年，区政府还专门制定了《关于开展平谷区国家行政机关向监察机关报送涉嫌违反行政纪律问题线索工作的实施意见》，要求由区监察局受理本区内的政府各委办局、各区属机构报送的问题线索。然而，截至 2016 年底，区监察局未接到任何单位移送的涉嫌违纪线索。2012 ~ 2016 年 5 年间，区监察局仅对 4 人作出过党纪政纪处分，各单位监察科室从未根据执法绩效对执法人员进行过追责或问责。

监督乏力导致各部门执法质量不高、积极性差。在个别部门，历年的巡查记录均是由固定人员按时填写。古人云“流水不腐，户枢不蠹”。不具随机性和人员流动性的巡查，难以保证实际效果。国土分局和水务局作为打击砂石盗采的核心部门，对控制盗采源头有着法定职责。然而，这两个部门 5 年间的执法记录显示，能够坐实的案件很少，足见巡查效果并不理想，而现实情况是，砂石盗采屡禁不止，平谷区资源环境持续恶化。这表明行政绩效与执法效果挂钩的执法人员考核制度未能落到实处，与执法监督制度设计初衷相距甚远。

在区属委办局执法不力的情况下，人们自然会想到加强乡镇的属地管理。在研读平谷区 2012 ~ 2016 年制定的打击砂石盗采实施方案与工作办法时，课题组发现，几乎所有方案的指导思想和工作原则中都列明了“属地管理”或“属地负责”。打击砂石违法行为离不开乡镇的配合，但若过度强调属地管理，就是将打击砂石盗采的主要责任强加于乡镇政府身上。而在我国现行法律体系内，乡镇政府除了少数几项配合性执法权力外,[1] 基本不享有处罚、强制等“硬性”执法权。乡镇政府在缺乏执法手段的情况下，却要对属地内发生的砂石盗采行为进行管理，对盗采后果负责，显然有悖公平。这种“有责无权”的状况迫使乡镇政府铤而走险，采取诸如查封车辆、扣押设备等措施。这种明显违反《行政处罚法》的做法，一旦被行政相对人提起复议或诉讼，乡镇政府只能铩羽而归。此类现象越多，乡镇配合部门执法的积极性就越低，行政执法效能也就越发低下。另外，在人手不足的情况下，面对日益“压实”的巡查责任，一些乡镇不得不外请人员,[2] 致使本已拮据的乡镇财政更加捉襟见肘。

一面是乡镇没有执法权，即便发现了违法行为，也难以有效查处；另一面是区级部门执法资源配置重心偏高，机关人员居多、一线队员较少，对基层情况缺乏了解，无法及时发现问题、有效查处。要想破解砂石盗采屡打不绝这一难题，必须从执法体制机制入手，转变方式，理顺关系。

二　解困：实践催生三协同链条式执法

2017 年上半年，平谷区政府在治理砂石盗采、环境污染、大货车超载、私搭乱建等违法行为过程中，构建起“乡镇吹哨，部门报到”“一门主责，其他配合”“部门要求，乡镇落实”的三协同链条式执法模式，从机制创新层面实现了对违法行为的及时发现、处置与效果落实，打通了基层治理的“最后一公里”。

---

① 如，《城乡规划法》第 41 条第 1 款规定“在乡、村庄规划区内进行乡镇企业、乡村公共设施和公益事业建设的，建设单位或者个人应当向乡、镇人民政府提出申请，由乡、镇人民政府报城市、县人民政府城乡规划主管部门核发乡村建设规划许可证”。第 65 条规定“在乡、村庄规划区内未依法取得乡村建设规划许可证或者未按照乡村建设规划许可证的规定进行建设的，由乡、镇人民政府责令停止建设、限期改正；逾期不改正的，可以拆除”。

② 平谷区 16 个乡镇中，有 11 个采用购买服务的形式临时聘用人员参与巡查。

（一）链条式执法是根本

2017 年 1 月，面对日益猖獗的砂石盗采、非法采矿等违法行为，平谷区政府决定在金海湖镇启动“双安双打”① 专项行动。在全面摸排各类隐患、梳理执法手段、明确执法责任的基础上，实行乡镇“吹哨”、部门准时“报到”机制，要求各部门从各自监管领域入手，查处每个违法环节，做到“事不完，人不撤”。乡镇“吹哨”缩短了违法行为的查处时间，使乡镇成为区县各执法部门的“千里眼”“顺风耳”。“双安双打”专项行动有力地遏制了砂石盗采的猖獗势头，在此基础上，同年 4 月，平谷区在治理入境大货车工作中提出“一门主责，其他配合”的横向执法工作模式，由交通局牵头负责，与城管、环保、交警等部门配合开展联合执法。随后在防火防汛、养殖小区关停等工作中，又采取“部门要求，乡镇落实”的协作执法模式。

三协同链条式执法模式结合具体问题，既可以单独适用，也可以两两结合或循环运用。其中，“乡镇吹哨，部门报到”赋予了街乡强制执法权，单位到场执法的召集权、指挥权，解决了发现违法后的召集指挥调度问题；“一门主责，其他配合”解决了多个部门报到后协作执法问题；“部门要求，乡镇落实”主要解决部门集中查处违法后与乡镇发动村委会共同进行常态化治理的问题。这种条块嵌入式的执法新模式，不仅实现了执法与管理的有效衔接，还明确了乡镇与部门的职责定位和工作关系，使得政府系统灵活运用管理权和执法权解决社会治理难题达到游刃有余的地步。

---

① 所谓“双安双打”，是指安全生产、安全稳定、打击破坏生态行为、打击违法犯罪。在此次行动中，建立了金海湖镇“双安双打”工作指挥部，由金海湖镇党委书记任总指挥，成员单位包括公安分局、国土、水务、环保等共计 16 个部门，其中公安、国土、水务为常驻成员单位。建立联防联保、安全生产检查、突击巡查、废弃矿洞清运等八项工作方案和重大案件会商制、重大问题协调制、周例会制、周巡查制四项工作制度，统称为“8 + 4”工作法。

（二）清单梳理是核心

三个执法链条分别对应解决一个违法行为被发现后谁指挥调度执法、执法部门如何共同执法、执法后如何常态化管理的问题。但若要目标明确、方法得当、成效显著，还需做好行政执法的基本功——权、名、责梳理。“四张清单”应运而生，即问题清单、权责清单、绩效清单和警示清单，它们使得执法目的、执法手段、预期效果和潜在责任一目了然。

第一张是问题清单。坚持问题导向，敢于善于主动查找问题才是解决问题的开始。在解决基层治理难题过程中，平谷区政府要求乡镇采取一线工作法，接土接地沾水沾泥，对问题进行全域、全方位、全链条系统摸排，以实现精准打击，彻底解决。第二张是权责清单，它是机制发挥作用的重要法律保障，指在明确部门职责的前提下，改变常规按“条条”划分的 9 + X 权力结构，[①] 根据需要将“条条”的权力分别吸附至某一具体行政管理难题上，构建起针对某一具体问题的整张行政权力网络。2017 年以来的实践证明，针对具体问题的权责清单所形成的“条块”组合拳是三协同综合执法链能够真正发挥作用、解决社会顽症痼疾的根本。第三张是绩效清单，它是执法监督的有力抓手。乡镇利用绩效清单，逐一列出参与联合执法的单位、执法进展与效果等要素，使执法全过程一目了然，作为年终考核依据使用。第四张是警示清单，用以增强执法人员的责任意识，防患于未然。具体做法是梳理党规国法中与职权行使相关的条款，将对党员干部的追责规定转化为对每项具体执法工作的底线要求，明确不作为、乱作为的法律后果。

（三）人、技、考、责保障是关键

2012 ~2016 年砂石违法行为打击行动缺乏长效的事实，从反面说明了抓好人、技、考、责才是基层执法关键。有鉴于此，自 2017 年起，平谷区

① 9 + X 权力结构通常包括行政许可、行政处罚、行政强制、行政检查、行政给付、行政征收、行政确认、行政裁决和行政奖励等行政权力类型。

采取了有针对性的四项举措。

首先，下沉执法力量。为了解决基层执法人员不足问题，将城管部门90%的人财物下沉至街乡，区直31个部门的1109名执法人员聚焦重大问题、精准对接属地。不仅如此，18个街乡全部建立起符合"五实"[①] 要求的实体化综合执法平台，规范推动执法人员下沉，实现执法工作的第一时间调度指挥、查处反馈。其次，针对评估报告指出的科技短板问题，平谷区开发了综合执法信息化平台和手机App，将39项重大执法事项及其权责清单全部录入执法信息系统，实现"吹哨报到"有目录、执法过程有记载、执法效果可评价的信息化支撑。另外，全区还在城管网格化管理平台基础上，搭建起区级可视化响应调度平台，实现执法信息精准采集，执法点位、执法人员精准定位。再次，强化考核督查。党的领导是法治政府建设最根本的保证。为了将党的领导落到实处，平谷区实行党政一体化考核。在相关指标体系中，赋予行政执法绩效考核40%的权重，细化人均执法量、职权履行率、行刑衔接率等考核指标，以提升执法水平和执法力度。最后，创新模拟问责。古人云："为之于未有，治之于未乱。"通过对未达到责任追究程度但具有潜在危害后果的行为，启动批判式工作讲评，督促领导干部、执法人员防微杜渐。截止到2018年6月课题结项之时，平谷区共对37家单位的44人模拟问责，3名区级领导做过公开检讨，唤醒了全体公职人员的责任意识，全区向执法乱作为、不作为和选择性作为"说再见"。

三　评析：在法治轨道上创新执法机制

平谷区的三协同链条式执法从工作需要出发，打破了"条块分割"的传统格局，在确保改革举措合法的前提下，通过创新工作机制，盘活资源，整合力量，实现了执法效能的最大化。

---

① "五实"即办公场所实、力量配置实、制度机制实、人员责任实、问题解决实。

（一）尊重法制现实，防范法律风险

基层执法改革是个实践性问题，一定要“好用”，但也不能忽视法律上的问题。党的十八届四中全会提出“重大改革于法有据”，强调运用法治思维和法治方式推动改革。平谷区开展的三协同链条式执法并未打破现有制度、法律框架，是在现有体制下最小化行政成本与最大化行政效能的最佳选择。该机制没有一味追求管理效能、弃法律于不顾，而是恪守现行各类法律主体职责权限规定及在法律程序限度内，通过密切执法权与管理权的联系，尽可能在法治轨道上推进改革，并防范可能出现的法律风险。

根据我国《宪法》和《地方各级人民代表大会和地方各级人民政府组织法》，乡镇人民政府是最基层的一级政府，负责执行本级人民代表大会的决议和上级国家行政机关的决定和命令，并管理本行政区域内的行政工作。但在具体工作开展过程中，除少数几项辅助性执法权外，乡镇几乎没有处罚、强制等实质意义上的执法权。有鉴于此，平谷区政府在构建三协同执法模式过程中，明确乡镇政府享有的是“吹哨权”，也就是发现问题、报告问题的管理权，而非直接赋予乡镇政府违法行为查处权。这样的制度设计，使得政府能够充分发挥属地优势，在问题出现的第一时间，在说服教育、劝阻无效的情况下，向有执法权的区直部门报告，由后者对违法行为及时做出处置。行政决定以执法部门名义作出，在面临行政复议或行政诉讼时，也是由实际作出行政行为的执法机关作为行政复议被申请人或行政诉讼被告。行政决定由执法部门作出，乡镇政府就不必冒着越权的法律风险强行开展工作，一定程度上解决了乡镇管理权繁重与执法权缺位之间的矛盾，在符合“重大改革于法有据”原则的同时积极作为、产生实效。

（二）以清单为抓手督促履职尽责

砂石盗采只是基层违法的冰山一角，更非平谷区特有之现象。但面对这一全国普遍存在的执法难题，平谷区勇于担当，锐意进取，开动脑筋，找寻对策。“吹哨—报到—落实”的三协同执法模式从实践角度解决了整体与局部、上级与下级、条条与块块之间的分割问题，形成了发现违法、组织调度、查处违法、保持效果的闭环式基层治理模式。

清单制度不仅厘清了三协同执法的适用范围、权力依据、绩效目标，还随着新型问题的出现和国家法律法规的修改而做出动态调整，做到开放自如、与时俱进。“权责清单”与“绩效清单”的有机组合，使得执法全过程可视可控，让各部门将手中的执法权用尽用实，形成执法合力。

截止到2019年底，平谷区共梳理出重大综合执法事项39项、问题清单209项、权责清单1799项。这种根据具体问题一体化行政执法权的做法，从根本上避免了实践中乡镇乱吹哨、吹哨后各部门推诿扯皮现象的发生，也减省了将“条条”权力笼统下放至问题较少的山区乡镇可能带来的因人员激增而增加的行政成本。个别乡镇还在“吹哨报到”基础上，因地制宜地推出人员机动、队伍灵活、程序简约的高效移动执法模式。

这种带着问题、根据需要的协同执法模式，便宜地化解了基层社会治理中的诸多难题，同时挤压了乡土社会执法人员更多考量法外因素的干扰空间，真正体现了“权为民所用”“利为民所谋”的立党、执政和行权宗旨。

（三）建立高效工作机制，形成执法合力

在遵守现行法律法规的前提下，平谷区的三协同执法模式盘活了政策、制度和人力资源，使基层执法从“部门单打独斗”转变为“条块齐抓共管”，为形成权责统一、权威高效的行政执法体制做了有益的铺垫。

一方面，扁平化管理，下沉执法力量。为了缩短执法半径，平谷区要求区级执法部门按照“五下”原则充实基层执法力量。根据需要选派骨干力量进驻乡镇，同时针对不同情况区分出常驻人员和非常驻人员。对于下沉的执法人员，实行“三在一听”，即“在哪吃饭，在哪干活，在哪考核，听哪

指挥”。这种人员派驻方式体现了“权力下放”[①] 思维，实现了职权、资源与人员向基层倾斜，使执法部门的触角延伸到一线，能够在最短时间内到场开展工作。不仅如此，三协同执法机制灵活机动，能够根据现实需要及时作出反应，使汇聚各方力量形成的执法“重拳”打得出去、收得回来，目标精准、手段多变，既提高了执法效率，也避免产生人员冗余的新矛盾。

另一方面，通过机制创新解决衔接不畅问题，激发人员工作积极性。区级各部门执法人员下沉到基层后，形成跨部门工作组，强化了各执法部门间的协调与配合。在出现部门间执法权限交叉或执法权限空白时，各部门执法人员第一时间协调分工，避免因相互推诿而贻误战机。同时，三协同联合执法模式中建立并落实了会商机制。以往的执法协调停留在制度层面，落实效果较差，各部门很少通过执法协调机制化解工作分歧。而会商制度要求每周组织召开会议，总结通报联合执法工作进展，各部门通过会商沟通问题，解决执法工作中产生的分歧，统一对执法权限和执法范围的认识，并形成周报予以记录存档。所有这些举措推动了执法工作顺利开展，不走或少走弯路，基本消除了懒政怠政现象。

说到执法协调机制，行刑衔接是关键，尤其是对砂石盗采类涉黑案件。在《北京市行政执法机关移送涉嫌犯罪案件工作办法》基础上，三协同执法机制又对行刑衔接工作做出进一步细化：一方面要求公安机关强化执法保障，严厉打击联合执法中出现的妨碍执法与暴力抗法等行为，涉嫌犯罪的，依法处理，绝不姑息；另一方面建立案件移送制度，行政机关在联合执法过程中发现违法行为可能涉嫌犯罪的，及时向公安机关移送，必要时可书面提请公安机关予以协助。实践中，多年来运行不畅的行刑衔接制度被激活。公安机关改变坐等行政机关移送案件的做法，主动适时启动侦查，发现犯罪事

① 需要注意的是，在政治学和法学上，权力下放（déconcentration）与地方分权（décentralisation）是两种截然不同的权力分享机制，前者依然是一个权力主体，只是权力触角延伸到基层，后者建立在主体多元化基础上，将一个主体的权力让渡给其他主体。我国目前在使用“下放”一词时，经常不加区分，混同使用。

实，及时固定证据，使行政执法与刑事司法真正做到无缝衔接[①]，对违法犯罪行为形成有力震慑，为执法人员保驾护航。

截止到2018年6月，三协同联合执法在打击砂石盗采方面成效显著。平谷区有效查处88处易发盗采点、203处非法砂石存放加工经营点、28个非法搅拌站，收回土地承包权30余宗，砂石盗采违法行为被彻底铲除。平谷区三协同联合执法在其他执法事项上也收效明显：平谷区污水处理率提高至88%，同比提高3个百分点，金海湖水质达到地表水二类标准，东店国考断面水质达标；占道经营投诉举报量下降40%，降幅全市排名首位。平谷区实现生产安全稳定受控，防火灾接警和实际成灾同比下降3.79%和7.56%，森林过火面积同比下降60.1%；群众安全感指数达98.2%，居全市第3名。[②]

（四）树立程序意识，搭建立体化考评问责机制

三协同执法模式实现了事前、事中与事后全过程监督，借助乡镇评价和模拟问责建立起较为完善的考核评价体系。

首先，为了防止盲动，加强对“吹哨”的源头控制。“吹哨”只是发出警示，执法程序的正式启动要由区政府严格控制与监督，采用“申请制”与“部署制”两种形式。只有符合条件并通过区政府审核同意的执法事项，或者是区政府部署的执法事项，才能够开展联合执法工作。此举避免了因“乱吹哨”造成的秩序混乱、浪费资源，实现了源头监督。

其次，开展过程控制，用实绩证明履职尽责。如前所述，“绩效清单”不仅对接“问题清单”，还列明参与执法的单位、执法进度与执法效果等要素，使执法全过程一目了然，保证了权力在阳光下运行，极大地减少了不作为、乱作为现象。

再次，创新性地将乡镇纳入考评主体体系，由其根据各部门在联合执法

① 行刑衔接效率在打击砂石盗采工作中大大提高，各行政执法部门移送涉及行刑衔接案件40起，区公安分局立案查处33起，刑事拘留23人，上网追逃9人。

② 《北京市平谷区打击砂石盗采执法状况评估课题成果》2018年6月2日，第271页。

中的表现打分，直接作为党政合一的绩效考核重要依据来源。这样，享有“吹哨权”的乡镇政府，就对区县执法部门及被派驻人员的履职情况也享有了监督评价权。这一举措深刻改变了在执法问题上乡镇有求于部门而部门只对本级政府负责的局面。

最后，以问责促负责，以负责促担当，形成人人向上、履职尽责的行政生态。平谷区对于行政执法过程中玩忽职守、以权谋私、拖沓敷衍、推诿扯皮的党员干部绝不手软，毕竟“动员千遍，不如问责一次”，问责才是推进责任落实的“重锤”。[①] 然而，问责毕竟是手段而非目的，说到底还是要通过问责让“严”的要求立起来，把“好”的标准树起来。古人云“祸患常积于忽微”，平谷区开展的模拟问责正是在出现苗头性问题时及时提醒党员干部，让其悬崖勒马，谨防“小错不改酿大错”。这种严管和厚爱并重的机制在2018年被应用到37个部门的44名执法人员身上，被模拟问责人员受到极大震动，其他人员的履职意识也被唤醒和激发。

从党员干部、执法队员普遍关心的“帽子”、“票子”和“面子”入手，在过程控制、绩效考核、模拟问责的综合作用下，平谷区自2018年起日渐呈现出全员参与、多级共管、条块结合的基层治理新格局。

四　结语：充实乡镇权力，走上综合执法道路

实践出真知，磨炼长才干。北京市平谷区践行以人民为中心的发展理念，以解决关系群众切身利益的问题、办好群众家门口的事为己任，借助四张清单、四项制度，抓住人技考责四项关键要素，创新性地将区直部门执法人员派驻至乡镇，建立起“区属、镇管、镇用”的基层协同执法机制。该机制融合了乡镇和区直部门各自的比较优势，让“条强块弱”“条专块难统”的局面得以扭转，解决了长期困扰基层的执法“公

① 2018年全年2个部门的3名领导干部被纪检委问责，2名科长被免职。针对盗挖盗采、石林峡景区缆车事件、滨河供热厂火灾等事件，政府各部门在政府常务会上做检查21次，书面检查50余次，在“平谷信息”点名专栏通报20次。

地悲剧”问题。

如今，最初为整治砂石盗采而摸索出的“吹哨报到”机制被扩展到39个城乡治理事项，充分说明了三协同执法模式并非以往的运动式执法，而是已经形成较为成熟制度设计[①]的新机制。它不仅可以在其他执法事项上适用，而且复制成本低廉。正因如此，它成为北京市委2018年1号改革课题，因应城乡统筹的需要，被重新表述为“乡镇吹哨，部门报到”，并很快在全市推广适用。

在肯定成绩的同时，我们也应当看到，平谷区的三协同执法模式更多停留在机制创新、联合执法层面，距离中办、国办《关于加强乡镇政府服务能力建设的意见》和《中共中央关于深化党和国家机构改革的决定》中要求的体制改革与综合执法改革目标还有一定距离，仍有进一步提升的空间。

1. 开展“化学融合”，实现综合执法

无论是“乡镇吹哨，部门报到”，还是“一门主责，其他配合”，抑或是“部门要求，乡镇落实”，更多关注的是行政系统内部各组成要素间相互作用的过程和方式，并未触及行政组织体系架构本身。这也正是体制与机制的本质区别。“体制”是制度形之于外的具体表现和实施形式，而“机制”通过制度系统内部组成要素按照一定方式的相互作用来实现其特定功能。换言之，“体制”重在组织形式，而“机制”强调机理，即相互关系。三协同执法模式因为谨遵现行政治制度、法律规范，保留了所有与主体性质、权责分配和程序规范有关的“硬件”要求。区直部门采用派驻方式将执法人员下沉到乡镇基层，同时为这些人员提供物力、财力支持。下沉到乡镇的执法人员，不仅编制依然属于区级各执法部门，还以这些执法部门的名义作出行政决定。在笔者看来，这种执法方式只是将执法力量进行了“物理意义”上的优化分布，缩短其执法半径，区直部门林立、执法队伍重叠的问题依然

---

① 2017年以来，陆续出台《平谷区综合执法工作规则》《关于进一步加强乡镇街道实体化综合执法平台建设的实施方案》《关于进一步深化“勇于担当”主题实践活动开展工作力量下沉基层一线的工作方案》等一系列制度规范。

存在。因此，以“吹哨报到”为代表的三协同执法模式仍然属于建立在主体多元化基础之上的联合执法①，而非以实现权力统一行使为特点的综合执法②。

综合执法因为以职权、机构、人员合并为前提，可以从根源上解决职权碎片化问题。在基层城乡治理问题上，未来可以考虑授权街乡镇一定的执法权，将执法所需的人、财、物、编统一下沉到基层，使执法力量以“化学融合”的方式融入基层政府，真正实现“人财物权名责”的统一。实体化的基层综合执法体制可以精简执法机构，树立整体性政府形象，将现有众多执法机构外部协调行为内部化，解决执法主体间内耗问题，提高执法效率。当然，不是所有区县级执法事项都要下沉到基层。要因地制宜地做类型化处理，只有与百姓生活密切相关、专业技术性不强且乡镇能够承接得住的高频执法事项，才适宜“转移”给基层。另外，在未来职权划转过程中，要遵循“编随事走，财随事转，人随编走”的原则，统筹推进事权、财权和人事管理权改革，确保“让渡”给乡镇的事权“有人做”，也“有能力做”。

从这种意义上看，目前北京市平谷区开展的三协同联合执法并非毫无意义，它可以为下一阶段的乡镇基层综合执法改革积蓄力量。乡镇与其自备人财物，不如实行“拿来主义”，利用区（县）派驻下来的精锐“部队”，组建起一支“一专多能”、纪律严明、作风顽强的执法队伍，毕竟开展乡镇事权承接业务培训也需要些时日，更需要相当的人才储备。

2. 为乡镇赋权，从“基层管理”走向“基层治理”

在我国，以乡镇为代表的基层政府在缺乏执法手段的情况下要管理

① 所谓联合执法，是指多个执法部门联合组成执法机构，统一对相对人进行监督检查，但分别以各自的名义对相对人实施处理或处罚的活动。

② 综合执法是指由依法成立或者依法授权的一个行政机关，行使原本由两个或两个以上相关行政机关行使的行政职权，或由一个行政机关的一个部门以该行政机关名义行使原本由该行政机关多个部门分散行使的行政职权的一种制度。前者为跨部门综合执法，如市场监管执法和城管综合执法，后者为部门内（或系统内）综合执法，如农业执法、交通执法和文化执法等。

好地方事务非常不易。为了改变“条强块弱”“条专块难统”的局面，平谷区创新性地赋予了乡镇“吹哨权”，要求区直部门及时“报到”，随即启动执法检查程序。这种“吹哨权”实际上是《宪法》和《地方各级人民代表大会和地方各级人民政府组织法》赋予乡镇地方事务管理权的表现，只不过嵌入区县一级执法系统中，成为其预警装置中的一环。如果说乡镇的“吹哨权”还能连同执法巡查、群众投诉举报、上级交办一起构成违法行为发现机制，赋予乡镇对联合执法的指挥权、考核权、评价权则打破了传统的由上级指挥、考评下级的体制，有超出乡镇自身管理事项、僭越上级执法权之嫌。毕竟在《北京市市级国家行政机关绩效管理暂行办法》中没有下级政府考核上级政府职能部门的规定，在学者对中国县乡政府绩效考核所做的实证研究中也没有找到相关先例。在意识到这一法理不足后，2020 年 1 月 1 日起实施的《北京市街道办事处条例》赋予了街道办事处统筹协调、指挥调度区政府工作部门及其派出机构的权力，以地方立法的形式将“乡镇吹哨，部门报到”作为重要条款予以肯定。但众所周知，乡镇与街道不同，乡镇是一级政权，街道不过是区县政府的派出机关，街道可以依据法律法规的授权介入特定执法程序中，而乡镇，除非加强顶层设计、做好法律配套修改，恐怕很难名正言顺地指挥调度、考核评价上级政府的职能部门。

其实，平谷的三协同执法模式是观念走到了制度前，试图用多方参与、全方位评价的“管理 + 执法”模式代替现行的部门执法模式，以克服现阶段行政管理体制僵化的不足。这也是治理与管理的不同所在。所谓“治理”，是或公或私的个人和机构经营管理相同事务的诸多方式的总和，是使相互冲突或不同的利益得以调和并且采取联合行动的持续的过程。与“管理”体现的单向度管制性思维不同，“治理”更强调不同公私主体间的协同与持续互动。[①] 党的十八届三中全会中提出，全面深化改革的总目标是完善和发展中国特色社会主义制度，推进国家治理体系和治理能

① 参见俞可平主编《治理与善治》，社会科学文献出版社，2000，第 4 ~ 5 页。

力现代化。从这一点上看，试图打通上下级阻隔的平谷区三协同执法机制在条块结合方面做出了有益尝试。未来可以在“治理”理念的指引下，进一步加强公共主体与私人主体的沟通协调，拓展公众参与渠道，完善社会监督，使其与考评问责等行政系统内部监督相结合，形成“官民共治”的社会治理新局面。

Abstract

The year of 2019, which marks the 70th anniversary of the founding of the People's Republic of China, is a crucial year to achieve the first Centenary Goal of building a moderately prosperous society in all respects. China has made significant progress in the building of a law-based government. *The Decision of the CPC Central Committee on Major Issues Concerning Upholding and Improving the System of Socialism with Chinese Characteristics and Advancing the Modernization of China's System and Capacity for Governance*, adopted by the Fourth Plenary Session of the 19th Central Committee of the CPC, has made further systematic deployment by drawing on past experience, and set new requirements for the construction of a law-based government. In recent years legislative work relating to business environment has flourished. The promulgation of the *Regulations on Optimizing the Business Environment* in 2019 ushers in a new phase of the promotion of China's market-oriented, law-based and internationalized business environment. China has established a credit supervision system by using modern technologies to improve supervision methods, and improving social governance capabilities, which has brought strong results. For more than 30 years the government has systematically carried out campaigns to promote legal knowledge among the general public. The launch of the responsibility system of "Whoever Enforces the Law Should Popularize the Law" presents a breakthrough over past work. The year 2019 has seen legal research on the construction of a law-based government in a wide variety of subjects, including basic theory, administrative behavior, administrative organization, specific areas of administrative law and administrative litigation. Legal scholars have focused on a series of hot issues, continuously expanding academic horizons and enriching research system. The rapid development of science and technology has constantly raised new issues for administrative and regulatory activities. For example, as human-machine interactive administrative automation model has appeared in practice in large numbers, questions such as its compatibility with the administrative law normative system needs to be researched and resolved; and the new digital-centric financial legal relationship poses novel challenges to the regulatory authorities while performing their duties. In the field of specific areas of administrative law, this report selects one theme for discussion, the development of the administrative law in urban environmental governance. In terms of administrative dispute resolution, two separate reports are included. Based on empirical data analysis from 2017 to 2019, noteworthy changes have been found regarding the number, the focus, the scope and the process of the cases for public interest litigation, which warrant appropriate adjustments and reconstruction. Though reforms relating to administrative reconsideration have been steadily implemented in recent years, the administrative reconsideration system remains flawed, failing to bring into full play of its supposed role as the main channel for resolving administrative disputes. *The Administrative Reconsideration Law* significantly lags behind practical realities and urgently needs revision. To follow up on continuous study of the legal development in Beijing, we have analyzed the notable achievements, together with the new problems and new situations faced by the Beijing government in 2019. We have further reviewed two aspects of Beijing's work in light of its efforts to promote administrative rule of law, planning at Beijing municipal level and the "whistleblowing-response" enforcement initiative in Pinggu District.

Contents

I General Report

Abstract: Not only does the year of 2019 witness the 70th anniversary of the founding of the people's Republic of China, it is also a crucial year for achieving the first centenary goal of building a moderately prosperous society in all respects. It has been one of the principal goals for building a moderately prosperous society in all respects that a law-based government should be established. Looking back on 2019, guided by the thought on socialism with Chinese characteristics for a new era, which is unveiled by General Secretary Xi Jinping, the academia and practitioners of administrative law took establishing a system of socialist rule of law and building a socialist law-based country as the overall goal and implemented the spirit of the 19th National Congress of the Communist Party of China in an all-round way. Remarkable achievements have been made in the construction of law-based government. The construction orientation of the law-based government has been more clearly defined. A series of new achievements have been made in the construction of the law-based government. Supervision work on the construction of the law-based government and its responsibility implementation has been launched in all aspects. On october 31, 2019, the "Decision of the Central Committee of the Communist Party of China on Several Major Issues Concerning Upholding and Improving Socialism with Chinese Characteristics and Modernizing the State Governance System and Governance Capacity" was adopted by the Fourth Plenary Session of the 19th Central

Committee. Drawing on past experiences, further systematic deployment was made. The direction of efforts, goals, and key tasks in both current situation and future period were determined. Moreover, new requirements for the construction of the law-based government were proposed. At present, General Secretary Xi Jinping's new concepts, new thought and new strategies for fully advancing the law-based governance of the country should be implemented. Upholding and improving the socialist system with Chinese characteristics, and modernizing governance system and governance capability should be taken as the principle. A new journey for the construction of law-based government will thus be promoted.

Keywords: Law-based Government; Administration According to Law; Modernization of Governance Capacity; the Rule-of-law System

Ⅱ Thematic Reports

B. 2 The Evaluation and Improvement of the Legal Protection for Optimizing the Business Environment

Abstract: The essence of socialist market economy is economy ruled by law. Rule of law is not only the internal requirement of market economy, but also the bedrock of its positive operation. "The rule of law is the best business environment". In recent years, China's legislation on optimizing the business environment has developed vigorously and achieved fruitful results. With regard to the form, China's legislation on optimizing the business environment present systematic characteristics. The legislation has elevated from local to central level, evolved from dispersive to unitary, and started to lead the way on reform. With regard to the content, relevant legislation is developed mainly from three aspects, namely creating fair and orderly market environment, providing efficient and convenient government services, and strengthening fair and just supervision and law enforcement. Relevant legislation has obvious positive significance in further

traditional principles of administrative rule of law. To continue to advance the system, we should fully respond to the legality issues it faces and ensure that this system operates on the rule of law.

Keywords: Social Credit System; Regulation Based on Credit; Regulation in Process and Afterwards; Joint Disciplinary Action for Dishonesty

Abstract: The government's law popularization work is a basic project to build a law ruled country. It has been systematically carried out in China for more than 30 years, and has achieved remarkable and accumulated rich experience. The Seventh Five-Year Law Popularization marks a new era of law popularization, and the introduction of the responsibility system of "the law enforcers popularize law" is a breakthrough of past work, and a huge step towards the era of "big law popularization" . There are still some problems and deficiencies in the current government law popularization, which needs to be improved in several terms, including improving the legal quality of the officials, innovating the method of law popularization, and improving the evaluation mechanism, in order to enhance the effect of government law popularization.

Keywords: Government Ruled by Law; " Seventh Five-Year Law Popularization"; "the Law Enforcers Popularize Law "

Abstract: The basic theory of administrative law is the cornerstone of the theoretical building of administrative law. Since 2018, administrative law scholars have further expanded and deepened the research on the basic theory of administrative law. The administrative law circle focuses on the transformation of administrative law and the new administrative law in the new era, the cooperative governance and the structural transformation of the administrative law, the administrative law facing government regulation, the internal administrative law and the administrative law facing regional administration, the penetration and complementarity of public and private law, the research methods and approaches of administrative law, the historical development and future prospects of administrative law were analyzed in depth, and the foundation of China's administrative law building has been more solid and stable.

Keywords: Basic Theory; New Administrative Law; Cooperative Governance; Government Regulation; Internal Administrative Law

Abstract: As far as the study of the general introduction of administrative act is concerned, the refinement of the categories of phantom administrative behavior, temporary administrative behavior and administrative handling formed under the influence of private law, the proposal of the theory of the effectiveness of constitutive elements and the theory of the reopening of administrative procedure as well as the deepening of the theory of administrative discretion benchmarks highlight the incremental increase in knowledge of administrative law. In terms of the research on special part of administrative act, the distinction between administrative legislation and administrative normative documents, the determination of the nature of punishment for breach faith, and the discussion on administrative agreement, administrative interview and administrative rating behaviors foretell the formation of empirical style. As the engine of the entire theoretical study of administrative law, the study of administrative behavior law should be carried out from the two aspects of returning to the basic theory and responding to the new regulatory policy, to ensure that the study of administrative behavior law in the new era can be stable and continuous.

Keywords: General Introduction of Administrative Act Law; Special Part of Administrative Act Law; Hermeneutics of Administrative Law

Abstract: To respond to the reform of administrative system in our country is the task of the present study of administrative organic law. The purpose of the reform and the practical problems determine the content of the study of the administrative organization law. This report will carry out research on the basic theory of the administrative organization law from the perspectives of the principle of organizational legality, administrative subject and administrative organization law. Taking the current reform of the administrative system as the background, this report will respond to the current reform status of the organizational reform, the reform of inter-governmental relations, the reform of public service functions and institutions, as well as the reform of industry associations and state-owned enterprises at the organizational level.

Keywords: Administrative System; Institutional Reform; Administrative Organization Law

Abstract: Special administrative law is detailed study, which leads to abstract legal theory on special administrative field. We divide special administrative law into eight categories, which are administrative law for public order, economic administrative law, welfare administrative law, risk and administrative law, environmental and natural resource law, planning and land law, education law and cyber law. Then we give a detailed comment on the respective research progress during 2018 – 2019. The ideal research approach of special administrative law is, to give a through and comprehensive research into special area, to guarantee the basic constitutional right of private parties, to test the legality of administrative action, to push the institutional reform of special administrative law, and to feed back the theory of general administrative theory of China.

Keywords: Special Administrative Law; Administrative Law for Public Order; Economic Administrative Law; Welfare Administrative Law; Risk Administrative Law

Abstract: In the relatively short course of contemporary administrative law, administrative litigation has a long history with enduring prosperity. Although in the past two decades, many emerging research topics have attracted the interest of many young scholars and constituted a competition for administrative litigation law research, statistics on the number of articles published by law journals in the past five years show that administrative litigation law research remains the focus of administrative law. After the revision of the Administrative Procedure Law, legal research is facing many new topics, including the application of laws, the improvement of laws, and the implementation of laws. To answer these questions, administrative litigation research methods, including case studies, empirical studies, and comparative law studies, should also be constantly explored and updated. Promoting the construction of a country ruled by law is the mission that administrative litigation law research should adhere to.

Keywords: Administrative Procedure Law Revision; Administrative Procedure Law; Research Status; Research Topic; Research Method

B.10 Analysis of Academic Hot-spots in Core Law Journals Such as *Administrative Law Review*

Li Cheng, Shi Haibo and Weng Mingjie / 196

Abstract: Using the 22 core law journals, included in the catalogue of the Chinese Social Sciences Citation Index (CSSCI), as the statistical source, we can make statistics and analysis on the publication and impact of administrative law articles published by the administrative law community in core law journals in the past three years. Having preliminarily sorted out the academic hot-spots and research trends of administrative law research in the past three years, we can observe and grasp the research of the academic community in the field of administrative law in general. The current research mainly presents the following key features. First, administrative litigation and principles of administrative law are the primary topics in administrative law research; the academic research results achieved in these two research fields range from the deep excavation of traditional problems to the exploration and interpretation of new problems, and range from the subtle observation of real problems and the tracing of theoretical problems. Secondly, administrative law community always pays attention to the hot issues in the real world, and maintain a timely response and effective concerns. Finally, from the research topics of high-impact administrative law articles, the research system and research horizon of administrative law science are being broadened and enriched.

Keywords: Law Journals; *Administrative Law Review*; Administrative Law Science; Impact; Research Features

B.11 The Trend of Automation of Administrative Activities and its Legal Issues

Zhan Penghe / 214

Abstract: With the massive application of new technologies such as the Internet, big data and artificial intelligence in administrative management and service activities, the traditional administrative form based on interpersonal interaction have undergone profound changes in models. The new automatic administrative model in form of "Human-Computer" interaction began to appear in large numbers in practice. In considering of the significant advantages of Internet, big data and artificial intelligence in improving administrative efficiency and good governance, the State Council has made a series of regulations aimed at promoting the optimization and upgrading of administrative activities under the conditions of new technologies. Under the guidance of national policies, the practice of administrative automation has already taken place by many local governments. As part of the operation of the state's administrative power, the implementation of administrative automation is also subject to the principles of administration by law within the framework of the Constitution. Therefore, from the perspective of administrative legitimacy, it is necessary to explain the conformity of the current development trend of administrative automation with the administrative legal system, and to summarize specific legal issues such as subjects, procedures, and form of decisions caused by the implementation of automation.

Keywords: Automation; Internet; Big Data; Artificial Intelligence; Administrative Activities

Abstract: The digital development of society promotes the explosive growth of scientific and technological innovation. The emerging financial science and technology enterprises use the digital technology as the core to provide services for consumers, which opens a new revolution in financial science and technology. In the field of shared finance, the construction and promotion of blockchain application scenarios, intelligent investment advisory services and big data risk control models are affecting the relationships among investors, business entities, brokers and regulators. The change of the mutual relationship will be deduced and transmitted in the process of financial transactions, which will produce legal effects and form a new type of financial legal relationship different from the traditional form. How to apply financial science and technology within the scope of legal principles and rules, how to reasonably predict and prevent the risks that may be induced by financial science and technology, and how to learn from the experience of supervision and regulation of financial science and technology in foreign markets will become the meaning of the legalization of regulatory activities in the new era.

Keywords: Digital Finance; Regulatory Technology; Information Protection; Legalization

Abstract: The goal of urban environmental governance in China has changed from managing environmental hazards that endanger the lives of residents to a new stage of ensuring residents " good living environment and realizing residents" yearning for a better life. The current objectives of urban environmental governance in China are embodied in further improving urban air quality, solving urban domestic sewage and domestic waste problems, and improving the appearance of the city. To this end, local governments are striving to respond to current urban environmental problems by strengthening local legislation and improving law enforcement. Considering the current urban environmental problems in China, this report sorts out the legislative status, the system construction of the practice status of various cities across the country, and the results achieved. In view of the current legislative status and the new situation and new requirements encountered in practice, this report hopes to contribute to efforts to identify the future development dynamics, strive to achieve coordinated development of the urban environment and increase people's satisfaction with urban life.

Keywords: Urban Air Pollution Treatment; Urban Domestic Sewage Treatment; Urban Domestic Waste Treatment; Urban Appearance and City Appearance Treatment

Abstract: Based on the empirical data from July 12017 to October 302019, this paper makes a detailed analysis of the development trend of the judicial practice of procuratorial public interest litigation after the revision of the Administrative Procedure Law and the Civil Procedure Law in terms of the number of cases, the focus of handling cases, the scope of cases and the process of handling cases. This report probes into the causes of the change of procuratorial public interest litigation from the perspective of internal and external factors. On this basis, this report puts forward some suggestions to improve the procuratorial public interest litigation system from four dimensions: inside, outside, wide and deep.

Keywords: the Public Interest Litigation by Procuratorate; the Judicial Mechanism to Protect Public Interest; Reform of the Internal Organizational Structure of the Procuratorate; Administration Public Prosecution; Pre-litigation Procedures

Abstract: Since the establishment of China's administrative reconsideration system, there have been new initiatives in the improvement of the system and the reform of the system and mechanism, and new results have been achieved. In recent years, the reform of the power of administrative reconsideration and the reform of the administrative reconsideration committee have been steadily promoted, and the "three modernizations" reform has achieved phased results. Based on the analysis of big data of administrative reconsideration, this report discusses the development effect and difficulties of administrative reconsideration in China. At present, China's administrative reconsideration system and mechanism are not perfect, the main channel to resolve administrative disputes has not been fully played, and the administrative reconsideration law is obviously behind the development of practice, which needs to be revised. The author believes that the rational way for the development of administrative reconsideration in China lies in deepening the reform of administrative reconsideration system and mechanism, exploring the harmonious coexistence of administrative reconsideration and administrative litigation. At the same time, the administrative reconsideration law should be revised as soon as possible to respond to and lead the reform and development of administrative reconsideration.

Keywords: Administrative Reconsideration; Empirical analysis; Dilemma; Expectation

Abstract: Rule of administrative law in Beijing has achieved a great progress in 2019. In order to adapt to the Capital's development strategic position, the relevant governmental authorities in Beijing has strengthened the legislation in key areas, increased the legislation quality, insisted on the best standard, proceed the construction of the government ruled by law, deepened the reform of the administrative management system, promoted a new round of the reform to streamline administration, delegate powers, and improve regulations and service, further improved the diversified dispute resolution mechanism, and accelerated the construction of a new pattern of social governance and sharing governance. The development of rule of administrative law in Beijing is bound to face more new problems and new situations in the future. It is necessary to continue to combine the characteristics and development strategies of the Capital, adhere to the problem orientation, deepen the reform of the system and mechanism, and improve the quality and efficiency of the construction of the government ruled by law.

Keywords: Beijing; Rule of Administrative Law; Characteristics of the Capital; Government Ruled by Law

Abstract: In recent years, Beijing has attached great importance to the construction of the administrative rule in the field of planning and achieved significant achievements, including amendments to the "Beijing Urban and Rural Planning Regulations" to provide legal support for planning administrative construction; actively transform government functions and optimize the business environment of Beijing; implement power list system to promote simplified administration and decentralization; increase information disclosure and actively accept supervision; innovative working methods and constantly improving the level of administrative review and litigation work. However, at the same time, Beijing's planning administrative construction still faces the following problems: First, there is still a long way to go for the demolition of illegal construction; second, there is still much room for progress in simplifying administration and decentralization; thirdly, the level of administration by law needs to be improved. Therefore, it is necessary to start from the following aspects to focus on removing various obstacles on the road of planning administrative construction and promote the healthy development of Beijing's planning administration: resolutely curb illegal construction and take into account both legitimacy and efficiency; comprehensively improve the level of administration by law and promote the legalization of planning; further promote streamline administration and build service-oriented government.

Keywords: Planning Administration; Streamline Sdministration; Administration by Law; Service-oriented Government

Abstract: In response to the repeated illegal excavation of mineral resources, the Pinggu district government of Beijing has explored since 2017 a three-coordinated law enforcement mechanism consisting of "the township whistles, departments report for duty", "one department leads, the others cooperate", "departments require, township implement", which coordinates law enforcement between township government and departments of district government, and among different departments of district government. By establishing a list of issues, a list of powers and responsibilities, and a list of performances, and a list of warnings, the existing problems are identified, responsibilities clarified, and evaluation and supervision strengthened.

The three-coordinated law enforcement mechanism breaks the existing hierarchical division and departmental barriers by combining vertical and horizontal resources and pushing them towards the basic level of township. Through the integration of resources, as well as the establishment of systems and process of control, it overcomes the shortcomings of the previous "law enforcement campaigns", ending the situation of "weak government with strong departments" and "fragmentation within the government". This normalized law enforcement model provides useful experience for solving the problems of grassroots governance and pushing forward the construction of law-based government.

Keywords: Law Enforcement System; Law Enforcement Mechanism; Grassroots Governance; Joint Law Enforcement; Comprehensive Law Enforcement

皮 书

智库报告的主要形式
同一主题智库报告的聚合

❖ 皮书定义 ❖

皮书是对中国与世界发展状况和热点问题进行年度监测，以专业的角度、专家的视野和实证研究方法，针对某一领域或区域现状与发展态势展开分析和预测，具备前沿性、原创性、实证性、连续性、时效性等特点的公开出版物，由一系列权威研究报告组成。

❖ 皮书作者 ❖

皮书系列报告作者以国内外一流研究机构、知名高校等重点智库的研究人员为主，多为相关领域一流专家学者，他们的观点代表了当下学界对中国与世界的现实和未来最高水平的解读与分析。截至 2020 年，皮书研创机构有近千家，报告作者累计超过 7 万人。

❖ 皮书荣誉 ❖

皮书系列已成为社会科学文献出版社的著名图书品牌和中国社会科学院的知名学术品牌。2016 年皮书系列正式列入“十三五”国家重点出版规划项目；2013~2020 年，重点皮书列入中国社会科学院承担的国家哲学社会科学创新工程项目。

中国皮书网

（网址：www.pishu.cn）

发布皮书研创资讯，传播皮书精彩内容
引领皮书出版潮流，打造皮书服务平台

栏目设置

◆ **关于皮书**

何谓皮书、皮书分类、皮书大事记、
皮书荣誉、皮书出版第一人、皮书编辑部

◆ **最新资讯**

通知公告、新闻动态、媒体聚焦、
网站专题、视频直播、下载专区

◆ **皮书研创**

皮书规范、皮书选题、皮书出版、
皮书研究、研创团队

◆ **皮书评奖评价**

指标体系、皮书评价、皮书评奖

◆ **互动专区**

皮书说、社科数托邦、皮书微博、留言板

所获荣誉

◆ 2008 年、2011 年、2014 年，中国皮书网均在全国新闻出版业网站荣誉评选中获得“最具商业价值网站”称号；

◆ 2012 年，获得“出版业网站百强”称号。

网库合一

2014年，中国皮书网与皮书数据库端口合一，实现资源共享。

S 基本子库
UB DATABASE

中国社会发展数据库（下设 12 个子库）

整合国内外中国社会发展研究成果，汇聚独家统计数据、深度分析报告，涉及社会、人口、政治、教育、法律等 12 个领域，为了解中国社会发展动态、跟踪社会核心热点、分析社会发展趋势提供一站式资源搜索和数据服务。

中国经济发展数据库（下设 12 个子库）

围绕国内外中国经济发展主题研究报告、学术资讯、基础数据等资料构建，内容涵盖宏观经济、农业经济、工业经济、产业经济等 12 个重点经济领域，为实时掌控经济运行态势、把握经济发展规律、洞察经济形势、进行经济决策提供参考和依据。

中国行业发展数据库（下设 17 个子库）

以中国国民经济行业分类为依据，覆盖金融业、旅游、医疗卫生、交通运输、能源矿产等 100 多个行业，跟踪分析国民经济相关行业市场运行状况和政策导向，汇集行业发展前沿资讯，为投资、从业及各种经济决策提供理论基础和实践指导。

中国区域发展数据库（下设 6 个子库）

对中国特定区域内的经济、社会、文化等领域现状与发展情况进行深度分析和预测，研究层级至县及县以下行政区，涉及地区、区域经济体、城市、农村等不同维度，为地方经济社会宏观态势研究、发展经验研究、案例分析提供数据服务。

中国文化传媒数据库（下设 18 个子库）

汇聚文化传媒领域专家观点、热点资讯，梳理国内外中国文化发展相关学术研究成果、一手统计数据，涵盖文化产业、新闻传播、电影娱乐、文学艺术、群众文化等 18 个重点研究领域。为文化传媒研究提供相关数据、研究报告和综合分析服务。

世界经济与国际关系数据库（下设 6 个子库）

立足"皮书系列"世界经济、国际关系相关学术资源，整合世界经济、国际政治、世界文化与科技、全球性问题、国际组织与国际法、区域研究 6 大领域研究成果，为世界经济与国际关系研究提供全方位数据分析，为决策和形势研判提供参考。

法律声明